AF783250

1682 J.B.METZLER

Matthias Bauer

Romantheorie und Erzählforschung

Eine Einführung

2., aktualisierte und erweiterte Auflage

Verlag J. B. Metzler Stuttgart · Weimar

Der Autor

Matthias Bauer, geb. 1962; 1992 Promotion; 2002 Habilitation; Lehrbeauftragter für Neuere deutsche Literaturwissenschaft und Filmwissenschaft an der Universität Mainz. Bei J. B. Metzler sind erschienen: »Im Fuchsbau der Geschichten«. 1993. »Der Schelmenroman«. SM 282. 1994.

Bibliografische Information Der Deutschen Bibliothek
Die Deutsche Bibliothek verzeichnet diese Publikation in der Deutschen Nationalbibliografie; detaillierte bibliografische Daten sind im Internet über <http://dnb.ddb.de> abrufbar.

ISBN-13: 978-3-476-02079-6
ISBN 978-3-476-05043-4 (eBook)
DOI 10.1007/978-3-476-05043-4

Dieses Werk einschließlich aller seiner Teile ist urheberrechtlich geschützt. Jede Verwertung außerhalb der engen Grenzen des Urheberrechtsgesetzes ist ohne Zustimmung des Verlages unzulässig und strafbar. Das gilt insbesondere für Vervielfältigungen, Übersetzungen, Mikroverfilmungen und die Einspeicherung und Verarbeitung in elektronischen Systemen.

© 2005 Springer-Verlag GmbH Deutschland
Ursprünglich erschienen bei J.B. Metzler'sche Verlagsbuchhandlung und Carl Ernst Poeschel Verlag GmbH in Stuttgart 2005
www.metzlerverlag.de
info@metzlerverlag.de

Inhaltsverzeichnis

Vorbemerkung

Die zweite, überarbeitete und erweiterte Auflage meiner 1997 erstmals veröffentlichten *Romantheorie* erscheint unter einem Titel, der deutlicher als bisher zu erkennen gibt, dass es in diesem Buch auch um die Entwicklungsgeschichte der modernen Erzählforschung geht. Obwohl sich die Erzählforschung nicht auf ein bestimmtes Genre, ja nicht einmal auf literarische Texte beschränkt, haben doch weder die Novelle noch die ›short story‹, weder der ›comic strip‹ noch der Spielfilm ähnlich viele, theoretisch und methodologisch bedeutsame Begriffsbildungen herausgefordert wie der Roman. Ein Grund dafür liegt in der Vielgestaltigkeit und Wandlungsfähigkeit des Romans, der keinem Vorbild und keiner Regelpoetik verpflichtet ist.

> »Der Roman will Orientierung schaffen wie andere Dichtungsarten auch, aber er ist immer angelegt auf einen breiten Weltentwurf, auf ein Entwerfen neuer Wirklichkeit, nicht auf Mimesis im Sinne einfacher Nachahmung.« (Hillebrand 1993, S. 16).

Die Kennzeichen des Romans sind somit die Kennzeichen der geschichtlichen Welt: Komplexität, Dynamik und Heterogenität. Dank dieser Eigenschaften widersetzen sich Roman und Welt jeder Reduktion auf ein statisches, in sich homogenes Begriffssystem. Im Bewusstein dieses Zusammenhangs haben die Schriftsteller nicht erst im 20. Jahrhundert, haben bereits Rabelais, Cervantes und Furetière die ›Lesbarkeit der Welt‹ (vgl. Blumenberg 1986) in Frage gestellt. Die ästhetische Verantwortung des Romans, der ein Anschauungsmodell der Welterfahrung sein soll, liegt nicht in der Vorspiegelung einer Daseinslogik, die sich dem naiven Wunsch nach erbaulichen Geschichten fügt, sondern darin, die Schwierigkeiten aufzuzeigen, die sich bei jedem Versuch ergeben, den Sinnzusammenhang des Lebens zu erfassen. Dass der Roman schließlich zum bevorzugten Reflexionsmedium jener Krise des Erzählens werden konnte, von der er selbst betroffen ist, beweist, dass er stets mehr als nur ein narrativer Diskurs unter anderen war. Bereits im *Don Quijote* (1605), vor allem im zweiten, 1615 veröffentlichten Teil, werden die Leser in ein metafiktionales Spiel mit den Erzählmustern verstrickt, die den literarischen Verständnisrahmen ihrer Welt- und Selbstauslegung bilden. Seitdem, das heißt: bis in die Gegenwart der Postmoderne, lässt sich der Ausgangspunkt des Romans als Paradoxie beschreiben:

> »Die Welt ist nicht lesbar, aber wir müssen gleichwohl versuchen, sie zu entziffern.« (Calvino 1986, S. 11).

Es ist diese Paradoxie, die den Roman, aber auch jede Theorie bestimmt – nicht nur die des Erzählens. Kein Wunder also, dass die Schnittstelle von Literatur- und Wissenschaftsgeschichte quer durch das Spannungsfeld zwischen der historischen

Poetik des Romans und der Erzählforschung verläuft, das in diesem Buch vermessen wird. Tatsächlich kann man spätestens seit dem 19. Jahrhundert eine zunehmende Wechselwirkung zwischen der schriftstellerischen Praxis und dem theoretischen Fortschritt der Wissenschaft beobachten – beispielsweise an den Erzählwerken von Gustave Flaubert (1821–1880). Während Flaubert in seinem letzten, unvollendet gebliebenen Roman *Bouvard et Pecuchet* (1881 posthum als Fragment veröffentlicht) an zwei naiven Lesern in der Nachfolge des Don Quijote deutlich macht, welche Kluft zwischen dem abstrakten Diskurs der Forschung und dem stets konkreten Alltagsleben besteht, hat Pierre Bourdieu (1930–2002) an Flauberts *Éducation sentimentale* (1869) das analytische Potential seiner Kultursoziologie demonstriert.

Wenn in einem der neuen Kapitel, die ich der Erstausgabe dieses Buchs hinzugefügt habe, auf Bourdieus Interpretation eingegangen wird, dann soll damit einerseits das Bemühen um eine Darstellung fortgesetzt werden, die neben der technischen Bedeutung auch die Herkunft der einzelnen Fachbegriffe klärt und die Entwicklung der Erzählforschung in den Kontext der Wissenschaftsgeschichte rückt. Andererseits habe ich gerne dem Wunsch des Verlags entsprochen, die Orientierung im Text durch die Markierung von Leitideen, Analysekategorien und Schlüsselkonzepten zu erleichtern. Die wichtigsten davon werden zudem in einem Glossar erläutert.

Neben einer Reihe von notwendigen Ergänzungen – etwa zum postmodernen Roman (Kap. II.2.9) oder zur Diskursanalyse – war es mein Bestreben, den Band durch eine Darstellung der Querbezüge abzurunden, die zwischen der Erzählforschung und den kultur-, medien- und kognitionswissenschaftlichen Untersuchungen bestehen, die den theoretischen Diskurs der letzten Jahre bestimmt haben und sicher auch in Zukunft bestimmen werden. Vor allem in der so genannten Kognitiven Poetik zeichnet sich eine interessante Synthese der strukturalistischen, rezeptionsästhetischen und pragmatischen Ansätze ab, die auf den folgenden Seiten besprochen werden. Dabei spielt das Konzept der Szenographie insofern eine zentrale Rolle, als es nicht auf bestimmte Medienformate festgelegt, aber gleichwohl geeignet ist, die weltbildnerische und kulturstiftende Funktion mündlicher, schriftlicher oder filmischer Erzählungen verständlich zu machen. Wer mehr über die Wechselwirkung von Roman und Kino, von Narratologie und Dramaturgie erfahren will, als das, was dazu im Rahmen dieser Einführung angedeutet werden konnte, findet im erweiterten Literaturverzeichnis zahlreiche Hinweise.

Ein herzliches Dankeschön geht an Kathrin Schäfer für die kritische Durchsicht der Erstausgabe und für zahlreiche Anregungen zur Überarbeitung.

Mainz, im Frühjahr 2005

I. Einleitung

1. Die weltbildnerische Funktion des Romans

> »Das wird der beste Roman sein, dessen Gestalten sich in die Gestalten des wirklichen Lebens einreihen, so daß wir in Erinnerung an eine bestimmte Lebensepoche nicht mehr genau wissen, ob es gelebte oder gelesene Figuren waren, ähnlich wie manche Träume sich unserer mit gleicher Gewalt bemächtigen, wie die Wirklichkeit.« (Fontane zit. n. Steinecke 1984, S. 225 f.).

1886, als Theodor Fontane diese Überlegung anstellte, konnte er nicht ahnen, wie sehr das **Wechselspiel von Realität, Fiktion und Imagination** die Erzählforschung des 20. Jahrhunderts beschäftigen sollte. Denn selbst wenn man bestreitet, dass Romane ›echte‹ Erkenntnisse vermitteln, kommt man nicht umhin festzustellen, dass sie unser **Welt- und Selbstbild** nachhaltig prägen, und dass Leseerfahrungen Lebenserfahrungen sind. Fragt man nach der Ursache dieser Wirkung, lautet eine schlüssige Antwort, dass wir selten einen so intensiven und intimen Umgang mit einem anderen Menschen haben wie mit dem Helden eines Romans. Tatsächlich kennen wir so manche Romanfigur besser als diesen oder jenen entfernten Verwandten und Bekannten, vielleicht sogar besser als uns selbst.

Das emphatische Verhältnis, das ein Leser zum fiktiven Personal eines Romans entwickeln kann, ist jedoch nur ein Teil der Erklärung. Die eigentliche Herausforderung liegt darin zu verstehen, inwiefern der Roman »eine Maschine zur Erzeugung von Interpretationen« (Eco 1987, S. 9 f.) ist. Offenbar funktioniert diese Maschine nur, wenn sie an die Vorstellungsbatterie eines Lesers angeschlossen wird, wenn es also eine spezifische **Rückkopplung zwischen dem literarischen Text und dem menschlichen Bewusstsein** gibt, aus der etwas entsteht, was so weder im Buch noch im Kopf des Interpreten steckt. Früher hat man dieses Etwas einfach ›Geist‹ genannt und verabsolutiert, heute, im Zeitalter der Relativität, muss man die Sache anders angehen. Klar ist auf jeden Fall, dass sich die Romantheorie und -praxis, die Erzählforschung und die Literaturwissenschaft in einem Spannungsfeld bewegen. In diesem Spannungsfeld laufen sie beständig hin und her zwischen dem, was sich objektiv an einem Text belegen, und dem, was sich nur intersubjektiv anhand der exemplarischen Lektüre nachvollziehen lässt, die einzelne Interpreten vornehmen und protokollieren. Das aber bedeutet, dass auch der theoretische Diskurs in das Wechselspiel von Realität, Fiktion und Imagination involviert ist. Ohne Phantasie steht nicht nur der Romanschriftsteller, ohne Phantasie steht auch der Wissenschaftler mit leerem Kopf und leeren Händen da.

Insofern die Demarkationslinie nicht zwischen einer Lebenswelt, die überhaupt keine literarischen Züge aufweist, und einer Einbildung verläuft, der in Wirklichkeit nichts entspricht, insofern sich also, anders gesagt, die literarische Weise der

Welterzeugung, das zum Teil romanhafte Bild, das wir uns von der Wirklichkeit machen, und die alltägliche Erfahrung überlappen, kann man ernsthaft untersuchen, wie realitätsgerecht eine Fiktion ist. So hat zum Beispiel Umberto Eco in seinem Buch *Das offene Kunstwerk* (Erstveröffentlichung 1962) festgestellt:

> »Es ist nur natürlich, daß das Leben mehr dem *Ulysses* als den *Drei Musketieren* gleicht: dennoch sind wir alle eher geneigt, es in den Kategorien der *Drei Musketiere* zu denken als in denen des *Ulysses*: oder besser, ich kann das Leben nur erinnern und beurteilen, wenn ich es als traditionellen Roman denke.« (Eco 1962/1977, S. 206).

Der Roman stellt für Eco also eine epistemologische Metapher dar, ein historisch variables **Schaubild mit Erkenntnisfunktion** (vgl. ebd., S. 164): Während Alexandre Dumas für die *Drei Musketiere* (1844) noch ein in sich geschlossenes Universum entworfen hatte, das es den Lesern erlaubt, sich von der eigenen Lebenswelt ablenken und in eine Welt der Abenteuer versetzen zu lassen, entwarf James Joyce im *Ulysses* (1922) ein offenes Feld interpretativer Möglichkeiten, das den Leser im Prinzip vor die gleichen Schwierigkeiten wie die alltägliche Erfahrung der Wirklichkeit stellt und zum Koproduzenten der Textbedeutung befördert. Wer sich mit Dumas' Helden identifiziert, durchlebt eine Omnipotenzphantasie; wer sich hingegen mit Joyce' Roman auseinandersetzt, erweitert sein Bewusstsein und schärft seine Sinne für den unerschöpflichen Bedeutungsreichtum der eigenen Lebenswelt.

> »In diesem Sinne arbeiten gewisse Operationen der Kunst, die unserer konkreten Welt so fern zu sein scheinen, letzten Endes darauf hin, uns die imaginativen Kategorien zu liefern, mittels derer wir uns in der Welt bewegen können.« (ebd., S. 281).

Möglich wird diese Ausbildung pragmatischer, real wirksamer Anschauungsformen und Verständnisrahmen im Verlauf der Lektüre eines fiktionalen Textes, weil dieser Text ein Beziehungsgefüge darstellt, in dem die einzelnen Zeichen nicht nur untereinander, sondern über den Text hinaus auf die gemeinsame Bezugswelt von Autor und Leser verweisen.

> »Der eigentliche *Inhalt* des Kunstwerks wird somit seine *Art, die Welt zu sehen* und zu beurteilen, ausgedrückt in einem *Gestaltungsmodus*, und auf dieser Ebene muß dann auch die Untersuchung der Beziehungen zwischen Kunst und Welt geführt werden. Die Kunst erkennt die Welt durch die Strukturen ihres Gestaltens (die darum nicht formal, sondern ihr eigentlicher Inhalt sind): die Literatur organisiert Wörter, die Aspekte der Welt bezeichnen, doch das literarische Werk deutet auf die Welt hin durch die Art und Weise, wie diese Wörter angeordnet werden [...].« (ebd., S. 271).

Zwischen dem Welt-Konstrukt des Romans, der Konstruktivität des menschlichen Bewusstseins und der gesellschaftlichen Konstruktion der Wirklichkeit kann es, so gesehen, zahlreiche Berührungspunkte geben; Berührungspunkte, die freilich – je nach Epoche und Kultur – sehr unterschiedliche Wahrnehmungsmuster erzeugen. Die weltbildnerische Funktion des Romans läuft jedenfalls nicht auf ein Passepartout für alle möglichen Gelegenheiten hinaus. Vielmehr reflektiert der Roman den

Mentalitätswandel, zu dem er selbst beiträgt. Dieser Mentalitätswandel erklärt die Zäsur zwischen dem traditionellen und dem modernen Roman, die Eco an den Werken von Dumas und Joyce veranschaulicht hat.

Grundsätzlich gilt, dass der unübersichtliche **Erlebnisraum der Großstadt**, die **Entdeckung des Unbewussten** und die rapide Beschleunigung, Erweiterung und Differenzierung der menschlichen Wahrnehmung durch die modernen **Verkehrsmittel** und **Massenmedien** im 20. Jahrhundert neue Anforderungen an die Erzählkunst gestellt haben – Anforderungen, die mit den traditionellen Verfahren des Schreibens und Lesens offenbar nicht zu bewältigen waren. Otto Flake prophezeite daher bereits 1919 im Vorwort zu seinem Roman *Die Stadt des Hirns*:

> »Der neue Roman wird möglich sein durch Vereinigung von Abstraktion Simultaneität Unbürgerlichkeit. Es fallen fort konkrete Erzählung Ordnung des Nacheinander bürgerliche Probleme erobertes Mädchen Scheidungsgeschichte Schilderung des Milieus Landschaftsbeschreibung Sentiment.«

Sowohl die inhaltliche Aussage als auch die interpunktionsfreie Form dieses Zitats machen deutlich, wie drastisch die **Zäsur zwischen der traditionellen und der modernen Erzählkunst** seinerzeit empfunden und ausgedrückt wurde. Bis zur Jahrhundertwende hatte sich die Erzählkunst noch, wie R. M. Albérès in seiner *Geschichte des modernen Romans* (1964) darlegt, in einer Welt bewegt, die den Gesetzen der klassischen Physik und den fünf Sinnen des Menschen entsprochen hatte (vgl. Albérès 1964, S. 132 f.). Dem anthropologischen Interesse der Romanautoren und -leser korrespondierte eine anthropomorphe Optik. Im 20. Jahrhundert zeigte sich jedoch zunehmend, dass der Mensch nicht mehr das Maß aller Dinge war, dass er sich eine Welt geschaffen hatte, die ihm in ihrer Komplexität und Dynamik buchstäblich über den Kopf zu wachsen drohte oder, wie die Quantenphysik, viel zu sprunghaft und zu winzig war, als dass man sie noch mit den Sinnen erfassen konnte.

Auch Jürgen Schramke hebt in seinem Buch *Zur Theorie des modernen Romans* (1974) die **Erneuerung der Anschauungsformen** unter den Rahmenbedingungen der modernen, arbeitsteilig ausdifferenzierten Welt hervor. Anders als Albérès führt er diese Erneuerung jedoch nicht auf die zeitgenössische Physik, sondern auf die Kritik der klassischen Metaphysik zurück:

> »Der moderne Roman liefert sozusagen die Illustration zu Nietzsches Begriff des ›Perspektivismus‹, nach welchem einerseits jedes Erkennen eine lebensnotwendige optische Täuschung darstellt, und andererseits die so konstituierte perspektivische Erscheinungswelt doch schlechthin die Wirklichkeit ausmacht.« (Schramke 1974, S. 158).

Noch einen Schritt weiter geht Ulf Eisele in seiner Studie über *Die Struktur des modernen deutschen Romans* (1974). Anstatt sich einfach der überlieferten Blickwinkel, Standpunkte und Verständnisrahmen zu bedienen, reflektiere der moderne Roman seine eigene Machart und damit auch die weltbildnerische Funktion der Literatur. Folgerichtig wende er sich gegen die eigene, realistische Tradition:

> »Realistische Grundbegriffe wie Abbildung oder Widerspiegelung, erkennbar der Sphäre des Visuellen entnommen, implizieren, daß vom Diskurscharakter der Literatur buchstäblich abgesehen wird.« (Eisele 1974, S. 7).

Indem der moderne Roman sich selbst problematisiert, die stillschweigenden Voraussetzung der narrativen Welterzeugung zur Sprache bringt und den wissenschaftlichen Fortschritt reflektiert, ist er zugleich ein **Roman der Diskurse** und ein **Diskurs über den Roman** (vgl. ebd., S. 16). Deutlich wird dabei vor allem die Kontingenz der Welt-Gestaltung, die sich aus der modernen Tendenz zur Relativierung aller Anhaltspunkte und Bezugssysteme ergibt: Jede Lesart steht vor dem Hintergrund alternativer Auslegungen. Da keine Erzählperspektive für sich beanspruchen kann, alle relevanten Blickwinkel abzudecken, geriert sich der Roman nicht mehr als Paralleluniversum, sondern als ein Medium, in dem verschiedene Schreibweisen und Lesarten der Welt vor Augen geführt und durchgespielt werden. *Der deutsche Roman der Moderne*, den Jürgen H. Petersen in seinem gleichnamigen Buch (1991) beschreibt, lässt sich folgerichtig auf drei Erzählmodelle zurückführen – je nachdem, ob die Gestaltung der Kontingenz die Rolle des Erzählers, das Erzählte oder seine Deutung durch den Leser betrifft (vgl. Petersen 1991, S. 62 ff.).

2. Narratologie, Metaphorologie und Poetologie

Albérès, Schramke und Eisele, Petersen oder Eco – sie alle behandeln in ihren Studien die weltbildnerische Funktion des Romans. Zwar setzen sie dabei zum Teil sehr unterschiedliche Akzente, den gemeinsamen Nenner ihrer Reflexionen bildet jedoch das **Verhältnis von Erzählkunst und Weltbild**. Darin unterscheiden sie sich von jenen Wissenschaftlern, die in erster Linie ein systematisches Inventar aller möglichen Erzählverfahren anlegen möchten und zu diesem Zweck bewusst von der historischen Variabilität und der übertragenen, mentalitätsgeschichtlichen Bedeutung dieser Verfahren absehen. Der amerikanische Literaturwissenschaftler Gerald Prince hat das **Aufgabengebiet der Narratologie**, wie diese Richtung der Erzählforschung heißt, folgendermaßen umrissen:

> »Die Narratologie untersucht, was alle Erzählungen gemeinsam haben und was es ihnen gleichwohl erlaubt, sich im einzelnen von einander zu unterscheiden. Sie ist daher nicht so sehr mit der Geschichte einzelner Romane oder Geschichten, ihrer Bedeutung und Bewertung, sondern mit den Merkmalen beschäftigt, die Erzählungen von anderen Zeichensystemen unterscheiden, sowie mit den Ausprägungen dieser Merkmale.« (Prince 1982, S. 4 f.).

Ziel ist die **Entwicklung einer universalen Erzählgrammatik**, die im Prinzip alle Verfahren der narrativen Welt-Vermittlung umfasst. Dabei gehen die Narratologen eher von ihrer wissenschaftlich geschulten Lektürepraxis als von jenen Schwierigkeiten des literarischen Handwerks aus, die Autoren und Kritiker zu ihren poetologischen Reflexionen veranlassen. Die Romantheorie der Narratologen, die folglich auch im Zusammenhang mit der gesellschaftlichen Institutionalisierung von Forschung und Lehre zu sehen ist, kann man daher als eine Methodologie (= Verfahrenslehre) des Lesens verstehen, die sich zum einen an Immanuel Kants (1724–1804) architektonischem Modell der Erkenntnis und zum anderen an der modernen Sprachwissenschaft von Ferdinand de Saussure (1857–1913) orientiert.

Von Kant übernehmen die Narratologen den Gedanken, dass die **Einbildungskraft** des Menschen auf die beiden **Anschauungsformen von Raum und Zeit** angewiesen ist. Folglich müssen auch die Welt-Darstellung eines Erzählers oder die Vorstellungs-Welt eines Lesers räumliche und zeitliche Relationen aufweisen. Unabhängig davon, womit sich das Bewusstsein eines Menschen im Einzelnen beschäftigt, es wird sich mit seinen Gegenständen in jedem Fall unter temporalen und spatialen Gesichtspunkten auseinandersetzen müssen.

Da es die Narratologie in aller Regel mit Sprachkunstwerken zu tun hat, liegt es nahe, diese Gesichtspunkte auf **linguistische Kategorien** zu beziehen und den Roman als eine komplexe Folge von Sätzen, Absätzen usw. zu beschreiben, die sich aus der Auswahl und Verknüpfung bestimmter Zeichen ergeben. In dieser Hinsicht folgt die Narratologie de Saussure, für den die **Sprache ein System von Differenzen** war. Die Bedeutung eines einzelnen Zeichens ergibt sich im Rahmen dieser Auffassung ausschließlich aus seiner Unterscheidung von anderen Zeichen, denen gegenüber es selbst wiederum als Unterschied auftritt. Jede Äußerung stellt das Ergebnis einer Selektion und Kombination von Zeichen dar – und in diesem Sinne kann man auch jeden narrativen Diskurs als eine Zeichenfolge betrachten, bei der bestimmte Elemente aus dem Repertoire der Erzählkunst in einen bestimmten Zusammenhang gerückt werden.

Spätestens dann jedoch, wenn es um das Verhältnis dieser Zeichen-Konfiguration zu der sich laufend veränderten Lebenswelt der Interpreten geht, berührt die Narratologie wieder die weltbildnerische Funktion der einzelnen Erzählgattungen, insbesondere des Romans, und damit die beiden Aufgabengebiete der **Poetologie** und **Metaphorologie**.

Als wissenschaftliche Disziplin wurde die Metaphorologie von Hans Blumenberg (1920–1996) begründet. Blumenberg ging davon aus, dass bildliche Ausdrücke nicht nur Restbestände des mythischen Denkens, sondern Grundbestände der menschlichen Sprache sein können, die sich entweder überhaupt nicht oder nur unter Verzicht auf wesentliche Bedeutungsanteile in Vernunftbegriffe übersetzen lassen (vgl. Blumenberg 1960, S. 9 ff.). Neben der üblichen Ideen-Geschichte müssten sich die Historiker und Philosophen daher auch um die poetischen Leitbilder der Menschheit, um ihre Entstehung und Verwandlung kümmern.

Es ist offensichtlich, dass Romane wie *Die Drei Musketiere* oder der *Ulysses* poetische Leitbilder sind – zum einen, weil man sie theoretisch als epistemologische (d. h. als Erkenntnisse vermittelnde) Metaphern fassen; zum anderen, weil man sie ganz pragmatisch verstehen kann, handeln sie doch davon, wie sich Menschen in ihrer Umwelt anhand von imaginativen Kategorien orientieren. Der Roman thematisiert dieses Orientierungsverhalten ganz einfach deshalb,

> »weil man das menschliche Leben ohne Erwähnung dieses wesentlichen Prozesses unmöglich evozieren kann. Jede Romanfigur ist gezwungen, von den ihr bekannten Informationen aus die Sachverhalte und Personen zu konstruieren, die sie umgeben. Hierbei befindet sie sich in strenger Parallelität zum Leser, der das imaginäre Universum von seinen eigenen Informationen aus konstruiert.« (Todorov 1977, S. 237).

Freilich hat es lange gedauert, bis man Roman- und Lebenswelt so dialektisch aufeinander beziehen konnte. Als im 17. Jahrhundert die Notwendigkeit entstand, dem Roman einen angemessenen Platz im hierarchischen Gefüge der übrigen, längst etablierten Gattungen zuzuweisen, gab es keine Narratologie und keine Metaphorologie. Die Metapher galt in dem damals strikt rhetorisch geprägten Verständnis von Dichtung lediglich als schmückendes Beiwerk der künstlerisch gestalteten Rede, nicht als eigenständiges Erkenntnisinstrument. Erst recht fehlte es an jeder Grundlage für die Idee einer universalen Erzählgrammatik. So blieb den Praktikern und Theoretikern des Romans nur der poetologische Vergleich der Gattungen übrig, und da zeigte sich, wie hybrid das neue Genre von Anfang an war. Einerseits wies es Ähnlichkeiten mit dem antiken **Epos** und **Drama**, andererseits mit der Geschichtsschreibung oder **Historie** auf: Mit ihr verband den Roman neben der Prosaform der Umstand, dass er häufig als Nacherzählung wahrer Begebenheiten auf den Plan trat; mit dem Drama die Anordnung der einzelnen Begebenheiten in einem Spannungsbogen sowie die Tendenz zur szenischen Veranschaulichung einzelner Episoden; mit dem Epos außer dem Umfang der abenteuerlichen Handlung das Wechselspiel von Figuren- und Erzählerrede, das so erst viel später auch auf der Bühne denkbar wurde, als Bertolt Brecht eine neue Form des Theaters entwarf, die er nicht von ungefähr »episch« nannte.

Es hatte also durchaus seinen Sinn, dass Sigmund von Birken den Roman 1669 als erfundene Historie oder »Geschichtgedicht« vom Epos, verstanden als »Gedichtgeschicht« absetzte (vgl. Birken in Kimpel/Wiedemann 1970, S. 10 ff.), denn diese Unterscheidung ließ sich sehr wohl rhetorisch begründen: Vom Epos trennt den Roman in seiner Eigenschaft als Abfolge sprachlicher Äußerungen (›elocutio‹) der Verzicht auf Vers und Metrum, von der Geschichtsschreibung die künstlerisch-dramatische Anordnung (›dispositio‹) der Begebenheiten sowie die Erfindung (›fictio‹) der Umstände, die den Gang der Handlung bestimmen. Auch war, wie Birkens Zeitgenossen erkannten, vor allem der so genannte ›niedere‹ Roman, etwa Grimmelshausens *Abentheurerlicher Simplicissimus Teutsch* (1668 f.), stärker als das Heldengedicht, das von längst vergangenen Taten in einer über jeden Alltag erhabenen Sprache kündet und ursprünglich nur mündlich überliefert wurde, auf die Gegenwart der Autoren und Leser bezogen und auf den Buchdruck angewiesen.

Unter diesem Gesichtspunkt war die frühneuzeitliche Poetologie des Romans im Ansatz bereits eine Medienkritik. Jedenfalls kann man sagen, dass die narrative Praxis immer deutlicher auf eine Emanzipation der schriftlich verfassten Erzählung vom Vorbild der mündlichen, durch Vers und Metrum gebundenen Dichtung hinausgelaufen ist. Während der Reim im Epos eine mnemotechnische Funktion erfüllt, entdeckt der Roman im 18. und 19. Jahrhundert die **Eigenart der Schrift,** über die lineare Sukzession der Geschichte hinaus ein **Gewebe von Querbezügen, Rückverweisen und Vorausdeutungen** zu entfalten, weshalb der Roman von seinen Interpreten immer häufiger und immer stärker **konjekturale Erfassungsakte** verlangt. Das heißt: die Verdichtung der einzelnen Informationen zu einem in sich schlüssigen Sinnzusammenhang wird bis zu einem gewissen Grad an die Leser delegiert. Zwar imitieren viele Romane noch bis ins 20. Jahrhundert hinein die epische Situation und den Gestus der mündlichen Erzählung, doch schon in Laurence Sternes *Tristram Shandy* (1760 ff.) wird die Schriftlichkeit der Erzählung zum Thema, wird der Romanleser genötigt, im Text hin- und herzublättern und sich Gedanken über das Auseinanderklaffen von erzählter Zeit, Erzählzeit und Lesedauer zu machen.

Ähnliches gilt für Goethes *Wahlverwandtschaften* (1809), für Flauberts *Éducation sentimentale* (1869) oder für Joyce' *Ulysses* (1922); von Romanzyklen wie Marcel Prousts *À la recherche du temps perdu* (1913 ff.) oder einem so enzyklopädischen Erzählwerk wie Robert Musils *Der Mann ohne Eigenschaften* (1930 ff.) ganz zu schweigen. Im modernen Roman

> »ist der Text so komponiert, daß sich die Fülle der intendierten Bedeutungen in jedem Detail des Werks nur demjenigen Leser erschließt, der durch Grübelei und Nachschlagen der Bezüge zu anderen Passagen (des Werks oder gar der übrigen Literatur) herstellt und damit die Vorteile der schriftlichen Fixierung von Texten endlich ausnützt.« (Schlaffer, in: Goody u. a. 1986, S. 22).

Wenn man mit Umberto Eco von »inferentiellen Spaziergängen« spricht, um die mitunter weitläufigen Exkursionen zu bezeichnen, die ein Leser im Geiste oder leibhaftig unternimmt, um den literarischen Anspielungen in einem Text nachzugehen und bestimmte Schlussfolgerungen aus seinem Vergleich mit anderen Texten zu ziehen (vgl. Eco 1994, S. 70), dann kann man sagen, dass der Roman wie kein anderes literarisches Medium, dazu neigt, **Hypertexte** auszubilden. Das lässt sich sowohl im Rahmen eines Erzählwerks, etwa an den ›links‹ beobachten, die Jean Pauls *Siebenkäs* (1796 f.) mit dem *Titan* (1801 ff.) und den im *Komischen Anhang zum Titan* versammelten Schriftstücken verbinden, als auch über das Œuvre eines Autors hinaus immer dann, wenn eine regelrechte Genealogie von Erzählungen und Romanen entsteht, die sich, wie die zahlreichen Sherlock-Holmes-Adaptionen, die nicht von Arthur Conan Doyle stammen, auf eine Quelldatei oder auf einen Hypotext beziehen.

3. Zur Gliederung des Buches

Da im Roman verschiedene Genres und unterschiedliche Diskurse aufeinander treffen, da er epische und dramatische, zuweilen sogar lyrische und essayistische Passagen kombinieren und im Prinzip jedes Schriftstück imitieren oder parodieren kann, ist er stets ein hybrides Gebilde und ein Laboratorium des Erzählens gewesen, in dem Autoren und Leser die Probe auf das Exempel der Schreibweisen und Lesarten machen konnten, die ihre Kultur und Mentalität bestimmen. Aus der technologischen Vervielfältigung dieser Verfahren, aus ihrer Übernahme und Verwandlung im Kino oder im Internet ergibt sich die Relevanz der modernen Romantheorie und Erzählforschung für die aktuellen kultur-, kognitions- und medienwissenschaftlichen Fragestellungen, die im letzten, **V. Kapitel** dieses Buches zur Sprache kommen.

Wie die übrigen Kapitel wird auch dieser Abschnitt zum Teil von Anschauungen und Begriffen bestimmt, die uns aus der Antike überliefert worden sind. Schon bevor es überhaupt Romane gab, haben sich Platon und Aristoteles Gedanken über das Verhältnis von epischer Dichtung und philosophischer Wahrheit, von theoretischer Neugier und praktischer Erfahrung gemacht, auf die sich noch heute Autoren wie Umberto Eco beziehen. Daher beginnt diese Einführung im **II. Kapitel** mit einem Rückblick auf die antike Rhetorik und Poetik. Die eigentliche Romantheorie setzt dann im Zeitalter der Aufklärung als Apologie ein: als Verteidigung der prosaischen Liebesgeschichte gegen ihre Verurteilung als unsittliche Schilderung lasterhaften Verhaltens.

Der poetologische Diskurs entwickelt sich somit an der Wende vom 17. zum 18. Jahrhundert aus einer Moral-Debatte und nimmt dann, an der Wende vom 18. zum 19. Jahrhundert, als die romantische Idee einer modernen Mythologie auftaucht, in dem Maße ideologische Züge an, in dem die Frage erörtert wird, inwiefern dem Roman eine Gesinnung zur Totalität eigen ist. Vor allem unter den Vorzeichen des Totalitarismus, also in der ersten Hälfte des 20. Jahrhunderts, musste diese Frage sehr unterschiedliche Antworten provozieren.

Die Diskussion der narrativen Optik im **III. Kapitel**, die den Rückblick auf die historische Poetik des Romans mit dem systematischen Überblick über die verschiedenen Untersuchungsansätze der Erzählforschung verbindet, akzentuiert dagegen stärker die technologischen Aspekte der literarischen Bedeutungsvermittlung – auch wenn diese Aspekte selbstverständlich eng mit weltanschaulichen Problemen zusammenhängen.

Einen gewissen Schwerpunkt bildet im **IV. Kapitel** die Erörterung des dialogischen Ansatzes der Romantheorie und Erzählforschung, der auf den russischen Literaturwissenschaftler Michail M. Bachtin (1895–1975) zurückgeht. Dafür gibt es mehrere Gründe: Zum einen stehen Bachtins Texte dort, wo sie offen oder verdeckt auf Georg Lukács Bezug nehmen, im Kontext der Ideologiedebatte. Zum anderen hat Bachtin der Narratologie mit der Kategorie des Chronotopos, mit dem Begriff der Genreform-Maske und mit seiner metalinguistischen Erweiterung der formalen Methode wesentliche Anstöße vermittelt. Die Poetologie hat vor allem von seinem Konzept der Dialogizität, die Metaphorologie von seinen Studien zum polyphonen Roman profitiert. Querbezüge lassen sich aber auch zum phänomenologischen respektive zum rezeptionsästhetischen Ansatz der Erzählforschung feststellen.

Ob es im Folgenden nun um die historische Poetik oder um die narrative Optik, um die Grammatik, Semantik oder Pragmatik des Erzählens geht – eine abschließende Gattungsdefinition kann und will dieses Buch nicht leisten. Vielmehr sollte seine Lektüre erkennen lassen, warum dieser vermeintliche Nachteil eigentlich ein Vorteil ist. Jedenfalls scheint die Faszination, aber auch die kulturelle Bedeutung des Romans gerade in der Unabschließbarkeit seiner Entwicklung sowie darin zu liegen, dass er sich ebenso wenig wie die Welt auf den Begriff bringen lässt.

II. Entwicklungsgeschichte der Romantheorie

1. Von der Antike bis zur Aufklärung

Das **Wort ›Roman‹** ist wesentlich jünger als das literarische Phänomen, das mit ihm bezeichnet wird. Im deutschsprachigen Raum taucht es erst im 17. Jahrhundert als Entlehnung aus dem Französischen auf. Als ›romanz‹ wurde im Frankreich des 12. Jahrhunderts zunächst jede Erzählrede bezeichnet, die nicht in der Sprache der Gelehrten, der ›lingua latina‹, sondern in der Sprache des Volkes, der ›lingua romana‹, dargeboten wurde. Da die altfranzösischen ›Romane‹, anders als die sog. ›chansons de geste‹ (Heldenlieder), nicht vorgesungen, sondern vorgelesen wurden, konnte man bei ihnen auf das mnemotechnische Hilfsmittel des Verses verzichten. Am Ende des Mittelalters verstand man daher unter ›romanz‹ eine Erzählung in ungebundener Rede. Im Humanismus schließlich setzte sich die Erkenntnis durch, dass Prosaromane statt von historischen von erfundenen und wunderbaren Begebenheiten handeln (vgl. Vossler 1965, S. 2).

In diesem Sinne wird auch heute noch unter jedem Roman ein **fiktionales Erzählwerk** verstanden. Dabei werden dem Genre im Nachhinein auch jene spätantiken Erzählwerke zugerechnet, die ursprünglich nicht als Romane bezeichnet worden sind. Zu ihnen gehören neben den *Metamorphosen* des Apuleius (124–180 n. Chr.) zwei aus dem dritten nachchristlichen Jahrhundert stammende ›Romane‹: die *Aithiopika* des Heliodor und Longus' *Daphnis und Chloe.*

Als in der Renaissance und im Barockzeitalter die ersten neuzeitlichen Schelmen-, Schäfer- und Staatsromane entstanden, konnten ihre Verfasser einerseits an die mittelalterliche Tradition der Ritterbücher sowie verschiedene Novellensammlungen, andererseits aber auch an Apuleius, Longus und Heliodor anknüpfen. Der moderne Roman besaß daher **von Anfang an kein einheitliches Erscheinungsbild.** Seine Vielgestaltigkeit lässt sich gerade an dem wohl bedeutendsten Roman der Frühen Neuzeit, dem 1605 und 1615 in zwei Teilen veröffentlichten *Don Quijote*, unschwer ablesen. Cervantes' Meisterwerk ist nämlich nicht nur eine Parodie der Ritterbücher und eine Kritik des Schelmenromans, es enthält auch eine Reihe von Novellen, die in ihrem Handlungsaufbau und Erzählstil dem Muster der Schäfer- und Staatsromane verpflichtet sind.

Bedeutsamer als *Daphnis und Chloe* war bis in die Epoche der Aufklärung hinein die 1534 erstmals gedruckte *Aithiopika.* Sie konnte eher als die von Longus erzählte Geschichte eine **Verbindung zwischen dem neuzeitlichen Roman und dem antiken Epos** herstellen, das nach wie vor als Höhepunkt aller Erzählkunst galt. Heliodor berichtet, wie ein Liebespaar von edler Abkunft durch kriegerische Verwicklungen auseinander gerissen und erst nach langen, gefahrvollen Irrfahrten vereinigt wird. Dabei ist der eine Teil seiner Geschichte, die Odyssee der Liebenden, offensichtlich ebenso Homer verpflichtet, wie der andere, konfliktträchtige Teil an die *Illias* erinnert.

Darüber hinaus waren *Die Abenteuer der schönen Chariklea*, wie die *Aithiopika* auch genannt wird, so anschaulich in Szene gesetzt, dass sie noch im 17. Jahrhundert als vorbildlich gelten konnten. Die Schilderung beginnt in medias res, um dann zunächst die Entstehungsgeschichte der eingangs dargelegten Situation aus einander wechselseitig ergänzenden Perspektiven aufzurollen. Erst im siebten der insgesamt zehn Bücher werden die verschiedenen Handlungsstränge zusammengeführt und, nunmehr einsträngig, bis zum glücklichen Ende abgewickelt.

Verfasst wurde die *Aithiopika* allerdings erst, nachdem die grundlegenden Werke der antiken Poetik entstanden waren. Der Umstand, dass sich weder Platon noch Aristoteles mit dem Roman beschäftigt hatten, war zu Beginn der Neuzeit für viele Kritiker ein Vorwand, der prosaischen Erzählkunst ihre **Anerkennung als Dichtung** zu verweigern. Erst allmählich setzte sich die Erkenntnis durch, dass der Roman nicht nur eine eigene poetologische Betrachtung verdient, sondern durchaus anhand der Kriterien beschrieben werden kann, die Platon und Aristoteles entwickelt hatten. Die Berufung auf diese beiden Philosophen sowie auf Horaz und Quintilian diente vor allem im 18. Jahrhundert der Rechtfertigung bzw. der theoretischen Aufwertung des Romans. Infolgedessen muss der Rückblick auf die Entwicklung der Romantheorie, die als Apologie entstand, mit einigen Hinweisen auf diese Autoren beginnen.

1.1 Platon und Aristoteles – Der Modellcharakter des Mythos/ Mimesis und Diegesis

Theorien haben, gerade wenn sie sich auf Kunstwerke beziehen, ein spezifisches Image-Problem: sie gelten als unanschaulich. Das ist umso merkwürdiger, als der Begriff ›Theorie‹ von den griechischen Worten ›thea‹ für »Anschauen« und ›horáein‹ für »sehen« abgeleitet ist. Zwischen dem Zuschauer im Theater, dem sogenannten ›theorós‹, und dem Theoretiker besteht also, etymologisch betrachtet, eine enge Verwandtschaft: beide betrachten eine Handlung, ohne selbst handelnd in sie einzugreifen. Stattdessen versuchen sie alles, was ihnen vor Augen geführt wird, genau zu beobachten und zu durchschauen. Gemeinsam ist ihnen dabei eine Sicht von außen auf das Geschehen, während es der Beteiligte oder Betroffene gleichsam von innen erfährt. Sowohl die ästhetische Haltung dem Schauspiel gegenüber als auch die theoretische Einstellung der praktischen Handlung gegenüber sind somit zugleich Anschauungs- und Erkenntnisweisen.

Schon zu Sokrates' Lebzeiten (470–399 v. Chr.) wurden außerdem zwei Handlungsarten unterschieden: die praktische Tätigkeit (›prättein‹) im Allgemeinen und die besondere Verrichtung des Machens, Herstellens und Hervorbringens (›poieín‹). **Platon** (427–347 v. Chr.) greift diese Unterscheidung im *Charmides* (163 ff.) auf, um an einem Beispiel zu erläutern, wie der Versuch, das Seinige zu tun, mit dem gesellschaftlichen **Handlungsgefüge** verbunden ist. Wenn ein gewöhnlicher Handwerker Gebrauchsgegenstände herstellt, indem er bestimmte Materialien nach bestimmten Regeln behandelt, vollführt er einen poetischen Akt. Zugleich trägt der Handwerker jedoch, indem er das Seinige tut, auch etwas zur gesellschaftlichen Ausgestaltung der Wirklichkeit bei; seine Tätigkeit betrifft also die Lebenswelt insgesamt.

Ein Problem entsteht nun für Platon dadurch, dass der Künstler, indem er das Seinige tut, zwar dem Handwerker gleicht, seine Werke aber keinen erkennbaren Wert für die Gesellschaft zu haben scheinen. Vielmehr vermitteln sie ein Scheinwissen, das dem menschlichen Wahrheitsstreben zuwiderläuft. Beide, der **Künstler** und der **Handwerker**, setzen etwas in die Welt, was ohne sie nicht vorhanden wäre und zustande käme. Daher heißt es im *Symposion* (205b): »was nur für irgendetwas Ursache wird, aus dem Nichtsein in das Sein zu treten, ist insgesamt poiesis«.

Im poetischen Akt allein kann der Unterschied mithin nicht liegen. Worauf es ankommt, ist auch nicht die materielle Form, sondern der ideelle Gehalt der Tätigkeit: Wenn der Handwerker etwas herstellt, orientiert er sich dabei an einer Idee, die an sich vollkommen ist. Ihre Ausführung erscheint demgegenüber als unvollkommen. Die **Idee** wird also nicht etwa verdinglicht, sie bleibt vielmehr der ewig abstrakte Maßstab der konkreten **Erscheinung**. Wenn nun jedoch ein Maler den Gegenstand zeichnet, den der Handwerker gemacht hat, ahmt er nicht etwa die Idee, sondern deren unvollkommene Nachahmung nach. Sein Abbild ist daher noch weiter vom Vorbild entfernt als das Erzeugnis des Handwerkers.

Platon überträgt diese Vorstellung von der Malerei auf die Dichtung, die ihm so ebenfalls als eine **Nachahmung zweiten Grades** erscheint. Anstatt sich wie der Philosoph auf das Wesentliche zu konzentrieren und die Ideen in den Mittelpunkt der Betrachtung zu rücken, lenkt der Künstler die Aufmerksamkeit der Menschen von der Wahrheit ab. Die philosophische Einstellung auf das Wesentliche macht für Platon den Kern der theoretischen Haltung aus. Demgegenüber erzeugen die Dichter Vorstellungen nach dem Vorbild von Abbildern, die selbst schon nicht mehr als Muster der Wahrheit gelten können. Daraus folgt im zehnten Buch der *Politeia*, dass die nachahmende Kunst mit dem Minderwertigen verkehre, dass sie ein bloßes Spiel und kein Ernst sei und daher in einem Staatswesen, das der Wahrheit verpflichtet ist und von den Philosophen beherrscht wird, nichts zu suchen habe.

Zum Glück für die Künstler existiert auch Platons Staat nur als Idee. Dreht man den Spieß zugunsten der sinnlichen Wahrnehmung um, entsteht der Verdacht, dass die Ideen weniger dem **Willen zur Wahrheit** als vielmehr dem **Willen zur Macht** entsprungen sind, unterstreichen sie doch die Richtlinienkompetenz der Philosophen. Indem die Künstler zeigen, dass alles auch ganz anders sein könnte, als bestimmte Philosophen behaupten, stellen ihre Werke eine ständige Bedrohung der platonischen Ideen sowie der von ihnen abgeleiteten Machtverhältnisse dar.

Im Gegensatz zu Platon, der die Dichter in die Nähe der Lügner gerückt hatte, neigte **Aristoteles** (384–322 v. Chr.) dazu, die Dichtung mit der Wissenschaft zu verbinden. Damit ist nicht nur gemeint, dass seine *Poetik* die erste wissenschaftliche **Untersuchung von Epos und Drama** darstellt. Vielmehr wird diese Untersuchung von der Vorstellung geleitet, dass eine wirksame **Metapher** oder ein eindrucksvoller **Mythos** praktisch die gleiche Bedeutung wie eine theoretische Erkenntnis erlangen können.

Voraussetzung für diese Rehabilitierung der Künste ist die Kritik der platonischen Ideenlehre, die Aristoteles in seiner *Metaphysik* zu einer Neubestimmung der ›aisthesis‹, der sinnlichen Wahrnehmung, führt. Das kommt schon in den ersten Sätzen dieser Schriftensammlung zum Ausdruck, wenn es heißt: »Alle Menschen streben von Natur aus nach Wissen. Ein deutliches Zeichen dafür ist die Liebe zu den Sinneswahrnehmungen« (980a). Damit wird das sinnliche Erlebnis von dem Vorurteil befreit, eine Ablenkung von der Wahrheit zu sein. Vielmehr markiert das Moment der ›aisthesis‹ den **Beginn der theoretischen Neugier**: Weil die Gegenstände der Wahrnehmung rätselhaft oder merkwürdig sind, beginnt man, über sie nachzudenken. Freilich bedeutet dies auch, dass Sinneswahrnehmungen selbst noch keine philosophischen Erkenntnisse, sondern nur Kenntnisse von Einzelfällen sind. Erst ihre vergleichende Zusammenschau liefert Aufschlüsse über Gemeinsamkeiten und Unterschiede – theoretische Aufschlüsse also, die dann wiederum praktische Bedeutung erlangen können.

Im Mittelpunkt der aristotelischen *Poetik* steht der **Begriff der Mimesis**, der zumeist mit Nachahmung übersetzt wird. Als Ganzes betrachtet, seien alle Künste Nachahmungen, **Unterschiede ergäben sich durch die Mittel, die Gegenstände und die Art und Weise der Nachahmung**, erklärt Aristoteles. Trotz ihres einheitlichen Prinzips weisen die Künste daher eine enorme Bandbreite auf. Zu dieser Bandbreite gehört, dass die Künstler die Dinge entweder so darstellen können, »wie sie waren oder sind, oder so, wie man sagt, daß sie seien, und wie sie zu sein scheinen, oder so, wie sie sein sollten« (1460b). Schon allein diese Aufzählung macht deutlich, dass Aristoteles weder die Idealität höher ansiedelt als die Realität noch ausschließt, dass auch etwas, das man nur vom Hörensagen oder dem Schein nach kennt, Gegenstand der Kunst werden kann. Dadurch unterscheidet er sich von Platon, mit dem er jedoch die Ansicht teilt, dass »der Dichter ein Nachahmer ist, wie ein Maler oder ein anderer bildender Künstler« (1460b). Hinter dieser Ansicht, der sich später auch Horaz anschließen wird, steht die Erkenntnis, dass die optische Wahrnehmung für den Menschen von herausragender Bedeutung ist,

> »denn nicht nur um zu handeln, sondern auch, wenn wir keine Handlung vorhaben, geben wir dem Sehen sozusagen vor allem anderen den Vorzug. Das ist darin begründet, daß dieser Sinn uns am nächsten befähigt zu erkennen und uns viele Unterschiede klarmacht« (980a).

In der *Poetik* erklärt Aristoteles nun, dass es in der Dichtung vor allem um die **Nachahmung handelnder Menschen** gehe. Offenbar gibt es für ihn eine funktionale Komplementarität zwischen dem Zuschauen und Beobachten auf der einen sowie dem Handeln und Machen auf der anderen Seite. Diese funktionale Komplementarität ist vor allem erkenntnistheoretischer Art: Handeln und Beobachten, Zuschauen und Machen sind so miteinander rückgekoppelt, dass aus ihrem Wechselspiel Wissen entsteht. Und genau dieses Wechselspiel wird im Theater in Szene gesetzt. Das **Schauspiel ist ein lehrreiches Beispiel** und gleichzeitig, wie alle Künste, dazu angetan, den Wissenserwerb zum Vergnügen zu machen.

Entscheidend ist, dass die Zurschaustellung menschlicher Handlungen im Theater keine bloße Widerspiegelung, sondern eine bewusste Ausstellung von Handlungsmöglichkeiten ist. Die dramatische Handlung besitzt, kurz gefasst, Modellcharakter, weil die Bühne zugleich Reflexions- und Projektionsfläche der menschlichen Tätigkeit ist. »Man muß die Handlungen zusammenfügen und sprachlich ausarbeiten, indem man sie sich nach Möglichkeit vor Augen stellt«, erklärt Aristoteles (1455a).

Die Pointe dieser Formulierung erhellt aus dem, was Aristoteles in der *Poetik* und in der *Rhetorik* über die Metapher sagt. Sowohl in der Dichtkunst als auch in der Redekunst sei es das wichtigste, dass man Metaphern bilde. Und »eine gute Metapher zu bilden bedeutet, daß man Ähnlichkeiten zu erkennen vermag« (1459a). Die wirksamsten Metaphern sind für Aristoteles nun aber jene Analogiebildungen, die Rückschlüsse auf die Praxis zulassen.

Auch in seiner *Rhetorik* bemerkt Aristoteles, »daß der Esprit auf den analogisch gebildeten Metaphern und dem **Vor-Augen-Führen** basiert. [...] Ich verstehe aber unter Vor-Augen-Führen das, was Wirksamkeit zum Ausdruck bringt« (1411a–b). Die Metapher lädt mithin zu einem Denken ein, das den Vollzugscharakter der Wirklichkeit imitiert. Wenn Aristoteles das Verfahren des Vor-Augen-Führens also mit den Worten erläutert, man müsse die Dinge nach Möglichkeit als aktuell Geschehenes sehen (vgl. 1410b), dann ist hierbei nicht nur an die Vergegenwärtigung zu denken, die eine theatralische Inszenierung leistet. Auch Dichter und Redner können ihr Publikum dazu veranlassen, sich etwas als aktuell Geschehenes vorzustellen. Das verdient vor allem im Hinblick auf die Erzählkunst Beachtung, leisten die Zuhörer oder Leser hier doch einen wesentlich stärkeren Beitrag zur kointentionalen Inszenierung des literarischen Diskurses als bei der Vor-Augen-Führung eines Dramas im Theater.

Noch wichtiger ist jedoch die **Dialektik von Analogiebildung und Analogieschluss**, die dem metaphorischen Wissenserwerb zugrunde liegt. Diese Dialektik spielt in der Romantheorie eine zentrale Rolle, vor allem dann, wenn es um das Verhältnis zwischen der Welt des Textes und der Welt des Lesers geht. Die sogenannte Interaktion von Text und Leser, bei der es darauf ankommt, den Text auf einen Kontext zu beziehen, der als Verständnisrahmen fungiert, folgt dem Modell der Metapher, deren zeitgemäße Erklärung bezeichnenderweise Interaktionstheorie heißt.

Die zentrale Analogiebildung, auf der die Wirkung der Dichtung beruht, ist für Aristoteles die **Fabelkomposition**, die darauf hinausläuft, eine komplexe Metapher zu bilden. Daher ist all das, was in der *Poetik* zu dieser Komposition ausgeführt wird, für Narratologen und Metaphorologen gleichermaßen aufschlussreich. Ausgangspunkt ist wiederum das Prinzip der Mimesis, das Aristoteles erst auf die Tragödie und dann auf das Epos bezieht. Der Kern seiner Ausführungen zum Trauerspiel lautet: »Der wichtigste Teil ist die Zusammenfügung der Geschehnisse. Denn die Tragödie ist nicht Nachahmung von Menschen, sondern von Handlung und Lebenswirklichkeit« (1450a). Die Zusammenfügung der Geschehnisse, also die Fabelkomposition, ergibt den ›**mythos**‹. Dieser zeichnet sich durch drei Kriterien aus: Ganzheit, Folgerichtigkeit und Schönheit.

Zunächst einmal soll der ›mythos‹ ein Ganzes mit Anfang, Mitte und Ende sein. Der Zusammenhang von Anfang, Mitte und Ende liegt dabei in der Folgerichtigkeit des Geschehens, aus dessen Größe und Anordnung wiederum seine Anmutungsqualität, seine Schönheit entsteht. (»Das Schöne beruht nämlich auf der Größe und Anordnung«, 1450b). Ein Ganzes ist für Aristoteles,

> »was Anfang, Mitte und Ende hat. Ein Anfang ist, was selbst nicht mit Notwendigkeit auf etwas anderes folgt, nach dem jedoch natürlicherweise etwas anderes eintritt oder entsteht.

Ein Ende ist umgekehrt, was selbst natürlicherweise auf etwas anderes folgt, und zwar notwendigerweise oder in der Regel, während nach ihm nichts mehr eintritt. Eine Mitte ist, was sowohl auf etwas anderes folgt als auch etwas anderes nach sich zieht.« (1450b).

Eine Konsequenz dieser sehr formalen Bestimmung der Ganzheit ist die Abwertung bloß episodischer Fabeln, bei denen die Geschehnisse weder nach der **Wahrscheinlichkeit** noch nach der **Notwendigkeit** aufeinander folgen (vgl. 1451b). Eine andere Implikation dieser Bestimmung ist, dass sich das Ergebnis der Nachahmung, der ›mythos‹, von der Lebenswirklichkeit der Handlungen, auf die er sich bezieht, durch das Kriterium der Ganzheit unterscheidet. Die lebensweltliche Praxis ist ja keineswegs chaotisch, sondern gesellschaftlich organisiert und geordnet. Nur kommt diese Ordnung im alltäglichen Betrieb eben nicht als Ganzes in den Blick; der Mensch ist, solange er handelt, gleichsam betriebsblind. Erst die Dichtung verhilft der Lebenswirklichkeit zu einem in sich geschlossenen Erscheinungsbild. Was den Zusammenhang der beiden Kriterien der Ganzheit und der Folgerichtigkeit betrifft, so besagt die *Poetik*:

»Ferner müssen die Teile der Geschehnisse so zusammengefügt sein, daß sich das Ganze verändert oder durcheinander gerät, wenn irgendein Teil umgestellt oder weggenommen wird. Denn was ohne sichtbare Folgen vorhanden sein oder fehlen kann, ist gar kein Teil des Ganzen« (1451a),

sondern bloße Episode. **Folgerichtigkeit** ist für Aristoteles also erstens ein Prozess, in dem sich die Reihenfolge der Teile aus der Verknüpfung von Ursache und Wirkung ergibt, die auch schon seine Definition von Anfang, Mitte und Ende bestimmt hatte. Insofern ist die Folgerichtigkeit die Kehrseite der **Ganzheit**, genauer: die Bedingung der Möglichkeit, dass eine Ereignisfolge als in sich abgeschlossen erscheint. Zweitens zeigt sich erneut, dass der poetische Akt der Nachahmung theoretisch bedeutsam ist, weist Aristoteles in der *Metaphysik* doch darauf hin, dass wahres Wissen in der Kenntnis von Ursache und Wirkung bestehe.

Wenn also das Kriterium zur Beurteilung eines ›mythos‹ seine Folgerichtigkeit sein soll, dann ist der genießende Nachvollzug der Handlung nicht von der gedanklichen Reflexion auf ihre Zusammensetzung zu trennen. Es gibt mithin keinen Grund, Theorie und Kunst gegeneinander auszuspielen, da sie sich in der ästhetischen Praxis wechselseitig ergänzen. Die Wahrnehmung des Geschehens und das Nachdenken über das Geschehen werden dabei einerseits durch das Vergnügen, das Nachahmungen bereiten, andererseits aber auch durch die Leidenschaften angeregt, die im Spiel sind. Der berühmte **Spannungsbogen**, den Aristoteles für die Tragödie entwirft, damit sie eine Reinigung (›katharsis‹) von den Affekten des Jammers und des Schreckens (›eleos‹ und ›phobos‹) bewirken kann, die sich im Verlauf der Darbietung auf die Zuschauer oder Zuhörer übertragen, ist in diesem Zusammenhang zu sehen.

Das Kriterium der Folgerichtigkeit hat auch mit der Zurückweisung der platonischen Dichterschelte zu tun. Im Zusammenhang mit der Erläuterung des ›mythos‹ bemerkt Aristoteles nämlich – offenbar mit Bezug auf die *Politeia*: »Außerdem ist die Richtigkeit in der Dichtkunst nicht ebenso beschaffen wie in der Staatskunst, und überhaupt ist sie in der Dichtkunst nicht ebenso beschaffen wie in irgendeiner anderen Disziplin« (1460b). Damit wird dem poetischen Handeln eine **Eigengesetzlichkeit**, eine Autonomie, zugestanden, die für Platon noch undenkbar war.

Bemerkenswert ist indes, dass sich der Akzent der Beurteilung verschoben hat. In der *Politeia* ist es die **Idee der Wahrheit**, in der *Poetik* das **Kriterium der Richtigkeit**, an dem die mimetischen Erzeugnisse gemessen werden. Richtigkeit im Sinne der aristotelischen Folgerichtigkeit von Ursache und Wirkung hat etwas mit dem Zusammenpassen der Ereignisse zu tun, und ist insofern ein relatives Kriterium, als es von der **Lebenserfahrung des Betrachters** abhängt, ob ein Geschehen als in sich stimmig angesehen wird oder nicht. Demgegenüber ist die Wahrheit eine absolute Idee, die auch wider die Erfahrung einer von ihr abweichenden Wirklichkeit behauptet werden kann. Diesen Gegensatz hervorzuheben, ist unter anderem deshalb so wichtig, weil die Übereinstimmung oder Nicht-Übereinstimmung mit Ideen keine empirische Entscheidung ist. Während das Kriterium der Folgerichtigkeit eine intersubjektive Verständigung darüber zulässt, ob es erfüllt oder nicht erfüllt ist, taugt die Wahrheit schlecht als Verhandlungsgegenstand. Entsprechend kompromisslos argumentieren in aller Regel diejenigen, die sich im Besitz der (allein selig machenden) Wahrheit wähnen und mimetische Gebilde ausschließlich an ihrer wortwörtlichen Wahrheit oder Falschheit messen.

Aus der aristotelischen Bestimmung des ›mythos‹ lässt sich dagegen die Forderung nach einer rezeptiven Offenheit gegenüber mimetischen Produkten ableiten. Jedenfalls kann man Aristoteles' Ausführungen über das **Wahrscheinliche**, das **Notwendige** und das **Wunderbare** so verstehen. In offensichtlichem Gegensatz zu Platon stellt er fest, die Aufgabe des Dichters sei nicht, »mitzuteilen, was wirklich geschehen ist, sondern vielmehr, was geschehen könnte, d. h. das nach den Regeln der Wahrscheinlichkeit oder Notwendigkeit Mögliche« (1451b).

Zu einer gewissen Verwirrung hat der unterschiedliche Gebrauch geführt, den Platon und Aristoteles von dem Wort ›mimesis‹ gemacht haben, das im griechischen einfach besagt: ›etwas tun, was ein anderer getan hat‹. Neben der Nachahmung der Art und Weise, in der Menschen handeln, gibt es nämlich auch eine Nachahmung der Art und Weise, in der Menschen reden. Fasst man Reden als Handlung, als Sprechakt auf, ist leicht nachzuvollziehen, woher die **Doppelsinnigkeit des Mimesis-Begriffs** stammt. Bei Aristoteles sind beide Bedeutungen präsent; bei Platon hingegen bezieht sich der Begriff auf die Unterscheidung von erzählter und erzählender Stimme.

Getroffen wird diese Unterscheidung in einem Dialog zwischen Sokrates und Glaukon, den Platon im dritten Buch der *Politeia* wiedergibt. »Nun ist aber doch beides Darstellung«, heißt es dort über den Dichter, »sowohl die Reden, die er jeweils wiedergibt, als auch das, was zwischen den Reden steht?« »Ja, natürlich«, lautet die Antwort. »Wenn er aber eine Rede so wiedergibt, als wäre er ein anderer«, meint Sokrates, »dann werden wir doch sagen, daß er seine Vortragsweise jeweils nach Möglichkeit dem angleicht, den er als Sprecher ankündigt?« Da Glaukon auch dieser Meinung beipflichtet, fährt Sokrates fort: »Sich aber einem anderen, sei es in der Stimme oder in der Gestalt anzugleichen, das bedeutet doch, den nachahmen, dem man sich angleicht.« In diesem Fall ist die Rede also mimetisch. »Wenn sich der Dichter dagegen nirgends selbst verbirgt, so wird seine ganze Dichtung und Darstellung ohne Nachahmung verlaufen« (393a–e).

Sokrates spricht bis zu diesem Punkt ausschließlich über die **Nachahmung der menschlichen Stimme** und nicht über die **Nachahmung menschlicher Handlungen**, die für Aristoteles den Inbegriff der Dichtung ausmacht. Überhaupt ist das dramatische Geschehen für Platon hauptsächlich vermittels der Figurenrede präsent. Das zeigt sich, als Sokrates die Möglichkeit erwähnt, die Schilderungen des Dichters, in denen er mit seiner eigenen Stimme redet (›diegesis‹), aus der Figurenrede herauszunehmen und nur die Wechselrede der Figuren stehen zu lassen, wie es in der Tragödie und Komödie geschieht. Das Schauspiel ist demnach, von den Regieanweisungen einmal abgesehen, ausschließlich Mimesis, das Epos jedoch vereinigt die Mimesis von Stimmen und Handlungen mit einem weitläufigen Erzählen, bei dem scheinbar nur die Stimme des Erzählers zu hören (oder zu lesen) ist. Dieses weitläufige Erzählen ist kein **mimetisch**er, sondern ein **diegetisch**er Akt, keine Stimmenwiedergabe, sondern Handlungsbericht und Erzählerkommentar.

Aristoteles knüpft an diese Differenzierung an, wenn er in seiner *Poetik* auf die verschiedenen Modi der Darstellung zu sprechen kommt. Grundsätzlich sei es möglich, »entweder zu berichten – in der Rolle eines anderen, wie Homer dichtet, oder so, daß man unwandelbar als derselbe spricht – oder alle Figuren als handelnde und in Tätigkeit befindliche auftreten zu lassen« (1448a). Das Drama macht fast ausschließlich von der letzten Möglichkeit Gebrauch; im Epos hingegen wird bestenfalls die Illusion erzeugt, als ob der Dichter seine Figuren zitiere.

Tatsächlich ist es sogar noch ein wenig komplizierter. Einerseits kann es nämlich im Rahmen der dramatischen Mimesis durchaus diegetische Formen der Handlungsdarstellung, etwa die Mauerschau (Teichoskopie), geben. Andererseits geht die Vorstellung, der Monolog des Erzählers lasse sich durch dialogische Szenen auflockern, am entscheidenden Punkt der Sache vorbei. Platons Beschreibung suggeriert, dass die Stimmen, die der Dichter zitiert, tatsächlich einmal zu hören waren bzw. leibhaftigen Menschen gehören. Das kann, muss aber nicht so sein. Begriffe wie »Nachahmung«, »Wiedergabe« usw. sind zumindest insofern irreführend, als der Erzähler eines fiktionalen Textes die fremde Stimme eher fingiert als imitiert. Der Begriff der Mimesis impliziert keineswegs, dass es den Gegenstand der Nachahmung vor oder außerhalb der Dichtung gibt. Zwar beziehen sich die sokratischen Dialoge auf Gespräche, die Sokrates wirklich geführt haben soll, aber selbst wenn dies zutrifft, gilt für die fiktionale Erzählkunst doch, dass der eigentliche Urheber der direkten Rede nicht die erzählte Figur, sondern der Verfasser ist, der die Figur erfunden und mit einer »eigenen« Stimme ausgestattet hat.

Wohlgemerkt: der Verfasser, nicht der Erzähler muss als **Urheber der Figurenrede** angesehen werden, denn der Erzähler ist, genau genommen, auch nur eine Redefigur, die sehr verschiedene Züge annehmen kann: die eines Ich- oder eines Er-Erzähler, die einer handelnden, einer bloß beobachtenden oder im Geschehen gar nicht greifbaren, einer glaubwürdigen oder unglaubwürdigen Figur. Der Erzähler ist also eine Funktion der Bedeutungsvermittlung, die auch auf mehrere Stimmen verteilt sein kann. Auf keinen Fall sollte der Erzähler einer fiktionalen Geschichte jedoch mit der historischen Person des Verfassers verwechselt werden.

1.2 Horaz und Quintilian – Perspektivische und emphatische Mimesis/Der agonale Charakter der Imitation

Neben Platon und Aristoteles gehören auch Horaz und Quintilian zur Vorgeschichte der Romantheorie. Vor allem der Brief an die Pisonen, in dem **Horaz** (65–8 v. Chr.) seine Auffassung der Dichtkunst erläutert, ist im 17. und 18. Jahrhundert häufig zur Legitimation des Romans herangezogen worden. Dabei erinnern viele Argumente in *De Arte Poetica* an Aristoteles – etwa die Ansicht, dass optische Eindrücke stärker als akustische seien. Allerdings gibt es laut Horaz Geschehnisse, die man zwar nicht zu Gesicht bekommen kann, in der Dichtung aber dennoch zu Gehör bringen sollte:

> »Etwas wird auf der Bühne entweder vollbracht oder wird als Vollbrachtes berichtet. Schwächer erregt die Aufmerksamkeit, was seinen Weg durch das Ohr nimmt, als was vor die verläßlichen Augen gebracht wird und der Zuschauer sich selbst vermittelt; doch wirst du nicht, was besser im Innern sich abspielen sollte, auf die Bühne bringen, wirst vieles den Augen entziehen, was dann die Beredsamkeit allein verkündet.« (180 ff.).

Es gibt also eine **Verhältnismäßigkeit zwischen den Gegenständen der Darstellung und der Art und Weise der Darstellung**, zwischen den Sinnesorganen, an die sich der Dichter wendet, und dem, was er bei seinen Zuhörern oder Zuschauern an Vorstellungen auslösen will. Bedeutsam ist jedoch vor allem, dass Horaz in der zitierten Passage von einer Selbstvermittlung des Kunstwerks durch die Rezipienten spricht. Das ist, so akzentuiert, ein neuer Gesichtspunkt und zugleich die Quintessenz seiner berühmten Formel »ut pictura poesis«. Sie nämlich stellt die **zentrale Bedeutung des Blickwinkels** für die Wirkung der Bild- und Wortkunst heraus:

> »Eine Dichtung ist wie ein Gemälde: es gibt solche, die dich, wenn du näher stehst, mehr fesseln, und solche, wenn du weiter entfernt stehst; dieses liebt das Dunkel, dieses will bei Licht betrachtet sein und fürchtet nicht den Scharfsinn des Richters; dieses hat einmal gefallen, doch dieses wird, noch zehnmal betrachtet, gefallen.« (361 ff.).

Man sieht: die **Vergleichbarkeit von Malerei und Dichtung** – seit Platon eine stillschweigende Voraussetzung der antiken Kunstbetrachtung – ergibt sich für Horaz daraus, dass hier wie dort das Ausprobieren der rechten Perspektive eine entscheidende Rolle spielt. Es kommt für den Betrachter darauf an herauszufinden, von welchem Standpunkt aus ein Kunstwerk die reizvollsten Ein-, An- und Aussichten offenbart.

Mehr noch: Horaz gibt an dieser Stelle als früher Vorläufer der formalistischen und strukturalistischen Ästhetik ein Maß für die Poetizität eines Gegenstandes an, scheint doch jenes (Wort-) Gemälde, das auch noch nach zehnmaliger Betrachtung gefällt, poetischer als ein Artefakt zu sein, dessen **Wirkungspotential** sich schon in einer **Aktualisierung** erschöpft. So gesehen, steht zum Beispiel Umberto Eco in einer langen Tradition, wenn er die poetische Kraft eines Textes an seiner Fähigkeit bemisst, »immer neue und andere Lesarten zu erzeugen, ohne sich jemals ganz zu verbrauchen« (Eco 1987, S. 17).

Die Formel »ut pictura poesis« besagt mithin, dass die Kunstbetrachtung selbst ein mimetischer Akt ist, denn wenn es in der Rezeption darum geht, sich so auf den nachgeahmten Gegenstand einzustellen, dass dieser seine volle Geltung erlangt, vollzieht der Betrachter die Optik des Kunstwerks nach. Ergänzt wird diese **perspektivische Mimesis** von einer Einfühlung in den Gegenstand, die man als **emphatische Mimesis** bezeichnen könnte. Horaz erläutert sie anhand des Lachens und Weinens:

> »Mit den Lachenden lacht, mit den Weinenden weint das Antlitz des Menschen. Willst du, daß ich weine, so traure erst einmal selbst [...] Denn die Natur formt zuerst unser Innres je nach der äußeren Lage.« (102–110).

Man muss diese Technik der Gemütserregung nicht unbedingt mit der aristotelischen ›katharsis‹ gleichsetzen, um zu erkennen, dass die Nachahmung der Natur die Nachahmung der menschlichen Psyche einschließt, von der Horaz annimmt, dass sie ihre Erregung äußeren Anstößen verdankt. Während das aristotelische Konzept der Katharsis eher die Wirkung der Mimesis beschreibt, geht Horaz den **Bedingungen der Wirkungsentfaltung** nach. In seiner Sicht der Dinge avanciert der Kunstbetrachter zum reproduzierenden Künstler, der sich einfühlsam auf das (Wort-)Gemälde einstellt.

Dass die perspektivische und emphatische Mimesis einer fremden Schöpfung schließlich auch zu eigenen Kreationen führen kann, ist ein Gedanke, den im Anschluss an Horaz **Quintilian** (35–96 n. Chr.) vertreten hat. Im zehnten Buch seiner *Institutio oratoria* bemerkt Quintilian, dass ein Großteil aller Kunstfertigkeit auf Nachahmung beruhe, »besteht doch unsere ganze Lebensweise darin, dass wir alles, was bei anderen Beifall finde, selbst tun möchten« (Quintilian 1985, S. 69). Der mimetische Impuls ist also keineswegs auf die Kunst beschränkt. Seine pragmatische Bedeutung kommt für Quintilian dort besonders prägnant zum Ausdruck, wo die Nachahmung das Vorbild übertrifft. Dann nämlich entsteht etwas Neues.

Das beste Medium für diesen **Übergang von der Imitation zur Kreation** ist der Wettstreit. Selbst »wer nicht nach dem Höchsten strebt, sollte lieber wetteifern als (bloß) nachahmen« (ebd., S. 73). Der mimetische Impuls weist demnach eine ›agonale‹ Komponente auf. Der Schüler sucht den Lehrer, der Geselle den Meister zu übertreffen; beide wollen über den bereits erreichten Leistungsstandard hinaus gelangen. Anders formuliert: Das Alte ist die Herausforderung des Neuen, es stimuliert den mimetischen Impuls, der dort, wo er sich mit Ehrgeiz paart, die Grenzen der Reproduktion sprengt.

Der **agonale Charakter der Imitation** ist im 20. Jahrhundert von René Girard zu einer umfassenden Romantheorie ausgearbeitet worden, die sowohl das Verhalten der erzählten Gestalten als auch die Rivalität der Erzählverfahren betrifft. Girard erläutert das zunächst am *Don Quijote*. Indem der passionierte Leser Don Alonso de Quijano beschließt, seinem literarischen Vorbild Amadis de Gaula zu folgen, tritt er sein Recht, selbst zu wählen, was er begehrt, an eine imaginäre Instanz ab: Amadis wählt nun für ihn und tritt dadurch als Vermittler zwischen das begehrende Subjekt und das begehrte Objekt (vgl. Girard 1965, S. 1). Und indem sich Sancho Pansa von Don Quijote den Floh ins Ohr setzen lässt, unbedingt Statthalter werden zu müssen, wird er nicht nur zum Steigbügelhalter, sondern zum komischen Double des Ritters von der traurigen Gestalt.

Andere Beispiele für ein **mediatisiertes Begehren** wären die Affäre der Madame Bovary bei Flaubert oder der Traum von John Barths Tabakhändler als ›poeta laureatus‹ zu reüssieren. Aufschlussreich ist, dass der Mediator auch ein erotischer oder ideologischer Rivale sein kann und in dieser Gestalt sehr häufig bei Stendhal oder Dostoevskij auftaucht. Dass so viele Romanschriftsteller immer wieder den imitativen Charakter des Begehrens herausgestellt haben, zeugt, Girard zufolge, davon, dass sie sich im Verlauf des Schreibens selbst von einem Rivalen emanzipieren mussten, der ihnen zunächst als künstlerisches Vorbild galt. Ihre Fähigkeit, den eigenen mimetischen Impuls anhand der Stellvertreter zu reflektieren, die sie sich mit ihren Romanfiguren schufen, unterscheide die wahren Romanschriftsteller von den Romantikern, die sich den imitativen Charakter ihrer Kreativität nicht eingestehen wollten (vgl. ebd., S. 17). Der romantische Künstler berufe sich lieber auf die göttliche Inspiration, als sich dem nicht immer angenehmen Prozess der Selbstkritik zu unterwerfen, den Cervantes, Stendhal, Flaubert und Dostoevskij in ihren Romanen inszeniert hätten. Der echte Romanschriftsteller jedoch erkenne an, dass Kunst und Liebe sozial vermittelte, durch Zeichen gesteuerte, agonale Vorgänge mimetischer Art sind.

Es ist daher womöglich kein Zufall, dass der mimetische Impuls, der Romanautoren und -leser bewegt, schon bei Huet und Furetière mit dem Thema der Liebe verbunden wird, das den Roman in den Augen seiner frühen Kritiker zu einem gefährlichen Medium gemacht hat.

1.3 Huet und Furetière – Romanlektüre als Infektion und Purgativ/ Bestimmung des Romans als fiktive Geschichte von Liebesabenteuern in Prosa

Die Romantheorie der Neuzeit beginnt als Apologie. 1670 erscheint in Paris der Roman *Zayde. Histoire espagnole, par Monsieur de Segrais. Avec un Traitte de l'Origine des Romans, par Monsieur Huet*. Tatsächlich war der Roman von Madame de Lafayette (1634–1693) gemeinsam mit ihrem Freund und Sekretär Jean Regnault de Segrais (1624–1701) verfasst worden. Im Vorfeld ihrer Unternehmung hatten sie den gelehrten **Pierre Daniel Huet** (1630–1721) gebeten, einmal all die Werke aufzulisten, die sie bei ihrer Arbeit – wenn nicht nachahmen –, so doch als Orientierungshilfe heranziehen konnten.

Huet nahm diese Bitte zum Anlass für eine grundsätzliche **Untersuchung des Romans, seiner Geschichte und Wertschätzung**. Dabei konnte er nicht nur auf theoretisches Wissen, sondern auch auf praktische Erfahrung zurückgreifen. Schon mit achtzehn Jahren hatte er Longus' *Daphnis und Chloe* ins Französische übertragen und später mit *Diane de Castor ou le faux Inca* einen eigenen Roman im Stil der *Aithiopika* verfasst, der allerdings erst 1728, nach seinem Tod, veröffentlicht wurde. Ein Grund dafür mag Huets Priesterweihe im Jahre 1672 gewesen sein. Von Heliodor wird überliefert, er habe sich, vor die Wahl gestellt, entweder sein Bischofsamt aufzugeben oder seinen Roman zu verbrennen, für die Literatur entschieden. Huet hingegen mochte sich nicht zu seinem Jugendwerk bekennen, erst recht nicht, nachdem er 1692 ebenfalls zum Bischof bestellt worden war.

Wichtiger als dieser anekdotische Hintergrund ist freilich, dass Huet mit seiner Longus-Übersetzung, mit seiner Begeisterung für die *Aithiopika* und mit seinem eigenen Roman eine **Vorliebe für das heroische und bukolische Genre** der Erzählkunst erkennen lässt. Diese Vorliebe hat auch seine Abhandlung über den Ursprung der Romane geprägt. Rabelais beispielsweise wird darin überhaupt nicht, Cervantes nur am Rande erwähnt. Stattdessen preist Huet die *Astrée* von Honoré d'Urfé (1567–1625) als das neuzeitliche Werk, das den antiken Vorbildern am nächsten gekommen sei. Dass Madame de Lafayette nach ihrem *Zayde* mit *La princesse de Clèves* 1678 den ersten klassischen Roman der französischen Literatur schreiben sollte, konnte Huet 1666, als er Segrais' Anfrage beantwortete, noch nicht wissen. Ebenfalls 1666 wurde in Paris jedoch *Le Roman Bourgeois* von **Antoine Furetière** (1619–1688) veröffentlicht, der wie kaum ein anderer Text jener Zeit deutlich macht, warum und inwiefern eine Apologie des Romans nötig war.

Im Gegensatz zu dem polemischen *Lettre contre un liseur des romans*, den Cyrano de Bergerac (1619–1655) herausgegeben hatte, der nicht weniger polemischen Ansicht von Jean Chapelain (1595–1674), dass Romane ein **Vergnügen für Idioten** seien, und der Kritik *Les Héros de Roman* von Nicolas Boileau (1636–1711), bedient sich Furetière nämlich der Erzählkunst selbst, um seinen Lesern die Gefahren des romanhaften Erlebens von Welt vor Augen zu führen. So verspottet er in seinem *Bürgerroman* eine gewisse Javotte, die dem Helden der *Astrée* zunächst die Züge eines Bekannten verleiht, um sodann zu erwarten, dass sich seine Gefühle ebenso wie ihre eigenen nach dem Muster dieses Romans entwickeln. Javottes Liebe ist also nur ein Medienereignis, eine eingebildete Affäre. Vordergründig betrachtet wird im *Roman Bourgeois* nicht die Nachahmung der Wirklichkeit durch die Autoren, sondern die **Nachahmung der Fiktion durch die Leser** karikiert. Die Kritik der *Astrée* im Erzählerkommentar macht jedoch klar, dass das eine die Voraussetzung des anderen ist, denn:

> »Je natürlicher darin die Liebesleidenschaften dargestellt werden, umso nachhaltiger nisten sie sich in den jungen Seelen ein, wo sich unmerklich ein Gift verteilt, das das Herz erreicht, bevor man noch ein Gegengift verabreichen kann. Es ist nicht so wie in diesen anderen Romanen, in denen nur die Liebesgeschichten von Prinzen und fahrenden Rittern vorkommen, die nicht zu vergleichen sind mit den gemeinen Menschen und keine Berührungspunkte mit ihnen aufweisen, folglich auch keine Lust zur Nachahmung wecken.« (Furetière 1992, S. 174 f.).

Erst die relative Nähe der *Astrée* zur bürgerlichen Lebenswelt macht also ihre Problematik aus. Pikant daran ist nicht nur, dass Huet gerade diesen Roman für besonders gelungen hält, sondern dass seine Hochachtung den gleichen Grund wie Furetières Abwertung hat. Es ist die ›vray-semblance‹ von Urfés Werk, die das Lob des einen und die Kritik des anderen erregt, denn für Huet gilt: »La vray semblance, qui ne se trouve pas toûjours dans l'Histoire, est essentielle au Roman.« (Huet 1966, S. 10).

Furetière schildert die **Romanlektüre als Infektion**, als Übertragung einer gefährlichen, ansteckenden Krankheit, ja als Vergiftung. Mindestens ebenso aufschlussreich wie diese Metapher ist jedoch, dass er selbst einen Roman geschrieben hat, um seinen Lesern die falschen Vorstellungen auszutreiben, die ihnen von anderen

Romanen eingeflößt werden. Die Heilung, die sein Werk bewirken soll, hängt also davon ab, dass es auf die gleiche Art und Weise wie die Bazillenträger eingenommen wird. Mit nüchternen Argumenten allein kommt man der menschlichen Einbildungskraft offenbar nicht bei, man muss sie mit Geschichten fesseln, und die Belehrung mit Belustigung verbinden. Ohne Umschweife erklärt Furetière daher:

> »Man mag noch so gute Grundsätze predigen, befolgt werden sie mit noch größerer Mühe als angehört. Sehen wir aber das Laster ins Lächerliche gezogen, wenden wir uns von ihm ab, aus Sorge, zum öffentlichen Gespött zu werden.« (Furetière 1992, S. 11).

Der Verfasser des *Bürgerromans* verfährt daher wie jene Ärzte, »die ein Purgativ in einer wohlschmeckenden Arznei verabreichen« (ebd.). Huet wiederum stellt ausgerechnet die von Furetière inkriminierte Verführungsgewalt der Romane in den Dienst der Belehrung, wenn er schreibt:

> »comme l'esprit de l'homme est naturellement ennemy des enseignements, & que son amour propre le revolte contre les instructions, il le faut tromper par l'appas du plaisir [...]«. (Huet 1966, S. 5). dt.: »Gleich wie aber des Menschen gemüth von Natur eine feindin ist der Unterrichtungen / und die eigene Liebe den Menschen jederzeit beweget / der Unterweisung zu wiederstreben / also muß man ihn locken / und betriegen durch die vergnugung [...].« (ebd., S. 104).

Furetières Roman widerlegt und bestätigt diese Ansicht zugleich. Die Geschichte der Javotte ist ein Lehrbeispiel ex negativo. Das didaktische Kalkül geht freilich nur auf, wenn alle, die in der Gefahr schweben, die *Astrée* zu imitieren, den *Bürgerroman* lesen und ihre Geschichte auf sich selbst beziehen. Genau diese Beziehung auf sich selbst lag aber auch Javottes emphatischer Mimesis zugrunde.

Die Wirkung eines Romans hängt also wesentlich von der Einstellung seiner Leser ab. Je nachdem, ob sie sich gegenüber den Helden identifikatorisch oder distanziert verhalten, dient die Lektüre der Selbst-Aufklärung oder dem Gegenteil. Entscheidend ist daher nicht, dass der Roman eine »Dichtung in Prosa« ist; so hatte ihn schon Torquato Tasso (1544–1595) definiert, so steht es auch bei Furetière. Entscheidend ist vielmehr, dass der **Roman für das einsame, stille Lesen gedacht** ist. Denn damit ist der Leser einer Gedankenflucht ausgeliefert, die sich nicht mehr öffentlich kontrollieren lässt. Eine Folge des Buchdrucks ist daher die staatliche Zensur; eine andere, dass der Erzählerkommentar schon bei Furetière als Kritik angemessener und unangemessener Lesarten fungiert. Der Verfasser antizipiert und lenkt die Interpretationen seines Textes beispielsweise dadurch, dass er entweder vorbildliche oder lächerliche Modell-Leser wie Javotte auftreten lässt. Furetières Anti-Roman ist, so gesehen, eine ›Metafiktion‹, eine erfundene Geschichte, die über das Erfinden von Geschichten aufklärt und zugleich zeigt, wie sehr das Alltagsverhalten der Menschen illusorische Züge annehmen kann.

Bei Huet ist selbstverständlich noch nicht von ›Metafiktion‹ die Rede, aber der Begriff der Fiktion spielt in seiner Theorie neben dem Thema der Liebe doch eine entscheidende Rolle. Die Romane werden von ihm bestimmt als »fictions d'aventures amoureuses, écrites en Prose avec art, pour le plaisir & l'instruction des Lecteurs« (Huet 1966, S. 4 f.). Das ist nicht nur eine **Definition**, es ist auch ein **Werturteil**.

Was »sans art« geschrieben ist und nicht Horaz' Maxime (»prodesse et delectare«) entspricht, kann kein echter Roman sein. Der Kunstanspruch, daran lässt Huet keinen Zweifel aufkommen, beruht auf der Regelhaftigkeit und Regelmäßigkeit von Fabelkomposition und Erzählweise (vgl. ebd., S. 5). Dass dieser Vorstellung von Schönheit die Proportionalitätslehre aus der aristotelischen Poetik zugrunde liegt, wird klar, wenn Huet erklärt, »daß ein Roman gleich sein müsse einem wohl gemachten Körper / und zusammen gesetzet auß verschiedenen unter einem eintzigen Haupt geebeneten Theilen« (Huet 1966, S. 127), wie es in der deutschen Übersetzung von Eberhard Werner Happel (1647–1690) aus dem Jahr 1682 heißt.

1.4 Heidegger und Gottsched – Mimesis als Hybris/Differenzierung von Roman und Epos

Der wohl schärfste Widersacher von Huet, der Schweizer Pfarrer **Gotthard Heidegger**, hatte den *Traité* nicht in der deutschen Ausgabe, sondern in einer lateinischen Fassung von Wilhelm Pyrrho kennen gelernt, die im gleichen Jahr wie Happels Übersetzung, also 1682 veröffentlicht wurde. Heidegger wurde 1666, im Entstehungsjahr von Huets Abhandlung über den Roman geboren. Sein eigener »Discours von den Romanen« erschien 1697 unter dem Titel *Mythoscopia Romantica* und trägt alle Züge einer Moralpredigt, in der die »Erdichteten Liebes= Stats=Helden= und Hirten=Geschichten« abgekanzelt werden.

Vor allem die Behauptung, dass Romane der »Ergetzung / und Erbauwung des Lesers dienten« (Heidegger 1969, S. 15 f.) erregt Heideggers heiligen Zorn. Bei dieser Behauptung wird nämlich stillschweigend vorausgesetzt, dass sich die Menschen mit vergnüglichen Geschichten über die Ordnung der Welt verständigen könnten. Heidegger hält das für Hybris, ja für Blasphemie. Weder lasse sich die göttliche Schöpfung nachahmen, noch könne sie von Menschen durchschaut werden. Zudem führten die **Liebesgeschichten** – darin stimmt Heidegger mit Furetière überein – zu bedenklichen Nachahmungen, denn sobald die Leser

> »die Romans recht gekostet / fangen sie an sich Romantischer Galantereyen zubefleissen: Ein Muster ist / daß sie stracks einen Romanischen Stylum in den Briefen annehmen / mit erdichteten oder Fürstlichen Nahmen / Traum=erzehlungen u. d. g. gleich jennen spielen lehrnen.« (ebd., S. 116).

Huet hatte argumentiert, dass es für junge Menschen wichtig sei, die Welt der Gefühle kennenzulernen, um gegen ihre Gefahren gefeit zu sein (vgl. Huet 1966, S. 95). Heidegger merkt dazu an, die Gefahr, dass der Funken der Liebe vom Roman auf den Leser überspringe sei doch wohl größer als ihre abschreckende Wirkung:

> »wenn man beförchtet / das Haus möchte noch in den Brand gerathen / hätt ich vermeint es were besser / daß man Wasser / als Stroh darin zusammen trage. Wenn es die Gefahr hat / warum streicht man der Jugend nicht vilmehr Remedien wider die Liebe ein / als Anleitung und Reitz=mittel?« (Heidegger 1969, S. 144).

Tatsächlich behauptet Heidegger allen Ernstes, den Romanautoren gehe es um die »Widereinführung der Heydnischen Götzen« (ebd., S. 51). Kurzum: im Gegensatz zur göttlichen Offenbarung, zur Wahrheit der Bibel sind die Romane »Lugen= Kram« (ebd., S. 61).

Ganz anders fasste seinerzeit Gottfried Wilhelm Leibniz das **Verhältnis von menschlicher Erfindung und göttlicher Schöpfung** auf. In einem Brief an den Herzog Anton Ulrich von Braunschweig, der selbst ein Verfasser weitschweifiger Helden- und Liebesgeschichten war, schreibt Leibniz:

> »gleichwie E[uer].D[urchlaucht]. mit Ihrer Octavia noch nicht fertig, so kann Unser herr Gott auch noch ein paar tomos zu seinem Roman machen, welche zulezt beßer lauten möchten. Es ist ohne dem eine von der Roman-Macher besten künsten, alles in verwirrung fallen zu laßen, und dann unverhofft herauß zu wickeln. Und niemand ahmet unsern Herrn besser nach als ein Erfinder von einem schöhnen Roman.« (Leibniz 1970, S. 67 f.).

Keineswegs also muss man in den Fabeln der Romanautoren wie Heidegger unlautere Alternativen zur Heilsgeschichte sehen, zumal ja gerade die Schöpferkraft des Menschen darauf verweist, dass er nach dem Ebenbild Gottes geschaffen worden ist.

Heidegger war übrigens nicht der erste, der im deutschsprachigen Raum Huets Roman-Apologie zur Kenntnis nahm. Schon 1682 hatte sie Daniel Georg Morhof in seinem *Unterricht von der deutschen Sprache und Poesie* zustimmend zitiert. Auch die zwei Jahre später veröffentlichten *Réflexions sur les Romans* von Susanne Elisabeth Prasch sowie die *Vollständige Deutsche Poesie* von Albrecht Christian Rotth und die *Monats-Gespräche* von Christian Thomasius, die beide 1688 im Druck erschienen, lehnten sich bei der Erörterung des Romans an Huet an. Seine Konzeption prägte noch die Vierte Auflage von **Johann Christoph Gottsched**s *Versuch einer kritischen Dichtkunst* aus dem Jahr 1751, in der erstmals auch der Roman etwas ausführlicher behandelt wurde. Dort, wo Gottsched im 1. Abschnitt seines V. Hauptstücks »Von milesischen Fabeln, Ritterbüchern und Romanen« über eine Paraphrase des *Traité* hinausgeht, hat er stets den Vergleich der neuen Gattung zum alten Epos im Sinn.

> »Von der Epopee oder dem Heldengedicht [... gilt], es sey die poetische Nachahmung einer berühmten Handlung, die so wichtig ist, daß sie ein ganzes Volk, ja wo möglich, mehr als eins angeht. Diese Nachahmung geschieht in einer wohlklingenden poetischen Schreibart, darinn der Verfasser theils selbst erzählet, was vorgegangen; theils aber seine Helden, so oft es sich thun läßt, selbst redend einführet. Und die Absicht dieser ganzen Nachahmung ist die sinnliche Vorstellung einer wichtigen moralischen Wahrheit, die aus der ganzen Fabel auch mittelmäßigen Lesern in die Augen leuchtet« (Gottsched 1973, S. 292).

Als er sich dann den Romanen zuwendet, »die seit der Erfindung der Buchdruckerkunst ans Licht getreten« sind (ebd., S. 472), weist Gottsched auf einige **bemerkenswerte Unterschiede** dieser neuen Erzählform **zum alten Epos** hin:

- Erstens sollen die Romanschriftsteller anders als die Verfasser von Heldengedichten Handlungsträger ohne berühmte Namen verwenden, »denn Liebesgeschichten können auch Leuten aus dem Mittelstand begegnen.«

- Zweitens soll der Verfasser die Leser, Horaz gemäß, »gleich in die Mitte der Geschichte führen [...] Denn ungeachtet man einem Roman solche enge Gränzen nicht setzet, als einer Epopee; so soll er doch kein Lebenslauf werden.«
- Drittens darf ein Roman dem Heldengedichte darin »nicht gleich kommen, daß er den wunderbaren Einfluß der Götter, oder Geister, Hexen u. d. m. nöthig hätte.«
- Viertens gilt es im Roman schwülstige oder hochtrabende Reden zu vermeiden. »Je näher also die Schreibart in Romanen der historischen, desto schöner ist sie.«
- Fünftens schließlich – damit wird der nach wie vor neuralgische Punkt berührt – erinnert Gottsched daran, »daß ein guter Roman auch den guten Sitten keinen Schaden thun muß. Die Liebe kann, nach Heliodors Exempel, auch eine unschuldige und tugendhafte Neigung seyn. Dieses zeiget auch das Exempel der *Pamela* in neueren Zeiten; ja selbst diese ist vielen Kunstrichtern noch nicht von allen Buhlerkünsten frey genug.« (ebd., S. 475 ff.).

Gottscheds **Differenzierung von Epos und Roman** läuft also darauf hinaus, die Nähe der modernen Erzählkunst zur Historie zu betonen. Der Roman ist dem empirischen Gebot der Wahrscheinlichkeit verpflichtet, sein gesellschaftliches Einzugsgebiet ist weiter, seine offene Thematik stärker auf die Gegenwart bezogen als die in sich abgeschlossene Handlung des Epos. Diese muss berühmt, einem ganzen Volke wichtig und ein integraler Ausdruck seiner Moral sein, während sich der Romanschriftsteller »genau nach den Sitten der Zeiten, der Oerter, des Standes, Geschlechtes und Alters seiner Personen richten« muss (ebd., S. 476). Demzufolge können im Roman durchaus auch einmal die Unsitten der Zeit zur Sprache kommen. Entscheidend ist nicht die Erwähnung oder Beschreibung, sondern die Verurteilung des Lasters. Genau dieser Konzeption entsprach Richardsons 1740 veröffentlichter Roman *Pamela or Virtue Rewarded*, den Gottsched lobend erwähnt.

1.5 Fielding und Wieland – Die Theater-Metapher als Leitbild der Romanpoetologie/Modell-Funktion des wahrscheinlichen Charakters

Eine andere, mehr gegen die Torheit als gegen das Laster gerichtete Möglichkeit, den Roman zum Bildungsinstrument auszugestalten, suchten die Romane von Henry Fielding und Christoph Martin Wieland zu verwirklichen. Diese Entwicklungslinie der modernen Erzählkunst geht von Fieldings Parodie der *Pamela* in *Shamela* (1741) aus. In der *Geschichte des Agathon* (1766 ff.) wird sie praktisch, in Friedrich von Blanckenburgs *Versuch über den Roman* (1774) theoretisch ratifiziert.

In *Tom Jones, A History* (1749) reklamiert **Henry Fielding** (1707–1754) für seinen Erzähler, der Gründer einer neuen Provinz der Schriftstellerei zu sein. Sondiert hatte er das poetische Gelände bereits in *The History of Joseph Andrews, And of His Friend Mr. Abraham Adams*. So wie man das Drama in Epos und Tragödie unterteilen könne, erläutert Fielding im Vorwort zu diesem 1742 veröffentlichten Buch, könne man auch von komischen und ernsten Epen in Prosa sprechen. Im **Vergleich zur Komödie** weise »a comic Epic-Poem in Prose« allerdings einen viel weiteren

Kreis von Ereignissen und Helden auf. Von dem, was Fielding »a serious Romance« nennt, hebe sich der komische Roman durch seine aufgelockerte Handlung, den Humor, die Einbeziehung auch der niederen Stände und dadurch ab, dass er eher das Lächerliche als das Erhabene darstelle. Gerade deshalb sei die komische Prosa-Dichtung jedoch besonders naturgetreu.

Das bedeute jedoch nicht, dass der komische oder burleske Roman den Menschen in seiner unverstellten Natürlichkeit porträtiere. Vielmehr entlarve er die aus Eitelkeit und Heuchelei angenommenen Posen, wobei die **Bloßstellung der Heuchler** vergnüglicher und überraschender sei als die der Eitlen, weil sich die Betroffenen dabei als das genaue Gegenteil dessen erweisen würden, was sie in der Welt darstellen wollten. Auf das literarische Muster, dem sich Fielding als komischer Schriftsteller verpflichtet fühlt, weist der Untertitel seines *Joseph Andrews*, »Written in Imitation of the Manner of Cervantes, Author of Don Quixote« hin. Der Roman steht demzufolge einerseits in einem Spannungsverhältnis zwischen der Mimesis und der Karikatur des gewöhnlichen Lebens und andererseits in einem Spannungsverhältnis zwischen der Nachahmung und Übertreffung der literarischen Tradition. Zu beachten ist dabei, dass Fieldings Bewunderung für Cervantes die Kehrseite seiner Abneigung gegenüber Richardson darstellt.

Aufgeteilt ist *Tom Jones* in achtzehn Bücher, von denen jeweils das erste Kapitel allgemeine poetologische und anthropologische Erörterungen enthält, die sich zu einer Theorie des Romans zusammenziehen lassen. Als roter Faden kann dabei die **Theater-Metapher** dienen. Sie bezieht sich nicht nur auf das Rollenspiel der Handlungsträger, sondern auch auf jenen Part, den die Leser dank der spezifischen Erzählanlage des *Tom Jones* für die Dauer der Lektüre übernehmen.

Weit davon entfernt, die Welt mit einer Bühne gleichzusetzen, vermittelt die Theater-Metapher im *Tom Jones* ein Bewusstsein davon, dass der Roman ein Weltmodell darstellt, dass die erzählte Geschichte also, wenn überhaupt, nicht im wörtlichen, sondern im übertragenen Sinne auf die Erfahrungswirklichkeit zutrifft. Der **Modellcharakter der Geschichte** zeigt sich auch daran, dass der Erzähler ihren Verlauf eben so gut dehnen wie raffen kann.

> »Wenn eine ungewöhnliche Szene sich meldet (was, wie wir hoffen, häufig eintreffen wird), so werden wir die Mühe und das Papier nicht scheuen, sie geräumig vor dem Leser aufzubauen; sollten dagegen ganze Jahre verfließen, ohne daß etwas einer Betrachtung Wertes geschieht, so werden wir vor einer Lücke in unserer Geschichte uns nicht bedenken, sondern zu den folgenschweren Ereignissen weitereilen und jene Zeitspannen gänzlich unberücksichtigt lassen.« (2. Buch, 1. Kapitel).

Fieldings überaus selbstbewusster Erzähler beansprucht in diesem Zitat nicht nur die Verfügungsgewalt über die Geschichte, er veranschaulicht auch, wie die erzählte Zeit in räumliche Vorstellungen übersetzt wird und nimmt die Unterscheidung der Erzählforschung zwischen szenischem Darstellen (›showing‹) und zusammenfassenden Berichten (›telling‹) vorweg. Umgekehrt entwickelt der Leser den Bedeutungsraum eines Romans im Verlauf der Lektüre. Bei der Ausübung seiner Verfügungsgewalt rechnet Fieldings Erzähler im Übrigen auf das stillschweigende Einverständnis der Leser, da er, Hobbes' *Leviathan* vergleichbar, nur zum Besten seiner Untertanen als Gesetzgeber der literarischen Provinz eingesetzt worden sei, die das gemeinsame

Territorium von Romanautor und -publikum bildet. Die Leser müssten sich zwar nach ihm richten, meint der Erzähler, aber: »ich wurde zu ihrem Nutzen geschaffen und nicht zu dem meinen« (2. Buch, 1. Kapitel).

Dass das imaginäre Gelände von Fielding tatsächlich als ein kulturelles Gemeinschaftsgut aufgefasst wurde, geht aus seinem freimütigen Geständnis hervor, zuweilen Stellen aus den Werken anderer Autoren entlehnt zu haben, ohne dabei jedes Mal auf ihre fremde Herkunft hinzuweisen. Die Werke der edlen Spender könnten nämlich »betrachtet werden als eine üppige Allmende, allwo ein jeder, der auch nur das geringste Wohnrecht auf dem Parnaß besitzt, ermächtigt ist, seine Muse zu mästen.« (12. Buch, 1. Kapitel). Allerdings lehnt der Verfasser des *Tom Jones* jene Moralapostel unter den Schriftstellern ab,

> »die versichern, daß in dieser Welt die Tugend der sicherste Weg zur Glückseligkeit sei und das Laster der sicherste Weg zum Elend. Eine sehr heilsame und sehr trostreiche Lehre, gegen die wir nur einen Widerspruch zu erheben haben, den nämlich, daß sie nicht wahr ist« (15. Buch, 1. Kapitel).

Der glückliche Ausgang des Romans ist demnach keine Garantie dafür, dass im Leben immer die Gerechtigkeit siegt. Der beste Schutz gegen Leiden, die aus einer ungerechten Behandlung des Menschen entstehen, ist daher die **Lebensklugheit, die aus Menschenkenntnis erwächst.** Diese Lebensklugheit zu befördern hält Fielding für die eigentliche Aufgabe des Schriftstellers, zumal »das wahre Merkmal der gegenwärtigen Welt eher ihre Torheit als das Laster« sei (14. Buch, 1. Kapitel).

Der **Romanautor** findet seine Bestimmung also nicht als Tugendwächter, sondern als **Erforscher der menschlichen Natur und Gesellschaft**. Durch die Lektüre wird die Welterkenntnis, die der Verfasser im Umgang mit Seinesgleichen erworben hat und bei der Gestaltung seiner Geschichte verwendet (vgl. 9. Buch, 1. Kapitel), wieder in den zwischenmenschlichen Verkehr eingespeist. Solch pragmatische Relevanz kann das Schreiben und Lesen von Romanen freilich nur erlangen, wenn sich schon im Text Erfindungsgabe und Urteilskraft verbinden:

> »Indessen bedeutet Erfindung in Wahrheit und im Wortsinn nichts als entdecken oder herausfinden, oder, mit ein paar Worten mehr, ein rasches und scharfes Durchdringen des wahren Wesens aller Gegenstände unserer Betrachtung; das jedoch, so scheint mir, kommt selten vor ohne die Begleitung der Urteilskraft; denn daß man sagen könnte, man habe das Wesen zweier Dinge erfaßt, ohne ihre Unterschiede begriffen zu haben, das will mir nicht einleuchten.« (9. Buch, 1. Kapitel).

Im Gegensatz zu jenen, die **Erfindungsgabe und Urteilskraft** für schwer vereinbar halten, betont Fielding ihre funktionale Komplementarität. Der Urteilskraft entspricht die Kunst der Kontraste, der Erfindungsgabe das Rollenspiel der Romanautoren und Interpreten. So gesehen liefert die fiktive Geschichte den Lesern nicht nur bestimmte Handlungsmodelle, sie ist immer auch eine Modellierung ihrer Sinne und ihres Verstandes.

Dem gleichen aufklärerischen Bildungsprogramm ist auch die *Geschichte des Agathon* verpflichtet, die **Christoph Martin Wieland** 1766/67 in einer ersten Fassung herausgab. Wieland (1733–1813) hatte die Werke von Fielding und Cervantes eingehend studiert. Im Vorbericht zu seinem *Agathon* knüpft er ganz selbstverständlich an die im *Tom Jones* etablierte Verständigungsgemeinschaft zwischen Erzähler und Leser an, wenn es heißt:

> »Der Herausgeber der gegenwärtigen Geschichte siehet so wenig Wahrscheinlichkeit vor sich, das Publikum zu überreden, dass sie in der That aus einer alten Griechischen Handschrift gezogen sey; dass er am besten zu thun glaubt, über diesen Punkt gar nichts zu sagen, und dem Leser zu überlassen, davon zu denken, was er will.« (Wieland 1984, S. IX).

Mit anderen Worten: Die **Spielregeln der Fiktionalität** müssen nicht mehr ausdrücklich rekapituliert werden. Was noch zu sagen bleibt, ist, wie sich die fiktive Historie zur Erfahrungswirklichkeit verhält. Die Wahrheit von Agathons Lebenslauf, so wie ihn Wielands Erzähler schildert, beruht weniger auf Überlieferungen, die dem Verfasser das eine oder andere Erzähl- und Verhaltensmodell geliefert haben, als vielmehr auf ästhetischen Prinzipien – insbesondere darauf, dass alles mit dem allgemeinen Lauf der Dinge vereinbar erscheint. Obwohl also manche Gestalten des Romans geschichtlich verbürgte Namen tragen, sind die Aussagen, die der Erzähler über sie trifft, nicht historiographisch zu verstehen.

Wie Aristoteles versteht Wieland unter der **Wahrscheinlichkeit einer Geschichte**, dass sie als ein mögliches Geschehen aufgefasst werden kann und nicht im Widerspruch zur Erfahrung steht. Das schließt einerseits ein, dass es zuweilen auch unwahrscheinliche Begebenheiten zu berichten gibt (vgl. ebd., S. X & XII), und andererseits aus, dass die geschilderten Menschen vollkommen sind:

> »damit Agathon das Bild eines wirklichen Menschen wäre, in welchem Viele ihr eigenes und Alle die Hauptzüge der menschlichen Natur erkennen möchten, durfte er (wir behaupten es zuversichtlich) nicht tugendhafter vorgestellt werden, als er ist.« (ebd., S. XIV).

Man sieht: die poetologischen und anthropologischen Grundannahmen Fieldings verbinden sich bei Wieland zu einem schlüssigen Konzept. Wie der Verfasser des *Tom Jones* begreift er die menschliche Natur als eine in sich vielfältige Einheit; stärker als Fieldings Geschichte eines Findlings zielt die *Geschichte des Agathon* jedoch darauf ab, den »Karakter« des Titelhelden »in einem mannigfaltigen Lichte und von allen Seiten bekannt zu machen« (ebd., S. XI).

1.6 Blanckenburg und Wezel – Gleichrangigkeit von Roman und Epos/Konzentration auf die innere Geschichte

In seinem 1774 publizierten *Versuch über den Roman* baute der Königlich Preußische Premierlieutenant **Christian Friedrich von Blanckenburg** (1744–1796) das Erzählprogramm aus Wielands »Vorbericht« zu einer in ihrer Geschlossenheit und Konsequenz bis dato unerreichten Theorie der Gattung aus (vgl. Hiebel 1974, S. 250). Der *Agathon* erscheint dabei als Inbegriff des Romans.

> »Es ist die Art und Weise, wie der Dichter desselben, den Stoff, die Begebenheiten und Charaktere behandelt hat, die dies Werk so sehr über die anderen Werke dieser Art erhebt.« (Blanckenburg 1965, S. 9).

Der erste Teil des *Versuchs* handelt »Von dem Anziehenden einiger Gegenstände«; der zweite »Von der Anordnung und Ausbildung und dem Ganzen eines Romans«. Von seiner Thematik her erscheint der **Roman** bei Blanckenburg als zeitgenössisches **Pendant des Epos**; strukturell soll er sich jedoch nicht nur am antiken Heldengedicht, sondern auch am Drama orientieren.

Zwar habe er nicht einmal die Schrift des Huet über den Ursprung der Romane gelesen, behauptet Blanckenburg im »Vorbericht« zu seinem Buch, aber das Studium der Romane von Fielding und Wieland sowie des *Tristram Shandy* von Laurence Sterne (1713–1768) habe ihn auf die Idee gebracht, dass der Roman für die Gegenwart das werden könne, was einst die Epopöe für die Griechen gewesen sei. Es gibt seiner Ansicht nach also erstens eine gewisse Analogie zwischen zwei historischen Epochen sowie der für sie repräsentativen Gattungen und zweitens eine relative **Gleichrangigkeit von Epos und Roman** hinsichtlich ihrer gesellschaftlichen Bedeutung. Blanckenburg drückt diesen Sachverhalt folgendermaßen aus:

> »Die Romane entstanden nicht aus dem Genie der Autoren allein; die Sitten der Zeit gaben ihnen das Daseyn. Gegenden, in welchen man keine Bürger brauchte; und Zeiten, in welchen keine Bürger mehr waren, verwandelten die Heldengedichte der Alten, eine *Iliade* oder *Odyssee*, in einen Roman.« (Blanckenburg 1965, S. XIII).

So sehr sich Epopöe und Roman daher auch im einzelnen unterscheiden würden, ihre Eigenarten ließen sich allesamt »aus dem Unterschiede herleiten, der sich zwischen den Sitten und Einrichtungen der damaligen und der jetzigen Welt findet.« (Blanckenburg 1965, S. XIV).

Auffällig ist, dass Blanckenburg die jetzige Welt gerade nicht als bürgerlich empfindet. Besser gesagt: er wünscht nicht, dass man den Menschen auf sein bürgerliches Dasein reduziert. Der **Romandichter soll den ganzen Menschen zeigen**, so »wie er ihn, nach der eigenthümlichen Einrichtung seines Werks zu zeigen vermag« (ebd., S. XV). Eben dies sei Wieland von allen am überzeugendsten gelungen, denn

> »wenn wir den *Agathon* untersuchen: so findet es sich so gleich, daß der Punkt, unter welchem alle Begebenheiten desselben vereinigt sind, kein andrer ist, als das ganze jetzige moralische Seyn des Agathon, seine jetzige Denkungsart und Sitten, die durch alle diese Begebenheiten gebildet, gleichsam das Resultat, die Wirkung aller derselben sind, so daß diese Schrift ein vollkommen dichterisches Ganzes, eine Kette von Ursach und Wirkung ausmacht.« (Blanckenburg 1965, S. 10).

Vor allem »das Innre der Personen ist es, das wir in Handlung, in Bewegung sehen wollen, wenn wir bewegt werden sollen« (ebd., S. 58). Es kommt daher in den erzählten Geschichten nicht so sehr »auf die Begebenheiten der handelnden Person, sondern auf ihre Empfindungen« an (ebd., S. 60). Die affektive Beteiligung des Lesers gilt Blanckenburg als entscheidende Wirkungsbedingung für die kognitive Leistung der Gattung. Sie besteht darin, »Vorstellungen und Empfindungen [zu] erzeugen, die die **Vervollkommnung des Menschen** und seine Bestimmung befördern können.« (ebd., S. 252). Die Dichtung muss dazu vor dem inneren Auge der Einbildungskraft freilegen, was der Wahrnehmung für gewöhnlich verschlossen bleibt.

Der vertiefte Einblick in die menschliche Natur führt Blanckenburg folgerichtig dazu, das Kriterium der Anschaulichkeit bei der Beurteilung des Romans hervorzuheben:

> »Alles, was nicht zur anschauenden Verbindung des Zusammenhangs (innrer und äußrer Ursachen und Wirkungen) gehört, [...] ist in einem Roman üppiger Auswuchs, der weggeschnitten zu werden verdient.« (ebd., S. 284).

Die Anschaulichkeit dient zum einen der Kohärenz der erzählten Geschichte, zum anderen aber auch der Konzentration von Erzähler und Leser auf das Wesentliche, zumal **Begebenheiten, die Spuren hinterlassen** und selbst die Merkmale der Ursachen an sich tragen, deren Wirkung sie sind, besser im Gedächtnis haften bleiben (vgl. ebd., 1965, S. 296 u. S. 319). Letztlich laufen alle diese Spuren in der Entwicklungsbahn des Charakters zusammen, denn

> »nur vermöge dieser Formung der Charaktere erhält sich der anschauende Zusammenhang in einem Werk [...]; nur auf diese Art können die Begebenheiten eines Menschen der Inhalt eines Romans seyn« (ebd., S. 321).

Gleichzeitig ist der Charakter jedoch die Bedingung aller Ereignisse, die einen prägenden Eindruck hinterlassen. Denn was in der Persönlichkeit nicht angelegt ist, kann unter dem doppelten Aspekt der Handlungs- und Charakterführung nicht hinreichend motiviert werden. »Der Mensch muß nichts thun, als was er, zufolge seines aus verschiedenen Eigenschaften zusammengesetzten Charakters tun muß, oder wenigstens thun kann.« (ebd., S. 491).

Aufgelöst wird die Widersprüchlichkeit, dass der Charakter zugleich Voraussetzung und Ergebnis der einzelnen Begebenheiten sein soll, durch den **Begriff der Situation**, die den der Person ergänzt, »so daß diese Situation so wohl, als die Denkungsart der Person die Ursache sind, von welcher diese Nothwendigkeit jetzt die Wirkung ist.« (ebd., S. 347). Zwischen der äußeren Lage und dem inneren Zustand, zwischen den situativen Umständen und der Charakteranlage gibt es also ein Wechselspiel. So wie die fiktive Geschichte der äußere Anlass für die Selbstbesinnung und -aufklärung des lesenden Menschen ist, entfaltet sich der Charakter im Rahmen der gesellschaftlichen Interaktion.

Exemplarisch vorgeführt wird diese Interaktion in der **Liebeshandlung**. In diesem Sinne »sind in der Geschichte des *Agathon*, der ganze Charakter desselben, und seine ganze Denkungsart, Zeugen von dem Einfluß der Liebe auf den ganzen Menschen.« (ebd., S. 182). Im Übrigen kritisiert Blanckenburg die allzu vornehme Zurückhaltung vieler Schriftsteller, wenn es um Intimes geht:

> »In unsern Romanen erscheint die Liebe gewöhnlich so engelsrein, so unkörperlich, so geistig, daß nichts drüber gehen kann. Aber man rede noch so feyerlich von dauernder Unschuld, man platonisiere noch so zauberisch von der geistigen Glückseligkeit, die sie gewährt, der Roman endigt sich immer, und muß sich immer, bey den Voraussetzungen, daß wir Menschen sind, mit einer Hochzeitsnacht endigen. In der Natur führt die Liebe gewiß dahin; es ist Thorheit, dies läugnen zu wollen.« (ebd., S. 480).

Das sind klare Worte – sie zeigen, wie weit sich Theorie und Praxis des Romans zu diesem Zeitpunkt von der Mentalität eines Heidegger entfernt haben. Die Liebe ist zum Katalysator der Persönlichkeitsentwicklung geworden, zum Kristallisationspunkt der inneren Geschichte. Diese »innere Geschichte« (ebd., S. 392) ist nicht nur das thematische Zentrum des Romans; vielmehr reflektiert die exemplarische Vervollkommnung des Romanhelden den **Perfektibilitätsgedanken der Aufklärung**: die Idee, dass auch die Menschheit insgesamt eine bessere Gesellschaft werden kann, wenn jeder einzelne seine **Humanität** ausbildet. Wie in der *Geschichte des Agathon* findet der Roman seine eigentliche Bestimmung also darin, dass die Leser mit dem Helden wachsen.

Als Blanckenburg seinen *Versuch über den Roman* schrieb, gab es den Begriff des Bildungsromans noch nicht – er wurde erst 1803 von Karl Morgenstern (1770–1852) aufgebracht. Dennoch finden sich bereits bei ihm so gut wie alle Merkmale dieses Begriffs (vgl. Selbmann 1984, S. 9). Kongenial ergänzt werden Blanckenburgs Bestimmungen des Romans aber auch durch den Begriff der ›bürgerlichen Epopöe‹, den **Johann Carl Wezel** (1747–1819) in der Vorrede zu seinem Roman *Hermann und Ulrike* (1780) geprägt hat. Der Roman, so heißt es dort, sei jene Dichtungsart, die am meisten verachtet und zugleich am meisten gelesen werde. Die Verachtung rühre zum Teil

> »aus dem Vorurtheile, daß Werke, wovon die Griechen und Römer keine Muster, und worüber Aristoteles keine Regeln gegeben hat, unmöglich unter die edleren Gattungen der Dichtkunst gehören könnten: zum Teil wurde sie auch durch die häufigen Mißgeburten veranlaßt, die in dieser Gattung erschienen« sind. (Wezel 1970, S. 23).

Demgegenüber glaubt Wezel, dass man diese Dichtungsart dadurch aus der Verachtung und zur Vollkommenheit bringen könne, wenn man sie auf der einen Seite der Biographie und auf der andern dem Lustspiel näherte: so würde »die wahre bürgerliche Epopöe entstehen, was eigentlich der Roman sein soll.« (ebd., S. 24).

Als zeitgemäße **Kreuzung von Komödie und Lebensgeschichte** also konzipiert Wezel den Roman – Fielding lässt grüßen. Zeitgemäß – das heißt bei Wezel ›bürgerlich‹. Sieht man einmal von der unterschiedlichen Begrifflichkeit bei ihm und Blanckenburg ab, zeigt sich die enge Verwandtschaft ihrer Gattungskonzepte. Hier wie dort wird der Roman als kontemporäre Analogiebildung zum Epos aufgefasst; hier wie dort wird die Erzählkunst historisch relativiert und der Genrewechsel als Reflex des gesellschaftlichen Wandels betrachtet.

Wezel äußert sich in seiner Vorrede auch zu dem, was Blanckenburg die Anordnung und Ausbildung der Teile genannt hatte. Wie sein Vorgänger kommt er dabei neben der »Zusammenkettung der Begebenheiten, der Bewegungsgründe und Handlungen« auch auf das Zusammenspiel von Erzählung und Dialog zu sprechen, »worunter man auch den Brief rechnen muß, der eigentlich ein Dialog zwischen Abwesenden ist« (ebd., S. 26). Dass ein solcher Dialog immer in der Gefahr ist, zum Monolog, zur seelischen Isolation des Briefeschreibers von seiner Umwelt zu werden, hatte Johann Wolfgang Goethe (1749–1832) bereits fünf Jahre zuvor in den *Leiden des jungen Werther* (1775) demonstriert.

1.7 Madame de Staël und Goethe – Erzählkunst und Moral/ Vergleich von Drama und Roman

Blanckenburg war Goethes Briefroman sofort aufgefallen, weil Goethe die von ihm geforderte Folgerichtigkeit der Charakterentwicklung besonders anschaulich und konsequent verwirklicht hatte.

> »Die Empfindung, die Werthern forttreibt und ans endliche Ziel bringt, ist durch alle vorhergehenden Umstände und Zufälle so wahrscheinlich hervorgebracht, die Reihe der wirkenden Ursachen darin hängt so richtig zusammen [...], daß aus der Grundlage eines solchen Charakters und den angenommenen Zufällen nichts anderes erfolgen kann, als was wir sich zugetragen sehen.« (Blanckenburg 1970, S. 139 f.).

Auch den vorwiegend leidenden Helden, den Goethe später im fünften Buch der »Lehrjahre« proklamieren sollte, hatte Blanckenburg mit seiner Bemerkung, die Personen sollten »in des Dichters kleiner Welt, (eben so wie in der größern, wirklichen) zu ihrer Besserung, zu ihrer Vervollkommnung leiden« (Blanckenburg 1965, S. 166) antizipiert.

Freilich gilt es bei solchen Übereinstimmungen im Auge zu behalten, dass weder der *Werther* noch der *Wilhelm Meister* umstandslos aus Blanckenburgs Romantheorie abgeleitet werden können. Dass es für Goethe noch andere Anregungen gab, beweist seine Übertragung von **Madame de Staëls** (1766–1817) *Essai sur les fictions*, die 1796 unter dem Titel »Versuch über die Dichtungen« in Schillers Zeitschrift *Die Horen* erschien.

Die Verfasserin beginnt ihre Erörterung mit einem Hinweis auf die **kompensatorische Funktion der Einbildungskraft**, deren Schöpfungen dem Menschen Vergnügen bereiten und so das Unglück lindern könnten, das im Leben für gewöhnlich vorherrsche. Darüber hinaus könnten die zum Vergnügen erfundenen Geschichten auch sehr lehrreich sein, »wenn sie das Herz bewegen, und dies Talent ist vielleicht das mächtigste Mittel, um aufzuklären oder Richtungen zu geben« (De Staël in: Goethe 1953, S. 335 f.). Ähnlich wie Blanckenburg setzt also auch Madame de Staël auf die **Gemütserregung der Leser als Voraussetzung ihrer literarischen Bildung**. Ihr *Essai* soll zeigen, »daß ein Roman, der mit Feinheit, Beredsamkeit, Tiefe und Moralität das Leben darstellt, wie es ist, die nützlichste von allen Dichtungen sei« (ebd., S. 337).

Das war, selbst an Blanckenburgs fortschrittlicher Ansicht über die funktionale Gleichrangigkeit von Roman und Epos gemessen, eine kühne Behauptung – gerade, wenn man an Schillers fast zur gleichen Zeit geäußerte Bemerkung denkt, dass der Romanschreiber lediglich ein Halbbruder des Dichters sei; nachzulesen in seinem Aufsatz »Über naive und sentimentalische Dichtung« (1795 f.). Allerdings stand Madame de Staël für ihre These nicht in jeder Hinsicht ein. Abgelehnt wurden von ihr zum Beispiel jene pseudohistorischen Romane, die mit ihren amourösen Anekdoten den wahren Geschichtsverlauf verfälschten und den handelnden Menschen fiktive Beweggründe unterstellten (vgl. ebd., S. 347 f.).

Dagegen wirkt der Roman, der den Vorstellungen von Madame de Staël entspricht, »mit stiller Gewalt auf die Gesinnungen der Privatpersonen, aus denen nach und nach die öffentlichen Sitten sich bilden« (ebd., S. 350). Das ist umso wichtiger, als non-fiktionalen Texten das spezifische Wirkungspotential der Romane fehlt; »sie können nicht die Schattierungen einer zarten Seele verfolgen, sie können nicht zeigen, was alles in einer Leidenschaft liegt« (ebd., S. 357). Es ist aber nicht nur die Subtilität der Schilderung, sondern vor allem die **Handlungsbezogenheit der Romane**, die positiv zu Buche schlägt, denn »man kann fast alle moralischen Wahrheiten fühlbar machen, wenn man sie in Handlung setzt« (ebd., S. 355).

Worauf es ankommt, ist also die anschauliche Inszenierung und Dramatisierung der Empfindungen durch den Handlungsverlauf. Dabei bleiben gewisse Überzeichnungen ebenso wenig aus wie in der Malerei, welche »die Gegenstände nicht verändert, sondern sie nur fühlbarer darstellt« (ebd., S. 354). Diesen Gedanken dürfte Madame de Staël von Fielding übernommen haben, den sie dann auch sogleich lobend erwähnt.

> »Zu zeigen, wie ungewiß das Urteil sich auf den äußeren Schein gründe, zu zeigen, welches Übergewicht die natürlichen Eigenschaften über jene Reputationen haben, denen nur die Rücksicht äußerer Verhältnisse zu Gute kommt, dieses hatte der Verfasser des *Tom Jones* vor Augen, und es ist einer der nützlichsten und mit Recht berühmtesten Romane.« (ebd., S. 355 f.).

Lobenswert findet de Staël am *Tom Jones* auch, dass in ihm die Liebe nur als ein Mittel erscheint, »damit das philosophische Resultat desto lebhafter hervortrete« (ebd.). Hier kommt die weniger fortschrittliche Seite des »Versuchs über die Dichtungen« zum Vorschein. Was die **Beurteilung der Liebesthematik** betrifft, so fällt Madame de Staël hinter Blanckenburg auf eine Position zurück, die Heideggers Argumente in Erinnerung ruft.

> »Was man gegen die Romane, in welchem die Liebe behandelt wird, immer mit vielem Rechte sagen kann, ist, daß diese Leidenschaft darin so gemalt ist, daß sie dadurch erzeugt werden kann« (ebd., S. 358).

Goethe selbst hat sich wiederholt zum Roman geäußert, meist im Stil einer Zwischenbilanz, die einzelne Beobachtungen und Überlegungen vorläufig zusammenfasst. Das erste Resümee dieser Art findet sich in *Wilhelm Meisters Lehrjahre* (1795), entstand also etwa zur gleichen Zeit wie die Übertragung von Madame de Staëls *Essai sur les fictions*. Zwei Jahre später hält Goethe das Ergebnis seiner Gespräche mit Schiller »Über epische und dramatische Dichtung« fest. Seine *Maximen und Reflexionen* schließlich enthalten auch einige aufschlussreiche Bemerkungen zum Roman. In allen drei Fällen spielt das Theater die Rolle einer Vergleichskulisse. So heißt es im *Wilhelm Meister*, als der Erzähler das Resultat einer Unterredung zwischen dem Titelhelden und Serlo wiedergibt:

> »Im Roman wie im Drama sehen wir menschliche Natur und Handlung. Der Unterschied beider Dichtungsarten liegt nicht bloß in der äußeren Form, nicht darin, daß die Personen in dem einen sprechen und daß in dem andern gewöhnlich von ihnen erzählt wird. [...] Im Roman sollen vorzüglich Gesinnungen und Begebenheiten vorgestellt werden; im Drama Charaktere und Taten.« (5. Buch, 7. Kapitel).

Das ist insofern ein neuer Gesichtspunkt, als der Akzent nun auf der **Gesinnung des Romanhelden** liegt. Zwar kann die **Geschichte als dramatische Bewährungsprobe des Charakters** angelegt sein; in erster Linie geht es im Roman laut Goethe jedoch um die allmähliche Entwicklung einer Geistes- und Gemütsverfassung. Entscheidend ist dabei, dass sich die Innenwelt der Gesinnung im Widerstand zur Außenwelt bildet:

> »Der Roman muß langsam gehen, und die Gesinnungen der Hauptfigur müssen, auf welche Weise es wolle, das Vordringen des Ganzen zur Entwicklung aufhalten. Das Drama soll eilen, und der Charakter der Hauptfigur muß sich nach dem Ende drängen und nur aufgehalten werden. Der Romanheld muß leidend, wenigstens nicht im hohen Grade wirkend sein; von den dramatischen verlangt man Wirkung und Tat.« (ebd.).

In der Forschungsliteratur zum *Wilhelm Meister* wird gerne darauf hingewiesen, dass die Titelfigur dieser Bestimmung des Romanhelden weitgehend entspreche. Mindestens ebenso wichtig scheint jedoch der Hinweis auf die **ironische Erzählanlage** zu sein, derzufolge diese Bestimmung das Resultat einer Unterhaltung ausgerechnet zwischen dem Titelhelden und Serlo ist.

Überlagert wird dieser Zusammenhang von der Erörterung des *Hamlet*-Dramas in Goethes Roman. Shakespeares Held nämlich »hat eigentlich auch nur Gesinnungen; es sind nur Begebenheiten, die zu ihm stoßen, und deswegen hat das Stück etwas von dem Gedehnten eines Romans« (ebd.). Einerseits also motiviert die Auseinandersetzung mit dem *Hamlet*-Stück die im Gespräch getroffene Unterscheidung von Roman und Drama; andererseits stößt diese Unterscheidung mit dem Gegenstand der Erörterung an ihre Grenzen. Einerseits ist Wilhelm Meister bei der *Hamlet*-Inszenierung die treibende Kraft; andererseits rührt diese Energie von der Nähe seiner Empfindungen und Gesinnungen zu der Figur des Dänenprinzen her, die ihr Schicksal eher zu erleiden als zu verursachen scheint.

Aus alledem folgt, dass die **Differenz des Dramatischen und des Epischen** nicht mit der Gattungsgrenze zwischen dem Schauspiel und dem Roman übereinstimmt. Hier wie dort kann es theatralische Szenen und romanhafte Entwicklungen geben: »Leider viele Dramen sind nur dialogisierte Romane, und es wäre nicht unmöglich, ein Drama in Briefen zu schreiben« (ebd.); den Briefroman gibt es ja schon.

Welchen Stellenwert besitzen die **Gattungsunterscheidungen** dann überhaupt noch? Eine wiederum vorläufige Antwort auf diese Frage enthält der Aufsatz »Über epische und dramatische Dichtung« von 1797. Hatte Goethe seine Überlegungen zum Roman im *Wilhelm Meister* fiktiven Gestalten in den Mund gelegt und somit zumindest ansatzweise dialogisiert, so fasste er in diesem Aufsatz das Ergebnis seiner Gespräche mit Schiller gleichsam monologisierend zusammen.

> »Der Epiker und Dramatiker sind beide den allgemeinen poetischen Gesetzen unterworfen«, heißt es einleitend; »ferner behandeln sie beide ähnliche Gegenstände und können beide Arten von Motiven brauchen; ihr großer wesentlicher Unterschied beruht aber darin, daß der Epiker die Begebenheiten als vollkommen vergangen vorträgt und der Dramatiker sie als vollkommen gegenwärtig vorstellt.« (Goethe 1970, S. 55).

Vom Roman ist dabei keine Rede – vielleicht, weil er genau diese Grenzziehung unterläuft. Auch die altertümliche Ausdrucksweise – Goethe spricht von Mimen und Rhapsoden – zeigt, dass in diesem Aufsatz ein historisches Problem behandelt wird. Seine formale Lösung konnte nur gelingen, weil der aktuelle Bezug auf das **Romanhaftwerden von Epos und Drama** fehlt, das im *Wilhelm Meister* angedeutet worden war.

Folgt daraus, dass der Roman hinsichtlich seiner Gegenstände und Verfahren einfach nur eine Mischform ist? Dann wäre er wie schon bei Fielding als »comic Epic-Poem in prose« oder als nacherzähltes Drama ausreichend beschrieben. Oder besagt die Hin- und Herbewegung zwischen epischen und dramatischen, poetischen und prosaischen Motiven, zwischen burlesken und seriösen, sentimentalen und ironischen Passagen, dass die Literatur insgesamt prosaisch geworden ist und daher mit den überkommenen poetologischen Maßstäben nicht mehr angemessen zu erfassen ist?

Goethe, dessen *Wahlverwandtschaften* (1809) gewiss alles andere als ein »comic Epic-Poem in prose« darstellen und sich aufgrund ihrer überaus komplexen Motivverkettung auch nicht mehr ohne weiteres wie ein leicht überschaubares Drama nacherzählen lassen, scheint, so sehr seine Romanpraxis für die zweite Deutung spricht, theoretisch an der ersten Option festgehalten zu haben. Jedenfalls erwecken seine *Maximen und Reflexionen* auf den ersten Blick einen solchen Eindruck. Erneut wird mit den Begrifflichkeiten von Drama und Epos operiert, um den Roman zu bestimmen.

»Der Romanheld assimiliert sich alles; der Theaterheld muß nichts Ähnliches in allem dem finden, was ihn umgibt.« (*Maximen und Reflexionen* Nr. 937). Wie passt diese Bemerkung zu dem angeblich leidenden Charakter des Romanhelden, der im *Wilhelm Meister* herausgestellt worden war? Bezieht sich seine Weltaneignungs-**Aktivität** nur auf die Ausdifferenzierung der Gesinnung, während seine **Passivität** als Handlungsträger erhalten bleibt, oder geht die Akkommodation an die Verhältnisse gegebenenfalls bis zur Umgestaltung der vorherrschenden Lebensverhältnisse?

Die Frage nach dem Verhältnis von **Assimilation und Akkommodation** stellt sich auch deshalb, weil der Romanleser, der sich einen fremden Text aneignet, in mancher Hinsicht dem Romanhelden ähnelt. Schon Huet hatte ja darauf aufmerksam gemacht, dass der Romanleser die exemplarische Geschichte des Romanhelden auf sich beziehen muss, was schlecht geht, wenn sich nicht bereits in der Lektüre das von Fielding geforderte Zusammenspiel von Urteilskraft und Einfühlungsvermögen ereignet. »Für den Leser, der nicht denkt, und nicht selbst denken will, ist nirgends etwas zu lernen« (Blanckenburg 1965, S. 336), heißt es bei Blanckenburg klipp und klar. Etwas Ähnliches hatte wohl auch Goethe mit der Nr. 939 seiner *Maximen und Reflexionen* im Sinn. Sie lautet nämlich: »Der mittelmäßigste Roman ist immer noch besser als die mittelmäßigsten Leser, ja der schlechteste partizipiert etwas von der Vortrefflichkeit des ganzen Genres.«

Die **Ergänzungsbedürftigkeit des Romans durch die Leser**, die stets die Möglichkeit einer Fehlinterpretation einschließt, kommt auch im Grundsatz Nr. 938 zum Ausdruck. Er lautet: »Der Roman ist eine subjektive Epopöe, in welcher der Verfasser sich die Erlaubnis ausbittet, die Welt nach seiner Weise zu behandeln. Es fragt sich also nur, ob er eine Weise habe; das andere wird sich schon finden.« Da die Leser nicht umhin können, auf diese Weise Rücksicht zu nehmen, wird sich ihre Lesart der Welt im Verlauf der Romanlektüre zwischen Assimilation und Akkommodation bewegen und im Ergebnis eine Vermittlung der fremden und der eigenen Vorstellungen darstellen.

Im Prinzip gilt das für jede Konjektur, auch für die Auslegung der *Maximen und Reflexionen*. Unter diesem Vorbehalt kann man sagen: Goethe sieht im Roman eine Gattung, die der künstlerischen Individualität stärker als das Heldengedicht Rechnung trägt. Das Epos gilt ihm als quasi objektiver Ausdruck einer kollektiven Mentalität; der **Roman als Ausdruck einer einzelnen Persönlichkeit**. Diese Persönlichkeit gewinnt Profil, indem sie dem Gegenstand des Romans, der Welt, Kontur verleiht. Der Roman wird so einerseits als Analogiedarstellung des schöpferischen Bewusstseins und andererseits als eine Welt-Anschauung vorgestellt.

Da sich die subjektive Erzählweise auf einen wenn nicht objektiven, so doch intersubjektiven Gegenstand – die von allen Menschen gemeinsam verfasste Lebenswelt – bezieht, kann der Verfasser eines Romans darauf vertrauen, dass sich die Leser für sein persönliches Weltbild einen passenden Verständnisrahmen zurechtlegen werden. Alles Weitere wird sich, wie der Verfasser des *Werther*, des *Wilhelm Meister* und der *Wahlverwandtschaften* offenbar aus eigener Erfahrung weiß, schon finden – in der Welt und im Bewusstsein des Romanschriftstellers. Das bedeutet, dass der Roman ein exploratives Medium ist. Sein Verfasser folgt nicht nur bestimmten Eingebungen, er findet etwas Neues über die Wirklichkeit heraus, indem er sich schreibend auf die Suche macht. Und die Leser können an dieser Entdeckungsreise zeitversetzt teilnehmen, wenn sie nur jene **Unvoreingenommenheit** mitbringen, die jeder haben sollte, der durch die Welt fährt, um Erfahrungen zu sammeln.

1.8 Herder und Jean Paul – Erkenntnis der weltbildnerischen Funktion/ Der Romancier als Stellvertreter der Menschheit

Spätestens seit Furetière war es üblich, beim Erzählen Schriftstücke zu zitieren und Textsorten nachzuahmen. *Le Roman Bourgeois* enthielt neben Gerichtsakten Bücherverzeichnisse, Liebesepisteln und eine umfangreiche Liste mustergültiger Widmungsschreiben. Der von Samuel Richardson begründete Briefroman, den neben Goethe auch Jean-Jacques Rousseau mit *Julie ou La Nouvelle Héloïse* (1761) und Choderlos de Laclos mit seinen *Liaisons dangereuses* (1782) fortgesetzt hatten, bestärkte die Autoren des 18. Jahrhunderts darin, sich mehr und mehr vom **Modell des mündlichen Erzählers** zu emanzipieren und dezidiert schriftliche Vermittlungsformen für ihre Romane zu benutzen. Umso häufiger der **Roman als Geschichtsschreibung oder als Briefsammlung** ausgegeben wurde und mit einem quasidokumentarischen Anspruch auftrat, desto undeutlicher wurden allerdings die Demarkationslinien zwischen den literarischen Gattungen, zwischen Poetik und Rhetorik, zwischen *fiction* und *non-fiction*.

Die spezifische Diskursivität des Romans als eines Schriftstücks, das andere Schriftstücke imitiert und parodiert, war etwas Neues, etwas, das sich so weder im Epos noch im Drama fand. Es ist daher wohl kein Zufall, dass **Johann Gottfried**

Herder (1744–1803) die unbeschränkten Möglichkeiten der Poesie in Prosa ausgerechnet in einem für den Druck vorgesehenen Brief beschrieb. 1796 erschien der 99. seiner *Briefe zur Beförderung der Humanität.* In ihm heißt es:

> »Keine Gattung der Poesie ist von weiterem Umfange, als der Roman; unter allen ist er auch der verschiedensten Bearbeitung fähig: denn er enthält oder kann enthalten nicht etwa nur Geschichte und Geographie, Philosophie und die Theorie fast aller Künste, sondern auch die Poesie aller Gattungen und Arten – in Prose. Was irgend den menschlichen Verstand und das Herz intereßiret, Leidenschaft und Charakter, Gestalt und Gegend, Kunst und Weisheit, was möglich und denkbar ist, ja das Unmögliche selbst kann und darf in einen Roman gebracht werden, sobald es unsern Verstand oder unser Herz intereßiret. Die größesten Disparaten läßt diese Dichtungsart zu: denn sie ist Poesie in Prose.« (Herder 1970, S. 38).

Das ist ein neuer Begriff des Romans, eher an der **Idee der Enzyklopädie** als an den geläufigen Vorstellungen von Drama und Epos orientiert. Zwar hatte schon Blanckenburg von der kleinen Welt des Romans gesprochen und die alte Analogie von Mikro- und Makrokosmos auf das Verhältnis von Text und Kontext angewandt, doch dabei war immer noch **das ästhetische Prinzip von der Vielfalt in der Einheit** vorausgesetzt worden. Herder geht über diesen Gattungsbegriff und damit auch über das ihm korrespondierende ästhetische Prinzip hinaus, wenn er dem Disparaten das Recht zugesteht, poetisch zu sein. Auch dem Verhältnis von Dichtung und Geschichtsschreibung gibt Herder eine neue Wendung:

> »Man sagt zwar, daß in ihren besten Zeiten die Griechen und Römer den Roman nicht gekannt haben; dem scheint aber nicht also. Homers Gedichte sind selbst Romane in ihrer Art. Herodot schrieb seine Geschichte, so wahr sie seyn mag, als einen Roman, als einen Roman hörten sie die Griechen.« (ebd.).

Während Blanckenburg und Wezel den Roman als zeitgemäßes Analogon des Epos dargestellt hatten, macht sich Herder mit Hilfe des Romans einen Reim auf das antike Heldengedicht und die Historie, die seit Aristoteles als Gegenstück zur dichterischen Gestaltung möglicher Geschichten galt. Offenbar redet Herder vom Roman im übertragenen Sinne, wenn er sagt:

> »Überhaupt ist uns der Menschen Thun und Laßen selbst so sehr zum Roman worden, daß wir ja die Geschichte selbst beinah nicht anders als einen philosophischen Roman zu lesen wünschen. Wäre sie auch immer nur so lehrreich vorgetragen, als Fieldings, Richardsons, Sterne's Romane!« (ebd.).

Die Formulierung »beinah nicht anders als« macht klar, wie eng das Vergleichsmoment der Metapher und die Fiktionalität des Romans, den Herder zum geschichtsphilosophischen Medium erhebt, zusammen hängen. Während Goethe in seinen *Maximen und Reflexionen* einige Jahre später den individuellen Charakter der Schreibweise betonen sollte, die über den Kunstwert eines je besonderen Romans entscheidet, weist Herder den Roman als eine kollektive Lesart aus: die **Gattung** selbst ist bei ihm bereits eine allgemeine **Form der Weltanschauung**.

Es empfiehlt sich allerdings, bei der metaphorologischen Betrachtung des Romans einen Unterschied zwischen dem Verständnisrahmen der Gattung und dem Weltbild des einzelnen Gattungsvertreters zu machen. Ansonsten besteht die Gefahr, dass man die ideologische Perspektive der Autoren und Kritiker mit der weltbildnerischen Funktion des Genres verwechselt. Herder hat diese weltbildnerische Funktion des Genres als erster auf den Punkt gebracht. Sein Brief bezeugt ein Doppelbewusstsein vom Roman, der das Bild einer Welt geben will, und der Welt, wie sie sich im Verständnisrahmen der Romangattung darbietet. Kein anderer hat daraus so weitreichende, aber auch so idiosynkratische Konsequenzen wie der Herder-Leser **Jean Paul** (1663–1825) gezogen. Er schreibt im XII. Programm seiner *Vorschule der Ästhetik* 1804 *Über den Roman*:

> »Ursprünglich ist er episch; aber zuweilen erzählt statt des Autors der Held, zuweilen alle Mitspieler. Der Roman in Briefen, welche nur entweder längere Monologen oder längere Dialogen sind, grenzet in die dramatische Form hinein, ja wie in Werthers Leiden, in die lyrische.« (Jean Paul 1996, S. 248 f.).

Angesichts dieser »Weite seiner Form, in welcher fast alle Formen liegen und klappern können«, fragt sich, was am Roman eigentlich nicht willkürlich oder austauschbar sei. Jean Pauls Antwort lautet:

> »Das Unentbehrliche am Roman ist das Romantische, in welche Form er auch sonst geschlagen oder gegossen werde. Die Stilistiker forderten aber bisher vom Romane statt des romantischen Geistes den Exorzismus desselben; der Roman solle dem wenigen Romantischen, das etwa noch in der Wirklichkeit glimmt, steuern und wehren. Ihr Roman als ein universifiziertes Lehrgedicht wurde ein dickeres Taschenbuch für Theologen, für Philosophen, für Hausmütter.« (ebd., S. 250).

Dagegen verwehrt sich Jean Paul mit einer äußerst aufschlussreichen Wendung:

> »was heißet denn Lehren geben? Bloße Zeichen geben; aber voll Zeichen steht ja schon die ganze Welt; das Lesen eben dieser Buchstaben fehlt; wir wollen ein Wörterbuch und eine Sprachlehre der Zeichen. Die Poesie lehrt lesen, indes der bloße Lehrer mehr unter die Ziffern als Entzifferungs-Kanzlisten gehört.« (ebd.).

Es ist das erste Mal in der Geschichte der Romantheorie, dass ein Autor semiologisch argumentiert. Wie Herder geht Jean Paul von der irreduziblen Pluralität der Romanformen aus. Die Pointe seiner Argumentation besteht jedoch darin, dass nicht erst der Roman, sondern bereits seine **Bezugswelt** als ein **Zeichengebilde** aufgefasst wird, zu dem man sich entweder lesend oder entziffernd verhalten kann.

> »Ein Mensch, der ein Urteil über die Welt ausspricht, gibt uns seine Welt, die verkleinerte, abgerissene Welt, statt der lebendigen ausgedehnten, oder auch ein Fazit ohne Rechnung.« (ebd., S. 250 f.).

Er ist ein Kanzlist, der lediglich festhält, was unter dem Strich übrig bleibt; der Dichter hingegen lässt die Leser an der Erfahrung teilnehmen, beschränkt sich also nicht nur auf den Merksatz oder die Moral von der Geschichte. Der Dichter schreibt zwar an einem persönlichen Werk, dennoch erweitert er mit jeder Metapher die Sprache des Menschen, die für Jean Paul ihrem Ursprung und Gehalt nach immer schon eine **Bildersprache** war.

> »Die Metaphern aller Völker (diese Sprachmenschwerdungen der Natur) gleichen sich, und keines nennt den Irrtum Licht und die Wahrheit Finsternis. So wie es kein absolutes Zeichen gibt – denn jedes Zeichen ist auch eine Sache –, gibt es im Endlichen keine absolute Sache, sondern jede bedeutet und bezeichnet.« (ebd., S. 182 f.).

Demnach gibt es praktisch keinen Gegenstand auf der Welt, der nicht als Zeichen für etwas anderes aufgefasst werden könnte. Zeichen sind für Jean Paul aber nicht nur allgegenwärtig, sie haben zudem auch noch eine pankulturelle Bedeutung, die in der gemeinsamen Natur aller Menschen gründet und die Grenzen der Nationalsprachen transzendiert. Die Metaphern der Völker sind, so gesehen, reflexiv, d. h.: sie stellen Gemeinschaftszeichen der Menschheit dar. Folgerichtig hängt der Gemeinschaftssinn für Jean Paul eng mit dem Verständnis bildlicher Ausdrücke zusammen.

Unter dieser Voraussetzung avanciert der Dichter, der ja ein Spezialist für Sprachbilder ist, zum Generalvertreter der Menschheit. »Im Dichter kommt die ganze Menschheit zur Besinnung und zur Sprache; darum weckt er sie wieder leicht in andern auf.« (ebd., S. 209). Eine den Sprachbildern vergleichbare Funktion haben im Roman jene Redefiguren, die man Charaktere nennt.

> »In jedem Menschen wohnen alle Formen der Menschheit, alle ihre Charaktere, und der eigne ist nur die unbegreifliche Schöpfung-Wahl ›einer‹ Welt unter der Unendlichkeit von Welten, der Übergang von der unendlichen Freiheit in endliche Erscheinung. Wäre das nicht: so könnten wir keinen anderen Charakter verstehen oder gar erraten als unsern von andern wiederholten.« (ebd., S. 208 f.).

Da es dem Menschen jedoch, wie die Dichtung zeigt, sehr wohl möglich ist, andere Menschen zu verstehen, muss jeder endliche Charakter im Prinzip über ein unendliches Einfühlungsvermögen verfügen. Man sieht: die **Vielfalt der Romanformen** und die **Vielfalt der Charaktere** bedingen einander; durch sie wird der Dichter zum Repräsentant der Menschheit. »Jeder Dichter gebiert seinen besonderen Engel und seinen besonderen Teufel; der dazwischenfallende Reichtum von Geschöpfen oder die Armut daran sprechen ihm seine Größe entweder zu oder ab« (ebd., S. 212).

Der Kreis schließt sich, wenn Jean Paul das Problem, ob man den Roman von der Geschichte oder vom Helden her konzipieren soll, mit den Worten löst:

> »Wenigstens den Charakter des Helden schafft zuerst, welcher den romantischen Geist des Werks ausspricht [... denn:] Die Geschichte ist nur der Leib, der Charakter des Helden die Seele darin, welche jenen gebraucht, obwohl von ihm leidend und empfangend.« (ebd., S. 268).

Der romantische Geist, die Seele des Romans, wird im Helden verkörpert; er ist – wie der gesamte Roman – ein Sprachleib, den der Leser wieder in Bewusstsein verwandelt.

1.9 Zwischenbilanz

Die Romantheorie der Neuzeit beginnt als Apologie. Am Ende der Aufklärung jedoch steht die **Apotheose des Romanschriftstellers** durch Jean Paul. Dazwischen liegt die Nobilitierung der subjektiven Epopöe zum zeitgemäßen Medium der menschlichen Welt-Behandlung und Charakterentwicklung. Abzulesen ist die Akzentverschiebung an der Bewertung der Liebesabenteuer, deren Darstellung zunächst als anstößig, ja ansteckend gilt, dann aber zum Bildungserlebnis erhoben und mit der didaktischen Funktion der Erzählkunst verknüpft wird. Schließlich erfährt der durch die antike Poetik nahe gelegte Vergleich des Romans mit Epos und Drama eine Erweiterung durch das Konzept der Enzyklopädie, das bei Herder noch implizit, in der Romantik jedoch schon explizit zur Bestimmung des Romans herangezogen wird.

2. Von der Romantik bis zur Postmoderne

2.1 Schlegel und Novalis – Lebensroman und Universalpoesie/ Das Projekt der romantischen Mythologie

»Warum soll es nicht eine poetische Enzyklopädie, eine poetische Freiheit aller Freiheiten geben«, fragt Jean Paul in seiner *Vorschule der Ästhetik* (ebd., S. 249). **Friedrich Schlegel** (1772–1829) wendet diese Idee erst ins Biographische, dann ins Utopische. »Mancher der vortrefflichsten Romane ist ein Kompendium, eine Enzyklopädie des ganzen geistigen Lebens eines genialischen Individuums« (Lyceums-Fragmente Nr. 78). Anders als Herder, der sich für die weltbildnerische Funktion der Gattung interessiert hatte, geht es Schlegel also um den Lebensroman, der zugleich ein **Kunstwerk** und eine **Daseinsform** sein soll. Daher seine rhetorische Frage: »Sollte es nicht überflüssig sein, mehr als Einen Roman zu schreiben, wenn der Künstler nicht etwa ein neuer Mensch geworden ist?« (Lyceums-Fragmente Nr. 89).

Schlegel selbst hat bekanntlich nur einen halben Roman geschrieben und aus der Not des Fragmentarischen die **Tugend der Unabschließbarkeit** gemacht. Seine *Lucinde* (1789) sollte das Konzentrat der romantischen Dichtungsart werden, die ihrerseits als »progressive Universalpoesie« aufgefasst wird.

> »Ihre Bestimmung ist nicht bloß, alle getrennten Gattungen der Poesie wieder zu vereinigen, und die Poesie mit der Philosophie und Rhetorik in Berührung zu setzen. Sie will und soll auch Poesie und Prosa, Genialität und Kritik, Kunstpoesie und Naturpoesie bald mischen, bald verschmelzen, die Poesie lebendig und gesellig, und das Leben und die Gesellschaft poetisch machen [...] Die romantische Dichtart ist noch im Werden; ja das ist ihr eigentliches Wesen, daß sie ewig nur werden, nie vollendet sein kann.« (Athenäums-Fragmente Nr. 116).

Bisher hatte man den Roman als modernes Analogon des antiken Epos, als prosaische Komödie, als didaktische Form mannigfaltiger Inhalte und als epistemologische Metapher gesehen. All das fließt in Schlegels Konzeption ein, auch seine eigene Idee:

»Die Romane sind die sokratischen Dialoge unserer Zeit.« (Lyceums-Fragmente Nr. 26). Unabhängig davon, wie man die **progressive Universalpoesie** beurteilt – ihre Konzeption ist zunächst einmal ein Indiz dafür, dass Schlegel sich weigert, den Roman auf eine einzige Traditionslinie festzulegen. Für die Zukunft der Gattung entwirft Schlegel das **Projekt einer neuen, romantischen Mythologie**. 1800 behauptet er in seiner »Rede über Mythologie«:

> »Es fehlt unsrer Poesie an einem Mittelpunkt, wie es die Mythologie für die Alten war, und alles Wesentliche, worin die moderne Dichtkunst der antiken nachesteht, lässt sich in die Worte zusammenfassen: Wir haben keine Mythologie. Aber setze ich hinzu, wir sind nahe daran eine zu erhalten« (Schlegel 1970, S. 104).

Geliefert wird sie Schlegel von der idealistischen Philosophie.

> »Kann eine neue Mythologie sich nur aus der innersten Tiefe des Geistes wie durch sich selbst herausarbeiten, so finden wir einen sehr bedeutenden Wink und eine merkwürdige Bestätigung für das, was wir suchen, in dem großen Phänomen des Zeitalters, im Idealismus.« (ebd., S. 106).

Gemeint ist damit vor allem die *Wissenschaftslehre* von Johann Gottlieb Fichte (1762–1814). Ihr zufolge nämlich arbeitet sich der Geist genau in der von Schlegel erwähnten Weise aus sich selbst heraus. Dabei stellt der Geist sich zunächst als »Ich« (These), dann als »Nicht-Ich« (Antithese) vor, um diese Gegensätze schließlich als Produkte seiner eigenen Tätigkeit zu reflektieren. Das **Selbstbewusstsein des Geistes**, das so entsteht, macht ihn zur absoluten Bestimmungsgröße der Welt. Anders gesagt: die Welt erscheint in der Relation von »Ich« und »Nicht-Ich« ausschließlich als Bewusstseinsgegenstand.

Ausgangspunkt für den Dreischritt von Roman, Romantik und Mythologie ist auch bei Schlegels Freund Friedrich von Hardenberg alias **Novalis** (1772–1801) die **Metapher vom Lebensroman**. »Das Leben soll kein uns gegebener, sondern ein von uns gemachter Roman seyn« (Novalis 1970, S. 113). So kurz und bündig das klingt – Novalis begründet hier ein Programm, das von der Romantik am Ende des 18. Jahrhunderts über die Boheme des 19. Jahrhunderts bis zur Avantgarde des 20. Jahrhunderts verfolgt worden ist. Dabei wird das Leben insgesamt als eine künstlerische Gestaltungsaufgabe begriffen, als ein ästhetisches Projekt, von dessen Verwirklichung der Sinn des Daseins abhängt. Während jedoch vor allem die Avantgarde – zumal dort, wo sie sich mit politischen Reformbewegungen verbindet – als Vorauskommando der Zukunft erscheint, wirkt Novalis Programm stärker auf die Vergangenheit bezogen und zugleich revolutionärer: »Die Welt muß romantisirt werden. So findet man den urspr[ünglichen] Sinn wieder.« (ebd.).

Wie für Schlegel eröffnet der Roman also auch für Novalis die **Möglichkeit einer neuen Mythologie**. Er ist »gleichsam die Mythologie der Geschichte. (Mythol[ogie] hier in meinem Sinn, als freye poetische Erfindung, die die Wirklichkeit sehr mannichfach symbolisirt etc.)« (ebd., S. 122). Schlegel spricht hinsichtlich der romantischen Universalpoesie vom unabschließbaren »Werden«; Novalis nennt die Mythologie eine »freye Geschichte«. Beides ist eher eine platonische Idee als ein pragmatisches Gattungskonzept:

»Der Roman, als solcher, enthält kein bestimmtes Resultat – er ist nicht Bild und Factum eines Satzes. Er ist anschauliche Ausführung – Realisierung einer Idee. Aber eine Idee läßt sich nicht, in einen Satz fassen. Eine Idee ist eine unendliche Reihe von Sätzen – eine irrationale Größe – unsetzbar (musik[alisch]) – incommensurabel.« (ebd.).

2.2 Schelling und Solger – Die episierende Tendenz der Mythologie/ Die Reflexion als Grundzug des Prosa-Romans

Das **Projekt einer romantischen Mythologie** hat auch **Friedrich Wilhelm Joseph von Schelling** (1775–1854) und seinen Schüler **Karl Wilhelm Ferdinand Solger** (1780–1819) beschäftigt. Schelling stellt in seiner *Philosophie der Kunst* (1802/03) die These auf, dass die Prosa ein Ausdruck der Gleichgültigkeit sei. Die ironische Behandlung, die Cervantes und Goethe ihren Helden angedeihen lassen, wertet Schelling als Ausdruck dieser Gleichgültigkeit. Im Gegenzug betont er den Rhythmus der Erzählung im *Don Quijote* und im *Wilhelm Meister*. Allein durch ihren Rhythmus nämlich entgingen diese beiden Werke der Indifferenz, die entsteht, wenn in der Dichtung Takt und Versmaß fehlen. Bezeichnend für den romantischen Geist, der die *Philosophie der Kunst* beherrscht, ist jedoch die Idee der Mythologie, der Schelling folgende Wendung gibt: »Der Roman soll ein Spiegel der Welt, des Zeitalters wenigstens seyn, und so zur partiellen Mythologie werden.« (Schelling 1970, S. 126). Letztlich ist darunter zu verstehen, dass die Prosa durch ein »innerliches höheres Silbenmaß« wieder poetisch und der Roman durch »die letzte Läuterung des Geistes« erneut zum Epos wird. (ebd.).

Schellings Gedanke, dass sich die Entwicklungsgeschichte des Romans am Ende selbst aufhebt, dass aus dem modernen Abkömmling des antiken Heldengedichts schließlich wieder ein homerischer Gesang wird, hat von Hegel bis Lukács Schule gemacht. Dem Roman ist sozusagen die **Erinnerung an eine verlorene Zeit** eingeschrieben, die der Schriftsteller dadurch wieder zu finden sucht, dass er der prosaischen Realität etwas Ideelles in poetischer Form entgegensetzt. Das bedeutet zugleich, dass der Roman, solange er nicht vollends mythologisch geworden ist, eine im Vergleich zum Epos defizitäre Gattung bleibt.

Unter einem ganz ähnlichen Vorbehalt diskutiert auch Solger in seinen 1829 posthum veröffentlichten *Vorlesungen über Ästhetik* den Roman. Im Epos werde der Stoff nicht nur historisch aufgefasst, sondern in die absolute Vergangenheit des Mythischen transponiert, wo sich Götter und Menschen begegnen. Daher weise sowohl die antike als auch die christliche Epopöe symbolische oder allegorische Züge auf (vgl. Solger 1962, S. 278 ff.). Der Roman habe mit dem Epos zwar mehr Verwandtschaft als jede andere neue Dichtungsart, richte sich in seiner Bedeutung aber stärker auf die **Entwicklung eines besonderen, beispielhaften Charakters** als auf das allgemeine Verhältnis von Gott- und Menschheit (vgl. ebd., S. 294 f.).

Ergänzt wird diese Darlegung von der Bemerkung: »Die vollendete Wirklichkeit hat der Roman vom Idyll, die Reflexion von der Satyre.« (ebd., S. 296). Das könnte auf Jean Paul gemünzt sein, bezieht sich jedoch auf Goethe und Cervantes, die Solger wie Schelling stets in einem Atemzug nennt. *Die Wahlverwandtschaften* seien »der erste rein tragische Roman« (ebd., S. 296), der *Don Quijote*, »beinahe der einzige komische Roman« (ebd.). In anderer Hinsicht steht die lustige Geschichte des Ritters von der traurigen Gestalt den *Lehrjahren* zur Seite: hier sind nach Solger die **Bekenntnisse**, dort die **Begebenheiten** am schönsten ausgeprägt.

Schlegel und Novalis, Schelling und Solger verbindet die Idee, dass die Erzählkunst insgesamt poetischer werden müsse. Man kann darin einen Hinweis auf die Unzulänglichkeit des Romans sehen; man kann diese Idee aber auch auf die Unzulänglichkeit der Kriterien zurückführen, an denen Prosatexte noch immer gemessen werden. Die Attraktivität von Hegels *Ästhetik*, in der Wezels Begriff der bürgerlichen Epopöe systematisch ausgeführt wird, beruht unter anderem darauf, dass ihr Verfasser das romantische Projekt als ein Symptom wertet und den Roman damit zum prosaischen Indikator eines Zeitalters macht, das sich nach dem ursprünglich poetischen Weltzustand des Epos zurücksehnt.

2.3 Hegel und Vischer – Das Orientierungsschema von Weltzustand, Konfliktsituation und Handlungsverlauf/Ironische Abbreviatur des Bildungsromans

Georg Wilhelm Friedrich Hegel (1770–1831) gilt als der einflussreichste Vertreter des Deutschen Idealismus. In seiner *Phänomenologie des Geistes* (1807), dem Pendant zu Fichtes *Wissenschaftslehre* und Schellings *Naturphilosophie*, wird die gesamte Weltgeschichte als ein Prozess gedeutet, in dem sich das absolute Bewusstsein, von Hegel ›Geist‹ genannt, selbst erfährt und verwirklicht. Dazu dient dem Geist die Konfrontation mit der Materie, die im Verlauf der Geschichte verschiedene Formen annimmt. Auch die Kunstformen sind das Ergebnis einer solchen Auseinandersetzung und **Vermittlung von Geist und Materie**. In ihnen nimmt das Vorstellungsvermögen des Geistes, die Phantasie, gemäß dem Material der einzelnen Künste unterschiedliche Gestalten an. Die Lehre von den besonderen Erscheinungsformen der Kunst, die Ästhetik, ist somit für Hegel nicht nur eine notwendige Ergänzung, sondern ein integraler Bestandteil der allgemeinen Phänomenologie.

In den Vorlesungen zur Ästhetik, die Hegel 1817 und 1819 zunächst in Heidelberg, und dann von 1820 bis 1829 in Berlin gehalten, zu seinen Lebzeiten jedoch nicht als Buch veröffentlicht hat, spielt der Begriff der Handlung eine zentrale Rolle. Bezogen ist die **Handlung** zum einen auf die **Situation**, die ihrerseits als Anregung der Handlung bestimmt wird, und zum anderen auf den allgemeinen, **objektiven Weltzustand**, als dessen jeweils besondere Ausprägung die Situation erscheint. Die eigentliche Handlung setzt die **Auffassung der Situation durch die Subjektivität** voraus und umfasst den konkreten Verlauf der Konflikte, die in der Situation angelegt sind, während der Weltzustand die objektiven Rahmenbedingungen für bestimmte Situationen und Konflikte schafft (vgl. Hegel 1985, Bd. I, S. 179).

> »Die Darstellung nun der Handlung als einer in sich totalen Bewegung von Aktion, Reaktion und Lösung ihres Kampfes gehört vorzüglich der Poesie an, denn den übrigen Künsten ist es nur vergönnt, ein Moment im Verlaufe der Handlung und ihres Sichbegebens festzuhalten.« (ebd., Bd. I, S. 216).

Zugleich ist die Handlung »die klarste Enthüllung des Individuums, seiner Gesinnung sowohl als auch seiner Zwecke« (ebd.). Mit dem Handlungsverlauf, der Konfliktsituation und dem Weltzustand hat Hegel ein Schema entworfen, das er auf verschiedene historische Epochen und Kunstformen anwenden kann. Auf der ersten Stufe der Kunstentwicklung bestand der **Trieb** der Phantasie danach in dem Aufstreben aus der Natur zur Geistigkeit. Auf der zweiten Stufe, in der klassischen Kunst, ist die Geistigkeit bereits die Grundlage und das Prinzip des Inhalts, während die Naturerscheinung im Leiblichen und Sinnlichen noch die äußere **Form** der Phantasietätigkeit prägt. Auf der dritten Stufe schließlich sucht der **Geist** in sich selbst die Inhalte und Formen zu finden, welche er zuvor im Äußerlichen und Sinnlichen suchen musste (ebd., Bd. I, S. 498 ff.). Trotzdem geht diese dritte, romantische Entwicklungsstufe der Kunst nicht einfach in der Innerlichkeit auf. Es gibt im Romantischen nach Hegel vielmehr »zwei Welten, ein geistiges Reich, das in sich vollendet ist, das Gemüt« und »das Reich des Äußerlichen [...], das, aus der fest zusammenhaltenden Vereinigung mit dem Geist entlassen, nun zu einer ganz empirischen Wirklichkeit wird, um deren Gestalt die Seele unbekümmert ist« (ebd., Bd. I, S. 507 f.).

Diese Entwicklung ist der Poesie insofern förderlich, als sie sich von allen Künsten am weitesten vom äußeren Material emanzipieren und auf das innere Vorstellen und Anschauen konzentrieren kann. »Die geistigen Formen sind es, die sich an die Stelle des Sinnlichen setzen und das zu gestaltende Material, wie früher Marmor, Erz, Farbe und die musikalischen Töne, abgeben« (ebd., Bd. II, S. 331). Während es die Plastik, die Malerei und die Musik also mit einem jeweils ganz besonderen Material zu tun haben, an dem sich die Phantasie des Künstlers abarbeiten muss, kann die Dichtung zur allgemeinen Kunst werden, »welche jeden Inhalt, der nur überhaupt in die Phantasie einzugehen imstande ist, in jeder Form gestalten und aussprechen kann, da ihr eigentliches Material die Phantasie selbst bleibt« (ebd., Bd. II, S. 334).

In dieser Allgemeinheit jedoch beginnt die Kunst zugleich, sich aufzulösen bzw. in die Prosa des wissenschaftlichen Denkens überzugehen (ebd., Bd. II, S. 335). Belletristik und Wissenschaft, **Poesie und Prosa** verbindet nach Hegels Meinung zum einen das Vorstellen – die geläufigste Weise des Bewusstseins – und zum anderen die Notwendigkeit, den prinzipiell freien Vorstellungen einen sprachlichen Ausdruck zu verleihen. Soll die Poesie gleichwohl nicht in der Prosa aufgehen, hat sie demnach

> »eine doppelte Pflicht zu übernehmen. Einerseits nämlich muß sie bereits ihr inneres Bild so einrichten, daß es sich der sprachlichen Mitteilung vollständig fügen kann; andererseits darf sie dies sprachliche Element selbst nicht so belassen, wie es von dem gewöhnlichen Bewußtsein gebraucht wird, sondern muß es poetisch behandeln, um sich sowohl in der Wahl und Stellung als auch im Klang der Wörter von der prosaischen Ausdrucksweise zu unterscheiden.« (ebd., Bd. II, S. 336 f.).

Es ist leicht einzusehen, dass all diese Bestimmungen für die Beurteilung des Romans in Hegels Ästhetik Konsequenzen haben müssen, da er die prosaischste aller Dichtungsarten darstellt und der wissenschaftlichen Weise des Vorstellens am nächsten kommt. Diese Ahnung bestätigt sich, wenn Hegel die epische Dichtung seinem **Orientierungsschema** von Weltzustand, Konfliktsituation und Handlung unterwirft. Das Epos erfordert seiner Ansicht nach »eine in die Totalität ihrer Zeit und nationalen Zustände verzweigte Handlung, welche deshalb nun auch nur innerhalb einer ausgebreiteten Welt zur Anschauung gelangen kann und die Darstellung dieser gesamten Wirklichkeit fordert« (ebd., Bd. II, S. 413). Dem entsprechen bei Homer der heroische Weltzustand, die Konfliktsituation des Krieges und individuelle Handlungen, in denen sich der Geist des Helden tatkräftig bewährt (vgl. ebd., Bd. II, S. 415–424).

Entscheidend ist, dass der Dichter im Epos die poetische Mitte zwischen Natur und Kultur, zwischen Barbarei und Zivilisation hält und damit genügend Abstand zu der bloß verständigen Prosa eines geordneten Familien- und Staatslebens wahrt, in der heroische Handlungen keinen Sinn mehr machen. »In dieser Rücksicht liegt die Abrundung und Ausgestaltung des Epos nicht nur in dem besonderen Inhalt der bestimmten Handlung, sondern ebenso sehr in der Totalität einer Weltanschauung, deren objektive Wirklichkeit sie zu schildern unternimmt« (ebd., Bd. II, S. 450).

Ganz anders verhält es sich dagegen mit dem Roman, der modernen bürgerlichen Epopöe, denn ihr fehlt der ursprünglich poetische Weltzustand, aus welchem das eigentliche Epos hervorgeht. »Der Roman im modernen Sinne setzt eine bereits zur Prosa geordnete Wirklichkeit voraus, auf deren Boden er sodann [...] der Poesie, soweit es bei dieser Voraussetzung möglich ist, ihr verlorenes Recht wieder erringt« (ebd., Bd. II, S. 452).

Mit anderen Worten: Der Roman steht der Wirklichkeit zwar nahe und knüpft mit der für ihn typischen Konfliktsituation auch an den allgemein prosaischen Weltzustand an, er soll diesen Weltzustand aber im Verlauf der besonderen Handlung, die er schildert, poetischer als im Alltag erscheinen lassen. »Eine der gewöhnlichsten und für den Roman passendsten Kollisionen ist deshalb der Konflikt zwischen der Poesie des Herzens und der entgegenstehenden Prosa der Verhältnisse [...]« (ebd., Bd. II, S. 452). Allerdings kann die angestrebte **Aussöhnung von Poesie und Prosa**, so wie die Dinge in der modernen Welt nun einmal liegen, nie vollständig gelingen. In dieser Hinsicht erscheinen Wilhelm Meister und seine Brüder bei Hegel als späte Nachfahren Don Quijotes, weil sie die Differenz zwischen ihrer romantischen Gesinnung und der Wirklichkeit nicht akzeptieren und in ihrem jugendlichen Ungestüm ein Loch in die Ordnung der Dinge hineinstoßen wollen. Doch

> »das Ende solcher Lehrjahre besteht darin, daß sich das Subjekt die Hörner abläuft, mit seinem Wünschen und Meinen sich in die bestehenden Verhältnisse und die Vernünftigkeit derselben hineinbildet, in die Verkettung der Welt eintritt und in ihr sich einen angemessenen Standpunkt erwirbt. Mag einer auch noch soviel sich mit der Welt herumgezankt haben, umhergeschoben worden sein – zuletzt bekömmt er meistens doch sein Mädchen und irgendeine Stellung, heiratet und wird ein Philister so gut wie die andern auch.« (ebd., Bd. I, S. 567 f.).

Friedrich Theodor Vischer (1807–1887) hat diese ironische Kurzformel für die Handlung des Bildungsromans in seiner *Ästhetik oder Wissenschaft des Schönen* (1846–1857) aufgegriffen und mit jener **Vermittlungsfunktion des Helden** in Verbindung gebracht, die bereits im *Wilhelm Meister* angedeutet worden war:

»Der Romanheld nun heißt wirklich nur in ironischem Sinne so, da er eigentlich nicht handelt, sondern wesentlich der mehr unselbständige, nur verarbeitende Mittelpunkt ist, in welchem die Bedingungen des Weltlebens, die leitenden Mächte der Kultursumme einer Zeit, die Maximen der Gesellschaft, die Wirkungen der Verhältnisse zusammenlaufen.« (Vischer 1923, S. 180).

Noch deutlicher als sein philosophischer Lehrmeister hat Vischer den privaten Charakter des Romantischen im Roman herausgestrichen.

»Die Grundlage des modernen Epos, des Romans, ist die erfahrungsmäßig erkannte Wirklichkeit, also die schlechthin nicht mehr mythische, die wunderlose Welt. Gleichzeitig mit dem Wachstum dieser Anschauung hat die Menschheit auch die prosaische Einrichtung in die Welt gebracht« (ebd., S. 176). Daher sucht der Roman »die poetische Lebendigkeit da, wohin sie sich bei wachsender Vertrocknung des öffentlichen Lebens geflüchtet hat: im engeren Kreise der Familie, dem Privatleben, in der Individualität, im Innern« (ebd., S. 178). Anders als bei Hegel mutiert der Romanheld dadurch bei Vischer jedoch nicht zum Philister. »Der Herd der Familie ist der wahre Mittelpunkt des Weltbildes im Roman, und er gewinnt seine Bedeutung erst, wo Gemüter sich um ihn vereinigen, welche die harte Wahrheit des Lebens mit zarteren Saiten einer erweiterten geistigen Welt wiedertönen« (ebd., S. 187 f.).

Wenn heute gerade diese bildungsbürgerliche Szenerie spießig anmutet, so zeigt sich daran, wie stark eine Bewertung des Romans, die sich auf die von Hegel und Vischer vorgetragene Sicht der Dinge einlässt, von weltanschaulichen Vorgaben abhängig ist. Aus der moralischen Frage des 17. und 18. Jahrhunderts, ob der Roman ein lasterhaftes oder tugendhaftes Sittengemälde sei, wird zumindest in der geschichtsphilosophisch inspirierten Ästhetik des 19. und 20. Jahrhunderts mehr und mehr eine **Ideologiedebatte** um die Frage, ob das Weltbild des Romans politisch korrekt oder Ausdruck eines falschen Bewusstseins ist. Zugespitzt wurde diese Debatte vor allem durch Georg Lukács.

2.4 Lukács und Goldmann – Die Gesinnung zur Totalität als Grundzug des Romans/Die These von der Strukturhomologie zwischen Gesellschaftssystem und Romanliteratur

»Selig sind die Zeiten, für die der Sternenhimmel die Landkarte der gangbaren und zu gehenden Wege ist und deren Wege das Licht der Sterne erhellt« (Lukács 1994, S. 21). Mit dieser Lobpreisung eröffnet **Georg Lukács** seine berühmte *Theorie des Romans*. Entstanden ist das schmale Werk 1914/15 unter dem Eindruck des Ersten Weltkriegs. 1916 wurde es zunächst in der *Zeitschrift für Ästhetik und Allgemeine Kunstlehre*, 1920 dann auch als Buch veröffentlicht.

Sein Untertitel lautet »Ein geschichtsphilosophischer Versuch über die großen Formen der Epik«. Diesem Ansatz entsprechen die zitierten Anfangszeilen, aber auch die anschließende Berufung auf Novalis, demzufolge die **Philosophie eigentlich Heimweh** sei (vgl. Lukács 1994, S. 21). Ihren Widerhall findet diese Behauptung an jenen Stellen der *Theorie*, an denen Lukács den Roman entweder als »Ausdruck der transzendentalen Obdachlosigkeit« (ebd., S. 32) oder als »Form der transzendentalen Heimatlosigkeit« (ebd., S. 107) bestimmt.

Lukács' geschichtsphilosophische Leitidee besteht also darin, dass die seligen Zeiten, die der Vergangenheit angehören, im Menschen eine Sehnsucht nach dem verlorenen Paradies zurückgelassen haben, die sich in der Kunst Bahn bricht. Entwickelt wird diese Idee in zwei Abschnitten: Zunächst werden die Formen der großen Epik in ihrer Beziehung zur Gesamtkultur reflektiert, daran anschließend entwirft Lukács eine **Typologie der Romanform**. Beschworen wird dabei eine Welt, in der die Seele noch ganz bei sich und eins mit ihrer Umgebung war; »sie weiß noch nicht, daß sie sich verlieren kann und denkt nie daran, daß sie sich suchen muß. Es ist das Weltzeitalter des Epos« (ebd., S. 22), wie es sich die Romantiker vorgestellt hatten, »eine homogene Welt«, ein »System des adäquaten Gleichgewichts« (ebd., S. 24 f.).

Dem Roman kommt nun bei Lukács die Aufgabe zu, eine Gegenwart zu reflektieren, in der diese »Totalität des Seins« (ebd., S. 26) nicht mehr stillschweigend vorausgesetzt werden kann. Die Welt des Romans weist einen **Riss zwischen Innen und Außen**, zwischen Seele und Umgebung auf. Das bedeutet einerseits, dass dem Romancier und seinen Zeitgenossen »die Lebensimmanenz des Sinnes zum Problem geworden ist«, andererseits aber auch, daß der Roman »dennoch die Gesinnung zur Totalität hat« (ebd., S. 47). Fast das gleiche hatte Hegel in seiner *Ästhetik* verkündet. Seiner Argumentation folgend konstatiert Lukács: »der Roman sucht gestaltend die verborgene Totalität des Lebens aufzudecken und aufzubauen« (ebd., S. 51), weshalb er »im Gegensatz zu dem in der fertigen Form ruhenden Sein anderer Gattungen als etwas Werdendes, als ein Prozeß« erscheint (ebd., S. 62). Entsprechend unbefriedigend muss die Handlung des Romans ausfallen:

> »Der Prozeß, als welcher die innere Form des Romans begriffen wurde, ist die Wanderung des problematischen Individuums zu sich selbst, der Weg von der trüben Befangenheit in der einfach daseienden, in sich heterogenen, für das Individuum sinnlosen Wirklichkeit zur klaren Selbsterkenntnis. Nach dem Erringen dieser Selbsterkenntnis scheint zwar das gefundene Ideal als Sinn des Lebens in die Lebensimmanenz hinein, aber der Zwiespalt von Sein und Sollen ist nicht aufgehoben und kann auch in der Sphäre, wo dies sich abspielt, in der Lebensphäre des Romans nicht aufgehoben werden.« (ebd., S. 70).

Folgt man Lukács' Typologie, kennt dieser unaufhebbare Zwiespalt zwei Ausprägungen: »die Seele ist entweder schmäler oder breiter als die Außenwelt« (ebd., S. 83). Unzweideutig scheint dagegen zu sein, »daß die Wege zu einer transzendentalen Heimat ungangbar geworden sind« (ebd., S. 90). Schlimmer noch: Mit dem »zunehmenden Prosaisch-Werden der Welt« (ebd., S. 91) wird der Abstand zwischen der poetischen Idee des Epos und der empirischen Erfahrung des Menschen immer größer. »Im Roman trennen sich Sinn und Leben und damit das Wesenhafte und das Zeitliche; man kann fast sagen: die ganze innere Handlung des Romans ist nichts als ein Kampf gegen die Macht der Zeit« (ebd., S. 109). Das Wesentliche kann demnach nur gegen die Zeit, gegen den äußeren Verlauf der Weltgeschichte behauptet werden, die mit der Vertreibung des Menschen aus dem Paradies begann. Von daher ist es nur konsequent, dass Lukács' geschichtsphilosophischer Versuch im Gebetsstil beginnt und als Verdammungsurteil endet: »Der Roman ist die Form der Epoche der vollendeten Sündhaftigkeit, nach Fichtes Worten, und muß die herrschende Form bleiben, solange die Welt unter der Herrschaft dieser Gestirne steht« (ebd., S. 137).

Einen Hoffnungsschimmer gibt es immerhin. Dostoevskij nämlich hat, Lukács zufolge, keine Romane mehr geschrieben; in seinen Texten kündige sich eine neue Epoche an. »Ob er bereits der Homer oder der Dante dieser Welt ist, oder bloß die Gesänge liefert, die spätere Dichter, zusammen mit anderen Vorläufern, zur großen Einheit verflechten werden, ob er nur ein Anfang oder eine Erfüllung ist: das kann nur die Formanalyse seiner Werke zeigen« (ebd., S. 137).

Zu der Formanalyse von Dostoevskijs Werken, die Lukács' Essay vorbereiten sollte, ist es jedoch nicht mehr gekommen – vor allem aus weltanschaulichen Gründen. Kurz nach der Niederschrift seiner *Theorie des Romans* vollzog Lukács eine geschichtsphilosophische **Wende von Fichte und Hegel zu Marx und Engels**, die er selbst als sein größtes Entwicklungserlebnis bezeichnet hat. (vgl. Lukács 1981a, S. 18). Lukács' zuvor veröffentlichte Arbeiten lassen jedoch eine klare Disposition für dieses Erlebnis erkennen. Sie enthalten nämlich bereits den Gedanken, dass die geistigen oder künstlerischen Anschauungsformen des Menschen als Analogiebildungen zu bestimmten Lebenslagen aufzufassen sind. Die für Lukács entscheidende Entwicklung bestand nun in der Übernahme der Marx'schen Verknüpfung von Erkenntnislehre und Geschichtsphilosophie. Er selbst hat diese Verknüpfung folgendermaßen erläutert:

> »Es ist nicht so, daß sich die Geschichte innerhalb des Kategoriensystems abspielt, sondern es ist so, daß die Geschichte die Veränderung des Kategoriensystems ist. Die Kategorien sind Seinsformen« (Lukács 1981a, S. 236),

sie bestimmen das Denken und Erleben des einzelnen Menschen wie der Gesellschaft insgesamt. Dabei richten sich die Ideen (und Kunstformen) nicht mehr, wie im Idealismus, nach dem Geist, sondern nach den materiellen Bedingungen des Daseins, nach den ökonomischen Verhältnissen.

Lukács' 1922 verfasstes Buch *Geschichte und Klassenbewußtsein* ist das Ergebnisprotokoll seiner Hinwendung zum Historischen Materialismus. In seinem Mittelpunkt steht das Problem der »Verdinglichung aller menschlichen Beziehungen« (Lukács 1970, S. 66), dessen Ursachen und Wirkungen Hegel nur unzureichend erkannt habe (vgl. ebd., S. 83). Überhaupt betrachte das bürgerliche Denken, dem der deutsche Idealismus verpflichtet gewesen sei, das ökonomische Leben stets vom Standpunkt des Einzelkapitalisten aus. Von dieser Warte aus ließen sich jedoch weder die ökonomischen noch die von ihnen abgeleiteten Konflikte lösen (vgl. ebd., S. 145).

Welche Rolle dem Roman in der **Auseinandersetzung zwischen Kapitalismus und Sozialismus** zugedacht war, geht aus einem Referat hervor, das Lukács 1934 in Moskau gehalten hat. Es beginnt, recht apodiktisch, mit der Behauptung: »Der Roman ist die typischste Literaturgattung der bürgerlichen Gesellschaft.« (Lukács 1981b, S. 17). Erkannt habe das zwar schon Hegel, als typischem Vertreter des deutschen Idealismus sei ihm jedoch eine vollständige und zutreffende Erkenntnis der bürgerlichen Gesellschaft verschlossen geblieben. Erst Marx und Engels hätten es vermocht, »die Widersprüchlichkeit des Progresses auf reale ökonomische Gründe zurückzuführen, sie in der Geschichte der menschlichen Gesellschaft konkret darzustellen und auf solchen Wegen auf die Kunst im Allgemeinen und speziell auf den Roman richtig anzuwenden« (ebd., S. 21).

Immerhin behielt Lukács von Hegel den Gedanken bei, in der Handlung des Menschen komme sein wirkliches Wesen, sein Bewusstsein und sein gesellschaftliches Sein zum Ausdruck (vgl. ebd., S. 26). Allerdings bezieht er die Kollisionen und Rahmenbedingungen, aus denen die Handlung folgt, nun gemäß der Methodik des historischen Materialismus auf die **Idee des Klassenkampfes.** Demzufolge unterscheidet sich der moderne Roman vom antiken Epos dadurch, dass die in ihm geschilderten »Charaktere, Taten oder Situationen von Individuen [...] nicht mehr unmittelbar die ganze Gesellschaft repräsentieren und dadurch typisch werden, sondern nur je eine der kämpfenden Klassen« vertreten können (ebd., S. 27).

Noch deutlicher als der bürgerliche kehrt der sozialistische Roman, Lukács zufolge, das Pathos dieser Kämpfe und seine eigene Parteilichkeit hervor. Im Ergebnis erwächst daraus für den sozialistischen Roman die gleiche »Tendenz zum Epos« (ebd., S. 54), die Schelling schon dem romantischen Buch unterstellt hatte. Der alte, bürgerliche Roman hingegen ist für Lukács in eine weltanschauliche und künstlerische Sackgasse geraten. Diese These soll auch der 1936 veröffentlichte Aufsatz »Erzählen oder beschreiben?« belegen. In ihm sucht Lukács eine Antwort auf die Frage,

> »wie und warum aus dem Beschreiben, das ursprünglich eines der vielen Mittel der epischen Gestaltung und zweifellos ein untergeordnetes Mittel war, das entscheidende Prinzip der Komposition wird. Denn damit ändert die Beschreibung grundlegend ihren Charakter, ihre Aufgaben in der epischen Komposition.« (Lukács 1972, S. 203).

Erwartungsgemäß führt Lukács diesen keineswegs unstrittigen Wandel auf die **veränderte Rolle des Schriftstellers** in der kapitalistischen Gesellschaft zurück. Entscheidend für sein Urteil ist der Satz: »Das Erzählen gliedert, die Beschreibung nivelliert« (ebd., S. 214), denn daraus folgt für Lukács, dass ein nur beschreibender Schriftsteller die Verdinglichung aller menschlichen Beziehungen fortsetzt und vertieft. »Die Beschreibung zieht die Menschen auf das Niveau der toten Gegenstände herab. Damit geht die Grundlage der epischen Komposition verloren« (ebd., S. 220).

Kurzum: eine Beschreibung, die nicht aus der sozialistischen Perspektive erfolgt, ist für Lukács schlechterdings »unmenschlich« (ebd., S. 226). Dass der real existierende Sozialismus ebenfalls rasch inhumane Züge offenbarte, hat Lukács auch später zu keiner entscheidenden Revision seines Urteils über den bürgerlichen Roman und die Methode der Beschreibung veranlasst. Seine Ansichten stießen daher im Westen vielfach auf Kritik.

Vor diesem Hintergrund kann man die 1966 von **Lucien Goldmann** entwickelte *Soziologie des Romans* als einen Versuch verstehen, die grundlegenden Einsichten der *Theorie des Romans*, von der sich Lukács distanziert hatte, zu übernehmen, ohne die weltanschauliche Entwicklung ihres Verfassers nachzuvollziehen:

Einerseits war es Goldmann unmöglich, »die leninistisch verfaßte, disziplinierte und zentralisierte Partei mit Lukács als Verbindungsglied zwischen Theorie und Praxis zu akzeptieren« (Kaiser 1978, S. 184), andererseits bekannte sich Goldmann ausdrücklich zum Marxismus. Das entscheidende Verdienst der *Theorie des Romans* sah er in der **Entdeckung homologer Strukturen** zwischen Literaturgeschichte und

Gesellschaftswandel, Wirtschaftssystem und Kulturprozess (vgl. Goldmann 1970, S. 297 f.). Grundsätzlich »besitzt jede menschliche Gegebenheit einen dynamischen Charakter und wird erst dann verständlich, wenn man sowohl ihre bereits durchlaufene Entwicklung als auch die inneren, konstitutiven, auf die Zukunft gerichteten Tendenzen ans Licht bringt« (ebd., S. 283 f.).

Was sich in der Momentaufnahme als Gegebenheit ausnimmt, ist also zugleich »Entstrukturierung einer ehemaligen und Strukturierung einer neuen, im Entstehen begriffenen Struktur« (ebd.). Da nun sowohl die gesellschaftliche als auch die literarische Entwicklung dem gleichen Prozess der Umstrukturierung unterworfen sind, besteht für Goldmann zwischen der Romanform »und der Struktur des Warentausches in der liberalen Marktwirtschaft, so wie sie von den klassischen Nationalökonomen beschrieben wurde, eine strenge Homologie« (ebd., S. 26). Hier wie dort zeichnen sich seiner Ansicht nach die gleichen Tendenzen zur Verdinglichung ab.

Gerhard R. Kaiser hat zu dieser Konzeption angemerkt: »Die Eliminierung der zwischen sozioökonomischer und romanesker Struktur vermittelnden Momente zugunsten einer direkten homologischen Entsprechung beider führt, bezogen auf die methodologischen Postulate von Goldmann selbst, zu grundsätzlichen Versäumnissen bzw. Widersprüchen.« (Kaiser 1978, S. 199). Sowohl die zeitgenössische Mentalität als auch die historische Entwicklung sind nämlich wesentlich komplizierter und differenzierter als es die einfache Analogisierung literarischer und gesellschaftlicher Strukturen vermuten lässt.

Ideengeschichtlich kann man Goldmanns Strukturhomologie bis auf Blanckenburgs *Versuch über den Roman* zurückführen. Seitdem dort die Gleichrangigkeit von Epos und Roman mit ihrer analogen Funktion für die zeitgenössische Gesellschaft begründet worden war, lag es nahe, **Parallelen zwischen narrativen und sozialen Strukturen** zu ziehen: So wie sich das Epos im heroischen Zeitalter zum ursprünglich poetischen Weltzustand verhalten hatte, verhielt sich der Roman im bürgerlichen Zeitalter zur prosaischen Wirklichkeit. Marx und Lukács konnten daran anknüpfen. Der Sündenfall des Bürgertums und der gleichzeitige Aufstieg des Romans waren demnach zwei Seiten ein und derselben Medaille. Beim Umtausch von der idealistischen in die materialistische Währung wurde daraus eine einfache Scheidemünze: hier der kapitalistische Zustand der **Verdinglichung** aller ursprünglich angeblich authentischen Lebensbeziehungen – dargestellt am Roman; dort die revolutionäre Bewegung – vorgestellt als neues Heldenepos.

Zurückzuführen ist diese prekäre Kunst- und Weltanschauung auf den letztlich eschatologischen (= heilsgeschichtlichen) Charakter einer Geschichtsphilosophie, die **das biblische Schema von Paradies, Sündenfall und Erlösung** übernommen hatte, um daraus im romantischen Überschwang ein Zukunftsprojekt für die gesamte Menschheit abzuleiten (vgl. Wohlfarth 1981, S. 269). Dieses Schema findet sich, wie David H. Miles gezeigt hat, nicht nur bei Lukács und Goldmann, sondern auch bei Benjamin, Auerbach und anderen namhaften Kritikern des modernen Romans (vgl. Miles 1979, S. 29 ff.). Stets wird die epische Welt mit den Zügen einer Idylle ausgestattet, um den Roman als Reflex zwischenmenschlicher Entfremdung erscheinen zu lassen. Und fast immer läuft diese Sicht der Dinge im Ergebnis auf eine Ablehnung des Romans hinaus.

2.5 Benjamin und Schirokauer – Der Mythos des mündlichen Erzählers/ Der Roman im Spannungsfeld von Individualisierung und Kollektivierung

1930 veröffentlichte **Walter Benjamin** (1892–1940) in der Zeitschrift »Die Gesellschaft« eine Rezension zu Alfred Döblins *Berlin Alexanderplatz*. Er sieht in diesem Werk einen Ausweg aus der »Krisis des Romans«, die im Titel der Rezension diagnostiziert wird. Bezeichnend für Benjamins Einstellung ist seine Bemerkung: »nichts tötet den Geist des Erzählens so gründlich wie die unverschämte Ausdehnung, die in unser aller Existenz das Romanlesen annimmt« (Benjamin 1966, S. 437). Während nämlich der Geist des Erzählens für Benjamin an den Gemeinschaftssinn des Menschen gekoppelt ist, besteht umgekehrt eine Wechselwirkung zwischen dem Roman und der **Zunahme zwischenmenschlicher Entfremdung**:

> »Die Geburtskammer des Romans ist das Individuum in seiner Einsamkeit, das sich über seine wichtigsten Anliegen nicht mehr exemplarisch aussprechen kann, selbst unberaten ist und keinem Rat geben kann. Einen Roman schreiben heißt, in der Darstellung des menschlichen Daseins das Inkommensurable auf die Spitze zu treiben.« (ebd.).

Dank seiner **Wiederbelebung der mündlichen Erzählkunst** und der Montage von Dokumenten, die mit dem Alltagsverstand der Menschen sehr wohl kommensurabel seien, habe Döblin in der Geschichte des Franz Biberkopf die Isolation des Romanciers überwunden (vgl. ebd., S. 439). »Berlin ist sein Megaphon. Sein Dialekt ist eine von den Kräften, die sich gegen die Verschlossenheit des alten Romans kehren« (ebd., S. 440).

Benjamin sah Döblins Roman mithin als eine **Befreiung des Erzählens vom Buch**. Das ist eine keineswegs zwingende, von Benjamin jedoch mit äußerster Konsequenz vertretene Sicht. Ins Grundsätzliche gewendet erscheint sie 1935, als der Döblin-Rezensent seine Betrachtungen zum Werk Nikolaij Leskovs publiziert. Voller Wehmut schildert Benjamin, wie »Der Erzähler« und seine Weisheit im Zeitalter des Romans aus dem Blickfeld geraten. »Immer seltener wird die Begegnung mit Leuten, welche rechtschaffen etwas erzählen können. Immer häufiger verbreitet sich Verlegenheit in der Runde, wenn der Wunsch nach einer Geschichte laut wird« (Benjamin 1977, S. 385). Verloren gehe in der modernen Welt daher vor allem »das Vermögen, Erfahrungen auszutauschen« (ebd.).

Ursprünglich war dieser **Erfahrungsaustausch**, Benjamin zufolge, auf die Interessenlage der Menschen abgestimmt. Die Erzählung »führt offen oder versteckt, ihren Nutzen mit sich [...] – in jedem Falle ist der Erzähler ein Mann, der dem Hörer Rat weiß« (ebd., S. 388), weil die Geschichte »in den Stoff gelebten Lebens eingewebt« ist (ebd., S. 388). Indem die Erfahrung von Mund zu Mund geht, erhält die Welt eine Textur, die den Menschen Halt gibt und sie miteinander verbindet. »Geschichten erzählen ist ja immer die Kunst, sie weiter zu erzählen, und die verliert sich, wenn die Geschichten nicht mehr behalten werden. Sie verliert sich, weil nicht mehr gewebt und gesponnen wird, während man ihnen lauscht« (ebd., S. 393). Mit dem Netzwerk der Geschichten, in die Erzähler und Zuhörer verstrickt sind, löst sich daher auch das soziale Band zwischen den Menschen auf.

Es ist offensichtlich, dass Benjamin die **Gewebe-Metapher** strapaziert, um einen **Mythos des mündlichen Erzählers** zu stiften. Diesem Mythos steht der Roman aufgrund seiner engen Verbindung mit der Schrift, die den unmittelbaren Kontakt von Erzähler und Zuhörer unterbricht, entgegen. »Das früheste Anzeichen eines Prozesses, an dessen Abschluß der Niedergang der Erzählung steht, ist das Aufkommen des Romans zu Beginn der Neuzeit. Was den Roman von der Erzählung (und dem Epischen im engeren Sinne) trennt, ist sein wesentliches Angewiesensein auf das Buch.« (ebd., 389). Indem das Erzählen der Druckerpresse überantwortet wird, ändert es für Benjamin seinen Charakter, wird aus dem mündlichen, zeitlosen Rat eine schriftliche Information von geringer Haltbarkeit (vgl. ebd., S. 390).

Bei seiner Gegenüberstellung von mündlicher Erzählung und Roman, von **Rat und Information**, Zuhörergemeinschaft und Lesereinsamkeit ging es Benjamin allerdings weniger um die Medienevolution als vielmehr um eine metaphysische Pointe. Hinter der spezifischen Autorität des Erzählers steht nämlich eine Instanz, die unmöglich in Zweifel gezogen werden kann. »Der Tod ist die Sanktion von allem, was der Erzähler berichten kann. Vom Tode hat er seine Autorität geliehen« (ebd., S. 396).

Daher hängt sowohl die Moral der Geschichte, die ein mündlicher Erzähler zu berichten weiß, als auch der Trost, den sie enthält, davon ab, dass die Menschen »mit der Gewalt des Todes ihren Frieden machen« (ebd., S. 399). Das Mittel dazu ist das **epische Gedächtnis**, das durch die mündliche Tradition von einer Menschheitsgeneration zur nächsten übermittelt wird und so die Einzelexistenz transzendiert. Benjamin macht nicht wirklich klar, wie der Tod den mündlichen Erzähler autorisiert, und warum seine Ablösung durch den Romancier nicht nur den Charakter der Überlieferung, sondern auch die menschliche Haltung dem Tod gegenüber verändert (vgl. ebd., S. 399). Er behauptet jedoch, dass diese Veränderung dem Tod eine neue Gewalt über die Menschen verschafft. Einsam wie der Romanleser nun einmal sei, versuche er »sein fröstelndes Leben an einem Tod, von dem er liest, zu wärmen« (ebd., S. 402).

Weit davon entfernt, den Romanfiguren Leben einzuhauchen, verschlingt der Leser den Sinn ihres papierenen Daseins nach Art eines Vampirs. Und da sich dieser »›Sinn‹ von ihrem Leben nur erst von ihrem Tode her erschließt«, muss der Leser »im voraus gewiß sein, daß er ihren Tod miterlebt. Zur Not den übertragenen: das Ende des Romans. Doch besser den eigentlichen« (ebd.). Noch radikaler als Lukács versteht Benjamin den Roman als Reflex der zwischenmenschlichen Entfremdung, als Symptom einer Kultur, die zum Tod kein natürliches Verhältnis mehr finden kann. Es wäre daher verfehlt, nur nach einem politischen oder ideologischen Ausweg aus der **Misere des Erzählens** zu suchen. Aufgesprengt werden müsse vielmehr die Geburtskammer des modernen Romans, die **Trennung von Privatsphäre und Öffentlichkeit**, die das kollektive Eingedenken angeblich zerstört und den Tod zu einem rein individuellen Problem macht.

Im selben Jahr wie Benjamins Abhandlung »Der Erzähler« erschien in der Schweizer Zeitschrift *Maß und Wert* ein Aufsatz von **Arno Schirokauer** zum »Bedeutungswandel des Romans«, der ebenfalls auf das enge **Verhältnis von Roman und Buchdruck** sowie auf den Gegensatz zwischen mündlichen und schriftlichen Formen der Weltvermittlung eingeht. Nur scheinbar schweift Schirokauer vom Thema ab, wenn er drei distinkte Kommunikationssituationen miteinander vergleicht: die Kanzelpredigt, die Buchlektüre und die Parteiversammlung: »Was der mittelalterliche Geistliche von der Kanzel herab an die Gemeinde gab, empfing nicht der einzelne, sondern die Gemeinde.« (Schirokauer 1965, S. 15).

Es handelt sich um eine monologische Kommunikationssituation, in der sich ein autorisierter Sprecher an ein Kollektiv wendet, zu dem es keine Alternative gibt: »Ausgestoßen von der Gemeinde konnte keiner leben.« (ebd.). Demgegenüber ermöglicht der Buchdruck eine individuelle Auseinandersetzung mit dem Text. Die Autorität der schriftlichen Mitteilung beruht einzig und allein auf ihrer freiwilligen Anerkenntnis durch den Leser, der sich den Sinn der Buchstaben in einem stummen Selbstgespräch zu Eigen macht.

> »Mit seinem Buch tritt jeder allein in seine Kammer. Das Buch spricht allein und mit privaten Worten zu ihm. Aus der Möglichkeit des Lesens kommt ihm allmählich die Gewißheit, ein Individuum zu sein, einer, ein unteilbarer, ein, wenn wir an die Reimpaare denken, unvereinbarer. Unvereinbar ist Buch und Sozietät.« (ebd., S. 17).

Insofern ist die Renaissance, die ohne Gutenbergs Erfindung wohl kaum eine so breite Wirkung hätte entfalten können, »buchstäblich und genau Geburt, nämlich Entbindung. Die Entbindung aus alten Mitgliedschaften. Das entbundene Ich weiß mit den Bindungen des Verses nichts mehr anzufangen, seine Rede wird ungebunden und persönlich« (ebd., S. 17). Dem entspricht der Prosaroman, der das kollektive Glaubensbekenntnis der Gemeinde durch die **individuelle Konfession** ersetzt: »Ein Ich erkennt sich und bekennt sich. Ein Leben führt eine Art **Selbstgespräch**. Der Roman ist ein Selbstverhör« (ebd., S. 18), das dem Leser die Möglichkeit gibt, seine eigene Persönlichkeit im imaginären Dialog mit einem exemplarischen Anderen zu entdecken. Diese Möglichkeit jedoch wird in den totalitären Bewegungen des 20. Jahrhunderts wieder kassiert.

> »Der eigentliche Held aller Romane, die Persönlichkeit, verliert die Gewißheit ihrer Sendung, das Vertrauen in ihr Recht, das Bewußtsein ihres höchsten Glücks. [...] Statt sich selbst zu organisieren, nämlich organisch zu bilden, sucht sie bei fertigen Organisationen Schutz, sie flüchtet aus dem unerträglich gewordenen Schlaglicht der Einzelexistenz in das Zwielicht der Kollektivismen und gibt als Entrée willig die Freiheit her. Das Individuum dankt ab und wird Parteimitglied. Fortan beginnt es, im Sprechchor zu sprechen wie das Mitglied der alten Kirche im Reim« (ebd., S. 21).

Mit anderen Worten: das Zeitalter des Romans ist ein historisches Zwischenspiel. Schirokauer lässt offen, ob das ›principium individuationis‹ im Roman zu weit getrieben wurde, oder ob die Einzelexistenz aus anderen Gründen unerträglich geworden ist. Er lässt jedoch keinen Zweifel daran, dass der Abschied vom freien, aus allen Bindungen entlassenen Ich auch den **Abschied vom traditionellen Roman** bedeutet (vgl. ebd., S. 25).

Vordergründig betrachtet scheint die Geschichte, die Schirokauer vom Bedeutungswandel des Romans erzählt, Benjamins Sicht der Dinge auf den Kopf zu stellen. Die Buchlektüre, die bei ihm als Modell der freiheitlichen Selbstverwirklichung fungiert, war bei Benjamin der Katalysator zwischenmenschlicher Entfremdung.

Bei genauerem Hinsehen erweist sich jedoch, dass die beiden Perspektiven darin übereinkommen, dass die Romanlektüre eine einsame Angelegenheit ist, die gewisse Kompensationen erfordert.

Am Ende schließlich nimmt der zeitgenössische Roman wieder mythische Züge an, um erneut zum Epos zu werden. Für Benjamin ist diese Tendenz bei Alfred Döblin, für Schirokauer bei Thomas Mann angelegt. »In Thomas Mann hat der Roman den Schritt gemacht vom individuellen zum mythischen Zeugnis, vom Roman zum Epos« (ebd., S. 30). Sinngemäß heißt es in Benjamins Rezension zu *Berlin Alexanderplatz*: »Die Montage sprengt den ›Roman‹, sprengt ihn im Aufbau wie auch stilistisch, und eröffnet neue, sehr epische Möglichkeiten.« (Benjamin 1966, S. 439).

Benjamin und Schirokauer sind sich trotz ihrer unterschiedlichen Beurteilung der modernen Erzählkunst darin einig, dass die Laufbahn des Romans einer Hyperbel mit dem Epos als Asymptote gleicht. Am Scheitelpunkt der Kurve wird die zweideutige Rolle des Buchdrucks offenbar: einerseits trägt er entscheidend zur **Binnendifferenzierung der literarisch gebildeten Persönlichkeit** bzw. zur Verinnerlichung der Welt- und Lebensbezüge bei; andererseits entfremdet er das Individuum dem Kollektiv, der Sprachgemeinschaft. Diese Gemeinschaft kann zwar totalitäre Züge annehmen, verheißt ihrer romantischen Idee nach jedoch Geborgenheit.

2.6 Camus und Adorno – Der Roman als Analogiebildung der Vernunft/ Kritik des bürgerlichen und sozialistischen Realismus

Dem Gegensatz zwischen der modernen Tendenz zur Ideologisierung und Kollektivierung auf der einen und der je individuellen Selbst- und Welterfahrung, die im Kunstwerk geschieht, hat der Nobelpreisträger **Albert Camus** (1913–1960) eine gerade im Vergleich mit Lukács höchst aufschlussreiche Wendung gegeben. Tatsächlich geht Camus in seinen philosophischen Schriften von einem ganz ähnlichen Gedanken wie Lukács in der *Theorie des Romans* aus. Dort war ja die Philosophie im Anschluss an Novalis als »Heimweh«, als »Trieb, überall zu Hause zu sein«, bestimmt worden (Lukács 1994, S. 21). Camus formuliert diesen Gedanken in *Der Mythos des Sisyphos* (1942) so: »Die Welt verstehen heißt für einen Menschen: sie auf das Menschliche zurückzuführen« (Camus 1984, S. 20).

Ganz im Gegensatz zu Lukács, der im Beschreiben einen unmenschlichen Akt sah, erklärt Camus, es gehe in der zeitgenössischen Literatur »nicht mehr um Erklärungen und Lösungen, sondern um Erfahrungen und Beschreibungen« (ebd., S. 80). Im Akt des Beschreibens erfährt der Mensch nämlich »die unaufhörlichen Anrufe eines quantitativ unerschöpflichen Universums. Hier, begreift man, liegt der Ort des Kunstwerks« (ebd.), insbesondere des modernen Romans, in dem es darum geht, die **Welt als Einheit** erfahrbar zu machen:

> »Man erzählt nicht mehr ›Geschichten‹, man schafft sein Universum. Die großen Romanciers sind philosophische Romanciers« (ebd., S. 84).

> »Denken heißt vor allem: eine Welt erschaffen wollen (oder die eigene abgrenzen, was auf dasselbe herauskommt). Es heißt: von dem grundsätzlichen Mißverständnis ausgehen, das

den Menschen von seiner Erfahrung trennt, und seinem Heimweh entsprechend ein Gebiet des Einverständnisses finden, ein von Vernunftgründen eingeengtes oder von Analogie erhelltes Universum, das eine Lösung des unerträglichen Zwiespalts erlaubt.« (ebd., S. 83 f.).

In seiner Essay-Sammlung *Der Mensch in der Revolte* (1951), in der sich Camus mit den totalitären Bewegungen des 20. Jahrhunderts, ihrer geschichtsphilosophischen Vorbereitung durch Hegel, Marx und Engels sowie mit ihren inhumanen Folgen auseinandersetzt, wird über den Roman gesagt:

»Der Roman fertigt Schicksal nach Maß an. So macht er der Schöpfung Konkurrenz und triumphiert vorübergehend über den Tod. Eine eingehende Analyse der berühmtesten Romane würde in jedesmal verschiedener Perspektive zeigen, daß das Wesen des Romans in dieser unaufhörlichen Korrektur besteht, immer in gleicher Richtung verlaufend, und die der Künstler nach seiner eigenen Erfahrung vornimmt. Weit davon entfernt, moralisch oder rein formal zu sein, zielt diese Korrektur zuerst auf die Einheit und drückt damit ein metaphysisches Bedürfnis aus.« (Camus 1988, S. 214 f.).

Durchaus vergleichbar sind Camus' Ausführungen mit denen von **Theodor W. Adorno** (1903–1969) zum modernen Roman. Wo Camus von einem metaphysischen Bedürfnis spricht, sieht Adorno ein uneingelöstes Versprechen, als deren Statthalter in einer Welt, die alle Verheißungen der Aufklärung negiert, die Kunst fungiert. Im wahren Kunstwerk soll aufscheinen, was von den Blendwerken der bürgerlichen Kulturindustrie verdeckt und von den Machthabern in Ost und West unterdrückt wird: die Freiheit des Menschen. Für die Erzählkunst bedeutet dies unter anderem:

»Will der Roman seinem realistischen Erbe treu bleiben und sagen, wie es wirklich ist, so muß er auf einen Realismus verzichten, der, indem er die Fassade reproduziert, nur dieser bei ihrem Täuschungsmanöver hilft.« (Adorno 1974, S. 43).

So steht es in Adornos Aufsatz »Standort des Erzählers im zeitgenössischen Roman« von 1956. Für Adorno ist dieser Standort durch eine Paradoxie gekennzeichnet: »es läßt sich nicht mehr erzählen, während die Form des Romans Erzählung verlangt« (ebd., S. 41). »Etwas erzählen heißt ja, etwas ›Besonderes‹ zu sagen haben, und gerade das wird von der verwalteten Welt, von **Standardisierung** und Immergleichheit verhindert« (ebd., S. 42). Anders als Benjamin verwirft Adorno dennoch nicht die Möglichkeit des Romans, aufklärerisch zu wirken. Im Gegenteil:

»Die Verdinglichung aller Beziehungen zwischen den Individuen, die ihre menschlichen Eigenschaften in Schmieröl für den glatten Ablauf der Maschinerie verwandelt, die universale Entfremdung und Selbstentfremdung fordert beim Wort gerufen zu werden, und dazu ist der Roman qualifiziert wie wenig andere Kunstformen.« (ebd., S. 43).

Adornos Warnung vor einer Erzählkunst, die ihrem Hang zur bildlichen Verklärung des Gegebenen nachgibt, erinnert nicht von ungefähr an Lukács' Verurteilung der Beschreibung als Kapitulation. Im Unterschied zu Lukács hat Adorno jedoch auch den **Sozialistischen Realismus als Täuschungsmanöver** betrachtet. Unter der Überschrift »Erpreßte Versöhnung« setzte er sich 1958 mit Lukács' Buch *Wider den* *mißverstandenen Realismus* auseinander. Lukács lasse nach seiner Teilnahme am Ungarn-Aufstand zwar insofern eine veränderte Haltung erkennen, als er die Verbrechen der Stalin-Ära kritisiere, vertrete im Kern aber nach wie vor die dogmatische Ansicht, dass die gesamte Literatur, soweit auf sie nicht die Formel des Sozialistischen Realismus zutreffe, abzulehnen sei; »es wird ihr ohne Zögern das Odium der Dekadenz angehängt, ein Schimpfwort, das nicht nur in Rußland alle Scheußlichkeiten von Verfolgung und Ausmerzung deckt.« (ebd., S. 255).

So entschieden sich Adorno und Camus gegen eine Einvernahme der Kunst entweder durch die Parteiideologie oder durch die Kulturindustrie aussprechen, so klärungsbedürftig bleibt bei ihnen allerdings das Verhältnis von Roman und Wirklichkeit. Beide Verfasser wenden sich gegen eine letztlich totalitäre **Rationalisierung aller Lebensbereiche.** Unklar bleibt, ob sich der Roman, der die Welt, Camus zufolge, als Einheit erscheinen lassen soll und seinem Grundimpuls nach bei Adorno darauf abzielt, »das Rätsel des äußeren Lebens zu dechiffrieren« (ebd., S. 43), der allgemeinen Rationalisierung entziehen kann, und wie das gegebenenfalls geschehen soll, ohne umgekehrt in die nicht weniger gefährliche Haltung des Irrationalismus zurückzufallen.

Ausschau zu halten ist mithin nach Alternativen zu Lukács' *Theorie des Romans.* Wie können Romanautoren und -leser, symbolisch gesprochen, vom Baum der Erkenntnis essen, ohne dass das Medium ihrer Verständigung von vornherein als Schwundstufe des Epos inkriminiert oder gar als Ausdruck der zwischenmenschlichen Entfremdung mit der Wurzel allen Übels, der Verdinglichung von Mensch und Kunst, gleichgesetzt wird?

2.7 Auerbach und von Kahler – Vereinigung von Alltäglichkeit, Ernst und Geschichtsbewusstsein im Roman/Verinnerung des Erzählens in der Gegenwart

Es ist das historische Verdienst von Erich Auerbach und Erich von Kahler, **eine alternative Geschichte der literarischen Mimesis** erzählt zu haben – eine Geschichte, in der die Romankunst nicht den Verlust einer heilen Welt, sondern eine Erweiterung des menschlichen Bewusstseins von Wirklichkeit bedeutet. Diese Lesart ist umso bemerkenswerter, als zumindest **Erich Auerbach** in seinem 1946 erstmals veröffentlichten Buch *Mimesis. Dargestellte Wirklichkeit in der abendländischen Literatur* von einem Wirklichkeitsbegriff ausgeht, der Hegels *Ästhetik* entstammt.

In einer Reihe von Einzelinterpretationen, die von Homer bis zu Virginia Woolf reichen, wird die **Nachahmung der Wirklichkeit** von ihm als zunehmende »Nachahmung der sinnlichen Erfahrung des irdischen Lebens, zu dessen wesentlichen Merkmalen doch seine Geschichtlichkeit« (Auerbach 1964, S. 183) gehört, beschrieben. Tatsächlich entspricht dieses Mimesis-Konzept weitgehend Hegels Bestimmung der klassischen Kunstformen (vgl. Miles 1979, S. 32).

Nicht von ungefähr erwähnt Auerbach Hegel daher im Rahmen seiner Dante-Interpretation. Sie nämlich bildet insofern den Dreh- und Angelpunkt seiner Untersuchung, als in ihr die soeben zitierte Mimesis-Konzeption entwickelt wird. Gemäß dieser Konzeption versucht Auerbach zu zeigen, dass **die geschichtliche Erfahrung**

des irdischen Lebens in seiner Alltäglichkeit zunächst nur in den komischen Gattungen der niederen Erzählkunst, etwa im *Satyricon* des Petronius (gest. 66 n. Chr.) auftaucht, um dann schrittweise auf seriöse Genres überzugreifen. Ihren Höhepunkt erreicht die Entwicklung im realistischen Roman des 19. Jahrhunderts.

> »In der modernen Literatur kann jede Person, gleichviel welchen Charakters und welcher sozialen Stellung, jedes Ereignis, gleichviel ob sagenhaft, hochpolitisch oder beschränkt häuslich, durch die nachahmende Kunst ernsthaft, problematisch und tragisch gefaßt werden, und wird es zumeist. Das aber ist in der Antike ganz ausgeschlossen.« (Auerbach 1964, S. 35).

Zwar greifen schon die *Metamorphosen* des Apuleius mit ihren erotischen Eskapaden auf die Tabubereiche des menschlichen Lebens aus, aber ihnen »fehlt das Seelische und Menschlich-Vertrauliche vollkommen« (ebd., S. 63). Auch die Selbstdarstellung des feudalen Rittertums in der mittelalterlichen Epik trägt noch idealtypische Züge (vgl. ebd., S. 127). Die Ritter-Welt enthält nach Auerbach nichts, was nicht unmittelbar mit ›aventure‹ und ›minne‹ zusammenhängt (vgl. ebd., S. 132). Erst Rabelais nähert sich durch »das Prinzip des Durcheinanderwirbelns der Kategorien des Geschehens, des Erlebens, der Wissensbezirke, der Proportionen und der Stile« (ebd., S. 259) einer erfahrungskonformen Weise der erzählerischen Weltaneignung. Die »Vereinigung von Alltäglichkeit und tragischem Ernst« (ebd., S. 269), in der Auerbach den realistischen Kern der modernen Erzählkunst erblickt, findet in seinem Romanzyklus *Gargantua et Pantagruel* jedoch noch nicht statt.

Einen Schritt weiter geht Cervantes im *Don Quijote*: »alle handelnden Personen werden in einer aktuellen Wirklichkeit und in ihrer lebendig-alltäglichen Existenz vorgeführt.« (ebd., S. 326). In Stendhals Roman *Le Rouge et le Noir* (*Rot und Schwarz*, 1830) schließlich ist das realistische Tableau nahezu perfekt. »Die Charaktere, Haltungen und Verhältnisse der handelnden Personen sind [...] aufs engste mit den zeitgeschichtlichen Umständen verknüpft« (ebd., S. 425). Für die Kunst Balzacs endlich gilt, dass jeder Lebensraum in seiner konkreten Alltäglichkeit beschrieben wird (vgl. ebd., S. 440 f.). Auerbachs Fazit lautet daher:

> »Die ernsthafte Behandlung der alltäglichen Wirklichkeit, das Aufsteigen breiterer und sozial tieferstehender Menschengruppen zu Gegenständen problematisch-existentieller Darstellung einerseits – die Einbettung der beliebig alltäglichen Personen und Ereignisse in den Gesamtverlauf der zeitgenössischen Geschichte, der geschichtlich bewegte Hintergrund andererseits – dies sind, wie wir glauben, die Grundlagen des modernen Realismus, und es ist natürlich, daß die breite und elastische Form des Prosaromans sich für eine so viele Elemente zusammenfassende Wiedergabe immer mehr durchsetzte.« (ebd., S. 458 f.).

Dass diese Auffassung der realistischen Erzählkunst Auerbach gewisse Schwierigkeiten bereitet, als es im letzten Kapitel seines Buches um die Eigentümlichkeiten des modernen Romans geht, kann kaum verwundern. Denn auch wenn diese Eigentümlichkeiten einerseits das Ergebnis einer konsequenten Fortsetzung des mimetischen Impulses sind, muss die **Verlagerung der erzählerischen Aufmerksamkeit von der Außenwelt der Erfahrung auf die Innenwelt des Bewusstseins** andererseits doch das Erscheinungsbild der Romane grundlegend verändern. Die Nachahmung der sinnlichen Erfahrung des irdischen Lebens führt die Erzähler des 20. Jahrhunderts nämlich dazu, die Formen der Erfahrung zu untersuchen und gleichsam unterhalb der erzählten Geschichten nach den Anschauungsformen von Raum und Zeit zu fahnden, die ein geschichtliches Bewusstsein überhaupt erst entstehen lassen. Nicht so sehr der Zeitverlauf des gemeinschaftlichen Lebens, sondern der jeweils einzigartige Augenblick steht daher im Vordergrund der Romane von James Joyce oder Virginia Woolf, die Auerbach bespricht.

Diese Romane veranschaulichen somit zwar »die Wirklichkeitsfülle und Lebenstiefe eines jeden Augenblicks, dem man sich absichtslos hingibt« (ebd., S. 513), aber das, was die einzelnen Momente der subjektiven Erfahrung verbindet, ist nicht mehr der **Sinn-Zusammenhang** einer allen gemeinsamen Weltordnung. Auerbach macht aus seiner Not, diese Verlagerung des erzählerischen Schwerpunkts mit seinem Mimesis-Konzept zu vereinbaren, eine Tugend, wenn er erklärt:

> »es ist noch ein langer Weg bis zu einem gemeinsamen Leben der Menschen auf der Erde, doch das Ziel beginnt schon sichtbar zu werden; am sichtbarsten, konkretesten erscheint es schon jetzt in der absichtslosen, genauen, inneren und äußeren Darstellung des beliebigen Lebensaugenblicks der verschiedenen Menschen.« (ebd., S. 514).

Ein Grund für Auerbachs Schwierigkeiten ist der relativ statische **Wirklichkeitsbegriff**, den er seiner Untersuchung zugrunde gelegt hat. Dieses Manko wurde zuerst von Erich von Kahler erkannt.

> »Wir müssen die Realität durchgehend dynamisch sehen lernen. Der Fehler des schönen und bedeutenden Buches von Erich Auerbach Mimesis liegt in seiner Grundannahme, daß es eine stabile, für alle Zeitalter und Personen völlig gleich geltende Realität gibt, der sich die verschiedenen Dichter nur in verschiedener Weise angenähert haben; während die jeweilige Realität doch das Ergebnis des kämpfenden und vordringenden Bewußtseins ist.« (von Kahler 1970, S. 55).

Die Wirklichkeit ist für von Kahler, der übrigens eng mit Hermann Broch befreundet war, nichts anderes als das Ergebnis einer **Wechselwirkung zwischen Mensch und Umwelt** (vgl. ebd., S. 10). Dieser Wechselwirkung entspricht die zeitgenössische Metamorphose der Erzählkunst, die er 1952 als »Untergang und Übergang der epischen Kunstform« beschrieben hat. Dem Untergang entsprechen der »Zerfall der sinnlichen Realität« (ebd., S. 34) und die »Entwertung dessen, was die Amerikaner ›fiction‹ nennen, der erfundenen Geschichte« (ebd., S. 36); dem Übergang die Zunahme der »philosophischen, ja wissenschaftlichen Erörterungen« und »die Entwicklung, ja die Wucherung einer inneren, subjektiven Zeit, einer Erlebniszeit innerhalb der äußeren Lebenszeit, der Ereigniszeit« im Roman (ebd., S. 39), wie sie Auerbach durchaus zutreffend beschrieben hatte. Diese »Verinnerung des Erzählens«, der von Kahler in einem weiteren Essay (1957/58) nachgeht, setzt bereits mit jenen Erzählformen ein, die das kollektive Glaubensbekenntnis durch die individuelle Konfession ersetzen:

> »Das Ich des Bekenntnisses und des Briefes bezeichnet geradezu den ersten Ruck einer Verlagerung des erzählerischen Schwergewichts von außen nach innen, die sich von nun an im wachsenden Maße vollzieht: der Beobachtungsposten, das Standortquartier des Erzählers wird im Innern, im Innersten des Menschen aufgeschlagen, und mehr und mehr verschiebt sich auch das Geschehen selbst in das erzählende Ich hinein.« (ebd., S. 172).

2.8 Sarraute, Robbe-Grillet und Butor – Vorbehalte gegenüber der weltbildnerischen Funktion des Romans/Die Stimmenvielfalt im Erzählwerk

Die Essays, die von Kahler in den fünfziger Jahren schrieb, ratifizieren in theoretischer Hinsicht, was die Praxis der Erzählkunst in der ersten Hälfte des 20. Jahrhunderts bestimmt hatte. Die zweite Jahrhunderthälfte war jedoch von anderen Entwicklungen bestimmt. Zu ihnen zählt u. a. der ›nouveau roman‹, der von Natalie Sarraute, Alain Robbe-Grillet, Claude Simon und Michel Butor begründet und poetologisch reflektiert worden ist.

Ein frühes Dokument der Auffassungen, die zur Entwicklung eines Neuen Romans führten, ist der Aufsatz »Das Zeitalter des Argwohns«, den **Natalie Sarraute** 1950 veröffentlichte. Der Verfasserin geht es um eine nüchterne **Bestandsaufnahme der Vertrauenskrise**, in die der herkömmliche Roman ihrer Meinung nach geraten war. Sie konstatiert:

> »Allem Anschein nach fällt es nicht nur dem Autor schwer, an seine Figuren zu glauben – auch dem Leser gelingt es nicht mehr. Daher sieht man die Romanfigur, die so das Vertrauen des Autors wie des Lesers verloren hat (das sie aufrechthielt und die ganze Last der Geschichte auf ihre starken Schultern nehmen ließ), schwanken und schwinden.« (Sarraute 1965, S. 41 f.).

Doch »nicht nur der Romanfigur mißtrauen sie beide, sondern durch sie hindurch – auch einander« (ebd., S. 43). Sarraute empfiehlt dem zeitgenössischen Romanschriftsteller, der dem nach wie vor stark ausgeprägten Hang der Leser, Handlungen und Charaktere zu typisieren, entkommen will, sich am modernen Maler ein Beispiel zu nehmen:

> »Der moderne Maler [...] entreißt seinen Gegenstand dem Weltbild des Beschauers und deformiert ihn, um aus ihm das malerische Element herauszulösen. Durch eine analoge Bewegung verfolgt der Roman – der ja nur für eine mindere Kunstgattung gehalten wird, weil er hartnäckig an überholten Techniken festhält – mit seinen eigenen Mitteln seinen eigenen Weg: er überläßt anderen Künsten – wie bekanntlich dem Film –, was nicht wirklich sein Eigentum ist.« (ebd., S. 54 f.).

Die Argumente *Pour un nouveau roman*, die **Alain Robbe-Grillet** dann in den fünfziger Jahren zusammengetragen und 1963 in einem Sammelband veröffentlicht hat, setzen diesen Weg fort. Auch Robbe-Grillet geht es um die **Deformation der gewohnten, weltanschaulich bestimmten Anschauungsformen**. Was ihn am herkömmlichen Roman vor allem stört, sind die Erklärungen und Bedeutungen, mit denen seine Gegenstände und Gesten immer schon angereichert sind, bevor sie in Erscheinung treten, denn: »Es handelt sich nicht mehr darum, sie sich anzueignen oder das Geringste auf sie zu übertragen« (Robbe-Grillet 1965, S. 74). Im Mittelpunkt von Robbe-Grillets Kritik am herkömmlichen Roman steht folgerichtig die weltbildnerische Funktion der Metapher:

> »Die Metapher ist in der Tat nie eine harmlose Redefigur. [...] die Wahl eines analogen, wenngleich einfachen Vokabulars bewirkt schon etwas anderes als die Mitteilung reiner

> physischer Gegebenheiten, und das, was es zusätzlich enthält, kann schwerlich nur der Belletristik zugeschrieben werden. [...] Fast in unserer ganzen zeitgenössischen Literatur wiederholen sich diese anthropomorphistischen Analogien viel zu beharrlich, viel zu kohärent, um nicht ein ganzes metaphysisches System zu verraten.« (ebd., S. 55 f.).

Die Anteilnahme, die eine Metapher dank ihrer Anschaulichkeit bewirke, also die emphatische Mimesis des Betrachters, sei immer mit der Gefahr verbunden, »die Vorstellung einer verborgenen Einheit« (ebd., S. 56 f.) herbeizuführen. Anders als Camus betrachtet es Robbe-Grillet also nicht als Aufgabe des Romanciers, die Welt zumindest im übertragenen Sinne abzurunden. Er lehnt nicht nur das Universum der ideologischen Welterklärungen, sondern auch das **Universum der anthropomorphen Bilder und Vergleiche** ab. »Der Mensch betrachtet die Welt, und die Welt erwidert seinen Blick nicht« (ebd., S. 61). Das ist für ihn kein absurdes Drama, sondern die stets vernünftige Ausgangsbasis des neuen Romans. Was auf diese Weise allerdings immer noch nachgeahmt wird, ist das menschliche Orientierungsverhalten unter den erschwerten Bedingungen der Moderne:

> »Seit zwanzig Jahren beschleunigt sich der Gang der Dinge zweifellos, aber, und jeder wird da zustimmen, nicht nur im Bereich der Kunst allein. Wenn sich der Leser manchmal nur schwer in modernen Romanen zurechtfinden kann, dann entspricht dies durchaus dem, daß er sich in der Welt, in der er lebt, gleichfalls verliert, in einer Welt, in der alle alten Konstruktionen und Normen schwinden.« (ebd., S. 85).

Der Roman, der auf der Höhe seiner Zeit ist und bleiben will, muss daher das Schwinden der Konstruktionen und Normen im Bereich der Erzählkunst reflektieren. »Der Roman mit Helden gehört der Vergangenheit an« (ebd., S. 29); der neue Roman konzentriert sich anstelle der Geschichte auf die Schreibweise (vgl. ebd., S. 30), die ihrerseits auf bestimmte Lesarten bezogen ist:

> »Der zeitgenössische Autor ist weit davon entfernt, den Leser zu vernachlässigen, er verkündet im Gegenteil, daß er seiner Mithilfe unbedingt bedarf, seiner aktiven, bewußten, schöpferischen Mithilfe. Er verlangt von ihm nicht, daß er eine abgeschlossene, sinnerfüllte, um sich selbst geschlossene Welt entgegennehme, sondern daß er an einer Schöpfung teilhabe, daß er seinerseits das Werk – und die Welt – erfinde und damit lerne, sein eigenes Leben zu erfinden.« (ebd., S. 107).

Wie Robbe-Grillet betont auch **Michel Butor** in seinem dreibändigen *Repertoire* (1963–65) das Erfinden der Welt durch Romanautoren und Leser. Der erste Essay seiner Aufsatzsammlung trägt daher den programmatischen Titel »Der Roman als Suche«. Ihren Sinn erhält diese Suche dadurch, dass die **Bedeutung des Berichtens**

> »weit über den Bereich der Erzählkunst hinausgeht, es bildet ein wesentliches Element für unser Verständnis der Wirklichkeit. Von dem Zeitpunkt an, da wir in der Lage sind, Wörter zu verstehen, bis zu unserem Tod sind wir ständig von Berichten umgeben, zunächst in der Familie, dann in der Schule, bei der Begegnung mit anderen Menschen und schließlich durch unsere Lektüre.« (Butor 1963, S. 7).

Bei all diesen Gelegenheiten werden wir mit narrativen oder anderen Diskursen konfrontiert, und »jede dieser Mitteilungsformen verbindet uns mit einem besonderen

Ausschnitt der Wirklichkeit« (ebd.). Was all diese Alltagsberichte im mündlichen Gespräch, in der Zeitung oder auch in den Rundfunk- und Fernsehnachrichten vom Roman unterscheidet, ist, dass ihre Informationen zumindest theoretisch überprüfbar sind. Ganz anders als Benjamin leitet Butor daraus jedoch weder die Minderwertigkeit der Information gegenüber dem ursprünglich epischen Erzählen noch die gesellschaftliche Unzulänglichkeit des Romans ab. Vielmehr bildet die Erzählkunst »einen prädestinieren Bereich, um zu untersuchen, auf welche Weise uns die Wirklichkeit erscheint oder erscheinen kann. Der Roman ist daher das Laboratorium des Berichtens« (ebd., S. 9).

Der Romancier hat sozusagen ein Vorschlagsrecht: seine Wortwahl kann als hilfreich, seine **Textfassung als alternative Welt-Konstruktion** angesehen und in einer Art Feldversuch vom Laboratorium des Berichtens auf die Erfahrung der Wirklichkeit übertragen werden. »Der Romancier ist dann derjenige, der bemerkt, dass eine Struktur sich in seiner Umgebung abzuzeichnen beginnt, der dieser Struktur nachgeht, sie zum Wachsen bringt, sie vervollständigt, sie untersucht bis zu dem Augenblick, da sie für alle lesbar wird.« (Butor 1965, S. 37).

Indem der Roman den unaufhörlichen Prozess der gesellschaftlichen De- und Rekonstruktion von Wirklichkeit veranschaulicht, die Lesarten der Welt ändert und die Menschen mit dem Bewusstsein ihrer eigenen **Wandlungsfähigkeit** ausstattet, setzt er sich, Butor zufolge, vom Epos ab. »Das Epos zeigt uns – in einer Zeit, als sich Zweifel erhoben –, daß die Gesellschaft durchaus so organisiert war, wie sie erschien; der Roman dagegen stellt der offen zutageliegenden Hierarchie eine andere geheime gegenüber.« (ebd., S. 46). Das funktioniert allerdings nur, weil der Roman sowohl mit der noch unabgeschlossenen Entwicklung der Gesellschaft als auch mit der ebenso unabgeschlossenen Geschichte der einzelnen Leser rückgekoppelt ist. »Das Individuum im Roman kann niemals völlig determiniert werden, es bleibt offen, es ist für mich offen, damit ich mich an seine Stelle setzen oder zumindest mich in bezug auf es situieren kann« (ebd., S. 59).

Butor geht es allerdings nicht nur um eine dynamische Sicht der **Gesellschaft**, sondern vor allem darum, dass sie als **Sprachgemeinschaft** verfasst ist. Das bedeutet, dass ihre Entwicklung ebenso wie die jedes einzelnen Menschen im Dialog geschieht.

> »Jede Sprache ist zunächst Dialog, das heißt, daß sie nicht Ausdruck eines isolierten Individuums sein kann. [...] Die Gesellschaft, der ich angehöre, ist eine Gesamtheit von Dialog, das bedeutet, daß irgend jemand etwas (aber nicht irgend etwas) zu irgend jemand anderem sagen kann; doch diese Gesamtheit teilt sich und ordnet sich zu Untereinheiten: ich spreche nicht auf die gleiche Weise zu allen ihren Gliedern; es gibt manche Worte, die dieser oder jener nicht kennt oder nicht versteht; manche Anspielungen, Bezugnahmen, Resonanzen werden nur bei manchen wirksam, insbesondere bei jenen, die die gleiche Lektüre gehabt haben wie ich.« (ebd., S. 55).

Es gibt also eine **soziolinguistische Differenzierung der Gesellschaft**, zu der die Literatur einerseits beiträgt, und die andererseits in der Literatur reflektiert wird. Gerade den Roman versteht Butor als »eine Gruppe von möglichen Dialogen, da seine Personen, seine Ereignisse eben so viele Referenzen und Beispiele darstellen, die seinen direkten Lesern oder auch seinen indirekten (jenen, die eine Besprechung davon gelesen haben oder von ihm erzählen hören) zur Verfügung gestellt werden« (ebd., S. 56).

Da das **Diskursuniversum der menschlichen Rede** in jedem einzelnen Gesellschaftsmitglied einen anderen Widerhall findet und von der Interferenz zahlreicher Einzelstimmen lebt, muss der Roman, der eine Gesellschaft im Dialog darstellen will, polyphone Züge annehmen. »Alle großen Romane des XIX. Jahrhunderts fügen eine Polyphonie des sozialen Hintergrunds hinzu« (ebd., S. 58), wenn sie die milieubedingte Entwicklung ihrer Helden zeigen. Die Romanfiguren, könnte man sagen, artikulieren sich durch Redefiguren, die auf die Sprachgemeinschaft zurückverweisen. Polyphonie – das besagt aber auch, dass die Textur eines Romans einer Orchesterpartitur mit diversen Leitmotiven gleicht, wobei das Thema der sich wandelnden Gesellschaft immer wieder von neuem variiert wird.

Sowohl der Begriff der Polyphonie als auch die von Butor deutlich akzentuierte Verzahnung des Romans mit dem dialogischen Charakter des gesellschaftlichen Redeverkehrs lassen aufhorchen. Sie wirken wie ein unmittelbares Echo auf die romantheoretischen Äußerungen des russischen Literaturwissenschaftlers Michail M. Bachtin, dessen Name im *Repertoire* jedoch nirgends erwähnt wird. Das ist erstaunlich, kennt sich Butor doch bestens in der modernen Erzählforschung aus. Seine Bemerkungen zur Raum- und Zeitgestaltung im Roman sowie zum Verhältnis von Autor, Leser und Held belegen, dass er auch die zeitgenössischen Bemühungen um eine universale Grammatik des Erzählens bemerkt hat (vgl. ebd., S. 76). Schon der Begriff des Repertoires verweist ja auf die Elemente, die für den narrativen Diskurs auszuwählen und zu verknüpfen gilt.

2.9 Dumitriu, Eco und Barth – Der Roman zwischen Trans- und Postmoderne

Gemessen an der traditionellen Vorstellung, der zufolge ein Roman als komplexe Metapher oder als dynamisches Anschauungsmodell der Welt angelegt sein soll, tendiert der ›nouveau roman‹ zumindest in der Form, in der er sich bei Robbe-Grillet gegen jede anthropomorphe Bildlichkeit wendet, zum Anti-Roman. Mit dem anthropomorphen Weltbild geht er auch gegen die Alltagspsychologie an und setzt damit eine Entwicklungsreihe fort, die man bis auf den Modernismus und die historische **Avantgarde (Futurismus, Dadaismus und Surrealismus)** zurückführen kann.

Ein repräsentativer Vertreter jener paradoxen Spielart des Erzählens, die das Erzählen radikal in Frage stellt, ist der *Bebuquin* von Carl Einstein (Buchausgabe 1912). Titel, Titelfigur und Text sind insofern nach dem gleichen Prinzip gestaltet, als jeweils vertraute, konkrete oder abstrakte Sinneinheiten so montiert werden, dass etwas ganz und gar Unvertrautes entsteht. ›Bebuquin‹ zum Beispiel ist ein Neologismus, der zwar entfernt an das Wort Mannequin erinnert und gewisse Assoziationen an eine Marionette weckt, aber nicht wirklich in diesen Verständnisrahmen passt. Wollte man das **Gestaltungsprinzip des Anti-Romans** auf den Begriff bringen, so könnte dieser ›Desintegration‹ lauten. Tatsächlich zerfällt der Text in einzelne Szenen, die von programmatischen Äußerungen durchsetzt sind, ohne dass man diese Äußerungen als Erzählkommentar im herkömmlichen Sinn verstehen kann. So heißt es einmal, scheinbar unvermittelt: »Es gibt viele Logiken [...], welche sich bekämpfen, und aus deren Kampf das Alogische hervorgeht.« (Einstein 1985, S. 12).

Durchaus folgerichtig verstößt der Text vor allem gegen die Alltagspsychologie mit ihren Unterscheidungen zwischen belebter und unbelebter Materie, einschließlich der Erwartung, dass ein Autor Subjekten andere Verben und Attribute zuordnet als Objekten. Stattdessen heißt es bei Einstein:

> »Eine blaue Hutfeder Euphemias besoff sich blitzend in der grünen Chartreuse. Bebuquin schaute mit seinem linken Bein in die Ecke der Bar, wo Heinrich Lippenknabe nachdenkerisch in die broncierte Nabelhöhle einer Hetäre eine Orchidee arrangierte und sie mit Cognac begoß. ›Wer ist der Vater?‹ schrie die Büffetdame. Der Schein der elektrischen Lampen fuhr ihr durch die Spitzen zum Knie, tanzte über die Kristallflacons und die Sektkühler erregt rückwärts; das sonst anständige elektrische Licht!« (ebd., S. 16).

Zwar kann man hier noch Spurenelemente einer Bar-Szene im Boheme-Milieu ausmachen und das Verfahren der Darstellung zur Not damit erklären, dass der mit Picasso und Braque befreundete Einstein ein literarisches Pendant zum synthetischen Kubismus herstellen wollte. Die Stoßrichtung des Textes antizipiert jedoch die dadaistische Revolte gegen die falschen Werte und Sinnstiftungen der bürgerlichen Gesellschaft:

> »Zu wenig Leute haben den Mut, vollkommenen Blödsinn zu sagen. Häufig wiederholter Blödsinn wird integrierendes Moment unseres Denkens; bei einer gewissen Stufe der Intelligenz interessiert man sich für das Korrekte, Vernünftige gar nicht mehr.« (ebd., S. 18).

Einstein, der im Vorfeld zum *Bebuquin* bereits einen *Brief über den Roman* veröffentlicht hatte, in dem die Spießerlogik der milieubedingten Szenen- und Figurenschilderung als anachronistisch verworfen wurde, rebelliert in seinem Text also einerseits gegen die Genrekonventionen, in denen sich eine bestimmte Mentalität spiegelt, entwirft mit seinem Anti-Roman aber zugleich ein modernistisches Sprachkunstwerk, das eher als Klanggebilde denn als Sinngefüge, eher als avantgardistisches Wortgemälde denn als traditioneller Erzählbericht erscheint. Er distanziert sich damit nicht nur vom traditionellen Weltbild, sondern auch von jenem vertrackten Konzept der Mimesis, das Otto Flake noch 1919 im bereits erwähnten Vorwort zu seinem Roman *Die Stadt des Hirn* vertreten sollte, wird dort doch versucht, die moderne Welt in ihrer Simultaneität, Heterogenität und Profanität widerzuspiegeln.

Nun hat Einsteins *Bebuquin* aus naheliegenden Gründen keine unmittelbaren Nachahmer oder Nachfolger gefunden. Immerhin gibt es jedoch eine Entwicklungsreihe des Modernismus, in die neben Einsteins Anti-Roman auch André Gides *Paludes* (1895), Filippo Tommasio Marinettis *Mafurka* (1909) oder Gottfried Benns *Roman des Phänotyp* (1944) sowie Oswald Wieners *Die Verbesserung von Mitteleuropa* (1969) gehören. Gemeinsam ist diesen Texten bei aller Unterschiedlichkeit der **Verzicht auf jede Alltagspsychologie** zugunsten einer artifiziellen Sprache und Struktur, die nicht im Dienst der Nachahmung steht. Man kann darin, ähnlich wie beim ›nouveau roman‹, einen Ausdruck des schwindenden Vertrauens in die Lesbarkeit der Welt, aber auch das **Bemühen um ein wahrhaft autonomes Kunstwerk** jenseits aller Konventionen und Traditionen sehen. Offensichtlich ist in jedem Fall, dass es sich um singuläre Formexperimente handelt, die zwar von programmatischen Äußerungen begleitet wurden, deren literarische und außerliterarische Relevanz sich jedoch für viele Interpreten im rein Konzeptionellen erschöpft.

Vor diesem Hintergrund ist der **Disput über die Postmoderne** zu sehen, die den sterilen Modernismus der Künste überwinden will ohne auf die Errungenschaften der Moderne zu verzichten. Bereits 1965, also lange Zeit bevor im deutschsprachigen Kulturraum überhaupt von einer Postmoderne die Rede war und diese, kaum war das Wort bekannt, als neokonservative Bewegung verunglimpft wurde, veröffentlichte der aus Rumänien stammende Petru Dumitriu einen zu Unrecht in Vergessenheit geratenen, noch immer lesenswerten Essay ›Zur Situation des Romans‹ unter dem programmatischen Titel *Die Transmoderne*. Dumitriu vertrat darin die These, dass der zeitgenössische Künstler gegen die zersplitterte Erfahrung der Moderne revoltieren müsse, also das genaue Gegenteil dessen tun solle, was im *Bebuquin* geschieht:

> »In einer theoretisch und vielleicht auch praktisch atomisierten Welt ist die letzte-neuestesichtbare Aufgabe der Opposition diese: zu integrieren.« (Dumitriu 1965, S. 9).

Da er für die **Zersplitterung der Erfahrung** in seinem Essay vor allem die binären Codierungen und Schemata verantwortlich macht, auf denen die moderne Informationstheorie und Kommunikationspraxis beruht, und in denen Dumitriu eine unzulässige Vereinfachung des Reichtums und der Unbestimmtheit menschlichen Erlebens sieht, wendet er sich insbesondere gegen alle Versuche, die Literatur auf krude Alternativen festzulegen. Anstatt zu behaupten, die Literatur könne entweder nur engagiert oder autonom, nur innovativ oder traditionell sein, gelte es die Möglichkeit ins Auge zu fassen, dass ein Text sowohl das eine wie das andere sei und die manichäische Aufteilung der Kunst in fortschrittliche und reaktionäre Werke unterlaufen könne. Konkret sucht Dumitriu nach einem dritten Weg, der zwischen den unmöglichen **Alternativen von Modernismus und Anti-Moderne** verläuft, sowie nach einer kritischen Haltung, die weniger elitär als die Position der historischen Avantgarde ist. Das heißt: Dumitriu lehnt

> »die Moderne nicht zugunsten der Tradition, sondern zugunsten von etwas ab, das sie beide überbrückt und ihren unversöhnlichen Gegensatz im Grenzfall paradox in sich aufnimmt.« (Dumitriu 1964, S. 94).

Zu diesem Zweck demonstriert Dumitriu zunächst, dass die letztlich romantisch grundierte Sehnsucht der historischen Avantgarde nach einer nicht konventionellen, radikal neuen und absolut authentischen Darstellung, wie sie zum Beispiel der so genannte Bewussteinsstrom sein soll, ein – wie man heute sagen würde – logozentristisches Konstrukt ist, bei dem die Rolle der Sprache überschätzt, die angestrebte Natürlichkeit verfehlt und große Bereiche des menschlichen Erlebens ausgeblendet werden. Die Verfälschung liegt dabei nicht im Verfahren selbst, sondern in der Ausschließlichkeit seiner Handhabung (vgl. Dumitriu 1965, 96 ff.). Die Alternative sieht Dumitriu im augenzwinkernden Umgang mit den Konventionen der überlieferten Darstellungsformen, zu denen inzwischen ja auch einstmals so avantgardistische Verfahren wie die ›stream-of-consciousness-technique‹ gehören.

Anstatt die **Überlieferung**, die Alltagspsychologie und das Konzept der Mimesis in Bausch und Bogen zu verwerfen, kann man sie also, gleichsam in Anführungszeichen, aufgreifen und **spielerisch verwenden** (vgl. Dumitriu 1965, S. 155 f.). In diesem Sinne ist zum Beispiel das ›trompe-l'œil‹ ein barockes Spiel mit der Perspektive, die seit der Renaissance als **Schema der illusionistischen Wirklichkeitskonstruktion** im Kunstwerk dient (vgl. Dumitriu 1965, S. 162 f.). Analog betrachtet Dumitriu die Handlung in einem Roman als ein illusionistisches Modell der Wirklichkeit, das man luzide variieren kann. Interessant ist, dass sich Dumitriu in diesem Zusammenhang auf den Philosophen Ludwig Wittgenstein und die Idee beruft, dass sprachliche Äußerungen ein relationales Bild der Welt erzeugen. Nicht nur in diesem Punkt stimmt sein Essay, wie man gleich sehen wird, mit zahlreichen Überlegungen von Umberto Eco zum offenen Kunstwerk und zum postmodernen Roman überein:

> »Die Art und Weise, in der sich die Worte innerhalb eines Textes zueinander verhalten, entspricht der Art und Weise, in der sich die Dinge, auf die die Worte weisen, zueinander verhalten.« (Dumitriu 1965, S. 107).

Gemeint ist hier keine naive Widerspiegelung, sondern eine semiotische Konstruktion, die vor Augen führt, wie bestimmte Gegenstände oder Ereignisse zusammenhängen. Es geht im Roman nicht um ein photographisches Abbild, sondern um ein relationales, intellektuelles Anschauungsmodell der Wirklichkeit – so wie es im Prinzip schon der aristotelische ›mythos‹ war, der am Beispiel einer Handlung den Zusammenhang von Ursachen und Folgen versinnbildlicht. Da jede **diagrammatische Zeichen-Konfiguration**, die in diesem Sinn als Schaubild fungiert, jederzeit abgewandelt werden kann, ist ihr die Kontingenz aller Lesarten eingeschrieben. Im Bewusstsein dieser Kontingenz erscheinen sowohl die traditionellen romanhaften Auffassungen der Welt wie auch die avantgardistischen Formexperimente als Übergangsobjekte in einem intersubjektiven Prozess der Verständigung, der über die Moderne hinausführt, ohne ihre Leistungen preis zu geben. Von daher ist es angemessen, die Phase des Kunstschaffens, die aus diesem Prozess resultiert, als Transmoderne zu bezeichnen.

Auf die gleiche Weise kann man auch den **Begriff der Postmoderne** verstehen – nämlich nicht als radikalen Bruch mit der Moderne oder gar als Liquidation der Avantgarde, sondern als einen Versuch, ihren Widersprüchen und Schwierigkeiten mit einer ironischen Rückbesinnung auf die Tradition zu entgehen. Begründen lässt sich dieser Versuch zum Beispiel so, wie es Zygmunt Baumann in seinem Buch *Moderne und Ambivalenz* (Erstveröffentlichung 1991) getan hat: Typisch modern ist für Baumann das letztlich kontraproduktive Bestreben, Zweideutigkeiten zu vermeiden oder aufzuheben, indem man – notfalls mit Gewalt – Klassifikationen vornimmt, die bestimmte Dinge einschließen und andere ausschließen. Da dieser Kampf gegen die Ambivalenz zu einem intoleranten Verhalten gegenüber allem führt, was von der Norm abweicht, ist er in seiner Konsequenz inhuman. Jedenfalls kann man die Möglichkeit, ein anderer zu werden, als so grundlegend für die Freiheit des Menschen ansehen, dass die in vielen Gesellschaften zu beobachtende

Gleichschaltung des Individuums als der eigentliche Sündenfall der Moderne erscheint (vgl. Baumann 1995, S. 15 f.).

Sobald die Klassifikation zu einer totalitären Geste der Unterwerfung wird und ein politisches Klima entsteht, in dem Alterität und Kontingenz nicht mehr geduldet sind, wird nicht nur das fortschrittliche Moment an der Moderne, sondern der Begriff des Menschen selbst kassiert. Postmodern ist daher für Baumann, der mit dieser Argumentation durchaus an Albert Camus' Essay *Der Mensch in der Revolte* (1951) anknüpft, das **Bestreben, Differenz und Ambivalenz auszuhalten**, vor allem aber das Bestreben, die Toleranz zur Solidarität fortzuentwickeln (vgl. Baumann 1995, S. 312). Nicht anders als Dumitriu plädiert Baumann mithin gegen das krude Entweder-Oder und für die Indeterminiertheit des inneren und äußeren Erlebens, die den individuellen und kollektiven Reichtum einer Kultur bzw. die Plastizität des Menschen ausmacht.

Unterstellt man zudem, dass der Modernismus die Operation des Einschließens/Ausschließens auch auf die Kunst angewendet und so eine tiefe Kluft zwischen den volkstümlichen und bürgerlichen Formen der Unterhaltung auf der einen und der Avantgarde auf der anderen Seite verursacht hat, wird verständlich, warum Leslie Fiedlers Appell *Cross the border – Close the gap* (1970) zum Fanal der Postmoderne werden konnte. Fiedler hatte in einem Artikel, der bezeichnenderweise zunächst im *Playboy* veröffentlicht wurde, die Überwindung des Grabens gefordert, der die populäre **Massenkultur** von der elitären **Kunst der Moderne** trennt. Ein Text, dem dieser Spagat gelingt, ist ›doppelt kodiert‹. In diesem Sinne kann man einen postmodernen Bestseller wie Umberto Ecos *Der Name der Rose* (1980) zugleich nach einem trivialen Schema (dem Schema des Kriminalromans) durchschmökern und als ein intellektuelles Spiel mit intertextuellen Bezügen zu Ludwig Wittgenstein, Charles Sanders Peirce oder Thomas von Aquin verstehen – und beide Lesarten unterhaltend finden. Die eigentliche Pointe der postmodernen Haltung zur prämodernen Tradition wie zum Modernismus der Künste liegt für Eco jedenfalls in der Auflösung jener Paradoxie, die besagt, dass man nicht zugleich mit **Lust** am Text fabulieren und sich skeptisch zur Lesbarkeit der Welt verhalten kann, denn es war genau diese **Skepsis**, die das avantgardistische Projekt und den Anti-Roman in ein ausweglose Dilemma geführt haben:

> »Es kommt [nämlich] der Moment, da die Avantgarde (also die Moderne) nicht mehr weitergehen kann, weil sie inzwischen eine Metasprache hervorgebracht hat, die von ihren unmöglichen Texten spricht (die Concept Art). Die postmoderne Antwort auf die Moderne besteht in der Einsicht und Anerkennung, dass die Vergangenheit, nachdem sie nun einmal nicht zerstört werden kann, da ihre Zerstörung zum Schweigen führt, auf neue Weise ins Auge gefasst werden muss: mit Ironie, ohne Unschuld. Die postmoderne Haltung erscheint mir wie die eines Mannes, der eine kluge und sehr belesene Frau liebt und daher weiß, dass er ihr nicht sagen kann: ›Ich liebe dich inniglich‹, weil er weiß, dass sie weiß (und dass sie weiß, dass er weiß), dass genau diese Worte schon, sagen wir, von Liala geschrieben worden sind. Es gibt jedoch eine Lösung. Er kann ihr sagen: ›Wie jetzt Liala sagen würde: Ich liebe dich inniglich.‹ In diesem Moment, nachdem er die falsche Unschuld vermieden hat, nachdem er klar zum Ausdruck gebracht hat, dass man nicht mehr unschuldig reden kann, hat er gleichwohl der Frau gesagt, was er ihr sagen wollte, nämlich dass er sie liebe, aber dass er sie in einer Zeit der verlorenen Unschuld liebe. Wenn sie das Spiel

> mitmacht, hat sie in gleicher Weise eine Liebeserklärung entgegengenommen. Keiner der beiden Gesprächspartner braucht sich naiv zu fühlen, beide akzeptieren die Herausforderung der Vergangenheit, des längst schon Gesagten, das man nicht einfach wegwischen kann, beide spielen bewusst und mit Vergnügen das Spiel der Ironie [...] Aber beiden ist es gelungen, noch einmal von Liebe zu reden.« (Eco 1987, S. 78 f.).

Ein Text, der auf dieser Basis – sei es im unmittelbaren, mündlichen Dialog oder mittelbar, im Schriftverkehr zwischen Romanautor und Leser – entsteht, ist also **doppelt kodiert**. Einerseits hat sich die moderne Welt – wie Robert Musil meinte – dem Ariadnefaden der Erzählung entzogen und in einer labyrinthischen Fläche ausgebreitet; andererseits haben sich nicht nur die traditionellen, sondern auch die modernistischen Verfahren der narrativen Welterzeugung – wie John Barth befand – erschöpft. Wenn sich Umberto Eco in seiner *Nachschrift zum ›Namen der Rose‹* (Erstausgabe 1983) auf Barth bezieht, wird noch einmal deutlich, warum die so genannte Postmoderne als Transmoderne interpretiert werden kann (und sollte): Barth hatte 1967 einen Essay über die Literatur der Erschöpfung (*The Literature of Exhaustion*) und 1980 einen Aufsatz über die Literatur der Fülle respektive der Wiederauffüllung (*The Literature of Replenishment*) vorgelegt, die sich wechselseitig ergänzen, indem sie die beiden Hörner des Dilemmas beschreiben, dem Barth und Eco mit ihren Romanen entgehen möchten. Da die Literatur weder auf das Erzählen von Geschichten verzichten kann noch zu einem sterilen Recycling schematischer Darstellungsverfahren werden darf, gilt es, sich sowohl der Tradition als auch der Moderne gegenüber **ironisch und agonal** zu verhalten.

Wie dieses agonale und ironische Spiel mit den überlieferten Anschauungsformen und Verständnisrahmen funktioniert, zeigt der von Barth 1967 in überarbeiteter Fassung vorgelegte Roman *The Sot-Weed Factor* (*Der Tabakhändler*). Erzählt wird darin die überaus frivole Geschichte eines englischen Poeten aus dem 18. Jahrhundert, der, um die Reinheit seiner Dichtung zu bewahren, ein strenges Keuschheitsgelübde abgelegt hat. Ebenezer Cooke verzichtet nicht nur darauf, sexuelle Erfahrungen zu machen, er hält auch unbeugsam an bestimmten platonischen Idealen fest, obwohl sie sich unmöglich mit der empirischen Realität vereinbaren lassen. Eben dadurch wird er jedoch an sich und anderen schuldig, als er nach Maryland aufbricht, um die Tabakplantage seines Vaters zu übernehmen. Barth hat Ebenezers Reise in die Neue Welt als eine Odyssee in der Nachfolge von Voltaires *Candide* gestaltet und Ebenezer mit dem äußerst umtriebigen Henry Burlingame eine Tricksterfigur zum Begleiter gegeben, die als Kontrafaktur zu Pangloß gedacht ist. Maryland wiederum erweist sich im Verlauf der Romanhandlung als die denkbar schlechteste aller möglichen Welten, als ein Inferno von Korruption und Prostitution, das eigentlich jeder Beschreibung spottet – insbesondere aber dem Lobgedicht, das Ebenezer schon vor seinem Amerika-Trip verfasst hat, und in dem die Tabakplantage als das Paradies auf Erden erscheint.

Statt eines Paradieses findet Ebenezer in Maryland gemeinsam mit Burlingame eine Reihe von Schriftstücken, in denen die fromme Legende von einer friedlichen Verständigung zwischen Europäern und Indianer, die dem Gründermythos der USA, der Pocahontas-Saga, eingeschrieben ist, einer subversiven Lesart unterzogen wird. So wie dergestalt auf der Ebene der erzählten Geschichte **›fiction‹ und ›counter-**

fiction‹ gegeneinander ausgespielt werden, ist der gesamte Text ein literarisches Komplott aus literarischen Versatzstücken, mit dem Barth nicht nur die ›story‹ des *Candide*, sondern auch das Erzählkonzept des komischen Romans zu übertreffen versucht, den Henry (!) Fielding begründet hatte. In diesem Bestreben, sich »a plot that was fancier than *Tom Jones*« (Barth zit. n. Ruth 1984, S. 107) auszudenken und in einem intertextuellen Verweisspiel »the burly game of history« vor Augen zu führen, zeigt sich der agonale Charakter des *Sot-Weed Factors*, der in dieser Hinsicht modellbildend für die postmoderne **Verschränkung von Parodie und Pastiche, Metafiktion und Subversion** ist.

Indem der *Tabakhändler* dem Leser, mit Eco zu reden, als »eine Konjektur-Geschichte im Reinzustand« (Eco 1987, S. 63) erscheint und so vieldimensional mit anderen Diskursen, mit echten und falschen Dokumenten vernetzt ist wie das »Rhizom-Labyrinth« (ebd. S. 65), in dem sich die **Prozessstruktur des Hypertextes** offenbart, stellt er die Debatte um die Postmoderne in den Kontext jener Kritik an der ›historiographischen Operation‹ (Michel Certeau), die in den letzten Jahrzehnten von Michel Foucault, Dominick LaCapra und Hayden White forciert worden ist. Wie vor allem Hayden White betont hat, werden die tatsächlich oder vermeintlich bedeutsamen Ereignisse der Geschichte sowohl von den Akteuren selbst als auch von ihren Chronisten und Interpreten mit den Mitteln der Erzählkunst arrangiert und inszeniert. Grundlegend ist dabei das Verfahren des ›**emplotment**‹, das heißt: die sinnvolle Verbindung und Verdichtung der Daten zu einem ebenso spannenden wie anschaulichen Drama.

So hat es, um nur ein Beispiel zu nennen, vermutlich niemals den Thesenanschlag gegeben, mit dem Martin Luther angeblich die Bühne der Weltgeschichte betreten hat. Vielmehr handelt es sich bei diesem Ereignis um eine Legende, die im Zeitalter der Glaubensspaltung erfunden und zu propagandistischen Zwecken kolportiert worden ist. Von daher erscheint es nur als konsequent, wenn in einem Roman wie Detlef Opitz' *Klio, ein Wirbel um L.* (1996) die hehre Geschichte der Reformation als ein Schelmenstreich dargestellt wird, an dem sich prototypisch die Verfahren der Geschichtsklitterung zeigen, die nicht erst von Martin Luther und seinem Zeitgenossen Johann Fischart entwickelt worden und bis auf den heutigen Tag wirksam geblieben sind. Zwar gilt es, die legitime **Legendenbildung**, ohne die wir kein historisches Ereignis sinnvoll auslegen könnten, von jener illegitimen Form der Fälschung und Verfälschung zu unterscheiden, die fingierte Dokumente und Kolportageromane auszeichnet. Die Möglichkeit der Fälschung oder Verfälschung ergibt sich jedoch notwendig aus der Kontingenz jeder historiographischen Operation, da diese schlechterdings nicht um das ›emplotment‹ herumkommt:

> »Der Historiker muß sein Material interpretieren, um die bewegliche Struktur von Bildern konstruieren zu können, in der sich die Form des historischen Prozesses widerspiegeln soll. Und zwar deshalb, weil die historische Überlieferung zugleich zu reich und zu arm ist.« (White 1986, S. 64).

Einerseits sind die Quellen reich an irrelevanten oder abwegigen Informationen, andererseits arm an Hinweisen darauf, wie der exakte Verlauf der historischen Ereignisse unzweideutig rekonstruiert werden könnte. Zudem interessiert sich die Nachwelt in erster Linie für die gegenwärtige und zukünftige Bedeutung vergangener Ereignisse, so dass sich die **Geschichtsschreibung** an Relevanzkriterien orientieren muss, die sich nicht aus ihrem Material ergeben. Wenn aber nicht nur die heroische Geschichtsschreibung, die von den angeblich großen Männern und ihren weltbewegenden Handlungen erzählt, sondern alle historischen Darstellungen darauf angewiesen sind, dass ihnen ein Plot mit romanhaften Zügen unterschoben wird, kann man das Verhältnis von Fiktion und Realität nicht einfach nach dem binären Entweder-Oder-Schema auflösen. Typisch postmodern ist daher jene Spielart des historischen Romans, die den Konstruktcharakter von Geschichts- und Weltbild reflektiert. In Analogie zu Hayden Whites Begriff der ›metahistory‹ spricht man in dieser Hinsicht von ›metafiction‹ (vgl. Kapitel IV.6.3). Gerade der Umstand, dass man die Verfahren der **Metafiktion** bereits bei Autoren wie Cervantes oder Furetière, Sterne oder Jean Paul finden kann, belegt freilich die postmoderne These von der Kontinuität zwischen Tradition und Modernismus. Der Anti-Roman der Avantgarde stellt keinen Bruch mit der Überlieferung, sondern die spezifische Umsetzung der generellen Tendenz des neuzeitlichen Romans dar, prinzipiell jede Weise der Welterzeugung in Frage zu stellen – eine Tendenz, die in der Transmoderne mit wieder anderen Mitteln fortgeführt wird.

Blickt man von der Postmoderne auf die historische Poetik des Romans zurück, so erweist sich die Polarität von ›vray-semblance‹ und ›metafiction‹ als Grundspannung der neuzeitlichen Erzählkunst. Dem Versuch, eine Geschichte als wahre Begebenheit erscheinen zu lassen, steht der Versuch gegenüber, den zum Teil fiktionalen Charakter der verschiedenen Anschauungsformen und Verständnisrahmen darzulegen, mittels derer sich die Menschen ein Bild von ihrer Lebenswelt machen. Das Wechselspiel von Realität, Fiktion und Imagination wird dabei zwar immer wieder neu und anders interpretiert, bleibt aber von Huet und Furetière über Hegel und Fontane bis zu Barth und Eco zentraler Bezugspunkt der narrativen Praxis und ihrer theoretischen Reflexion. Seitdem der Roman von Schlegel und Novalis, Schelling und Solger mit dem romantischen Projekt einer neuen Mythologie assoziiert und mit der problematischen Gesinnung zur Totalität identifiziert wurde, lag es nahe, seine weltbildnerische Funktion mit Weltanschauung gleichzusetzen. Kampfbegriffe wie Entfremdung und Verdinglichung, Vereinsamung und Ratlosigkeit bestimmen folglich die Äußerungen von Lukács, Benjamin und anderen Romantheoretikern, die in der Nachfolge des Deutschen Idealismus respektive seiner materialistischen Wende stehen und das Zeitalter des Misstrauens vorbereiten, dem der ›nouveau roman‹ korrespondiert. Während sich ein Autor wie Robbe-Grillet grundsätzlich gegen die Metapher ausspricht, hält Butor an der weltbildnerischen Funktion des Romans fest. Adornos Aufsatz über den »Standort des Erzählers im zeitgenössischen Roman« verdient insofern besondere Beachtung, als er die Ideologiedebatte wieder an die poetologische Diskussion der narrativen Optik bindet. Diese Diskussion hat sich zwar zeitgleich, aber doch weitgehend losgelöst von der Ideologiedebatte entwickelt. Ihr historischer Ausgangspunkt ist die Spiegel-Metapher von Stendhal; ihre kontemporäre Ausprägung das Focus-Konzept.

III. Von der Spiegel-Metapher zum Focus-Konzept – Diskussion der Erzählperspektive

1. Die Spiegel-Metapher

1.1 Die Funktion des Spiegelbilds bei Stendhal und Balzac

In *Le Rouge et le Noir*, einer fiktiven Chronik aus dem Jahr 1830, schrieb **Stendhal** (1783–1842): »ein Roman ist ein Spiegel, der sich auf einer Landstraße bewegt. Bald spiegelt er das Blau des Himmels wider, bald den Schlamm und die Pfützen des Weges.« Die Metapher des Spiegels lässt wenigstens zwei Deutungen zu: Sie kann als Bild für eine realistische Erzählweise genommen werden, die neben den schönen auch die hässlichen, neben den erhabenen auch die niedrigen Seiten der Welt darstellt. Wichtig am Spiegel ist so gesehen, dass er keine blinden Flecken hat, und dass man ihm nicht vorwerfen kann, wie die Welt in ihm ausschaut. Tatsächlich wird die **Spiegelmetapher** genau in diesem Sinne von Stendhal gebraucht. Er fährt nämlich an jenen Leser gewandt, der den Romancier der Immoralität bezichtigt, fort: »Klagen Sie lieber die Straße an, auf der sich die Pfütze befindet, oder besser den Straßeninspektor, der das Wasser sich aufstauen und die Pfütze sich bilden ließ.«

Der andere Aspekt der Metapher kommt in den Blick, wenn man bedenkt, dass ein Spiegel immer nur einen **Ausschnitt der Welt** auf einmal reflektieren kann, dass er nach oben oder unten geschwenkt, um die eigene Achse gedreht und durch die Gegend getragen werden muss, um nach und nach all das zu erfassen, was es links und rechts der Landstraße zu sehen gibt. Gerade dadurch, dass der Roman die Welt stets in bestimmten **Einstellungen und Brechungen** widerspiegelt, ähnelt er der menschlichen Wahrnehmung und dem Umstand, dass sich ihr die Welt immer nur in dieser oder jener Perspektive vor dem Hintergrund kontingenter Betrachtungsweisen zu erkennen gibt.

Tatsächlich wurden das **Erkenntnisvermögen** und die Sprache des Menschen lange Zeit mit Spiegeln verglichen und darauf hin untersucht, wie wirklichkeitsgetreu sie die Welt abbilden (vgl. Rorty 1987). Erst allmählich wurde diese Vorstellung ebenso wie die Forderung nach einer objektiven Darstellung der Welt im Medium der Kunst in Zweifel gezogen und revidiert. Umso mehr Blickwinkel und Brechungsmomente Forscher und Philosophen, Schriftsteller und Leser im Verhältnis von Mensch und Umwelt entdeckten, desto fragwürdiger wurde die Leitidee einer 1:1-Entsprechung zwischen den Gegenständen der Wahrnehmung und ihrer bestenfalls intersubjektiven Auffassung.

Die Spiegelmetapher setzt ja, naiv verstanden, voraus, dass sich das **Bewusstsein** nach den Dingen richtet, dass der Spiegel nichts an der Sache, die er zeigt, ändert. Mit dieser Ansicht hatte bereits Kant gebrochen. Er meinte, die Gegenstände müssten sich, unabhängig davon, wie sie an sich beschaffen wären, immer nach der menschlichen Erkenntnis richten, die auf die beiden **Anschauungsformen von Raum und Zeit** sowie auf die **Begriffe oder Verständnisrahmen** angewiesen seien. Kant machte klar, dass die Welt dem Menschen nur so erscheint, wie er sie nach Maßgabe seiner Anschauungsformen und Verstandesbegriffe auffassen kann.

Dreh- und Angelpunkt der zwischenmenschlichen Verständigung über die Welt im Medium des Romans bildet dabei die so genannte Erzählperspektive, die ebenfalls **niemals eine einfache Widerspiegelung** der realen Verhältnisse ist. Das wussten selbstverständlich schon Stendhal und Balzac (1799–1850), für den der Roman ein konzentrischer Spiegel, also ein Brennglas der Verdichtung von Milieustudien (études) zu anschaulichen Episoden (scènes) war.

1.2 Flauberts Ideal der »impassibilité«

Auf ein neues Reflexionsniveau wurde der Roman als Sittengemälde oder Weltspiegel dann von **Gustave Flaubert** (1821–1880) gehoben, als um seine *Madame Bovary* 1857 ein publizistischer und juristischer Streit entstand. Die Auseinandersetzung drehte sich, vordergründig betrachtet, um die vermeintliche Unmoral der erzählten Geschichte. Genau genommen, betraf sie jedoch das **Novum einer scheinbar gänzlich unparteiischen Darstellung.**

Tatsächlich hatte Flaubert die Spiegelmetapher zugleich radikalisiert und relativiert. Einerseits verzichtete er darauf, sein Sittengemälde explizit in einen bestimmten Verständnisrahmen einzuordnen und mit Kommentaren zu versehen, die irgendeinen Aufschluss über die **Moral der Geschichte** lieferten; andererseits intensivierte das Werk gerade dadurch die perspektivische Mimesis des Lesers, der gleichsam mitten in die Szenerie des Landlebens versetzt wurde, die der Roman schildert.

Aufschlussreich ist, dass der Verfasser der *Bovary* vor Gericht freigesprochen wurde, weil es ihm und seinem Verteidiger gelang, das inkriminierte Verfahren als zeitgemäße und konsequente Fortführung des alten Erzählprogramms mit neuen Mitteln auszugeben (vgl. Ley 1996, S. 97). Ihre Argumentation lief, kurz gefasst, darauf hinaus, dass ein Roman nicht durch den erhobenen Zeigefinger des Erzählers, sondern dadurch moralisch werde, dass die Veranschaulichung des Lasters abschreckend wirke. Dass diese abschreckende Wirkung umso nachhaltiger sei, desto deutlicher sie sich aus der selbständigen **Schlussfolgerung der Leser** und nicht aus dem Erzählkommentar ergäbe, war die eigentliche Pointe dieser dezidiert rezeptionsästhetischen Argumentation.

Angelegt war diese Argumentation in der produktionsästhetischen Maxime, die Flaubert bereits 1852 in einem Brief an Louise Colet aufgestellt hatte. Ein Autor solle in seinem Werk wie Gott im Universum sein: immer anwesend, aber niemals sichtbar. Die **Kunst sei eine zweite Natur**, denn ihr Schöpfer wende analoge Verfahren an. Und dann fällt das Stichwort der »impassibilité«, der Leidenschaftslosigkeit oder Unparteilichkeit, die den Hersteller des fiktiven Analogieuniversums mit dem Welterzeuger verbindet. In zwei 1866 an George Sand adressierten Schreiben hat Flaubert noch einmal seine Überzeugung bekräftigt,

> »daß ein Romancier nicht das Recht hat, seine Meinung über irgend etwas auszudrücken. Hat der liebe Gott jemals seine Meinung gesagt?«

Überhaupt soll er nicht

> »seine Persönlichkeit in Szene setzen. Ich glaube, daß die große Kunst wissenschaftlich und unpersönlich ist. Man muß sich durch eine geistige Anstrengung in die Personen versetzen, nicht aber sie zu sich heranziehen.« (Flaubert/Sand 1982, S. 101 u. S. 104).

Allein diese wenigen Zeilen lassen erkennen, wie weit gespannt das Feld der erzählerischen Möglichkeiten ist. Gottgleich kann ein Autor in seiner Schöpfergewalt, in seiner Unparteilichkeit oder in seiner **Allwissenheit** sein. Zugleich ähnelt er in seiner **Teilnahmslosigkeit** einem wissenschaftlichen Beobachter, der nicht in die Verhältnisse eingreift und von seiner persönlichen Befindlichkeit absieht. Neben der unpersönlichen Erzählweise, die Flaubert favorisiert, gibt es aber offenbar auch die Möglichkeit, den Verfasser selbst oder die Erzählfiguren, derer er sich bedient, mit ihren Empfindungen ins Spiel zu bringen und als Persönlichkeiten zu inszenieren. In diesem Fall muss sich der Leser nicht nur in die dramatis personae der Geschichte, sondern auch in die Lage ihrer Vermittlungsinstanzen versetzen und damit auf zwei Ebenen die geistige Anstrengung des Autors nachvollziehen, der entweder hinter den Kulissen oder auf offener Bühne Regie führt.

2. Der »point of view«

2.1 Henry James' »scenic method«

Es ist der in Amerika geborene und später in Frankreich und England lebende **Henry James** (1843–1916) gewesen, der Flauberts Idee der »impassibilité« aufgegriffen und ihr eine neue, folgenreiche Wendung gegeben hat. Für James war **die szenische Methode** sowohl auf das äußere Geschehen als auch auf das Bewusstsein der Beobachter bezogen, die vom Autor als Berichterstatter oder Augenzeugen eingesetzt werden. Erst unter diesem Gesichtspunkt lässt die szenische Methode des Verfassers, der auf persönliche Kommentare verzichtet und die Erzählung an eine im Mittelpunkt oder am Rande des Geschehens stehende Figur delegiert, den dramatischen Charakter des äußeren und inneren Lebens hervortreten. Dass die szenische Methode für James in der »ut pictura poesis«-Tradition stand, wird klar, wenn es in seinem Aufsatz »Die Kunst des Romans« heißt:

> »die Analogie zwischen der Kunst des Malers und der Kunst des Romanschriftstellers ist, soweit ich sehen kann, vollkommen. Ihre Inspiration ist dieselbe, ihr Schaffensprozeß (die unterschiedliche Qualität ihrer Ausdrucksmittel berücksichtigend) ist derselbe, ihr Gelingen ist dasselbe. Sie können voneinander lernen, sie können einander erklären und unterstützen.« (James 1984, S. 7 f.).

Im selben Aufsatz betont James die **Abhängigkeit aller Weltbilder von bestimmten Blickwinkeln und Standorten** sowie die Notwendigkeit, verschiedene Erzählperspektiven auszuprobieren und zu vergleichen:

»Kunst lebt von Diskussion, vom Experiment, vom Wissensdrang, von der Variation der Versuche, vom Austausch der Ansichten und dem Vergleich der Standpunkte.« (ebd., S. 6).

Indem sich Henry James in seinen Romanen und Erzählungen auf ein persönliches Medium und dessen beschränkte Sicht der Dinge einließ, sorgte er dafür, dass sich auch seine Leser so unmittelbar wie möglich auf das äußere und innere Drama der Figuren einstellen. Die einzige Verpflichtung des Romans liege darin, interessant zu sein, meinte James. Nimmt man den Ausdruck »interessant« wörtlich als »mitten drin sein«, wird klar, warum James stets darauf bedacht war, seine Erzählung auf den Blickwinkel eines Handlungsträgers oder den Standort eines Augenzeugen zu fokussieren, denn: »Ein Roman ist in seiner weitesten Bestimmung ein persönlicher, ein unmittelbarer Eindruck vom Leben« (ebd., S. 13).

Der Preis für den **Facettenreichtum der persönlichen Erfahrung** und die damit verbundene Illusion der Unmittelbarkeit besteht also darin, die Grenzen eines einzelnen Bewusstseins oder die Beschränkungen einiger weniger Reflexionsinstanzen unter den dramatis personae zu akzeptieren. Entscheidend ist, dass die Weltdarstellung, sobald sie in dieser Art und Weise an das menschliche Wahrnehmungs- und Vorstellungsvermögen gebunden ist, unabschließbar wird. Henry James war sich darüber vollkommen im Klaren. Er schrieb:

»Erfahrung ist nie begrenzt und nie abgeschlossen, sie ist eine unermeßliche Sensibilität; eine Art riesiges Spinnengewebe aus feinster Seide durchzieht schwebend die Kammer des Bewußtseins und fängt jedes in der Luft befindliche Teilchen in seinem Netz.« (ebd., S. 16).

Einerseits war der Bereich des Erzählbaren für James also durch das menschliche Empfindungs- und Fassungsvermögen beschränkt; andererseits musste die Auswahl, die das Bewusstsein des Erzählers trifft, seiner Meinung nach »sinnbildlich« sein (ebd., S. 25). In James' Erzählungen und Romanen geht es folglich um das Wechselspiel zwischen einer möglichst differenzierten Wahrnehmung und der künstlerischen Integration der einzelnen Erfahrungsmomente, um das Problem einer **Reduktion der Weltkomplexität durch Bewusstseinsfilter**, die auf den Einschluss des Typischen und den Ausschluss des Untypischen bedacht sind. Ausgefiltert wird dabei auch, was unanschaulich ist, was über die Formen der Zeit und des Raums nicht vermittelt werden kann. Daher erklärt James in seinem Aufsatz über »Die Zukunft des Romans«:

»Der Roman ist von allen Bildern das umfassendste und elastischste. Er wird sich überall hin erstrecken, er wird absolut alles in sich aufnehmen. Alles, was er benötigt, sind ein Gegenstand und ein Maler. Und zum Gegenstand hat er großartigerweise das gesamte menschliche Bewußtsein.« (ebd., S. 37).

2.2 Lubbocks *Craft of Fiction*

Ob die Weltausschnitte nun als Bewusstseinsszenen oder als Spiegelbilder eingerichtet sind – in der Erzählkunst werden, wie Percy Lubbock im Anschluss an James befand, alle methodischen Probleme vom »point of view« aus gelöst, denn aus der Antwort auf die Frage, in welcher Beziehung der Erzähler zur Geschichte steht, ergebe sich alles weitere (vgl. Lubbock 1921, S. 251). Es war diese Zuspitzung, die den

Ausdruck »point of view«, der bereits seit 1866 belegt ist, zur Kardinalkategorie der modernen Erzählforschung gemacht hat. Zu beachten ist dabei die durchaus folgenreiche, aber häufig übersehene Akzentverschiebung, die Lubbock gegenüber James vornahm:

> »Much of the difficulty in understanding James' critical writing is removed when the reader realizes that James' meaning for »point of view« is not precisely the same as Lubbock's nor as that of contemporary criticism. The two notes present in current use of the critical term »point of view« are knower of the narrative-story and speaker of the narrative words. Henry James's emphasis, as will be known, was on the knower; modern criticism stresses the speaker.« (Morrison 1961, S. 245).

Diese Klarstellung ist vor allem deshalb so wichtig, weil nur der mit der Position des Erzählers markierte »point of view« auch eine kommunikative Funktion erfüllt, während der Blickwinkel der Figur zumindest in all den Fällen, in denen sich die Figur nicht selbst an die Leser wendet, nichts mit der erzählerischen Vermittlung der Geschichte zu tun hat. Verwirrend ist diese Unterscheidung zwischen dem Standort der Vermittlungsinstanz und dem Blickwinkel der Figuren, weil manche Erzähler dazu neigen, die Leser in die Lage einzelner Figuren zu versetzen. Gleichwohl betrifft der von Lubbock hervorgehobene **Gegensatz von »showing« und »telling«** wiederum nur die Art und Weise der erzählerischen Vermittlung. Es ist also nicht etwa so, dass die Figuren dem Leser ihre Welt zeigen, während der Erzähler berichtet, was geschieht. Vielmehr kann die Erzählung eher szenisch verfahren und einzelne Ereignisse ausmalen oder ein Geschehen umgekehrt kurz und bündig zusammenfassen.

Die Kunstfertigkeit eines Erzählers, die Lubbock 1921 in seinem Buch *The Craft of Fiction* beschreibt, beruht natürlich darin, »showing« und »telling« so auszutarieren, wie es die Geschichte erfordert. Die als »showing« und »telling« bezeichneten Verfahren lassen sich auch nicht einfach mit dem verrechnen, was Lubbock »picture and drama« nannte, wenn man diese Begriffe mit Standbild und Geschehensdarstellung wiedergibt. Offenbar hat Lubbock nicht hinreichend zwischen dem Gegenstand und der Art und Weise der Darstellung unterschieden. In einem Roman kann es statische und dynamische Situationen, beschauliche Szenen, turbulente Ereignisse und dramatische Dialoge geben, die sich allesamt ebensogut raffend oder zusammenfassend nacherzählen wie beschreibend vergegenwärtigen lassen. Es kommt bei der Entscheidung für ein bestimmtes Vermittlungsverfahren stets darauf an, welchen Eindruck der Erzähler erzeugen will und welchen Stellenwert die entsprechende Partie im Bedeutungsaufbau seiner Geschichte haben soll.

Lubbocks Erörterung des »point of view« erinnert in mancher Hinsicht an die antike **Unterscheidung von »mimesis« und »diegesis«**. Dort nämlich, wo in einem Erzähltext das »showing« das »telling« so überwiegt, dass der Leser die Anwesenheit des Erzählers vergisst und die dargestellte Szene wahrnimmt, als ob sie sich unmittelbar vor seinen Augen abspielen würde, liegt eine Mimesis der natürlichen Einstellung vor. Wird der Zuhörer oder Leser dagegen von der Szene zurückgerufen und auf den Autor und seine Behauptungen gestoßen, hat er es mit einer diegetischen Darstellung zu tun (vgl. ebd., S. 251).

An der gleichen Stelle weist Lubbock darauf hin, dass manche Erzähler in der Geschichte, die sie vortragen, selbst eine Rolle spielen. In diesem Fall spricht er von einem ›dramatisierten Autor‹. Das ist insofern keine glückliche Wortwahl, als der Erzähler ja nicht unbedingt der Verfasser oder Urheber der Geschichte sein muss. Gleichwohl macht die **Unterscheidung von dramatisierten und nicht dramatisierten Erzählern** Sinn. Zu bedenken ist dabei jedoch, dass eine Dramatisierung nicht unbedingt bedeuten muss, dass der Erzähler auf der Ebene der dargestellten Handlung mit den Figuren seiner Geschichte interagiert. Seine dramatische Funktion kann auch auf der Ebene der Darstellung bzw. Vermittlung liegen. Cervantes zum Beispiel spielt seinen Haupterzähler im *Don Quijote* immer wieder gegen den fiktiven Chronisten Sidi Hamét Benengelí aus, der die Geschichte des traurigen Ritters angeblich überliefert hat, weshalb sich der eigentliche Erzähler schon in der Vorrede zum ersten Teil des Romans nur als Stiefvater des Titelhelden bezeichnet.

2.3 Booths *Rhetorik der Erzählkunst*

Die Vorrede des *Don Quijote* ist ein gutes Beispiel für einen dramatischen Dialog, der den rhetorischen Charakter aller Erzählkunst veranschaulicht. Sie beginnt mit einer Anrede des Lesers, dem im Text sogleich ein Double, der Gesprächspartner des erzählenden Ich, zur Seite gestellt wird. Mit diesem Partner unterhält sich der Stiefvater des *Don Quijote* über die Schwierigkeiten, eine Vorrede zu verfassen, die den Leser auf die nachfolgende Geschichte einstimmt.

Der Vorredenschreiber ist nun tatsächlich das, was man einen dramatisierten Autor nennen könnte. Im weiteren Verlauf des *Don Quijote* tritt er zwar noch als Kommentator, aber nicht mehr als Mitglied des Figurenensembles auf. Er mutiert also an der Schwelle zwischen Vorrede und Haupttext zu jenem impliziertem Autor, von dem sich der Leser des Romans dank seiner Erzählweise zwar ein gewisses Bild macht, dessen Personalität im Text aber nicht explizit beschrieben wird. Der Ausdruck »implied author« stammt von Wayne C. Booth, der dazu in seinem Buch *The Rhetoric of Fiction* ausführt:

> »Selbst ein Roman, in dem kein Erzähler dramatisiert ist, läßt implizit das Bild von einem Autor entstehen, der hinter den Kulissen steht – sei es als Regisseur, Marionettenspieler oder indifferenter Gott – und sich schweigend die Fingernägel schneidet. Dieser implizierte Autor unterscheidet sich immer – für was wir ihn auch halten mögen – von dem ›realen Menschen‹« (Booth 1974, S. 156),

der den Roman verfasst hat. Während Flauberts indifferenter Gott vollkommen unsichtbar bleibt, hat Cervantes das Verhältnis von Marionette und Puppenspieler im *Don Quijote* anschaulich in Szene gesetzt, indem er Gines de Pasamonte zunächst als verlogenen Schelm und dann als Schausteller und Puppenspieler auftreten lässt. Ähnlich wie Gines lassen sich im Prinzip alle Figuren, die eine narrative Funktion ausüben, anhand ihrer **Zuverlässigkeit oder Unzuverlässigkeit** charakterisieren. Während der Schelm stets ein »unreliable narrator«, ein unzuverlässiger Erzähler, ist, sind die meisten Novellenerzähler im *Don Quijote* »reliable«. Zumindest kann man von ihnen nicht sagen, dass sie ihre Zuhörer vorsätzlich hinters Licht führen.

Bemerkenswert ist, dass die Unterscheidung zwischen zuverlässigen und unzuverlässigen Erzählern ebenso wie die Unterscheidung zwischen dramatisierten und nicht dramatisierten Erzählern unabhängig davon gilt, ob die Geschichten in der Ich- oder in der Er/Sie-Form dargeboten werden (vgl. ebd., S. 160). In jedem Fall ist bei einer Erzähltextanalyse jedoch das Verhältnis der einzelnen Vermittlungsinstanzen zueinander sowie ihre Distanz den handelnden Figuren gegenüber zu bestimmen (vgl. ebd., S. 161). Dabei lohnt es sich unter Umständen auch, einen **Blick auf die ›Privilegien‹ der Erzähler** zu werfen. Einige von ihnen genießen das Vorrecht, die Gedanken und Empfindungen der dramatis personae lesen zu können, andere können lediglich beschreiben, was auch jeder Normalsterbliche an ihrer Stelle sehen würde (vgl. ebd., S. 166).

In den 1990er Jahren hat es – nicht nur in der Literaturwissenschaft – eine intensive Diskussion zum Problem der Un/Zuverlässigkeit gegeben. Anlass war die Beobachtung, dass es selbst bei der Verfilmung solcher Romane, in deren Mittelpunkt ein »unreliable narrator« steht, Schwierigkeiten bereitet, beim Zuschauer ähnlich skeptische Reaktionen wie bei einem Leser hervorzurufen. In einigen Fällen, beispielsweise in Stanley Kubricks Verfilmung von William Makepeace Thackerays *Barry Lyndon* (1975), wird der unzuverlässige Ich-Erzähler sogar durch eine »voice over« ersetzt, die sich zwar der Titelfigur gegenüber ironisch verhält, dem Zuschauer aber keineswegs als Hochstapler oder Vertrauensschwindler begegnet. Bedeutsam ist diese Beobachtung auch, weil das Konzept der erzählerischen Unzuverlässigkeit bei Booth eng mit dem Konzept des »implied author« zusammen hängt, an dem kritisiert worden ist, dass er eine Instanz im Erzähltext sein soll, die keine eigene Stimme besitzt und dennoch eine spezifische Rolle bei der Vermittlung der Bedeutung spielen soll.

So hat Ansgar Nünning vorgeschlagen, sich in den Fällen, in denen es darum geht, einen Erzähler der Unzuverlässigkeit zu überführen, nicht auf den impliziten Autor, sondern auf die Indizien zu berufen, die der Text explizit liefert und im Übrigen die **Normen der Wahrhaftigkeit und Redlichkeit** in Anschlag zu bringen, von denen ein Leser seriöser Weise ausgehen darf (vgl. Nünning 1998, S. 25 ff.). Wie unzureichend dieser Vorschlag ist, sieht man freilich daran, dass es zahlreiche Romane und Erzählungen gibt, bei deren Lektüre es gerade darauf ankommt, dass die Leser zunächst einmal keine **Indizien für die Unzuverlässigkeit** des Erzählers entdecken, ohne dass man die Autoren dieser Texte deswegen der Verlogenheit bezichtigen könnte. Eher schon werden sie für das Kunststück bewundert, eine Geschichte so darzubieten, dass man sie erst naiv und gutgläubig auffassen und dann noch einmal unter dem Gesichtspunkt genießen kann, wie raffiniert der Autor den Text eingerichtet hat. Die wohl bekanntesten Beispiele sind die Kurzgeschichte *An Occurence at owl creek bridge* (1891) von Ambroce Bierce, der Kriminalroman *Alibi* (*The Murder of Roger Ackroyd*, 1926) von Agatha Christie und einige Werke von Leo Perutz, unter ihnen *Der Meister des Jüngsten Tages* (1923/48). In all diesen Fällen geht dem Leser irgendwann ein Licht auf – und zwar zu einem in der Erzähldramaturgie dieser Texte genau festgelegten Zeitpunkt. Ab diesem Zeitpunkt, spätestens aber dann, wenn er den Text noch einmal mit anderen Augen von vorne liest, verständigt sich der Interpret gleichsam über den Kopf der unzuverlässigen Erzähler hinweg auf eine Lesart der Geschichte, bei der er vollkommen sicher ist, dass sie im Text selbst intentional, also mit Absicht und Bedacht angelegt ist.

Booth selbst hatte noch einen anderen Fall im Blick, als er das Konzept der »unreliability« mit der Idee einer Bezugsinstanz verband, die dem Text eingeschrieben ist, ohne auf der Handlungs- oder Vermittlungsebene ausdrücklich in Erscheinung zu treten. Booth hatte einen Erzähler im Sinn, der nicht recht weiß was er tut, dessen Darlegungen jedoch stillschweigend so arrangiert sind, dass die Leser genau diese Art der Unzuverlässigkeit bemerken: »der Erzähler irrt sich, oder er glaubt Eigenschaften zu besitzen, die der Autor ihm versagt. Oder, wie in *Huckleberry Finn*, der Erzähler behauptet, von Natur aus böse zu sein, während der Autor heimlich hinter seinem Rücken seine Tugenden preist« (Booth, 1974, S. 164). Entscheidend ist hier das Wort »heimlich«. Tatsächlich spricht in Mark Twains Roman ja nur die Titelfigur. In dem Moment jedoch, in dem die Leser erkennen, dass vieles von dem, was Huck Finn ausdrücklich sagt, auch anders aufgefasst werden kann (und muss), beginnen sie, den impliziten Sinn des Textes gegen den expliziten Diskurs des Erzählers auszuspielen. Und kaum ein Leser dürfte bezweifeln, dass er damit genau die Rolle übernimmt, die für ihn in Twains Roman angelegt ist. Letztlich geht es bei der Inszenierung des literarischen Diskurses, die Zweifel an der Zuverlässigkeit des Erzählers weckt, also darum, den Interpreten noch stärker, als es ein allwissender und vollkommen zuverlässiger Erzähler kann, zur Mitarbeit zu bewegen und in das literarische Rollenspiel einzubeziehen. In diesem Sinne kann man sagen:

> »Ein Buch konstruiert seinen eigenen Modell-Leser, indem es sprachliche Schwierigkeitsgrade und eine Vielzahl von Bezügen herstellt, in dem es in dem Text Verweise, Aufschlüsse, Möglichkeiten von durchaus verschiedenen und sich kreuzenden Lektüren einfügt.« (Eco 1987, S. 72).

Der unzuverlässige Erzähler ist ein nur zu probates Mittel, diesen Eindruck der Mehrdeutigkeit und Unsicherheit beim Leser hervorzurufen. Indem sich der Leser jedoch Zug um Zug auf ein solches Spiel einlässt, entwirft er für sich auch einen »hypothetischen Autor [...], den er aus den Daten der Textstrategie deduziert« (ebd., S. 76 f.), und der natürlich weder mit dem Erzähler noch mit dem Verfasser des Buches identisch ist. Und so, wie der **Modell-Leser** ein Konstrukt ist, auf das sich der Verfasser im Akt des Schreibens imaginär bezieht, ist auch der implizite Autor nur eine **Implikatur des Textes**, die der Interpret im Akt des Lesens entfaltet. Eine Reihe instruktiver Aufsätze zu diesem Thema enthält der von F. Liptay und Y. Wolf herausgegebene Tagungsband *Was stimmt denn jetzt? Unzuverlässiges Erzählen in Literatur und Film* (2005). Er belegt eindrucksvoll, was auch schon Booth in seiner *Rhetorik der Erzählkunst* hervorgehoben hatte, dass nämlich das Konzept des unzuverlässigen Erzählers neben der systematischen noch eine historische Dimension der Erklärung umfasst:

> »Nach der Absage an das allwissende Erzählen und angesichts der inhärenten Beschränkungen, die dem auftretenden zuverlässigen Erzähler auferlegt sind, ist es kaum überraschend, daß moderne Autoren mit unzuverlässigen Erzählern experimentiert haben, deren Wesenszüge sich im Laufe der von ihnen erzählten Werke wandeln.« (Booth 1974, S. 162).

Schon allein diese Wandlungsfähigkeit der Vermittlungsinstanzen sollte von vornherein zu einer gewissen Skepsis gegenüber allen Versuchen führen, die dynamischen

Verfahren der Erzählkunst auf einige typische Situationen festzulegen, die an mehr oder weniger statisch definierte Blickwinkel und Standorte gebunden sind. Wichtig ist vielmehr, dass jeder Erzähler eine bestimmte Vermittlerrolle spielt, die rhetorischen Zwecken dient und sich im Verlauf des narrativen Diskurses erheblich wandeln kann. Im Übrigen ändert sich am rhetorischen Charakter aller Erzählkunst nichts, wenn der Verfasser mehrere Erzähler auftreten und einander widersprechen lässt. Im Gegenteil: Sobald ein Text mehrere Versionen von einer Geschichte anbietet, wird offensichtlich, dass seine narrativen Instanzen den Leser bewusst oder unbewusst zu beeinflussen suchen.

Die Pointe der Erzählrhetorik besteht natürlich darin, dass dem **Rollenspiel des Verfassers**, der die diversen Masken des implizierten Autors, der dramatisierten oder nicht-dramatisierten, der zuverlässigen oder unzuverlässigen Erzähler aufsetzen kann, auf der Seite des Lesers ein ähnlich differenzierter Part entspricht. Der implizierte Leser ist dem Text gewissermaßen wie ein Platzhalter für den empirischen Interpreten eingeschrieben, der natürlich längst nicht immer die Idealbesetzung darstellt. Überall dort, wo sich der Haupterzähler von einer untergeordneten Instanz vertreten lässt, findet auch der Leser einen entweder dramatisierten oder nicht-dramatisierten Adressaten, in dessen Lage er sich vorübergehend versetzt. Im *Don Quijote* ist dies häufig die Hauptfigur selbst, der eine Novelle oder Räuberpistole erzählt werden. Da sich kaum ein realer Leser vorbehaltlos mit der traurigen Gestalt des fahrenden Ritters identifizieren mag, fällt es dem empirischen Interpreten leicht, eine Lesart der Geschichte zu entwickeln, die jene Fehlinterpretationen vermeidet, zu denen Don Quijote neigt.

Man sieht: Die **Möglichkeiten der Lesersteuerung** sind überaus vielfältig und oft sehr subtil. So anregend die *Rhetoric of Fiction* allerdings auch in dieser Hinsicht ist, Booth selbst ging es zunächst einmal darum, den von Lubbock genährten Eindruck zu korrigieren, Henry James wäre es um die Abschaffung des Autors bzw. um die Schaffung einer gänzlich unrhetorischen Erzählkunst gegangen. Was er wirklich im Sinn gehabt habe, sei eine intensive Illusionsbildung gewesen, ohne deswegen in der Fiktion auf die Komplexität der geistigen und moralischen Realität verzichten zu müssen (vgl. ebd., S. 58). Es könne jedoch »keine Intensität der Illusion geben, wenn der Autor gegenwärtig ist und uns ständig an seine natürliche Allwissenheit erinnert. Ja, ohne Ungewißheit kann die Illusion, es handle sich um Wirklichkeit, nicht entstehen« (ebd., S. 49); erst diese Ungewissheit nämlich verleiht dem Text die Illusion des Alltäglichen und Menschlichen, die der gottgleiche Erzähler zerstört. Um den Eindruck der Wirklichkeitsnähe zu erzeugen, verwandte James zuweilen sogar ein trübes Medium, das, wie Booth sagt, »selbst keinen klaren Blick hat« (ebd., S. 20).

2.4 Friedmans Stufenskala des »point of view«

Es liegt nahe, die verschiedenen Ausprägungen, die der ›point of view‹ erfahren kann, auf einer **Stufenskala** abzubilden, die **von der Allwissenheit bis zur Bewusstseinstrübung**, von der absoluten Distanz eines teilnahmslosen Er-Erzählers bis zur ausweglosen Verstrickung eines Ich-Erzählers in seine eigene Geschichte reicht. Eine solche Stufenskala hat Norman Friedman in seinem Aufsatz »Point of View in Fiction. The Development of a critical concept« 1955 entwickelt. Seiner Ansicht nach gibt jede Erzählperspektive Antwort auf drei Fragen.

- Die erste lautet: Wer wendet sich in welcher grammatikalischen Person an den Leser – ist es der Autor oder eine Figur der Geschichte, handelt es sich um eine Ich- oder um eine Er-Erzählung?
- Die zweite Frage betrifft die Position, von der aus die Geschichte in den Blick kommt. Liegt diese Position innerhalb oder außerhalb der Figurenwelt, in ihrem Zentrum oder an ihrer Peripherie, ist sie starr oder veränderlich?
- Drittens muss geklärt werden, ob dem Leser die Worte, Gedanken, Wahrnehmungen und Empfindungen des Autors oder die einer Figur übermittelt werden bzw. in welchem Verhältnis sich ihre Blickwinkel überschneiden.

Im Ergebnis führt die Auswahl und Verbindung einiger dieser Möglichkeiten dazu, dass sich die Leser jeweils in einer bestimmten Art und Weise auf die Geschichte und die Figuren der Erzählung einstellen. Der ›point of view‹ bestimmt also die **perspektivische und emphatische Mimesis** des Textinterpreten.

Friedman beschränkte seine Stufenskala auf acht Ausprägungen:

1. Die höchste Stufe nannte er »**editorial omniscience**«. Diese Form der Allwissenheit zeichnet all jene gottgleichen Er-Erzähler aus, deren Stimme im Text allgegenwärtig ist, die einen souveränen Einblick in die Innen- und Außenwelt der Figuren haben und die Handlung unter übergeordneten Gesichtspunkten kommentieren.
2. Hält sich der Erzähler mit seinen Kommentaren zurück, ohne auf das Privileg der Allwissenheit zu verzichten, liegt »**neutral omniscience**« vor.
3. Gehört der Erzähler hingegen der erzählten Welt auch in dem Sinne an, dass er nicht mehr als jeder andere Normalsterbliche wissen und nur für sich sprechen kann, so gibt es grundsätzlich zwei Möglichkeiten: Entweder der Ich-Erzähler ist nur ein Zeuge des Geschehens oder er ist selbst eine Hauptperson der Geschichte. Friedman unterschied daher (3a) »**I as witness**« und (3b) »**I as protagonist**«.
4. Wenn nicht eindeutig zu entscheiden ist, ob die Geschichte aus der Sicht einer der dramatis personae oder aus dem Blickwinkel einer dem Geschehen enthobenen Vermittlungsinstanz erzählt wird, hat es der Leser mit der sog. »**selective omniscience**« zu tun. Diese eingeschränkte Allwissenheit, die sowohl mit der Ich- als auch mit der Er/Sie-Form vereinbar ist, kann wiederum zwei Ausprägungen annehmen, je nachdem, ob sie wie bei der »single selective omniscience« (4a) auf den Standort einer einzigen Figur bezogen oder – wie bei der »multiple selective omniscience« (4b) – auf mehrere Figuren verteilt ist. Auf jeden Fall lassen diese beiden Erzählweisen Rückschlüsse sowohl auf die Innen- als auch auf die Außenwelt der Figuren zu.
5. Jene Art der Darstellung, die sich auf die zumeist szenische Schilderung der Außenwelt konzentriert und die Innenwelt weitgehend ausspart, bezeichnete Friedman als »**dramatic mode**«.
6. Im Unterschied zu der dramatischen Anordnung der Vorfälle, auf die es bei diesem Erzählverfahren ankommt, verzichtet »**the camera**« scheinbar selbst noch

auf diese Gestaltungsmöglichkeit. In dieser Erzählperspektive wird nur registriert, was in einem bestimmten Blickfeld geschieht, d. h. der Spielraum des Erzählers ist auf den Radius der Kamera reduziert und somit denkbar weit von der höchsten Stufe der Allwissenheit, der »editorial omniscience«, entfernt (vgl. Friedman 1955, S. 1168–1179).

So plausibel Friedmans Stufenskala auf den ersten Blick auch wirkt – sie stellt weder die einzig mögliche noch eine in jeder Hinsicht unproblematische Differenzierung dar. Bedenklich ist vor allem, dass Friedman an der Idee einer ›simple narration‹ festhielt und daher meinte, den allwissenden Erzähler mit dem Autor der Geschichte gleichsetzen zu dürfen. Es empfiehlt sich daher, seinen Ansatz durch Booths **Unterscheidungen zwischen dem realen Verfasser, dem implizierten Autor und den dramatisierten oder nicht-dramatisierten Erzählern** zu ergänzen. Und selbstverständlich kann man die acht Stufen einer weiteren Gliederung unterziehen, wenn es darum geht, die Feinheiten einer bestimmten Erzählperspektive herauszuarbeiten.

Zusammengenommen bieten Friedman und Booth jedoch eine Terminologie, die sich relativ undogmatisch handhaben lässt. Gerade weil Booth auf den rhetorischen Charakter der Auswahl eines bestimmten ›point of view‹ hingewiesen hat, ist durch die Berücksichtigung seiner Argumentation gewährleistet, dass Friedmans Stufenskala nicht nur zur Klassifikation, sondern auch zur Sensibilisierung für die unterschiedlichen Gestaltungs- und Wirkungsmöglichkeiten der narrativen Optik eingesetzt wird.

Zu bedenken ist auch, dass die thematischen Vorentscheidungen, die eine Erzählperspektive für den Leser trifft, stets an bestimmte Werthaltungen gebunden sind. Wie immer die **Rollenverteilung** zwischen dem implizierten Autor, den Haupt- und Nebenerzählern sowie den verschiedenen Handlungsträgern im einzelnen geregelt ist – sie generiert unterschiedliche **Auffassungsperspektiven**, die selbst dann, wenn sie im Text nicht ausdrücklich beschrieben werden, auslegungsrelevant werden können. Vor allem dann, wenn es die Leser mit einem unzuverlässigen Ich-Erzähler zu tun haben, verständigen sie sich, wie im Schelmenroman, oft über dessen Kopf hinweg mit dem implizierten Autor, der die Sicht seines Sprachrohrs mit gewissen Vorbehalten versieht.

Aber auch zuverlässige Erzähler sind niemals gänzlich neutral. Jede Darstellung lässt aus und verkürzt, akzentuiert und fokussiert (vgl. Baumgart 1970, S. 31). Das Dargestellte erhält dadurch ein interessantes, d. h. von bestimmten Erkenntnisinteressen und Wertvorstellungen geprägtes Profil. Ein kritischer Leser wird diese Konturen bemerken und sich mit ihrer Hilfe ein Bild vom Standort des Erzählers machen. Tatsächlich bedeutet ›point of view‹ ja nicht nur ›standpoint‹, sondern auch ›opinion‹ und ›outlook‹. Daher umfasst jede Erzählperspektive mit ihren Voreinstellungen auch Meinungen und Auffassungen – zumindest erschöpft sie sich nicht darin, die Welt vollkommen interesselos zu erfassen.

Von Bertil Romberg, der auf diese Begriffsimplikationen hingewiesen hat (vgl. Romberg 1962, S. 12), stammt eine mit Friedmans Stufenskala vergleichbare Liste, den ›point of view‹ zu gestalten. Danach kann der Autor erstens allwissend und allgegenwärtig, zweitens in seiner Darstellung auf den Bewusstseinsumfang eines

Charakters oder mehrerer Figuren und deren Innenleben eingeschränkt und drittens wie ein behavioristischer Beobachter oder eine Filmkamera darauf ausgerichtet sein, lediglich zu protokollieren, was man von außen sehen kann (vgl. ebd., S. 27). Die olympische Perspektive der Allwissenheit lässt sich als heuristische Fiktion verstehen: Autor und Leser einigen sich in diesem Fall stillschweigend, die Welt einmal so zu betrachten, als ob es für sie keine Geheimnisse gäbe. Alles liegt vor ihnen wie ein aufgeschlagenes Buch, in dem man mühelos auch die Gedanken und Empfindungen anderer Menschen lesen kann.

3. Ich- und Er-Romane

3.1 Rombergs Definition des Ich-Romans

Während der teilnahmslose Beobachter und die Kameraeinstellung konsequenterweise eine Erzählung in der Er/Sie-Form verlangen, gibt es dort, wo sich der Autor auf die beschränkte Sicht einer oder mehrerer Figuren einlässt, rein grammatikalisch betrachtet, zwei Möglichkeiten. Der Verfasser kann die 3. Person Singular beibehalten, er kann aber auch die 1. Person Singular wählen. Romberg definiert als ›first person novel‹ einen Roman, der die ganze Zeit von einer Romanfigur erzählt wird, so dass der eigentliche Urheber der Geschichte aus dem Blickfeld des Lesers verschwindet (vgl. Romberg 1962, S. 4). In dieser Definition grenzen die Worte »die ganze Zeit« den Ich-Roman von jenen narrativen Texten ab, in denen **Ich-Erzähler** zwar als untergeordnete Vermittlungsinstanzen auftreten, mit ihren Geschichten aber in eine Er- oder Sie-Erzählung eingebettet sind. Zu unterscheiden sind nach Romberg ferner Ich-Romane, in denen der Erzähler eine Haupt- und Ich-Romane, in denen der Erzähler nur eine Nebenrolle spielt. Dabei entspricht die Nebenrolle häufig der des Zeugen, so dass diese Unterscheidung an Friedmans Distinktion von »I as protagonist« und »I as witness« erinnert.

Unabhängig von der Frage nach der Ich- oder Er/Sie-Form ist die Frage nach der epischen Situation zu beantworten. Während der ›point of view‹ nach Lubbock die Auffassung der Geschichte durch den Erzähler betrifft, gibt ›the epic situation‹, Romberg zufolge, Auskunft darüber, ob die Geschichte mündlich oder schriftlich vermittelt wird, und ob der **Standort des Erzählers außerhalb oder innerhalb der erzählten bzw. fiktiven Welt** liegt (vgl. ebd., S. 33). Ich- und Er-Roman unterscheiden sich also sowohl im Hinblick auf den ›point of view‹ als auch im Hinblick auf die epische Situation. Während im Ich-Roman eine personale Identität zwischen dem erzählenden und dem erzählten Ich besteht, gibt es im Er- oder Sie-Roman scheinbar keine personale Identität zwischen dem Erzähler und irgendeiner Figur (vgl. ebd., S. 35). Dieser Eindruck ist jedoch nicht immer stichhaltig, da es durchaus Erzähltexte in der Er- oder Sie-Form geben kann, bei denen sich der Erzähler von seiner eigenen Person mit Hilfe der 3. Person Singular distanziert. Ein bekanntes Beispiel dafür ist die *Blechtrommel* von Günter Grass. Man darf die epische Situation und die Erzählperspektive mithin nicht nur grammatikalisch betrachten. Vielmehr gehört die Wahl der grammatischen Person bereits zu den auch psychologisch markanten Strukturmomenten einer jeden narrativen Optik bzw. Erzählrhetorik.

So wie die Allwissenheit eine heuristische Fiktion darstellt, die eine imaginäre Verständigung über die Welt von einem gleichsam archimedischen Punkt aus ermöglicht, fördert die Ich-Erzählung in der Regel die Illusion, es mit einer wahren Geschichte zu tun zu haben. Das Problem der Erzählperspektive berührt somit den gesamten Bereich der narrativen Illusionsbildung und ihrer Glaubwürdigkeit. Ein Ich-Erzähler dient zumeist der Authentifizierung des Erzählten, d. h. er erfüllt eine strategische Funktion im Rahmen der ›rhetoric of dissimulation‹ (Booth), die den simulatorischen Charakter der Fiktion verschleiern und als wahr oder wahrscheinlich ausgegeben soll, was bloß erfunden ist.

Demgegenüber ist die relative Künstlichkeit zumindest jener Er-Erzähler, die alles wissen, oft mit der metafiktionalen Demonstration des inauthentischen Charakters der erzählten Geschichte verbunden. Auch in dieser Hinsicht muss man sich jedoch vor einfachen Gegensätzen hüten. Nicht nur Fieldings Er-Erzähler im *Tom Jones*, auch der Ich-Erzähler von Sternes *Tristram Shandy* lässt kaum eine Gelegenheit zur autoreflexiven Thematisierung seiner Erzählakte aus.

3.2 Forsters Konzept des Standortwechsels

Die Unmöglichkeit, alle Spielarten der Fiktion und das gesamte Spektrum der narrativen Optik in einen binären Schematismus zu überführen, lehrt, dass es beim Erzählen wie bei der Romanlektüre darum geht, die **Dynamik jedes Vermittlungsvorgangs** zu beachten. Standorte werden gewechselt, Blickwinkel verändert und Meinungen ausgetauscht. So wie sich die Auffassungen der Figuren im Verlauf der Geschichte wandeln, stellt auch die epische Situation keine statische Einrichtung dar. Bezeichnenderweise war es denn auch ein Praktiker, der Romanschriftsteller E. M. Forster, der gerade die Beweglichkeit des ›point of view‹ hervorgehoben hat. In seinen *Ansichten des Romans* schrieb er:

> »Ich halte die Fähigkeit, die Wahrnehmung zu weiten und zu verengen (wofür der Standortwechsel symptomatisch ist), dieses Recht auf zeitweilig aussetzende Erkenntnisfähigkeit, für einen der großen Vorteile der Romanform; es hat seine Parallele in unserer Wahrnehmung des Lebens.« (Forster 1962, S. 87).

Diese Parallele beutet nicht nur der realistische Roman aus, der die Art und Weise, wie die Menschen sich und ihre Welt wahrnehmen, so lebensecht wie möglich nachahmt. Auch dort, wo nicht realistisch erzählt wird, würde ein gänzlich unbeweglicher ›point of view‹ den Leser rasch ermüden und den Text steril erscheinen lassen. Man kann daher die **Unterscheidung zwischen runden und flachen Charakteren**, die Forster zur Beschreibung der Handlungsträger vorgeschlagen hat, auch auf die Perspektivträger oder Erzähler anwenden. »Das Kennzeichen für einen runden Charakter ist, ob er uns in überzeugender Weise zu überraschen vermag. Überrascht er uns nie, ist er flach.« (ebd., S. 84). In ähnlicher Weise wird auch eine Darstellung, die keine neuen Blickwinkel und keine überraschenden Einsichten eröffnet, als flach empfunden, während ein interessanter Erzähler seine Gegenstände aus wechselnden Perspektiven umkreist und immer wieder nach neuen Ansichten Ausschau hält.

3.3 Spielhagens Plädoyer für den Er-Roman

Ein wichtiges Ergebnis der bisherigen Erörterung zum ›point of view‹ lautet, dass die grammatikalische Differenz von Ich- und Er-Form nicht automatisch Rückschlüsse auf die psychologische Position des Erzählers und die kognitive Dimension der epischen Situation zulässt. Das betrifft insbesondere den **Gegensatz von Subjektivität und Objektivität**, den der Romanschriftsteller Friedrich Spielhagen (1829–1911) für die Unterscheidung von Ich- und Er-Roman in Anspruch genommen hatte. Rein formal betrachtet, nahm Spielhagen Rombergs Beschreibung dieser Unterscheidung vorweg, als er »einen Roman, dessen Held als Selbsterzähler auftritt, einen Ich-Roman« nannte und damit von den Romanen absetzte, »in welchen der Held eine dritte Person ist, dessen Schicksale uns von dem Dichter erzählt werden« (Spielhagen 1883, S. 131). Da Spielhagen vom epischen Dichter jedoch, »die strikteste Observanz des Gesetzes der Objektivität« (ebd., S. 62) verlangte, sprach er sich gegen die Subjektivität aus, die ein Ich-Erzähler nun einmal nicht vermeiden kann.

Diese Verurteilung des Ich-Romans beruhte auf vier Grundsätzen der Romankunst, die Spielhagen für unabänderlich hielt. Der erste von ihnen besagte, dass der Gegenstand der epischen Phantasie nichts Geringeres als die Welt sei, dass also der epische Erzähler danach strebe, seinen Lesern ein möglichst umfassendes Weltbild zu geben. Der Gegensatz dazu lautete zweitens, dass dieses maßlose Streben der notwendigen Begrenzung aller Kunstwerke auf das Machbare widerstreite. Daraus folgte für Spielhagen drittens, dass ein Text diese Gegensätze immer nur annähernd aufheben könne. Als Schlusssatz ergab sich für ihn aus dem stets prekären **Gleichgewicht von Welt- und Kunstanspruch**, dass dieses Gleichgewicht nur zu erreichen bzw. aufrecht zu erhalten sei, wenn der epische Dichter die Welt so objektiv wie möglich schildere (vgl. ebd., S. 133 f.).

Während sich also Henry James etwa zur gleichen Zeit für die szenische Methode entschied, um die Fülle des subjektiven Welterlebens intersubjektiv nachvollziehbar zu gestalten, sprach sich Spielhagen gerade umgekehrt für jene »Methode der Beobachtung« (ebd., S. 158) aus, die sich von Vorfall zu Vorfall bewegt und daher durch und durch »induktorisch« sei (vgl. ebd., S. 168). Das bedeutet nun keinesfalls, dass der Roman ein absolut objektives Weltbild installiert. Spielhagen erklärte vielmehr: »›Ich war immer der Meinung‹ – das ist der recht eigentliche Anfang für den Roman.« (ebd., S. 174). Nur müsse diese Meinung eben im Roman, der ein Kunstwerk sein wolle, objektiviert werden. Genau dieser Objektivierung diene die Verwandlung des ›Ich‹ in ein ›Er‹. »Verwandelt sich nun das Er wieder zurück in ein Ich, so kann es selbstverständlich das alte, erfahrungsmäßige, naive, enge und beschränkte Ich nicht mehr; so muß es ein neues, künstlich seiner Beschränkung enthobenes, reflektiertes sein.« (ebd., S. 203).

Wo diese doppelte Verwandlung der persönlichen Meinung erst in die Objektivität der Erzählkunst und dann in die Subjektivität eines fiktiven Bewusstseins gelingt, bietet der Ich-Roman gegenüber dem Er-Roman jedoch den Vorteil einer Vermittlungsinstanz, die zugleich in Aktionen und in Reflexionen verstrickt ist (vgl. ebd., S. 208 f.) und insofern James' Ideal einer möglichst intensiven Vergegenwärtigung des Welterlebens äußerst nahe kommt. Dieser mögliche Vorteil kann dem Kunstwerk, wie Spielhagen meinte, allerdings rasch zum Nachteil ausschlagen – zum einen wegen »des Mißbrauchs der dem Dichter-Subjekt durch den Ich-Roman gewährten Freiheit« (ebd., S. 235), und zum anderen aufgrund der relativen Unnatürlichkeit einer perspektivischen Verknüpfung der unbeschränkten dichterischen Verfügungsgewalt mit der Beschränktheit einer jeden natürlichen Person:

> »Auch der Ich-Roman kommt ohne die Allgegenwart und Allwissenheit des Dichters nicht zustande; aber – und dies ist der verhängnisvolle Unterschied – der Dichter, der zugleich Held, d. h., ein Mensch ist und nicht an eine Gottheit oder abstrakte göttliche Kraft appellieren darf – muß diese seine Gegenwart, dieses sein Wissen in jedem Fall legitimieren.« (ebd., S. 236).

3.4 Die Mittelbarkeit allen Erzählens

Das Problem des Ich-Romans lag für Spielhagen in seiner mangelhaften Glaubwürdigkeit. Sinnvoll ist diese Kritik nur, wenn man die gottgleiche Erzählperspektive trotz ihrer offensichtlichen Künstlichkeit für das natürliche Vorrecht der Dichtung hält, wenn man also davon ausgeht, dass sich der Kunstanspruch des Romans nur dort verwirklichen lässt, wo sein Urheber seine Schöpfergewalt nicht an ein abhängiges Geschöpf delegiert. Geht man jedoch davon aus, dass auch der Autor den üblichen Beschränkungen des menschlichen Bewusstseins unterworfen ist, dem die Dinge nicht an sich, sondern immer nur im Rahmen der von Kant untersuchten **Anschauungsformen und Verstandesbegriffe** gegeben sind, erweist sich die vermeintliche Objektivität des Er-Romans als Illusion.

Von dieser Warte aus symbolisiert jeder Erzähler, wie Käte Friedemann 1910 gegen Spielhagen eingewendet hat, »die uns seit Kant geläufige erkenntnistheoretische Auffassung, daß wir die Welt nicht ergreifen, wie sie an sich ist, sondern wie sie durch das Medium eines betrachtenden Geistes hindurchgegangen« (Friedemann 1965, S. 26). Jede Erzählung sagt daher nicht nur etwas über ihre Objekte, sondern auch über die Subjekte aus, die diese Gegenstände so oder so auffassen. Ob die **Vermittlungsinstanz** sich der Ich- oder Er/Sie-Form bedient, ob sie einen persönlichen oder einen unpersönlichen Eindruck hinterlässt – ihren medialen Charakter kann sie unter keinen Umständen verleugnen.

Sowohl innerhalb als auch außerhalb der Erzählkunst gilt daher die Einsicht, dass der Mensch **keine Welt unabhängig von irgendeiner Beschreibungsweise** oder Lesart haben kann, dass er sich immer nur mittelbar über bestimmte Versionen und nie unmittelbar auf die Welt an sich bezieht. Das Mittel dieser Bezugnahme sind die zumeist sprachlichen Zeichen, die der Erzähler verwendet – Zeichen, die jeweils eine Fremd- und eine Selbstreferenz aufweisen, weil sie etwas über das mit ihnen Bezeichnete und über die Art und Weise der Bezeichnung aussagen. Und da diese Art und Weise auch den Zeichenbenutzer kennzeichnet, fällt jede narrative Welt-Vermittlung auf den Vermittler, den Erzähler, zurück.

4. Typische Vermittlungssituationen

4.1 Stanzels *Theorie des Erzählens*

Die **Mittelbarkeit jeder narrativen Welt-Gestaltung** ist seit Käte Friedemanns Abhandlung *Die Rolle des Erzählers in der Epik* (1910) das Datum, von dem die Erforschung dieser Rolle ausgehen muss.

> »Wo eine Nachricht übermittelt, wo berichtet oder erzählt wird, begegnen wir einem Mittler, wird die Stimme eines Erzählers hörbar. Das hat bereits die ältere Romantheorie als Gattungsmerkmal, das erzählende Dichtung vor allem von dramatischer unterscheidet, erkannt.« (Stanzel 1991, S. 15).

Folgerichtig kommt Franz K. Stanzel, von dem diese Formulierung stammt, in seiner *Theorie des Erzählens*, die 1979 als Summa seiner seit 1955 in zahlreichen Aufsätzen vorgetragenen Überlegungen zum ›point of view‹ erschien, sofort auf Friedemanns Einspruch gegen Spielhagens Verurteilung des Ich-Romans zu sprechen, um sodann **drei** seiner Ansicht nach **typische Erzählsituationen** zu beschreiben. Jede dieser Situationen zeichnet sich dadurch aus, wie die Vermittlungsrolle des Erzählers gestaltet ist:

> »Für die Ich-Erzählsituation ist kennzeichnend, daß die Mittelbarkeit des Erzählens ihren Ort ganz in der fiktionalen Welt der Romanfiguren hat: der Mittler, das ist der Ich-Erzähler, ist ebenso ein Charakter dieser Welt wie die anderen Charaktere des Romans. Es besteht volle Identität zwischen der Welt der Charaktere und der Welt des Erzählers. [...]
> Für die auktoriale Erzählsituation ist charakteristisch, daß der Erzähler außerhalb der Welt der Charaktere steht; seine Welt ist durch eine ontische Grenze von jener der Charaktere getrennt. Der Vermittlungsvorgang erfolgt daher aus der Position der Außenperspektive, was weitreichende Konsequenzen für die Interpretation des so Erzählten im Vergleich zu einer Ich-Erzählung hat.
> In einer personalen Erzählsituation schließlich tritt an die Stelle des vermittelnden Erzählers ein Reflektor: Eine Romanfigur, die denkt, fühlt, wahrnimmt, aber nicht wie ein Erzähler zum Leser spricht. Hier blickt der Leser mit den Augen der Reflektorfigur auf die anderen Charaktere der Erzählung. Weil nicht ›erzählt‹ wird, entsteht in diesem Fall der Eindruck der Unmittelbarkeit der Darstellung. Die Überlagerung der Mittelbarkeit durch die Illusion der Unmittelbarkeit ist demnach das auszeichnende Merkmal der personalen Erzählsituation.« (ebd., S. 16 f.).

Bereits bei dieser ersten Beschreibung der Erzählsituationen fällt ihre relative Unschärfe auf. Das betrifft zum einen die Unterscheidung eines Ich-Erzählers, der doch auch denkt, fühlt, wahrnimmt und den Leser die anderen Figuren mit seinen eigenen Augen sehen lässt, von der Reflektorfigur, und zum anderen ihre je eigene Unterscheidung vom auktorialen Erzähler, für den Stanzel ausdrücklich die Außenperspektive und damit genau jene Einstellung fordert, die auch verhindert, dass sich ein Ich-Erzähler oder Reflektor wirklich in andere Menschen hineinversetzen kann.

Die ontische Grenze, die den auktorialen Erzähler von der Welt der Figuren trennt, zu der Ich-Erzähler wie Reflektor gehören, hat für Stanzel offenbar nichts mit der grammatikalischen Unterscheidung zwischen Erzählungen in der 1. und in der 3. Person Singular zu tun, obwohl Stanzels Terminologie suggeriert, dass die Ich-Form die Ich-Erzählsituation definiert. Tatsächlich können Ich-Erzähler und Reflektorfiguren ebenso gut Geschichten in der Er/Sie-Form erzählen, wie der auktoriale Erzähler – z. B. im *Tom Jones* – fähig ist, sich mittels der 1. Person Singular sowie der entsprechenden Pronomina auf die eigene Vermittlerrolle zu beziehen. Im Übrigen ist nicht nur die auktoriale Erzählsituation durch die »Anwesenheit eines persönlichen, sich in Einmengungen und Kommentaren zum Erzählten kundgebenden Erzählers« (ebd., S. 17) gekennzeichnet, bilden die Reflexionen und Kommentare, wie bereits Spielhagen bemerkte, doch auch ein Charakteristikum des Ich-Romans, der stets einen persönlichen Erzähler hat.

Einige der angedeuteten Schwierigkeiten entstehen durch Stanzels **Zusammenfassung höchst unterschiedlicher Kategorien zu typischen Erzählsituationen**, die einerseits terminologisch gegeneinander abgehoben werden müssen und andererseits alle nur denkbaren Möglichkeiten der narrativen Optik abdecken sollen. Im Einzelnen handelt es sich dabei um die Kategorien der ›Person‹, des ›Modus‹ und der ›Perspektive‹:

Die Kategorie ›Person‹ betrifft den Gegensatz zwischen der Identität und der Nicht-Identität der Seinsbereiche von Erzähler und Charakter, die der ›Perspektive‹ die Opposition von Innen- und Außenperspektive und die des ›Modus‹ den Unterschied zwischen ›telling‹ und ›showing‹ (vgl. Stanzel 1978, S. 561). Ein nicht unerhebliches Problem ergibt sich bereits daraus, dass die Kategorie ›Person‹, die bei Stanzel per definitionem eine ontologische ist, nicht ohne weiteres grammatikalisch interpretiert und mit der Unterscheidung zwischen Erzählungen in der Ich- und in der Er/Sie-Form gleichgesetzt werden kann, obwohl Stanzel die Identität der Seinsbereiche zur differentia specifica der Ich-Erzählsituation erklärt. Dadurch entsteht der eigenartige Sachverhalt, dass es Ich-Erzählsituationen in der Er-Form geben kann. Ein solcher Sachverhalt liegt vor, wenn eine Figur, die zum Ensemble der Handlungsträger gehört, ihre eigene Geschichte oder die eines anderen Handlungsträgers in der 3. Person Singular vorträgt.

Kaum weniger merkwürdig sind die Implikationen der **Opposition von Innen- und Außenperspektive**, die Stanzel folgendermaßen erklärt:

> »Innenperspektive herrscht vor, wenn der Standpunkt, von dem aus die erzählte Welt wahrgenommen oder dargestellt wird, in der Hauptfigur oder im Zentrum des Geschehens liegt. Demnach findet sich Innenperspektive in der autobiographischen Form der Ich-Erzählung, im Briefroman, im autonomen inneren Monolog und im Bereich der personalen Erzählsituation. Außenperspektive herrscht vor, wenn der Standpunkt, von dem aus die erzählte Welt wahrgenommen oder dargestellt wird, außerhalb der Hauptfigur oder an der Peripherie des Geschehens liegt. Hierher gehören Erzähltexte mit auktorialer Erzählsituation oder mit einem peripheren Ich-Erzähler.« (Stanzel 1991, S. 150).

Aus dieser Erklärung folgt, dass die Opposition von Innen- und Außenperspektive für Stanzel nichts mit der Frage zu tun hat, ob der Erzähler das Innenleben einer Figur, die nicht mit ihm identisch ist, schildern kann oder nicht. So kommt es zu der höchst unglücklichen **Überkreuzung von Innenperspektive und Außensicht einerseits und Außenperspektive und Innensicht andererseits**. Der auktoriale Erzähler nimmt die Figurenwelt zwar von außen wahr, kann dem Leser aber dank seiner Allwissenheit Einblick in das Gefühlsleben und in die Gedankenwelt der Figuren verschaffen. Umgekehrt schildert der Memoiren- oder Briefeschreiber, der als Ich-Erzähler auftritt, die Figurenwelt laut Stanzel aus der so genannten Innenperspektive, ohne die anderen Figuren anders als von außen beschreiben zu können.

Die Kategorie ›Modus‹ wird von Stanzel auf den Gegensatz zwischen einer Erzähler- und einer Reflektorfigur zugespitzt (vgl. ebd., S. 194). Der Hauptunterschied soll darin liegen, »daß sich die Erzählerfigur immer bewußt ist, daß sie erzählt, während der Reflektorfigur ein solches Bewußtsein fehlt« (ebd., S. 197). Auch hier läuft Stanzels Terminologie dem Sprachgebrauch zuwider, da der Reflektor sich vom Erzähler gerade dadurch unterscheidet, dass er seine Vermittlerrolle nicht reflektiert.

4.2 Kritik an Stanzels Kategorienbildung

Selbst wenn man sich auf Stanzels Begrifflichkeit einlässt, erheben sich Zweifel hinsichtlich ihrer analytischen Brauchbarkeit und logischen Notwendigkeit. Wolfgang Lockemann zum Beispiel befand, dass die Opposition der Übereinstimmung oder Nicht-Übereinstimmung der Seinsbereiche, die den auktorialen vom Ich-Roman unterscheidet, eigentlich keine dritte Ausprägung zulasse. Der personale Roman sei daher bloß eine Sonderform des Er-Romans, was zugleich bedeute, dass die Polarität von Ich- und Er-Form den übergeordneten Gegensatz und die entweder auktoriale oder personale Ausprägung des Er-Romans den untergeordneten Gegensatz bilde (vgl. Lockemann 1978, S. 294 ff.). So gesehen wäre die Unterscheidung von auktorialem und Ich-Roman, anders als Stanzel wollte, gar nicht ontologisch, sondern grammatikalisch bedingt.

An der **Abgrenzung von auktorialem, personalem und Ich-Roman** hat sich auch Hermann Wiegmann gestoßen. Erstens sei die Fähigkeit zum metafiktionalen Illusionsbruch, die Stanzel dem auktorialen bzw. allwissenden Erzähler zuschreibe, auch nicht-allwissenden Erzählern wie Tristram Shandy möglich. Tatsächlich tritt der Illusionsbruch sogar noch deutlicher zutage, wenn er in einem Ich-Roman vorgenommen wird, da dieser ja stärker als der auktoriale Roman zur Authentifizierung der Geschichte neigt. Zweitens kritisiert auch Wiegmann die irreführende Charakteristik der auktorialen Erzählsituation durch die Verwendung der Außen- und den Ausschluss der Innenperspektive. Drittens weise längst nicht jeder Ich-Roman die von Stanzel behauptete Identität der Seinsbereiche von Erzähler und Charakteren auf, und viertens könnten sowohl Er- als auch Ich-Romane personal gestaltet sein (vgl. Wiegmann 1981, S. 178 ff.).

Im Übrigen schloss sich Wiegmann der Kritik von Robert Weimann an, der schon vor ihm die **werkimmanente Methode** und den ahistorischen Ansatz von Stanzels Theorie verworfen hatte. »Eine Romantheorie, die den ästhetischen Zusammenhang zwischen fiktiver Welt und historischer Wirklichkeit zerstört, kann das komplexe Phänomen des Erzählerstandpunktes nicht ergründen.« (Weimann 1966, S. 121). Um sowohl die technischen als auch die werthaltigen und weltanschaulichen Aspekte der Erzählperspektive in ihrer **Geschichtlichkeit** zu erfassen, schlug

Weimann eine **terminologische Differenzierung von ›Standpunkt‹ und ›Blickwinkel‹** vor: Während der Standpunkt die sozialen und ethischen Einstellungen des Autor-Erzählers zur Wirklichkeit betrifft, lässt sich sein Blickwinkel anhand der optischen, linguistischen und stilistischen Eigenarten seiner Vermittlungstechnik beschreiben (vgl. ebd., S. 124).

Unter diesem Gesichtspunkt könne man z. B. die ›Objektivität‹ des antiken und mittelalterlichen Epos und die ›Subjektivität‹ des neuzeitlichen Romans mit der Zugehörigkeit bzw. der Nicht-Zugehörigkeit des Autor-Erzählers zu einer homogenen Gemeinschaft mit stabilen Weltbildern und Werten erklären (vgl. ebd., S. 126 f.). Mehr und mehr komme es im Verlauf der Moderne zu einer weltanschaulichen Differenzierung der Gesellschaft, so dass die kollektive und die individuelle Sicht der Dinge auseinander dividiert worden seien. Während die Sozialperspektive die vorherrschende Ideologie der Epoche reflektiere, hänge ihre Umsetzung in eine künstlerische Schreibweise von der historischen Persönlichkeit des Autor-Erzählers ab (vgl. ebd., S. 129 f.). Ausführlich äußerte sich Weimann zur Metaphorologie der narrativen Optik:

> »Das Schaffen des Schriftstellers ähnelt im Grunde ja nicht einem Spiegel, sondern – wenn wir schon das Bild im Bereich des Optischen zeichnen wollen – viel eher einem Prisma oder einer Linse. [...] Wollte man das Bild weiter veranschaulichen, so könnte die Brechkraft der Linse mit der dichterischen Erkenntnisschärfe, ihr Durchmesser mit der künstlerischen Perzeptionsweite, ihre optische Achse mit der Blickrichtung des Künstlers usw. verglichen werden. Ein solcher Vergleich mag hier einmal im Interesse der Anschaulichkeit tragbar sein. Seine prinzipielle Unzulänglichkeit besteht indessen darin, daß er gerade den spezifischen Charakter des künsterischen ›Okulars‹ verwischt; er verkennt die ihm eigene Menschlichkeit und Aktivität, die in der Praxis geborene, in den Wechselbeziehungen zum Gegenstand gefestige Individualität usw.« (Weimann 1962, S. 380 f.).

Das ist eine wichtige Klarstellung, die den interaktiven Charakter der narrativen Optik unterstreicht. Rückhalt findet sie unter anderem in der **Wahrnehmungspsychologie und Kognitionspsychologie**, von denen das Verhältnis eines Beobachters zu seiner Umwelt als ein dynamischer Prozess der Einstellungsveränderung und Informationsentnahme beschrieben wird (vgl. Gibson 1982). Weimann selbst war in seiner Auffassung der modernen Erzählkunst allerdings noch stark von jener älteren, sozialistisch inspirierten Kritik des bürgerlichen Romans geprägt, die nicht wahrnehmungspsychologisch oder kognitionswissenschaftlich, sondern ideologisch argumentierte und in der Zurücknahme der menschlichen Perspektive – ähnlich wie Lukács – die Zerstörung der Erzählkunst sah (vgl. Weimann 1962, S. 416).

Ein alternativer, eher neutraler Blickwinkel bestimmt Stanzels Aufsatz über die »Wandlungen des narrativen Diskurses in der Moderne«, der auch als eine Antwort auf die Kritik von Weimann und anderen an der ahistorischen Konzeption der Erzählsituationen verstanden werden kann. Zunächst habe der moderne Roman die Grenze zwischen dem Bereich des auktorialen Erzählers und dem der fiktionalen Charaktere deutlicher als die Tradition markiert und sich dabei immer mehr der neuartigen Reflektorfiguren bedient (vgl. Stanzel 1981, S. 371). Da im Reflektormodus die Unterscheidung zwischen dem Ich- und dem Er/Sie-Bezug der Erzählung ohnehin an Bedeutung verliere, sei daraus eine zunehmende Aufhebung dieser Unterscheidung sowie die vereinzelte Inanspruchnahme der 2. Person im narrativen Diskurs entstanden. Während die Hinwendung zum Reflektormodus zunächst eine verstärkte Fokalisierung des Geschehens auf einzelne Beobachter bewirkt habe, könne man mittlerweile eine gegenläufige Tendenz zur Defokalisierung bemerken, so dass die Geschichten nun ebenso in scharfer wie in unscharfer Einstellung präsentiert würden. Zu der relativen Verschwommenheit mancher Darstellungen trage auch der Umstand bei, dass oft nicht mehr zu entscheiden sei, ob sich der narrative Diskurs auf Gedachtes oder auf Gesprochenes beziehe (vgl. ebd., S. 372–377).

In der Tat lassen sich für diese Analyse in der Gegenwartsliteratur einleuchtende Beispiele finden. Dass die Ausrichtung der Narration auf ein personales Medium, das per definitionem keine auktoriale Erzählinstanz sein kann, von Henry James bis zu William Faulkner zugenommen hat, ist schlechterdings nicht zu bestreiten. Auch nicht, dass dieser Fokalisierung und der vereinzelten Erprobung der 2. Person – etwa in Michel Butors Roman *La Modification* (1957) – nach 1945 eine gewisse Defokalisierung entgegengesetzt wurde, die den Unterschied zwischen Wahrnehmung und Vorstellung, Narration und Reflexion aufzuheben scheint. In Wolfgang Hildesheimers *Tynset* (1965) etwa sind Tagtraum und Wirklichkeit, Vorstellung und Nacherzählung, Gedankenflucht und Welterfahrung so ineinander verwoben, dass der Ich-Erzähler ebenso gut im personalen Modus zu reflektieren wie mit auktorialem Gestus zu erzählen vermag.

Auffällig an diesen und anderen Texten ist, dass die Erzählsituation, wie es – nun wieder in der *Theorie des Erzählens* – heißt, von Kapitel zu Kapitel oder von Absatz zu Absatz Modifikationen unterworfen ist, denen Stanzel mit den Begriffen der **Dynamisierung und Schematisierung** beizukommen versucht, ohne seine Typologie grundsätzlich in Frage stellen zu müssen (vgl. Stanzel 1991, S. 69). Dadurch wird aus jedem der drei Oppositionspaare ein Kontinuum unterschiedlicher Gestaltungsmöglichkeiten, die von der auktorialen Vermittlung bis zum Reflektor (Modus), von der Identität bis zur Nicht-Identität der Seinsbereiche von Erzähler und Charakteren (Person) und von der Divergenz bis zur Konvergenz von Innen- und Außenperspektive reicht (vgl. ebd., S. 76). Gleichwohl bleibt es bei den drei typischen Erzählsituationen und ihrer Bestimmung als auktorial (Dominanz der Außenperspektive), als personal (Dominanz des Reflektormodus) oder als Ich-Erzählsituation (Dominanz der Identität der Seinsbereiche von Erzähler und Charakteren) (vgl. ebd., S. 81).

Das bedeutet freilich auch, dass die grundsätzlichen Mängel dieser Typologie erhalten bleiben. Die Ausführlichkeit, mit der diese Mängel in der Forschungsliteratur diskutiert worden sind (vgl. Hansen 1975; Gnutzmann 1977; Baur 1981; Lanser 1981; Nünning 1990), zeigt, wie umstritten und zugleich wie dringlich das **Problem der narrativen Optik** ist. Dabei sind im Verlauf der Zeit immer mehr Facetten dieses Problems zutage getreten und zahlreiche, miteinander oft unvereinbare Lösungsansätze formuliert worden. Die meisten von ihnen laufen auf eine Reduktion der Oppositionspaare hinaus, die den drei typischen Erzählsituationen zugrunde liegen.

So meint Erwin Leibfried, Stanzel habe sich im Prinzip auf die Unterscheidung von Innen- und Außenperspektive beschränken können, da der personale Roman nur eine historische Variante der Innenperspektive, der auktoriale Roman durch die Dominanz der Außenperspektive und der Ich-Roman durch die Möglichkeit zur Kombination von Innen- und Außenperspektive gekennzeichnet sei. Der Ich- und der Er/Sie-Bezug sind nach Leibfried einfach alternative grammatische Möglichkeiten, die Außen- oder Innenperspektive sprachlich zu gestalten (vgl. Leibfried 1970, S. 245 f.). Im Übrigen könne Stanzel nicht hinreichend zwischen den verschiedenen Einstellungen ein und derselben Figur und den entweder einheitlichen oder uneinheitlichen Einstellungen unterschiedlicher Figuren differenzieren.

Wilhelm Füger wiederum befand, Leibfried habe seinerseits zwei Momente der Erzählperspektive zusammengefasst, die besser getrennt betrachtet würden: die Position des Erzählers, die entweder innerhalb oder außerhalb des Geschehens angesiedelt wäre, und der Umfang seiner Informationen über das Geschehen (vgl. Füger 1972, S. 271). Fügers Vorschlag, der **Begriffsverwirrung** Herr zu werden, läuft darauf hinaus, eine außengesteuerte Erzählhaltung, die ihrerseits, wie im *Tom Jones*, in einen auktorialen und in einen neutralen Teil zerfiele, von der innengesteuerten Erzählhaltung abzugrenzen, für die eine originale und eine personale Ausprägung denkbar seien (vgl. ebd., S. 281). ›Original‹ ist die Narration eines Ich-Erzählers, personal der Bericht im Reflektormodus, neutral hingegen jene Sonderform des auktorialen Diskurses, der auf wertende Kommentare verzichtet und somit Friedmans »neutral omniscience« entspricht.

5. Alternative Erzählmodelle

Die beiden umfassendsten Revisionen der *Theorie des Erzählens* haben Dorrit Cohn und Jürgen H. Petersen vorgelegt. Während sich Cohn, ähnlich wie Ulrich Broich, bemüht, Stanzels Ansatz zu optimieren, möchte ihn Petersen durch ein alternatives Modell ersetzen, in dem nicht mehr von typischen Vermittlungssituationen, sondern von Erzählsystemen die Rede ist.

5.1 Cohns Korrekturvorschlag

Cohn führt die Opposition von Erzähler und Reflektor, die Stanzels Kategorie des Modus ausmacht, auf die platonische Unterscheidung von »diegesis«, verstanden als »pure narration«, und »mimesis«, verstanden als »pure imitation«, zurück, um diese Gegensätze dann mit denen von »telling« und »showing« bzw. »summary« und »scene« gleichzusetzen (vgl. Cohn 1981, S. 170). Das entspricht zwar der angloamerikanischen **Begriffstradition im Anschluss an James und Lubbock**, unterschlägt aber den Umstand, dass sich der Erzähler für Stanzel der Vermittlerrolle bewusst ist, über die sich das personale Medium der Reflektorfigur keinerlei Rechenschaft abgibt.

Sodann führt Cohn aus, dass die grammatikalische Differenz zwischen dem Ich- und dem Er/Sie-Bezug, die Stanzel der Kategorie ›Person‹ subsumiert, eine absolute Grenze markiert, die anders als die übrigen Unterschiede zwischen Innen- und

Außenperspektive sowie zwischen Erzähler und Reflektor keine Übergangsformen zulässt. Tatsächlich kann man ja nicht behaupten, dass die 2. Person Singular eine Zwischenstufe zwischen der 1. und der 3. sei. Demgegenüber kann man die Außen- in eine Innenperspektive überführen und den Erzähler zum Reflektor oder den Reflektor zum Erzähler mutieren lassen.

Darüber hinaus meint Cohn, die Kategorien der Perspektive und des Modus seien so eng miteinander verwandt, dass man einerseits nicht unbedingt zwischen dem Narrator und seiner Außenperspektive und andererseits zwischen dem Reflektor und seiner Innenperspektive unterscheiden müsse (vgl. ebd., S. 160). Überhaupt sei die **›inside/outside‹-Dichotomie**, die Stanzel auf die Kundgabe eigener und die Wiedergabe fremder Gedanken anwende, schwer zu operationalisieren, weil es in kaum einem Erzähltext entsprechende Festlegungen gäbe (vgl. ebd., S. 178). Im Ergebnis führt Cohns Korrekturvorschlag zu einer zweifachen Unterscheidung zwischen der 1. und der 3. Person sowie zwischen der externen Perspektive eines Narrators und der internen Perspektive eines Reflektors.

Auch Ulrich Broich beschränkt sich auf die Oppositionen von Innen- und Außenperspektive sowie von Ich- und Er/Sie-Form. Darüber hinaus kann das Erzählermedium, wie schon Booth erkannte, entweder dramatisiert oder nicht-dramatisiert sein. Ist es dramatisiert, stellt sich die Frage nach der **Identität oder Nicht-Identität der Seinsbereiche von Erzähler und Figuren**. Unabhängig von der Beantwortung dieser Frage lässt sich von dramatisierten wie von nicht-dramatisierten Erzählern sagen, dass sie entweder auf die Außenperspektive beschränkt sind oder neben der Außensicht auch über eine gewisse Innensicht verfügen. Jede Eigenschaft, die sich aus der Entscheidung für eine dieser Optionen ergibt, lässt sich, Broich zufolge, sowohl in der Ich- als auch in der Er/Sie-Form verwirklichen (vgl. Broich 1983, S. 140 f.).

Ferner merkt Broich an, dass es zum Beispiel im Kriminalroman der amerikanischen ›hard-boiled school‹ eine kameraähnliche Erzählperspektive gibt, die weder auktorial noch personal genannt werden kann (vgl. ebd., S. 133). Um Erzählwerke wie Dashiell Hammetts *The Maltese Falcon* angemessen klassifizieren zu können, plädiert Broich dafür, Texten mit einem auktorialen Erzähler, der seine Anwesenheit deutlich kundgibt, jene Texte entgegen zu stellen, in denen eine solche Anwesenheit kaum spürbar ist oder verschleiert wird. Diese, den Akt der erzählerischen Vermittlung gleichsam kaschierenden Texte können mit oder ohne Reflektor ausgestattet sein (vgl. ebd., S. 138). Keinesfalls muss ein nicht-auktorialer Er-Roman also unbedingt ein personaler Roman mit einer Reflektorfigur sein.

5.2 Petersens Erzählsysteme

Für Jürgen H. Petersen gibt es keine feste Relation zwischen der Außen- und der Innensicht auf der einen und dem auktorialen, personalen oder neutralen Erzähler auf der anderen Seite. Statt mit einer auf diese Relationen festgelegten Erzählsituation habe es der Leser eines Romans daher mit einem flexiblen Erzählverhalten zu tun (vgl. Petersen 1977, S. 187). Stanzel hatte ja versucht, dieser Flexibilität mit dem Konzept der Dynamisierung gerecht zu werden; Petersen hingegen will die

Bandbreite der Verhaltenssysteme ausloten, zu denen er die verschiedenen Möglichkeiten der narrativen Optik zusammenfasst. In mehreren Aufsätzen, die sein Buch *Erzählsysteme* vorbereitet haben, hat er diese Möglichkeiten zunächst ohne Einbindung in ein Gesamtkonzept beschrieben. Tatsächlich ist der **Begriff des »Erzählverhaltens«** wesentlich besser als das reduktionistische Modell von Stanzel geeignet, sowohl die Komplexität als auch die Flexibilität der Standorte, Blickwinkel und Auffassungsperspektiven in einem narrativen Text zu erfassen. Dem Erzählverhalten entsprechen aber nicht nur bestimmte Vermittlungsrollen, sondern auch bestimmte Haltungen dem Stoff, dem Figurenensemble und dem Publikum gegenüber.

Während die Haltung des Erzählers kritisch oder unkritisch, ironisch-distanziert, emphatisch oder sachlich sein kann, lässt sich das Erzählverhalten, sofern es nicht auktorial oder personal ist, als neutral bezeichnen. Als ›neutral‹ klassifiziert Petersen zum Beispiel das Verhalten eines Erzählers, der sich auf das Protokoll einer Dialog-Szene in direkter Rede beschränkt, der diese Szene also weder auktorial kommentiert noch aus der personalen Sicht der Dialogpartner schildert.

Neben der Haltung und dem Verhalten des Erzählers gibt es die ›**Erzählform**‹. Dieser Terminus bezeichnet »das nur scheinbar äußerliche Bild eines epischen Textes, nämlich ob er in der Ich-Form oder in der Er-Form geschrieben ist« (Petersen 1977, S. 171). Nur scheinbar äußerlich ist die Erzählform für Petersen, weil sie den fundamentalen **Unterschied zwischen einem Erzähler, der als Person auftritt, und einem Erzähler, der nicht als Person greifbar wird**, betrifft. Um die Bedeutung dieses Unterschieds zu erfassen, genügt es, Petersen zufolge, nicht, wie Stanzel darauf hinzuweisen, dass der Er-Erzähler außerhalb des erzählten Geschehens steht, da dies auch insofern für den Ich-Erzähler gilt, als die Retrospektive das erzählende Ich aus dem Geschehniszusammenhang heraushebt, in den das erzählte Ich verstrickt ist. Entscheidend sei vielmehr die Identität dieses Ichs in seiner Differenz von Erlebnis- und Erzählsubjekt, da es eine solche Identität in der Er-Erzählung nicht gibt. »Diese Identität zeigt sich zunächst darin, daß der Ich-Erzähler (auch) von sich selbst erzählt, der Er-Erzähler hingegen grundsätzlich von anderen« (ebd., S. 175).

So grundsätzlich ist das jedoch gar nicht, denn erstens gibt es Ich-Erzähler wie Oskar Matzerath, die vom Ich- auf den Er-Bezug umschalten und über sich selbst in der 3. Person Singular reden können; und zweitens kann auch ein Er-Erzähler, der scheinbar nur von fremden Schicksalen erzählt, sehr wohl »ich« sagen und, wie Fieldings Gründer einer neuen Provinz der Schriftstellerei, Auskunft über das eigene Verhalten geben. Gewiss: Fieldings auktorialer Erzähler ist, anders als sein Held Tom Jones, kein Erlebnissubjekt. Er gewinnt aber doch durch die Art und Weise, in der er das Geschehen vor Augen führt, kommentiert und die eigene Erzählkunst reflektiert, ein spezifisches Profil, das ihn deutlich vom auktorialen Erzähler der Gebrüder Grimm und anderen Narrationen in der Er-Form unterscheidet. Insofern ist es nicht ganz richtig, vom Er-Erzähler kategorisch zu behaupten: »Er hat keine Personalität« (ebd., S. 176).

Eher schon gilt gerade für jene auktorialen Erzähler, die sich als Urheber der Geschichte gebärden und so der Rolle des implizierten Autors (in Booths Sinn) Kontur verleihen, dass sie beim Leser sehr wohl den Eindruck einer gewissen Personalität erzeugen, ohne dass diese mit der historischen Person des Romanverfassers identisch wäre. Vielleicht sollte man den Unterschied von Ich- und Er/Sie-Erzählern anders als Petersen nicht ontologisch, sondern rollentheoretisch fassen. Bei jeder Erzählform handelt es sich, wie Michail Bachtin erkannte, um eine **Genreform-Maske** (vgl. Bachtin 1989, S. 95) mit bestimmten dramaturgischen Funktionen; ihre Wahl und Ausführung hat vermittlungstechnische Gründe. Die ontologische Differenz zwischen der Welt der dramatis personae und der Welt des Narrators respektive des implizierten Autors, die sich daraus im Einzelfall ergeben kann, ist somit die Wirkung und nicht die Ursache einer dramaturgisch bedingten Entscheidung für einen Ich- oder Er/Sie-Erzähler.

Wie Petersen selbst bemerkt, gibt es keine vollkommen unsinnliche Medialität. Überall dort, wo eine narrative Vermittlung stattfindet, ist auch eine Erzählstimme mit einem eigenen Tonfall zu hören – und oft hängt es mehr vom Interesse und von der Phantasie des Lesers als allein von dieser **Stimmführung** ab, wie personalistisch sich der Interpret die Figur des Erzählers oder den Part des implizierten Autors vorstellt. Fragwürdig erscheint daher Petersens Abgrenzung der Er-Erzählung von der Ich-Erzählung anhand ihrer vermeintlichen Eindimensionalität. Petersen meint, das, was ein Er-Erzähler sage, könne nur das Erzählte selbst betreffen. »Dies ist, bezüglich des Erzählten formuliert, dessen Eindimensionalität; mit Blick auf den Rezipienten gesagt, weist das Erzählen nur noch einen Aspekt auf« (Petersen 1993, S. 57).

Den vielfältigen Möglichkeiten, die Genreform-Maske des Er/Sie-Erzählers zu gestalten und gegebenenfalls auch mit persönlichen Zügen auszustatten, wird diese Sicht nicht gerecht. Tatsächlich kann Petersen selbst sie nicht konsequent durchhalten, wenn er auf die Zweidimensionalität der Ich-Erzählung zu sprechen kommt. Hier nämlich zeigt sich, dass auch der Ich-Erzähler seine Geschichte entweder subjektivistisch – die eigene Personalität betonend –, oder neutral bzw. objektivierend – seine Personalität zurückstellend –, darbieten kann:

> »Legt er durchgängig ein neutrales Erzählverhalten an den Tag, so bleiben die Sätze zwar bipolar, aber seine ›Persönlichkeit‹ entbehrt dann stark der Plastizität, die diese Bipolarität nachdrücklich ins Leserbewußtsein treten läßt. Das gilt in den Grenzen, welche die Erzählform zieht, auch für den Er-Erzähler: Zwar besitzt der Narrator hier keine Personalität, das Erzählen daher keinen Doppelaspekt; aber auch sein individueller Zuschnitt, seine Eigentümlichkeiten treten leuchtender hervor, wenn er sich auktorial gebärdet, eine kritische Erzählhaltung annimmt etc. als wenn er neutral berichtet, in Dialogen zurücktritt und mit seiner Meinung ganz und gar hinter dem Berge hält.« (ebd., S. 59).

Folgt man dieser Beschreibung, lässt sich die rigide Unterscheidung zwischen der bipolaren Ich-Erzählung und der eindimensionalen Er-Erzählung nicht aufrecht erhalten. Jeder Erzähler charakterisiert sich durch seine Erzählweise, die entweder nach Neutralität oder nach Parteilichkeit streben und die eigene Rolle mehr oder weniger plastisch gestalten kann. Anders gesagt: **Jede Erzählform hat das Potential zur Zweidimensionalität** – nur muss dieses Potential nicht immer aktualisiert werden.

Wie bereits angedeutet, ergibt sich Petersens reduktionistische Sicht aus seiner ontologisierenden Betrachtung der Erzählkunst. Sein Buch *Erzählsysteme* beruht auf einem sprachontologischen Ansatz (vgl. ebd., S. 171), der im Anschluss an Käte Hamburger einen prinzipiellen **Unterschied zwischen fiktionalen Sätzen und Wirklichkeitsaussagen** postuliert. Danach besitzen die Wirklichkeitsaussagen im Unterschied zu den fiktionalen Sätzen »ihre Eigenart nicht nur darin, daß sie temporal, lokal, personal etc. fixierbar, zudem auch noch begründbar sind, sondern vor allem auch in ihrer kommunikativen Funktion« (ebd., S. 9) im Rahmen einer ebenfalls temporal, lokal und personal fixierbaren Kommunikationssituation. Demgegenüber bilden fiktionale Sätze ein Erzählsystem zur Erstellung der Welt, der sie angehören (vgl. ebd., S. 10 f.).

Doch wiederum erweist sich das, was ein rigider ontologischer Gegensatz sein soll, als eine relative, pragmatische Unterscheidung. Zunächst einmal beziehen sich die sogenannten Wirklichkeitsaussagen nicht auf die Wirklichkeit schlechthin. Vielmehr bilden auch sie insofern ein System von Sätzen, als ihre Verbindung zu einem Diskurs eine bestimmte Version der wirklichen Welt erzeugt. Umgekehrt stellen die fiktionalen Erzählsysteme ihrerseits Welt-Versionen dar, die sich letztlich nicht auf irgendetwas völlig Irreales, sondern auf die Wirklichkeit und die in ihr angelegten Möglichkeiten beziehen. Es gibt nicht auf der einen Seite reale Aussagen und auf der anderen Seite fiktive Sätze, es gibt lediglich Sätze, die entweder im Rahmen einer fiktionalen oder einer non-fiktionalen Satzfolge als mündlicher oder schriftlicher Diskurs geäußert werden und bestimmte Vorstellungen hervorrufen. Ob diese Vorstellungen eine reale oder eine fiktive Welt-Version betreffen, wird nicht anhand ihrer sprachlichen Gestalt, sondern pragmatisch nach Maßgabe dessen entschieden, was der Interpret zu einem bestimmten historischen Zeitpunkt über die Wirklichkeit weiß.

6. Die Mehrdimensionalität des »point of view«

6.1 Uspenskijs *Poetik der Komposition*

Während Petersen den »point of view«-Begriff einzig und allein auf das raum-zeitliche Verhältnis des Erzählers zu den Personen und Ereignissen, die er schildert, beschränkt wissen will (vgl. Petersen 1993, S. 65), plädiert der Bachtin-Schüler Boris Uspenskij genau umgekehrt dafür, sich die Mehrdeutigkeit dieses Begriffs bei der Textinterpretation zunutze zu machen. Dazu unterscheidet er in seiner *Poetik der Komposition* (1970) einen ideologischen, einen phraseologischen, einen psychologischen und den raum-zeitlichen Gesichtspunkt der Erzählperspektive. Alle vier Aspekte wirken zusammen, um die erzählte Welt in einem bestimmten Licht erscheinen zu lassen (vgl. Uspenskij 1975, S. 13).

- Der **ideologische Aspekt** betrifft die Bewertung des Erzählten durch den Erzähler, also seine weltanschauliche Einstellung der Geschichte gegenüber.
- Unter dem **phraseologischen Gesichtspunkt** geht es hauptsächlich um das Verhältnis von Autoren- und Figurenrede. Der Verfasser kann sich in seiner Ausdrucksweise der Redensart seiner Figuren annähern, er kann sich von ihr im Kommentar distanzieren, er kann sie wertneutral im Wortlaut wiedergeben, und

er kann sie in eine Sprache übersetzen, die keine Rücksicht auf den je eigenen Tonfall der Figurenstimmen nimmt.
- Im Hinblick auf das **raum-zeitliche Verhältnis** ergeben sich verschiedene Bestimmungen des ›point of view‹: er kann mobil oder immobil, im Lebensbereich der Figuren oder außerhalb davon sowie uni- oder multiperspektivisch angelegt sein.
- Auch der **psychologische Aspekt** erlaubt verschiedene Differenzierungen, je nachdem, ob der Erzähler auf die Außensicht beschränkt ist oder auch die Innensicht der Figuren kennt, ob er eher subjektiv oder objektiv berichtet und selbst ein klares oder trübes Medium der Geschichte ist.

Kompliziert wird die Sachlage dadurch, dass unterschiedliche Formen der **Konvergenz und Divergenz** entstehen können. So kann es, um nur zwei Beispiele zu nennen, ein multiperspektivisches und dennoch immobiles Erzählen geben, wenn ein und derselbe Vorfall von mehr als einem Zeugen geschildert wird. Umgekehrt lässt sich ein zwar uniperspektivisches, aber mobiles Erzählen vorstellen, bei dem die Welt-Darstellung auf die Sicht einer Figur beschränkt ist, die sich als wandernder Blickpunkt durch das imaginäre Gelände bewegt. Grundsätzlich müssen die diversen Aspekte des ›point of view‹ also jeweils einzeln untersucht, dann aber auch in ihrem Zusammenspiel bestimmt werden, um die Gesamtwirkung der facettenreichen Optik erfassen.

Wichtig ist, dass alle vier Momente des ›point of view‹ – der ideologische, der phraseologische, der psychologische und der raum-zeitliche Aspekt – eine **soziologische Relevanz** besitzen, da die weltanschauliche Bewertung, die sprachliche Gestaltung, die seelische Vertiefung und die raum-zeitliche Ordnung des Erzählten Rückschlüsse auf die gesellschaftlichen Verhältnisse bzw. die soziale Position entweder des Erzählers oder des implizierten Autors zulassen. So ist zum Beispiel die sprachliche Hochstapelei eines Felix Krull, die darauf abzielt, sich mittels einer von Thomas Mann parodistisch überspitzten Wortwahl, die Krull unfreiwillig als Maulhelden entlarvt, über seinen Geburtsstand zu erheben, ein phraseologisches Kabinettstück, das Aufschluss über die gesellschaftlichen Ambitionen des Titelhelden und die blinden Flecken in seiner Selbstwahrnehmung liefert. Auch die Aussparung fast aller gesellschaftlichen Räume und Zeitverläufe, die nicht zu jener Scheinwelt gehören, in der ein Hochstapler reüssieren kann – also der raum-zeitliche Aspekt des ›point of view‹ – wird im *Krull*-Roman soziologisch bedeutsam.

6.2 Neuhaus' *Typen multiperspektivischen Erzählens*

Besondere Beachtung verdient das sog. ›multiperspektivische Erzählen‹, dessen typische Erscheinungsformen Volker Neuhaus beschrieben hat. Ein solches Erzählen liegt dann vor, wenn ein Autor dem Leser verschiedene Perspektiven entweder in der Ich- oder in der Er/Sie-Form eröffnet, wenn er also den Standpunkt, den Blickwinkel, die Weltanschauung usw. des Erzählers wechselt (vgl. Neuhaus 1971, S. 1). Als **Prototyp des multiperspektivischen Erzählens** kann Platons *Symposion* gelten. In diesem Text berichtet ein Erzähler, wie er durch einen Mittelsmann Nachricht von insgesamt sieben Reden erhalten hat, die während eines Gastmahls gehalten wurden. Auch der Berichterstatter kennt diese Reden jedoch nur vom Hörensagen. Weder der Rahmenerzähler noch sein Gewährsmann, aber auch keiner der sieben Redner kann, wie Neuhaus betont, einfach »als Sprachrohr des Autors« (ebd., S. 10) verstanden werden. Vielmehr dienen die einzelnen Positionen dazu, unterschiedliche Aspekte der Thematik zu erörtern. Der Leser muss also selbst eine Konjektur der einzelnen Gesichtspunkte veranstalten und seine Sicht der Dinge aus dem Wechselspiel der Blickwinkel und Standpunkte entwickeln.

Eine andere Form des multiperspektivischen Erzählens ist der dialogisch verfasste **Briefroman**, da der Rollentausch von Sender und Empfänger bzw. die Einbeziehung weiterer Korrespondenten stets einen Wechsel des ›point of view‹ erfordert. Selbst der monologische Briefroman umfasst nach Neuhaus insofern eine zeitlich bedingte Multiperspektivik, als sich die Welt- und Selbstwahrnehmung des Absenders von Brief zu Brief ändert (vgl. ebd., S. 42). Mit dem gleichen Recht kann man dann allerdings fast jede Ich-Erzählung als multiperspektivisch einstufen, weil sie neben der Differenzierung von erzählendem und erzählten Ich auch eine zeitliche Differenzierung der einzelnen Blickwinkel und Standpunkte erlaubt, die das erzählte Ich im Verlauf der Geschichte einnimmt.

Damit aber wird die analytische Brauchbarkeit der Unterscheidung von uni- und multiperspektivischem Erzählen zweifelhaft. Sinnvoll ist diese Unterscheidung offenbar nur, wenn sie nicht mit dem Prinzip der **Retrospektive** verquickt wird, wenn es also nicht um die unterschiedlichen Standpunkte einer Erzähler-Figur, sondern um die Blickwinkel verschiedener Figuren oder Erzähler geht. Ein anschauliches Beispiel dafür sind die vielen Detektivromane, die zur Hauptsache in der Er/Sie-Form verfasst sind, dabei jedoch eine Reihe von Zeugenaussagen in der Ich-Form enthalten, durch die das aufzuklärende Verbrechen in mehr als einer Perspektive erscheint. Der Leser und sein Double, der Detektiv, können diese Erzählausschnitte, falls es sich um ein klassisches Kriminal-Puzzle handelt, zu einem lückenlosen Tathergang zusammensetzen (vgl. ebd., S. 110).

Ein weiterer Unterschied ergibt sich je nachdem, ob die einzelnen Perspektivträger distanziert über das Geschehen berichten und ihre eigene Vermittlerrolle reflektieren, oder ob ihre Verstrickung in das Geschehen eine solche Haltung nicht erlaubt. Als weitere Variante des multiperspektvischen Erzählens führt Neuhaus den **Romanzyklus** auf, wie ihn die *Simplizianischen Schriften* von Grimmelshausen (1621–1676) repräsentieren. Hier werden in mehreren Büchern eine Reihe von Lebensgeschichten in der Ich- und in der Er/Sie-Form so miteinander verknüpft, dass einzelne Episoden aus komplementären Blickwinkeln beleuchtet werden.

Die **Tendenz zum multiperspektivischen Erzählen** hängt offenbar mit der zunehmenden Ausdifferenzierung der neuzeitlichen Gesellschaft und ihrer einzelnen Berufszweige, Erfahrungsfelder usw. zusammen. Diese Differenzierung führt einerseits zur Spezialisierung bestimmter Beobachter, und lässt es andererseits immer schwieriger und schließlich unmöglich werden, einen gemeinsamen Nenner für alle Erfahrungen zu finden. Der Romanschriftsteller, der diese Entwicklung darzustellen versucht, kann eigentlich gar nicht umhin, entweder multiperspektivisch oder so zu erzählen, dass der fragmentarische Charakter seiner uniperspektivischen Narration deutlich wird.

Festzuhalten ist als Zwischenbilanz jedenfalls, dass die idealtypischen Erzählsituationen und Vermittlungssysteme, auf die es Stanzel und die meisten seiner Kritiker abgesehen haben, in ihrer Zurückführung aller narrativen Möglichkeiten auf einige wenige Oppositionspaare dem poetischen Spektrum der narrativen Optik nicht gerecht werden, und dort, wo sie mit ontologischen Grenzziehungen einhergehen, eher Verwirrung als Klarheit stiften. Demgegenüber lässt sich der von Uspenskij aufgezeigte Facettenreichtum des ›point of view‹ sehr wohl mit den Ansätzen von Booth und Friedman verbinden, deren Konzepte genauso flexibel zu handhaben und gegebenenfalls zu erweitern sind wie die Erzählperspektive selbst. Eine ebenfalls bedenkenswerte Erweiterung stellt das Focus-Konzept dar, auf das sich vor allem narratologisch orientierte Romantheoretiker stützen.

7. Das Focus-Konzept

7.1 Pouillons Modell der narrativen Optik

Während die angloamerikanische und die im deutschen Sprachraum entstandene Erzählforschung das ›point of view‹-Konzept eng mit der unaufhebbaren Mittelbarkeit allen Erzählens verknüpft und die Auswirkungen der Erzählperspektive auf den Leser untersucht hat, sind viele im französischen Sprachraum lehrende Wissenschaftler stärker auf das Verhältnis zwischen dem Erzähler und den Figuren der Geschichte eingegangen. Einer der ersten, der aus diesem Forschungsansatz ein kohärentes Modell der narrativen Optik entwickelt hat, war Jean Pouillon. Von ihm stammt eine Klassifikation der Erzählperspektiven, die **drei Ausprägungen** kennt:

- Wenn der Erzähler auf einer Ebene mit den Figuren steht und nicht mehr sieht und weiß als sie, hat es der Leser mit einer **»vision avec«** zu tun, die der Formel »narrateur = personnage« entspricht. Diese Sicht kann entweder als Ich- oder als Er/Sie-Erzählung ausgeführt werden.
- Steht der Erzähler über der Welt, von der er im Prinzip alles weiß und berichten kann, so verfügt er über die **»vision par derrìere«**, die ihm auch einen umfassenden Einblick in die Innenwelt der Figuren eröffnet und der Formel »narrateur > personnage« entspricht.
- Taucht dagegen nur die Außenwelt im Blickfeld des Erzählers auf, gilt für ihn die Formel »narrateur < personnage«, die als **»vision du dehors«** bezeichnet wird (vgl. Pouillon 1946, S. 74, S. 85 u. S. 102).

Pouillons Klassifikation macht deutlich, dass man nicht unbedingt wie Stanzel eine ontische Grenze postulieren muss, um die unterschiedlichen Konstellationen, die sich aus dem Verhältnis eines Erzählers zur Figurenwelt ergeben, auseinander dividieren zu können. Nicht als ontologische, wohl aber als narratologische Systematisierung versteht denn auch Gérard Genette seine zwar nicht sehr eingängig formulierte, aber dennoch aufschlussreiche Differenzierung der narrativen Instanzen.

7.2 Die Instanzen der Erzählung bei Genette

- Als ›**heterodiegetisch**‹ bezeichnet Genette jede erzählerische Vermittlung durch eine narrative Instanz, die nicht zur erzählten Welt gehört.
- Gehört der Erzähler hingegen zum Figuren-Ensemble der erzählten Welt, hat es der Leser mit einer **homodiegetisch**en Narration zu tun.
- Fungiert der homodiegetische Erzähler nicht nur als Berichterstatter oder Statist, sondern als Protagonist der Geschichte, handelt es sich um eine ›**autodiegetische**‹ Form der Selbst- und Welt-Vermittlung.
- Sind verschiedene Geschichten ineinander verschachtelt, so kann man weiterhin eine **Unterscheidung zwischen extra- und intradiegetischen Erzählungen** treffen, je nachdem, ob mit dem Einschub auch eine andere narrative Instanz eingesetzt wird oder nicht.

Bedeutsamer als diese Differenzierung ist jedoch die Distinktion zwischen der narrativen Instanz und dem Fokus der Narration, den Genette unternimmt. Sie geht auf Cleanth Brooks und Robert Penn Warren zurück, die schon 1943 vorschlugen, die Frage, wer erzählt, von der Frage, welche Figur das Geschehen wahrnimmt, zu trennen.

Genette geht es beim Fokus um die **Grenzen des Blickfelds eines Erzählers.** Ist dieser allwissend, so gibt es prinzipiell keine Beschränkungen; lässt sich der Erzähler dagegen vom Olymp herab auf die beschränkte Sicht einer Figur ein, so schrumpft sein Blickfeld auf deren Gesichtskreis zusammen. Neben der Fokussierung der Narration auf eine Figur kann es natürlich auch den Wechsel zwischen verschiedenen subjektiven Perspektiven sowie jene quasi-objektive Beschränkung des Blickfelds geben, die an den Blickwinkel einer Kamera erinnert. Grundsätzlich muss der Standort des Erzählers also nicht mit dem Blickwinkel oder Fokus der Narration übereinstimmen. Wird in einer Erzählung nur die Außenwelt der Figuren angepeilt, spricht Genette von einer externen Fokalisierung; teilt der Leser den Einblick des Erzählers in die Innenwelt der Figuren, hat er es mit einer internen Fokalisierung zu tun, während die unfokalisierte Sicht an keinen bestimmten Blickwinkel gebunden ist (vgl. Genette 1994, S. 134 f.).

So wie Genette das Konzept der Fokalisierung versteht, besteht es nicht etwa darin, dass die Narration an eine Figur der Geschichte delegiert wird. Der Leser vernimmt nicht neben der Stimme des Erzählers auch noch die einer anderen literarischen Gestalt, er stellt sich höchstens mit dem Erzähler auf die spezifische Wahrnehmung eines beteiligten oder unbeteiligten Beobachters ein (vgl. Lanser 1981, S. 142). Genette selbst hat dies noch einmal ausdrücklich klar gestellt (vgl. Genette 1994, S. 241 f.), nachdem Mieke Bal sein Konzept der Fokalisierung aufgegriffen und so umformuliert hatte, dass bei einigen Kritikern der Eindruck entstanden war, die fokalisierende Figur habe in der Erzählung selbst ein Stimmrecht. Für beide jedoch, für Bal wie für Genette, gibt es lediglich fokalisierte oder nicht fokalisierende Narrationen. Wenn X erzählt, wie Y den Vorfall Z sieht, ist der Blickwinkel, von dem aus dieser Vorfall wahrgenommen wird, zwar der von Y, dargestellt wird seine Wahrnehmung aber allein von X.

7.3 Narrateur, Fokalisateur und Akteur

Das Focus-Konzept ist auch bei Mieke Bal integraler Bestandteil einer umfassenden Narratologie, die den **Erzählakt** im Anschluss an Genette als **Hervorbringung einer Äußerungsfolge** begreift, durch die wiederum eine bestimmte Ereignisfolge bezeichnet wird (vgl. Bal 1977, S. 4 f.). Da jedes Ereignis von Bal als Übergang von einem Zustand in einen anderen Zustand definiert wird, ist die Ereignisfolge an die Gesetze der Chronologie gebunden, die in der Narration beibehalten oder umgestellt werden kann. Neben der Ereignisfolge ist allerdings auch die Ereignisdauer und ihre Bindung an bestimmte Schauplätze und Umstände zu bedenken, so dass die chronologische Betrachtung des Geschehens durch eine topologische Betrachtung ergänzt werden muss.

Da es die Narratologie nun zum einen mit der chronologischen und topologischen Ordnung der Geschichte und zum anderen mit der Art und Weise ihrer erzählerischen Vermittlung zu tun hat, gilt Bals Aufmerksamkeit jenen Instanzen und Figuren, die als **Handelnde**, als **Wahrnehmende** oder als **Erzählende** in Erscheinung treten. Da Genette ihrer Meinung nach nicht hinreichend zwischen dem Subjekt und dem Objekt der Fokalisierung unterschieden hat, setzt Bal nicht nur den ›**narrateur**‹ vom ›**focalisateur**‹, sondern diese beiden auch noch vom ›**acteur**‹ der Geschichte ab. Das führt zu einer Matrix, in der sich ›to see‹ auf alle Vorgänge der Wahrnehmung, Empfindung oder Erkenntnis und ›to do‹ auf alle verbalen und non-verbalen Handlungen bezieht. Insgesamt ergeben sich so **fünf Möglichkeiten der Koordination** von Narration, Fokalisation und Aktion, nämlich:

1. *X relates that Y sees that Z does.* In diesem Fall ist der Narrateur weder mit dem Fokalisateur noch mit dem Akteur identisch.
2. *X relates that X' sees that Z does.* In diesem Fall ist der Narrateur zwar mit dem Fokalisateur, aber nicht mit dem Akteur identisch.
3. *X relates that X' sees that X" does.* In diesem Fall ist der Narrateur sowohl mit dem Fokalisateur als auch mit dem Akteur identisch.
4. *X relates that Y sees that Y" does.* In diesem Fall ist zwar der Akteur mit dem Fokalisateur, aber nicht mit dem Narrateur identisch.
5. *X relates that Y sees that X' does.* In diesem Fall ist der Narrateur zwar nicht mit dem Fokalisateur, aber mit dem Akteur identisch. (vgl. Bal 1981a, S. 45).

Wie man sieht, betrachtet Bal den Erzählakt als einen Vorgang, bei dem eine narrative Instanz berichtet, was ein Wahrnehmungssubjekt vor Augen hat. **Erzählungen** sind für sie **Wahrnehmungsberichte**, die sich auf Handlungen respektive Gegenstände, Sachverhalte und andere Objekte beziehen. Man kann gegen diese Konzeption einwenden, dass auch Erzählungen und Wahrnehmungen in gewisser Weise Handlungen sind, denn in der Tat kann man ja erzählen, wie jemand beim Wahrnehmen beobachtet wird oder wie sich ein Erzähler verhält. Dieser Vorbehalt ändert jedoch nichts an der Stichhaltigkeit der Unterscheidung von Narrateur, Fokalisateur und Akteur.

W. Bronzwaer hat wie Genette davor gewarnt, im Fokalisateur eine eigenständige pragmalinguistische Instanz zu sehen, wie sie der Erzähler darstellt (vgl. Bronzwaer 1981, S. 195). Bal hat darauf erwidert, sie habe nie behauptet, dass die Fokalisation eine unabhängige linguistische Tätigkeit sei (vgl. Bal 1981b, S. 206). Insofern bedurfte es auch nicht der Klarstellung von Pierre Vitoux, dass der Narrateur zwar seine Wahrnehmung, aber nicht die Vermittlung der Geschichte an eine Figur abtreten könne (vgl. Vitoux 1982, S. 360 f.). Es fragt sich jedoch, ob diese Klarstellung der Sachlage entspricht. Zu denken ist dabei weniger an die Ich-Erzählung, in der eine Figur zugleich als Narrateur und als Fokalisateur auftritt, denn auch das erzählte Ich stellt im Gegensatz zum erzählenden Ich ja keine narrative Instanz dar. Zu denken ist eher an das Phänomen der **Stimmeninterferenz**, bei dem sich die Ausdrucksweise des Erzählers und die Redensart einer Figur überlagern. Der narrative Diskurs weist dann nämlich einen doppelten Akzent auf, weil er einerseits die Werthaltung und die Stimmführung des Erzählers, andererseits aber auch die An- und Einsichten der Figur in einem ihrem Denkstil angepassten Sprachgestus vermittelt. In solchen Fällen ist durchaus nicht immer eindeutig auszumachen, wessen Stimme den Ton der Erzählung bestimmt.

Hilfreich ist das Focus-Konzept, um die beiden im ›point of view‹ zusammengefassten Aspekte des Erzählerstandorts und des Blickwinkels auseinanderzuhalten. Man kann dabei ganz im Sinne der ursprünglichen Distinktion von Brooks und Warren **›narrator-focalizer‹** und **›character-focalizer‹** unterscheiden, wenn man bedenkt, dass die einen nur als Subjekt der Erzählung, die anderen in der Ich-Erzählung sowohl als Subjekt wie auch als Objekt der Narration in Erscheinung treten können.

Attraktiv ist das Focus-Konzept nicht zuletzt deswegen, weil es sich mit Friedmans Stufenskala vereinbaren lässt, die ihrerseits mit Booths rhetorischem Ansatz und seiner Unterscheidung von dramatisierten und nicht dramatisierten Erzählern kompatibel ist. Ergänzt oder neu formuliert worden ist diese Unterscheidung von Seymour Chatman, der den **Gegensatz zwischen verborgenen (›covert‹) und nichtverborgenen (›overt‹) Erzählern** hervorgehoben hat. Bei den verborgenen Erzählern meint der Leser zwar eine Stimme zu vernehmen, die ihm Bericht erstattet, er kann diese Stimme anders als bei den nicht-verborgenen Erzählern jedoch keiner bestimmten Instanz oder Person zuordnen (vgl. Chatman 1978, S. 197).

In einem anderen Zusammenhang hat Chatman eine Modifikation des Focus-Konzepts vorgeschlagen, indem er die Attitüde des Erzählers als ›slant‹ (= Einstellung) und die weiter gefasste mentale Verfassung des Charakters, die das Welt- und Selbstbild der Figur prägt, als ›filter‹ bezeichnet.

> »What I like about the term ›filter‹ is that it catches the nuance of the choice made by the implied author about which among the character's imaginable experiences would best enhance the narration – which areas of the story world the implied author wants to illuminate and which to keep obscure. This is a nuance missed by ›point of view‹, ›focalization‹ and other metaphors.« (Chatman 1991, S. 144).

Zwei Aspekte sind hier zu betonen: Zum einen koppelt Chatman den Bewusstseins-Filter an die imaginäre Vermittlungsinstanz des impliziten Autors, folgt in dieser Hinsicht also der Argumentation von Henry James und Wayne C. Booth, was zu einer ganz anderen Relation führt, als sie die Koordination zwischen der narrativen Stimme des Erzählers und den drei Varianten der Fokalisation darstellt. Zum anderen erinnert er die Leser daran, dass Filter auch dazu dienen können, bestimmte Dinge auszublenden oder zu verschleiern. Gerade im Hinblick auf die filmische

Narration, die ja ohne die Stimme eines Erzählers auskommt und selbst in den Fällen, in denen eine ›voice over‹ zu hören ist, nicht auf diese Vermittlungsinstanz reduziert werden kann, lässt sich das überaus nuancierte Wechselspiel von subjektiver und objektiver Einstellung, von Bildausschnitt, Kamerafahrt und Ausleuchtung, Tonspur usw. im Ergebnis zwar als Fokalisation beschreiben, mit der Begriffstrias von ›slant‹, ›filter‹ und ›shifting view point‹ aber womöglich gerade in seiner Dynamik präziser fassen (vgl. Brannigan 1984; Bordwell 1985).

8. Die narrative Stimme

8.1 Das Problem der Tempus-Paradoxien

Umso intensiver sich die Wissenschaftler mit den diversen Spielarten der fokalisierten Erzählung auseinandergesetzt haben, desto deutlicher trat auch unter diesem Gesichtspunkt die **Mittelbarkeit allen Erzählens** bzw. die Unhintergehbarkeit der narrativen Stimme im literarischen Text hervor. Ein wesentlicher Unterschied von Roman und Spielfilm ergibt sich unter dieser Voraussetzung daraus, dass es zwar auch im Kino um eine erzählerische Vermittlung geht, dafür aber keineswegs unbedingt eine narrative Stimme (z. B. als ›voice over‹) bemüht werden muss. Theoretisch bedeutsam ist die Mittelbarkeit allen Erzählens darüber hinaus, weil es das Problem der Tempus-Paradoxien lösen hilft, das eng mit dem ›point of view‹ verbunden ist.

Auffällig ist zunächst, dass es in fiktionalen Texten Satzgebilde geben kann, die Verben in der Vergangenheitsform mit Adverbien wie »bald« oder »morgen« verbinden, die sich auf die Zukunft beziehen. Wolfgang Kayser hat diese merkwürdigen Konstruktionen recht einleuchtend damit erklärt, dass der betreffende Vorgang zugleich vom Standpunkt der erzählten Zeit und von jenem Zeitpunkt aus geschildert wird, an dem die Erzählung stattfindet. Sein Beispiel lautet: »Morgen ging der Zug.« Dazu führt Kayser aus:

> »Der Sprechende lebt in zwei Zeitordnungen, in der seiner Gestalten, und da liegt die Abfahrt voraus; und er lebt irgendwo weit voraus in seiner Erzählgegenwart, und von daher ist alles vergangen.« (Kayser 1965, S. 211 f.).

Auch Franz K. Stanzel führt den Umstand, dass sich die Leser von Romanen in solchen und anderen Satzgebilden zumeist mühelos zurechtfinden, darauf zurück, dass sie sich nicht nur an die einzelnen Verbformen, sondern auch an die Erzählsituation halten, von der aus betrachtet selbst die Zukunft der Figuren in der Vergangenheit liegt, die erzählerisch vergegenwärtigt wird (vgl. Stanzel 1965, S. 324).

Stanzel und Kayser widerlegen mit ihren Ausführungen Käte Hamburgers *Logik der Dichtung*, derzufolge **das epische Präteritum** im fiktionalen Text »seine grammatische Fähigkeit, das Vergangene zu bezeichnen, verliert« (Hamburger 1980, S. 65). Das epische Präteritum ist zwar auf die Erzählsituation und die erzählte Situation hin zu relativieren, es ist jedoch keineswegs atemporal und daher auch nicht per se ein Fiktionssignal, wie Hamburger meinte (vgl. ebd., S. 273).

Tatsächlich finden sich auch in non-fiktionalen Texten Tempus-Paradoxien. Es lassen sich sogar alltägliche Gesprächssituationen denken, in denen Sätze wie »Schon am nächsten Tag fand die Bescherung statt« vorkommen können: Wenn sich zwei Menschen am Silvesterabend über reale Vorgänge unterhalten, die genau eine Woche zurückliegen, könnte zum Beispiel der eine zum anderen sagen: »Ich bin erst an Heilig Abend dazu gekommen, Geschenke zu kaufen. Das war ganz schön knapp, denn *schon am nächsten Tag fand die Bescherung statt.*« Das Argument, dass die Verbindung zwischen einem in der Vergangenheitsform stehenden Verb und einer adverbialen Konstruktion, die sich auf die Zukunft bezieht, ein Fiktionssignal sei, hält einer eingehenden Betrachtung somit ebenso wenig stand, wie die Behauptung, das epische Präteritum sei atemporal.

8.2 Hybride Erzählperspektiven

Man kann sich den Satz »Schon morgen war die Bescherung« und seine Temporalität auch mit Hilfe der Unterscheidung von Erzähler- und Figurenperspektive verständlich machen: »›Morgen‹ wird vom Standpunkt der erzählten Sache (des Handelnden) gesprochen: für ihn ist es morgen. Das Vergangenheitsmorphem in ›war‹ gelangt durch den Standort des Erzählers in den Text. Für ihn liegt das Erzählte in der Vergangenheit, denn er berichtet es.« (Leibfried 1973, S. 249).

Die perspektivische Erklärung verdient Beachtung, weil sie zwei wichtige Punkte der Erzählkunst betrifft: die Unmöglichkeit, von der Vermittlung einer Erzählinstanz abzusehen, und die **Notwendigkeit, zwischen dem Standort des Erzählers und dem Blickwinkel der Darstellung zu unterscheiden**, der entweder der des Erzählers oder der einer Figur sein kann, die nicht selbst erzählt. In dem Beispiel »Morgen ging der Zug«, in dem die Verbform dem retrospektiven Standort des Erzählers und das Adverb dem prospektiven Blickwinkel der Figur(en) entspricht, liegt also eine besondere Form der hybriden Konstruktion vor, die gleichzeitig zwei temporale Positionen zum Ausdruck bringt: die der Figur und die des Erzählers.

Die narrative Stimme bringt also eine **doppelte Optik** ins Spiel, deren Pointe darin besteht, dass man die adverbiale Bestimmung der Figurensicht nur nachvollziehen kann, wenn man sich auf die Zeit der Erzählsituation bzw. der Narration einstellt. Man kann dann mit Paul Ricœur sagen, »daß das Präteritum seine grammatische Form und seine Vorzugsstellung bewahrt, weil die Gegenwart der Narration für den Leser nach der erzählten Geschichte kommt« (Ricœur 1991, S. 167 f.), die im Fokus der hybriden Erzählperspektive steht.

9. Zusammenfassung

Nachdem sich Stendhal und Balzac, Flaubert und Henry James in ihren poetologischen Reflexionen immer wieder mit den Problemen der narrativen Optik beschäftigt hatten, wurde der ›point of view‹ von der Romantheorie und Erzählforschung zum Dreh- und Angelpunkt der epischen Situation erklärt. Stärker als ihre rhetorischen und ideologischen Implikationen wurden dabei die technologischen Aspekte der Erzählperspektive diskutiert, weil es die Wissenschaftler zumeist auf typische Vermittlungssituationen abgesehen hatten. Allerdings hat vor allem die Kontroverse um Franz K. Stanzels *Theorie des Erzählens* gezeigt, dass die Zusammenfassung heterogener Analysekategorien nicht nur zu terminologischen Schwierigkeiten, sondern häufig auch zu einer reduktionistischen Sicht der darstellerischen Möglichkeiten führt, die ja eigentlich erst in der Vorstellung des Lesers »optische Eindrücke« erzeugen. Auch seine Ableitung aus der »ut pictura poiesis«-Tradition macht deutlich, dass der ›Begriff‹ der Erzählperspektive auf einer Metapher beruht.

Spezifiziert werden kann der ›point of view‹ durch das Focus-Konzept, das die perspektivische Mimesis des Interpreten an die Instanzen von Narrateur, Fokalisateur und Akteur bindet. Wie notwendig es ist, das prismatische Spiel der Erzähler auf die Brechungswinkel der einzelnen Beobachter, Bewusstseinsfilter usw. zu relativieren, und wie unerschöpflich die Möglichkeiten sind, die Aufmerksamkeit der Leser dadurch zu vexieren oder sie bei ihrer perspektivische Mimesis zu düpieren, mag abschließend das folgende Zitat aus Leo Perutz' Novellenroman *Nachts unter der steinernen Brücke* (1953) verdeutlichen, das gleichsam die vorweggenommene Parodie von Mieke Bals Unterscheidung zwischen Narrateur, Fokalisateur und Akteur darstellt. Es lautet: »Ich geb' nichts drauf, was fremde Leut' daherreden. Ein Tauber hat gehört, wie ein Stummer erzählt hat, dass ein Blinder gesehen hat, wie der Lahme auf dem Seil tanzte.«

IV. Untersuchungsansätze der Erzählforschung

1. Der formalistische Ansatz

1.1 Allgemeine Grundlagen der Linguistik

Wenn es überhaupt einen gemeinsamen Nenner für die diversen Ansätze der Erzählforschung gibt, die im Folgenden referiert werden, so scheint es ihre Beeinflussung durch den »**linguistic turn**« (R. Rorty) der modernen Literaturwissenschaft zu sein. Zwar haben sich die Morphologen und Phänomenologen nicht in demselben Maße wie die Strukturalisten auf die allgemeinen Grundlagen der Sprachwissenschaft berufen, die **Ferdinand de Saussure** (1857–1913) entwickelt hatte, aber die Weiterentwicklung ihrer Arbeiten ist ebenso wie das narratologische Konzept einer universalen Erzähl-Grammatik, das dem Strukturalismus wesentliche Impulse verdankt, ohne diese Grundlagen kaum denkbar. Erst recht gilt dies für den dialogischen, den pragmatischen und den semiologischen Ansatz der Erzählforschung, die de Saussures Modell der Linguistik erweitern. Daher beginnt dieser Überblick mit einer knappen Zusammenfassung des *Cours de linguistique générale*, dessen erste Nutznießer die Formalisten waren.

Ferdinand de Saussure erkannte, dass man die **Sprache** entweder in ihrem **historisch**en Wandel betrachten oder unter **systematisch**en Gesichtspunkten untersuchen kann, wie sie sich zu einem bestimmten Zeitpunkt ihrer Entwicklung darstellt. Dem Sprachwandel entspricht die **diachrone**, der Momentaufnahme die **synchrone Betrachtungsweise**. Hier geht es um die Beziehungen zwischen gleichzeitigen Erscheinungen, dort um ihre Geschichte (vgl. Saussure 1967, S. 119). Die synchrone Betrachtung führte de Saussure zu der Erkenntnis, »daß es in der Sprache nur Verschiedenheiten gibt. [...] Was ein Zeichen an Vorstellung oder Lautmaterial enthält, ist weniger wichtig als das, was in Gestalt der anderen Zeichen um dieses herum gelagert ist« (ebd., S. 143 f.). Mit anderen Worten: Der Wert eines Zeichens ergibt sich aus seiner Unterscheidung von den anderen Zeichen, denen gegenüber es selbst wiederum als Unterschied auftritt.

In seiner Eigenschaft als ein **System von Differenzen** weist die Sprache nun zwei Formen der Anordnung auf, die de Saussures Nachfolger ›**Syntagma**‹ und ›**Paradigma**‹ genannt haben: einerseits werden die Zeichen in der mündlichen oder schriftlichen Rede aneinandergereiht, wodurch sich Sätze, Absätze und andere syntagmatische Einheiten ergeben; andererseits werden die Zeichen im Gedächtnis derjenigen, die sie senden oder empfangen mit anderen Zeichen assoziiert, die gemeinsam ein Paradigma bilden. Man kann auch von einer **Ordnung des Nacheinander** und von einer **Ordnung des Statteinander** sprechen und diesen Gegensatz für die Literaturwissenschaft fruchtbar machen:

Wenn man zum Beispiel die Gattung der Detektivgeschichte betrachtet, so lässt sich ihr Erzählgerüst einmal syntagmatisch und einmal paradigmatisch beschreiben. In aller Regel beginnt eine Detektivgeschichte mit der Entdeckung eines Verbrechens, dem erst die Ermittlung des Tathergangs und dann die Überführung des Täters folgt; erzählt wird das alles zumeist von einem Freund oder Gehilfen dessen, der das Rätsel löst. Innerhalb dieser syntagmatischen Anordnung der einzelnen Erzählabschnitte kann die Rolle des Ermittlers von verschiedenen Figuren (Auguste Dupin, Sherlock Holmes, Father Brown, Hercule Poirot usw.) übernommen werden, die gemeinsam das klassische Paradigma des Detektivs bilden. Und so, wie man die Elemente dieses Paradigmas trotz ihrer Ähnlichkeit anhand gewisser Unterschiede charakterisieren kann, lässt sich auch das idealtypische Syntagma der Detektivgeschichte von dem des Kriminalromans abheben, in dem nicht die Aufklärung, sondern die Vorbereitung und Durchführung eines Verbrechens aus der Sicht des Täters oder des Opfers geschildert werden (vgl. Alewyn 1971).

Selbstverständlich sind die realen Verhältnisse wesentlich komplizierter, aber wie bei allen Gattungsmustern nimmt man auch in diesem Fall aus Gründen der Übersichtlichkeit eine gewisse Reduktion der literarischen Komplexität in Kauf. Hat man sich mittels der syntagmatischen und paradigmatischen Analyse eine grobe Orientierung über das Gebiet der Verbrechensliteratur verschafft, kann man sie in weitere Subgenres auffächern und für die Untersuchung der einzelnen Texte genauer differenzieren. Insgesamt erscheinen die Gattungen der Detektivgeschichte und des Kriminalromans jedoch als Zeichensysteme mit einer je eigenen Semantik und Grammatik. Der einzelne **Text** stellt in diesem Sinne **eine sprachliche Äußerung** dar, die dadurch entsteht, dass der Verfasser aus dem Lexikon der Gattung bestimmte Elemente auswählt (Selektion) und regelgerecht zu einer mehr oder weniger originellen Geschichte zusammenfügt (Kombination). Verbindet man diese synchrone Betrachtung mit der diachronischen Perspektive, so lässt sich die Genreentwicklung als fortlaufende Auswechslung, Ergänzung oder Umstellung dieser Elemente begreifen.

Zu bedenken ist freilich, dass sowohl der einzelne Text als auch die **Entwicklungsreihe in literarischen und außerliterarischen Kontexten** stehen, dass also das gesamte System der sich entwickelnden Verbrechensliteratur im Zusammenhang mit einer sich ebenfalls entwickelnden Umwelt zu sehen ist. Berücksichtigt man den Prozesscharakter der Interaktion von System und Umwelt, wird klar, dass die Karriere des Detektivs eng mit der Wissenschaftsgeschichte verbunden ist; umgekehrt muss die Krise der aufklärerischen Vernunft Auswirkungen auf die Gattung haben. Der historische **Wandel der Gattung** wird durch diese Krise zwar nicht im Detail determiniert, aber eben doch in dem Sinne reguliert, dass der klassische »puzzle«-Roman, in dem ein »mastermind« alle Indizien zu einem schlüssigen Gesamtbild vereint, heutzutage anachronistisch und unrealistisch wirkt.

Es ist daher nicht richtig, wie Fredric Jameson zu behaupten, dass man die diachrone und die synchrone Sicht der Dinge nicht mehr miteinander verbinden könne, wenn man sie erst einmal von einander getrennt hat (vgl. Jameson 1972, S. 18). Richtig ist allerdings, dass ihre Unterscheidung insofern den eigentlichen Gründungsakt der Linguistik darstellt, als de Saussures Beschreibung des sprachlichen Systems nur eingeschränkte Gültigkeit besitzt und gewisser Ergänzungen bedarf, wenn man neben der Infrastruktur des Systems auch verstehen will, wie es die geschichtliche Welt des Menschen modelliert. Da de Saussure diese für die Beschäftigung mit Sprachkunstwerken entscheidende Frage aus methodischen Gründen nicht berücksichtigt hat, kann man sie mit Hilfe seiner Linguistik auch nicht beantworten. Der **Zusammenhang von Welt und Sprache** ist ein metalinguistisches Problem; seine Lösung verlangt neben der Beschäftigung mit den syntagmatischen und paradigmatischen Achsen der Sprache auch eine Theorie der Bezugnahme.

De Saussure selbst war sich über die Ergänzungsbedürftigkeit seiner Linguistik vollkommen im Klaren. Sie war für ihn nur ein Teil jener umfassenden Wissenschaft vom Leben der Zeichen im Rahmen des sozialen Lebens, die er Semeologie nannte (vgl. de Saussure 1967, S. 19). Es hatte also im Wesentlichen ökonomische Gründe, dass sich de Saussure zunächst nur mit der Beziehung zwischen dem Laut und dem Vorstellungsbild, das er wecken oder ausdrücken soll, nicht jedoch mit der vorstellungsmäßigen Gestaltung der Welt und ihrer sprachlichen Darstellung, also mit der weltbildnerischen Funktion der Zeichen, beschäftigt hat. Gleichwohl macht es Sinn, sich auf seine eingeschränkte Sicht der Dinge einzulassen, da die **Metalinguistik** auf seiner Linguistik aufbauen kann – über die reine Sprachwissenschaft jedoch hinaus geht, indem sie mündliche und schriftliche Äußerungen in den Kontext von Gesellschaft und Geschichte stellt.

Eine der grundlegenden Unterscheidungen von de Saussure betrifft das Verhältnis der einzelnen Worte, die im Rahmen einer konkreten Rede geäußert werden – de Saussure nennt sie **›parole‹** – zu dem linguistischen System, das de Saussure als abstraktes Regelwerk begriffen und **›langue‹** genannt hat (vgl. ebd., S. 10 u. S. 17). Jede Äußerung aktualisiert das Potential der ›langue‹, jede ›parole‹ ist ein Akt. Das linguistische System wird durch sprachliche Aktionen geformt, die unter Umständen zwar gegen seine Grammatik verstoßen und auch seine Lexik verändern können, bestimmt mit seinen Regeln aber für gewöhnlich den sozialen Redeverkehr. »Die Sprache ist erforderlich, damit das Sprechen verständlich sei und seinen Zweck erfülle. Das Sprechen aber ist erforderlich, damit die Sprache sich bildet«, heißt es daher in den *Grundfragen der allgemeinen Sprachwissenschaft* (ebd., S. 22).

Darüber hinaus vertritt de Saussure die Auffassung, dass die **Verbindung von Laut und Vorstellungsbild im Prinzip willkürlich** oder arbiträr sei. Dass ›Brot‹ im Französischen ›pain‹ und im Englischen ›bread‹ heiße, dass also ein und derselbe Gegenstand der Vorstellung nicht immer mit dem gleichen Wort bezeichnet wird, lässt sich so erklären. Hat sich eine Sprachgemeinschaft jedoch erst einmal auf eine bestimmte Bezeichnung verständigt, kann man sie nicht mehr willkürlich ändern. Das Verhältnis des Bezeichnenden zum Bezeichneten stellt dann eine soziale Konvention, eine gesellschaftliche Übereinkunft, dar, deren Missachtung zu Missverständnissen führen muss (vgl. ebd., S. 79).

Inzwischen weiß man, dass nicht alle, sondern nur die sogenannten symbolischen Zeichen arbiträre Vereinbarungen sind. Neben ihnen gibt es aber auch noch ikonische und indexikalische Zeichen. Die ikonischen Zeichen, zu denen u. a. die so genannten Wortgemälde (Onomatopoeitika) gehören, sind, wie das Wort ›Kuckuck‹, durch eine gewisse Ähnlichkeit von Laut und Vorstellungsbild motiviert, die selbst dort noch durchscheint, wo die Lautschrift zu gewissen Differenzierungen von

Ausdruck und Bedeutung führt (vgl. das französische ›coucou‹ und das englische ›cuckoo‹). Die indexikalischen Zeichen beruhen auf dem Zusammenhang von Ursache und Wirkung; Beispiele dafür wären etwa Schmerzlaute wie ›Au‹ oder Gebilde wie der Wetterhahn, der sich stets mit dem Wind dreht und dadurch dessen Richtung anzeigt.

Zweifellos haben die allermeisten sprachlichen Zeichen, die ein Wörterbuch auflistet, symbolischen Charakter. Man muss aber sehen, dass ihre Arbitrarität auch dadurch eingeschränkt wird, dass sie nicht beliebig miteinander kombiniert werden können, da ihre **Auswahl und Verknüpfung zu relationalen Gebilden** führt, die ihrerseits keineswegs willkürlich, sondern durch den Wunsch des Sprechers motiviert sind, sich und anderen ein Bild von den Sachverhalten zu machen, auf die er sich mittels der einzelnen Symbole bezieht. Der Text, der so entsteht, weist also nicht nur eine bestimmte Textur auf, er konfiguriert die Gegenstände der Vorstellung und veranschaulicht die entsprechenden Sachverhalte auf eine ganz bestimmte Weise. In diesem Sinne erweisen sich Texte oder Diskurse als **Schaubilder** (Diagramme); folgerichtig gelten sie als diagrammatische Zeichenkonfigurationen. Allerdings steht jede Veranschaulichung dieser Art vor dem Hintergrund alternativer Darstellungen, das ändert aber grundsätzlich nichts an der weltbildnerischen Funktion der Sprache, die sich aus der spezifischen Anordnung der einzelnen Zeichen zu einem Text ergibt. Auch wenn die Zuordnung von Wortlaut und Vorstellungsbild, rein linguistisch betrachtet, unmotiviert erscheint, die Wortfolge setzt diese einzelnen Bilder also zu einem komplexen und keineswegs willkürlichen Zeichen zusammen, das als Anschauungsschema oder auch als **Weltmodell** bezeichnet werden kann.

Einzuschränken ist auch die Abwertung der schriftlichen gegenüber der mündlichen Sprache, die de Saussure in seinen *Cours de linguistique générale* vorgenommen hatte. Sprache und Schrift waren für ihn zwei verschiedene Zeichensysteme; »das letztere besteht nur zu dem Zweck, um das erstere darzustellen« (ebd., S. 28), das den eigentlichen Gegenstand der Sprachwissenschaft bildet. Gemäß dieser Vorstellung verhält sich die **Schrift** zur Sprache wie die Kopie zum Original. Wollte man an der Kopie die Eigenarten der Sprache studieren, wäre dies, de Saussure zufolge, so, »als ob man glaubte, um jemanden zu kennen, sei es besser, seine Photographie als sein Gesicht anzusehen« (ebd.). Die Schrift verschleiere die Entwicklung der Sprache, befand de Saussure, sie sei »nicht deren Einkleidung, sondern ihre Verkleidung« (ebd., S. 35).

1.2 Erforschung der poetischen Sprache

Ferdinand de Saussure starb 1913. Als seine Vorlesungen, von denen lediglich Mitschriften existieren, 1916 gedruckt und der Nachwelt in dieser doppelten »Verkleidung« überliefert wurden, meinten viele Sprach- und Literaturwissenschaftler mit den *Cours de linguistique générale* ein Begriffsinstrumentarium in den Händen zu halten, das frei von weltanschaulichen Obertönen eine vorurteilsfreie Untersuchung sowohl der alltäglichen als auch der künstlerischen Rede gestatten würde. Von epochaler Bedeutung waren dabei der 1915 in Moskau gegründete ›Linguistenkreis‹

und die ein Jahr später in Petersburg konstituierte ›Gesellschaft zur Erforschung der poetischen Sprache‹ (Opojaz), deren Mitglieder von ihren Gegnern schon bald als Formalisten bezeichnet wurden, weil sie sich weniger mit dem Inhalt oder dem Bedeutungsgehalt der Dichtung als mit den Verfahren der phonetischen Distinktion, der Sujetführung, der Verfremdung und der literarischen Reihenbildung beschäftigten.

Anknüpfen konnten die Formalisten auch an das Werk von Aleksandr Potebnja (1835–1891), der die **Dichtung** bereits als eine **Redeweise sui generis** bezeichnet und damit die Idee vorbereitet hatte, Sprachkunstwerke nicht nur als linguistische Phänomene, sondern als autonome Gebilde zu betrachten. Die Formalisten führten diese Idee aus, und einige von ihnen spitzten sie zu der These zu, dass die **Poesie eine eigene Sprache**, also nicht nur eine spezifische Form der ›parole‹, sondern eine selbständige ›langue‹ sei. Diese These wurde später von den Strukturalisten in Prag und Paris aufgegriffen, obwohl sie schon in Russland zwei Gegenthesen hervorgerufen hatte. Die eine stammte von den orthodoxen Kommunisten, die in der formalistischen Ästhetik eine unzulässige Abkehr von jener ideologischen Bestimmung der Kunst sahen, die sich auf Hegel, Marx und Engels sowie Lenin und Trotzki berief. Der andere Einwand stammte aus dem sogenannten Bachtin-Kreis, dessen Mitglieder entweder gar keiner Partei angehörten oder innerhalb der kommunistischen Partei als Abweichler galten. Sie kritisierten an der Linguistik von de Saussure und an der formalen Methode, dass diese Ansätze weder die gesellschaftliche Bedeutung und Wirkungsweise der Sprache noch die Eigenart und den Eigenwert der Erzählkunst erfassen könnten.

Man muss jedoch zunächst einmal sehen, dass sich die formale Methode ihrerseits gegen die voreilige Gleichsetzung der Bedeutung von Kunstwerken mit der Gesinnung ihrer Urheber richtete, die stets eine Gefahr der biographischen Literaturinterpretation war. Um die Kunstwerke von einer solchen Betrachtung zu befreien, forderten die Formalisten eine **Untersuchung der poetischen Verfahren**, als deren Summe das Sprachkunstwerk ihrer Meinung nach anzusehen war.

Dazu machten die Formalisten – allen voran Roman Jakobson (1896–1992), Viktor Šklovskij (1893–1984), Boris Eichenbaum (1886–1959), Jurij Tynjanov (1894–1943) und Boris Tomaševskij (1890–1957) – einen metaphorischen Gebrauch von de Saussures Begriffsinstrumentarium (vgl. Jameson 1972, S. VIII): »Ausgangspunkt ihrer Lehre von der prinzipiellen Andersartigkeit eines Elements im alltagssprachlichen und im literarischen Bereich ist die These de Saussures von der Beliebigkeit des Zeichens« (Strohmair 1977, S. 12), deren Relativität bereits dargelegt wurde. Für die formalistische Theorie, die davon ausging, dass die Zuordnung von Bezeichnendem und Bezeichnetem in der Dichtung stets motiviert sei, folgt daraus, dass die These von der Arbitrarität des Zeichens keine ausreichende Grundlage bietet, um die Poesie kategorial von der prosaischen Rede der Alltagssprache abzugrenzen.

Nichtsdestotrotz hat die Annahme der Formalisten, dass Kunstwerke Dinge sind, »die mit Hilfe besonderer Kunstgriffe geschaffen werden« (Šklovskij 1984, S. 9), und dass diese Kunstgriffe dazu dienen, die alltägliche, gewohnheitsmäßig abgestumpfte **Wahrnehmung** des Menschen zu **desautomatisieren**, einiges für sich.

> »Das Ziel der Kunst ist es, uns ein Empfinden für das Ding zu geben, ein Empfinden, das Sehen und nicht Wiedererkennen ist. Dabei benutzt die Kunst zwei Kunstgriffe: die Verfremdung der Dinge, und die Komplizierung der Form, um die Wahrnehmung zu erschweren und ihre Dauer zu verlängern.« (ebd., S. 13).

Šklovskij und andere Formalisten gingen also davon aus, dass gewohnheitsmäßige Handlungen zu automatischen und automatisierte Wahrnehmungen zu blinden Flecken führen (vgl. ebd., S. 11). Aber auch die Kunstgriffe können abgenutzt und dann nur noch parodistisch verwendet werden (vgl. ebd., S. 45). Infolge dessen müssen sich auch die künstlerischen **Verfahren der Verfremdung, der Erschwerung und der Verlängerung der Wahrnehmung** laufend ändern. Sie sind nicht nur auf die stumpf gewordenen Dinge der gegenwärtigen Lebenswelt, sondern auch auf die funktionslos gewordenen Kunstgriffe der Vergangenheit bezogen. Daraus folgt für die Betrachtung der Kunst: »ein Kunstwerk wird vor dem Hintergrund anderer Kunstwerke und im Zusammenhang mit ihnen wahrgenommen« (ebd., S. 31), es steht in einer diachronen Reihe und in einem synchronen Feld.

Kunst- und Literaturgeschichte zu betreiben, heißt daher vor allem, bestimmte Wahrnehmungsreihen und -felder miteinander zu vergleichen. Im Mittelpunkt der Betrachtung stehen dabei die Anschauungsformen, die den eigentlichen Gehalt der Kunstwerke bilden und den Inhalt, so gesehen, nur brauchen, um an irgendeinem mehr oder weniger beliebigen Material sinnfällig vorgeführt werden zu können. In einem Erzähltext ist die Handlung demnach nicht so wichtig wie die Art und Weise ihrer Behandlung durch den Erzähler.

Jameson hat bemerkt, dass die **Verfremdung oder Defamiliarisierung**, wie sie auch zuweilen genannt wird, im Formalismus eine doppelte Funktion erfüllt: zum einen unterscheidet der verfremdende Sprachgebrauch die poetische Rede insgesamt vom alltäglichen Sprechen, zum anderen schafft sie innerhalb der Literatur eine Binnendifferenzierung, da das Ausmaß der Verfremdung von Text zu Text verschieden sein kann. Diese Binnendifferenzierung wiederum kann sowohl unter dem Gesichtspunkt der Diachronie als auch unter dem Gesichtspunkt der Synchronie betrachtet werden (vgl. Jameson 1972, S. 52).

Jameson kritisiert am Verfremdungskonzept, dass es seiner Idee nach ein lyrisches Verfahren sei und relativ wenig Aufschluss über die Machart vor allem umfangreicher Erzählwerke liefern könnte. Zwar gäbe es, wie Šklovskijs Tolstoij-Studien zeigen, auch in Prosatexten zahlreiche Passagen, in denen das Verfahren der poetischen Defamiliarisierung auf einzelne Wörter oder Ausdrücke angewandt werde, die narrativen Eigenarten des Romans würden damit jedoch nicht erfasst (vgl. ebd., S. 70 f.).

Ein weiterer entscheidender Mangel von Šklovskijs Ansatz besteht darin, dass man mit seiner Hilfe kaum bestimmen kann, was einen Prosaroman überhaupt zum Kunstwerk macht. Indem man die poetische Stilisierung der Sprache untersucht, kommt man dem Roman, der ja gerade auf die alltäglichen Erscheinungsformen der Sprache abstellt, nicht bei. Dieser Einwand, der seinerzeit vor allem von Michail M. Bachtin erhoben wurde, richtet sich auch gegen die Vorstellung, dass es in der alltäglichen Rede eigentlich überhaupt keine künstlerisch bemerkenswerten Verfahren geben kann, wenn sie den Gegenpol zum poetischen Sprechen darstellt.

Es ist jedoch offensichtlich, dass auch die prosaische Rede von Stilfiguren und Redensarten durchsetzt ist und viele Verfahren – etwa die Metapher oder die Metonymie – mit der Sprachkunst teilt.

Es ist daher nur folgerichtig, dass die formalistische **Dichotomie von Alltagssprache und Sprachkunst**, von prosaischer und poetischer Rede inzwischen von vielen Wissenschaftlern als irreführend angesehen wird. Stellvertretend sei hier die Kritik von Mary L. Pratt erwähnt. Auch sie weist darauf hin, dass es zwischen literarischen und nicht-literarischen Äußerungen mehr Gemeinsamkeiten als Unterschiede gibt (vgl. Pratt 1977, S. 16 f.). Für den formalistischen Trugschluss, dass es eine eigene poetische Sprache gäbe, macht sie de Saussure verantwortlich: Seine Linguistik habe Šklovskij und andere dazu verführt, Sprachkunstwerke nicht als komplexe Äußerungen (›paroles‹), sondern als Beiträge zur Schaffung eines selbständigen Systems (›langue‹) zu betrachten. Diese Sicht hing natürlich auch mit dem Wunsch zusammen, der **Kunst** eine **autonom**e Stellung in der Gesellschaft zu verschaffen (vgl. ebd., S. 17 f.). Es fragt sich jedoch, ob nicht gerade die angebliche Sonderstellung der Kunst der von den Formalisten behaupteten Rückkopplung zwischen den Kunstgriffen und der Alltagswahrnehmung zuwiderläuft. Welche Relevanz soll eine Rede, die sich radikal vom Alltagsdiskurs unterscheidet, für diesen Diskurs haben? Im Übrigen ergibt sich aus dem formalistischen Ansatz auch für Pratt die überflüssige Schwierigkeit, poetische Vorkommnisse außerhalb der Literatur erklären zu müssen (vgl. ebd., S. 32 ff.).

Ein weiteres Problem stellt die kompositorische Komplexität des Romans dar, den Šklovskij bezeichnenderweise als Fortführung der Novellensammlung, ihrer Einbettung in einen Erzählrahmen und dessen Erweiterung durch Abschweifungen, verstanden wissen wollte. Die Verfahren der Aneinanderreihung und Verbindung entsprechen dabei dem **parataktisch**en, die Verfahren der Rahmung und Abschweifung dem **hypotaktisch**en Bau der Sprache. In seinem Aufsatz »Wie Don Quijote gemacht ist«, der diese Thesen aus dem Aufsatz »Der Aufbau der Erzählung« für den Roman fortschreibt, werden die beiden Verfahren auch als Reihen- und Rahmenkomposition bezeichnet. Nun hat Cervantes zwar in der Tat Novellen verfasst und auch seine Geschichte vom fahrenden Ritter durch novellistische Einlagen aufgelockert, aber die Komplexität des modernen Romans lässt sich nicht einfach als Fortsetzung und Erweiterung der Novellensammlung durch Abschweifungen verstehen.

Šklovskijs eigene Beschreibung der Zwecke, denen Abschweifungen dienen, zeigt nämlich, dass sie neue Formen der **Komposition** entstehen lassen. Abschweifungen schieben erstens neues **Material** in den Roman ein, sie hemmen zweitens die Handlung und schaffen drittens Kontraste (Šklovskij, S. 148 f.). Durch Abschweifungen gehemmt werden kann jedoch nur eine durchgehende Handlung, die zugleich als Vergleichsfolie der Kontrastbildung fungiert. Zumindest der traditionelle Roman widerlegt mit seinem Materialreichtum Šklovskijs Behauptung, »daß die Kunst nicht zur Zusammenfassung, sondern zur Zerlegung neigt« (ebd., S. 33).

Ein mit dieser Idee verwandter Gedanke betrifft die für Sterne charakteristische **Bloßlegung des Kunstgriffs**, die den *Tristram Shandy* für Šklovskij zum typischsten Roman der Weltliteratur macht (vgl. ebd., S. 115 u. S. 143) und seine These unterstützen soll, dass nicht nur die **Parodie**, sondern jedes Kunstwerk als Parallele und Antithese zu irgendeinem Muster geschaffen wird (vgl. ebd., S. 31). Mit dieser Bemerkung hat Šklovskij sehr wohl die intertextuelle Machart vieler Romane und ihren oft parodistischen Charakter erfasst. Gleichwohl erschöpfen sich die Werke von Cervantes oder Furetière, von Sterne oder Joyce nicht in ihrer Polemik gegen den Ritterroman, den bürgerlichen Roman, die lineare Lebensgeschichte oder das homerische Epos. Vielmehr treten sie mit diesen Bezugstexten in einen Dialog, der auch die unterschiedlichen Mentalitäten ins Spiel bringt, die in den verschiedenen Genres Ausdruck finden. Man kann die Intertextualität der Literatur und die Bloßlegung der traditionellen Kunstgriffe also nicht von ihrem gesellschaftlichen Kontext trennen.

1.3 Dynamische Rede-Konstruktion

Das ändert nichts daran, dass die Formalisten der Romantheorie und Erzählforschung wichtige Impulse vermittelt haben. Es ist nicht notwendig, ihre Leitdifferenz von (prosaischer) Alltagsrede und poetischer Sprache zu übernehmen, um auf die hilfreichen Begriffe der Verfremdung, der Reihen- und Rahmenkomposition oder der genealogischen Funktion der Parodie zurückgreifen zu können, mit der sich auch Jurij Tynjanov intensiv beschäftigt hat. Seine Grunderkenntnis »Literatur ist dynamische Rede-Konstruktion« (Tynjanov 1967, S. 18) kann bereits als Relativierung der soeben kritisierten Leitdifferenz interpretiert werden. Zumindest spricht nichts dagegen, in der **Dynamik und Konstruktivität der literarischen Rede** Eigenschaften zu sehen, die sie mit der Alltagssprache verbinden. Tatsächlich ergibt Tynjanovs Bemerkung nur Sinn, wenn man literarische Texte nicht als ›langue‹, sondern als ›parole‹, als historisch situierte Äußerungen versteht, die vom Leser auf andere Zusammenhänge übertragen werden können.

Dynamisch konstruiert wird für Tynjanov mit der Rede auch ihr Gegenstand. Sowohl die Handlung als auch ihre Behandlung sind dem narrativen Diskurs und seiner Lektüre also nicht einfach als feste Größen vorgegeben; vielmehr entwickeln und entfalten sie sich im Verlauf der erzählerischen Darstellung, der die Vorstellung des Lesers folgt. Kennzeichnend für den Roman ist nun, dass er als eine aus Erzähler- und Figurenrede zusammengesetzte Konstruktion begriffen werden muss. Der Leser hat es daher mit verschiedenen Konstrukten und Konstruktionsverfahren zu tun, deren Korrelation ein dynamischer Vorgang ist. Auslegungsrelevant ist am Roman folglich nicht nur, was auf der Ebene der dargestellten Handlung geschieht; auslegungsrelevant ist auch, was in der Vorstellung der handelnden Figuren, was auf der Ebene der Figurenrede und was auf der Ebene der narrativen Vermittlung all dieser Vorgänge geschieht.

Zusätzlich kompliziert wird die Lage dadurch, dass jedes Geschehen auf intra-, inter- und kontextuelle Zusammenhänge bezogen werden kann. Tynjanov hat gerade diesen Aspekt der Erzählliteratur am Beispiel der ironischen Art und Weise untersucht, in der Dostoevskij in seinen Romanen Gogols Stil verwendet hat. Seiner Meinung nach erfüllt die Parodie eine doppelte Funktion: »Sie mechanisiert erstens einen bestimmten Kunstgriff, und sie organisiert zweitens neues Material: wobei dieses Material nichts anderes ist als der mechanisierte Kunstgriff.« (ebd., S. 102).

Das klingt erneut, als bewege sich die literarische Entwicklung in einem geschlossenen Kreis; bedenkt man jedoch, dass **Kunstgriffe** stets auf **Wahrnehmungsweisen** bezogen sind, betrifft die Stilparodie sowohl die weltbildnerische Funktion des Romans als auch die alltäglichen Anschauungsformen, gegen deren Mechanisierung sich der Kunstgriff richtet.

Abgeleitet von dem Modell, als das sich die Parodie für jede dynamische Rede-Konstruktion erweist, ist der von Tynjanov gemeinsam mit Jakobson entwickelte Vorschlag, die literarische **Evolution** systematisch und das literarische **System** evolutionär zu begreifen. Überwunden werden sollte damit der Gegensatz zwischen der synchronen und der diachronen Betrachtungsweise, der auf de Saussure zurückgeht (vgl. Tynjanov/Jakobson 1973, S. 379). Hans Robert Jauß hat diese produktionsästhetische Sicht später um den rezeptionsästhetischen Blickwinkel ergänzt: »die Evolution der Literatur ist wie die der Sprache nicht nur immanent durch das ihr eigene Verhältnis von Diachronie und Synchronie, sondern auch durch ihr Verhältnis zum allgemeinen Prozeß der Geschichte zu bestimmen« (Jauß 1970, S. 167), wobei sich die besondere **Geschichtlichkeit der Literatur** aus dem Verhältnis der einzelnen Werke zu ihrem sich wandelnden Publikum ergibt.

Wesentliche Anregungen verdanken Jauß und andere Rezeptionsästhetiker dem tschechischen Strukturalismus. Stärker als ihre Vorgänger, die Formalisten, haben die dem 1926 gegründeten »Cercle linguistique de Prague« angehörenden Literaturwissenschaftler nämlich die Rolle des sozialen Kollektivs betont, die erklären kann, warum individuelle Lesarten intersubjektiv nachvollziehbar sind. Unterschieden wird dabei grundsätzlich zwischen dem Artefakt und dem ästhetischen Objekt, das gewissermaßen die gesellschaftliche Objektivierung der subjektiven Vorstellungen darstellt, die das Kunstwerk, der Artefakt, auslöst.

Während das ästhetische Objekt stets einen transitorischen Status besitzt und sich im Grunde genommen mit jeder Interpretation ändert, stellt der Artefakt die stabile Bezugsgröße all der unterschiedlichen Lesarten dar, die gemeinsam Aufschluss über seinen kulturellen Wert geben. Dieser Wert ist sowohl auf die zeitgenössische Gesellschaft als auch auf den historischen Zeitpunkt seiner Feststellung zu relativieren. Die Relativierung erfolgt also einerseits aus dem Blickwinkel der diachronen und andererseits aus dem der synchronen Betrachtung. Mit dem Hinweis auf den kulturellen Wert der Kunst entfernte sich Jan Mukařovský, von dem die **Unterscheidung zwischen Artefakt und ästhetischem Objekt** stammt, aber auch von de Saussures Linguistik, die ja ausdrücklich als wertfreie Untersuchung der Sprache angelegt war. Für Mukařovský ist die Dichtkunst denn auch kein rein linguistisches Phänomen mehr, sondern ein ›**semiologisches Faktum**‹, ein aus Zeichenhandlungen resultierendes gesellschaftliches Konstrukt, dem bestimmte Werthaltungen korrespondieren. Zugleich stellt Mukařovskýs Sicht der Dinge einen Kompromiss zwischen dem Gedanken der künstlerischen Autonomie und der Forderung dar, die gesellschaftliche Wirkung der Kunst zu berücksichtigen: Der Artefakt ist eine Äußerung, die im Kontext anderer Äußerungen steht; seine Bedeutung ist Gegenstand der gesellschaftlichen Verhandlung und eben deshalb ein semiologisches Faktum (vgl. Brockman 1971, S. 94).

Mündliche oder schriftliche Verhandlungen bestehen aus dialogisch orientierten Äußerungen. Ein echter **Dialog** muss nach Mukařovský vier Kriterien erfüllen:

1. Die Sprecher- und die Hörerrolle müssen im Rahmen einer raumzeitlichen Situation von mehr als einer Person besetzt werden können.
2. Die situativen Bedingungen des Gesprächs müssen den Gesprächspartnern gegenwärtig sein.
3. Ihre Vorstellungswelten müssen einander wechselseitig ›durchdringen‹.
4. Der Dialog trägt zur Entwicklung der sprachlichen Regeln bei, die als Verständigungsgrundlage des Gespräches dienen.

Wichtig ist darüber hinaus, dass es keinen starren Gegensatz zwischen monologischen und dialogischen Äußerungen gibt, und dass auch schriftliche Äußerungen im Prinzip den dynamischen und energetischen Charakter der mündlichen Verständigung aufweisen:

> »Auch in deutlich monologischen Äußerungen können wir oft einen latenten dialogischen Charakter feststellen und umgekehrt; das betrifft nicht nur dichterische Äußerungen, sondern Sprachäußerungen überhaupt.« (Mukařovský 1974, S. 192).

Dass es sogar im Selbstgespräch Spannungen und Widersprüche, unerwartete Wendungen und einen gewissen Wechsel zwischen der Hörer- und der Sprecherrolle gibt, hängt offenbar damit zusammen, dass unser Denken zumindest in Teilen ein inneres oder verinnerlichtes Sprechen ist. »Die offenkundige und potentielle Dialogizität von Sprachäußerungen hat ihre Wurzel im verdeckten ›dialogischen‹ Ablauf des geistigen Lebens« (ebd., S. 193). Das erklärt zugleich den energetischen und dynamischen Charakter der Wechselrede. Selbst schriftliche Texte können in diesem Sinne als ein von Spannungen und Widersprüchen durchzogenes Geschehen verstanden werden.

Obwohl Mukařovský bereits als Strukturalist gelten muss, wurden seine Ansichten hier als Überleitung vom formalistischen zum dialogischen Ansatz der Romantheorie und Erzählforschung eingefügt. Das Konzept der dynamischen Rede-Konstruktion und der dialogische Charakter der Parodie, den bereits Tynjanov hervorgehoben hatte, sowie das Gespür für die soziale Dimension aller sprachlichen Äußerungen, das Mukařovskýs Einlassungen auszeichnet, verbinden nämlich die formale Methode und ihre Revision durch den Prager Strukturalismus mit den Ansichten von Michail M. Bachtin. Allerdings ging Bachtin zunächst nicht von de Saussure, sondern von Kant und dessen architektonischem Prinzip der Verantwortung aus, bevor er die Dialogizität in den Mittelpunkt seiner zahlreichen Veröffentlichungen zum Roman rückte.

2. Der dialogische Ansatz

2.1 Das architektonische Prinzip

In der Einleitung zu seiner *Kritik der reinen Vernunft* unterschied Immanuel Kant (1724–1804) zwei Stämme der menschlichen Erkenntnis: die **Sinnlichkeit** und den **Verstand** (vgl. Kant 1993, S. 58B). Die Sinnlichkeit vermittelt dem Menschen die

Gegenstände seiner Erfahrung in den Anschauungsformen von Raum und Zeit; der Verstand ermöglicht es ihm, die Mannigfaltigkeit der Erscheinungen unter bestimmten Begriffen zusammenzufassen. Daraus folgt zum einen, dass der Mensch die Dinge nicht so wahrnimmt und erkennt, wie sie an sich sein mögen; vielmehr macht er sich von ihnen immer nur im Rahmen der Anschauungsformen und Verstandesbegriffe ein Bild, über die sein **Vorstellungsvermögen** verfügt; zum anderen ergibt sich aus Kants Beschreibung, dass es für den Menschen keine Erkenntnis ohne Sinn und Verstand geben kann: »Der Verstand vermag nichts anzuschauen, und die Sinne vermögen nichts zu denken. Nur daraus, daß sie sich vereinigen, kann Erkenntnis entspringen« (ebd., S. 95).

Bedeutsam ist, dass die Anschauungsformen von Raum und Zeit auch im übertragenen Sinne auf alle bloß vorgestellten Gegenstände angewandt werden können, und dass der Verstand nicht nur verschiedene Modalitäten unterscheiden, sondern die Gegenstände auch gemäß dieser Modalitäten beurteilen kann. Eine entscheidende Rolle spielt in diesem Zusammenhang die **Einbildungskraft**, die Kant als das Vermögen bestimmt, »einen Gegenstand auch ohne dessen Gegenwart in der Anschauung vorzustellen« (ebd., S. 166b). Es liegt auf der Hand, dass die Einbildungskraft bei jeder Textlektüre mit den Anschauungsformen von Raum und Zeit im Bunde steht, um dem Verstand Erkenntnisgegenstände zuzuführen. Der Verstand beurteilt diese Gegenstände dann hinsichtlich ihres Realitätsgehaltes sowie aufgrund der sogenannten Kategorien, die gleichsam die Muster sind, nach denen sich alle Erscheinungen richten müssen (vgl. ebd., S. 183b).

Um nun aber die Erscheinungen auf bestimmte Muster beziehen und mit ihrer Hilfe erfassen zu können, muss der Mensch neben den Kategorien selbst auch gewisse Verfahren der Bezugnahme kennen, die Kant **Schemata** nennt (vgl. ebd., S. 197). Diese Schemata vermitteln zwischen Anschauung und Begriff, sie lassen in der Einbildung gleichsam Schaubilder der Sachverhalte entstehen. »Das Schema ist an sich selbst jederzeit nur ein Produkt der Einbildungskraft«, erklärt Kant, das dazu dient, »einem Begriff sein Bild zu verschaffen« (ebd., S. 199). Es ist weder die Sache selbst noch sein (photographisches) Abbild, sondern eine Art Diagramm, das die Sache eben nicht konkret, sondern in ihren abstrakten Grundzügen veranschaulicht.

Neben der Bezugnahme (**Referenz**) untersuchte Kant die Schlussfolgerung (**Inferenz**), dank der die Vernunft zu prinzipiellen Erkenntnissen über die Gegenstände gelangt. Der Vernunft, die gewissermaßen auf die Vorleistungen der Sinnlichkeit und des Verstandes rekurriert, geht es dabei um den systematischen Zusammenhang der Gegenstände bzw. darum, die einzelnen Erkenntnisse in ein Ideengebäude zu überführen. Das Verhältnis von Sinnlichkeit, Verstand und Vernunft lässt nach Kant also eine gewisse »Architektonik« (vgl. ebd., S. 748) erkennen, deren Aufbau sich an bestimmten Leitideen orientiert. Um diesen Bauplan auszuführen, bedarf es wiederum jener Schemata, die eine architektonische Funktion erfüllen. Im Gegensatz zu den bloß technischen Schemata, die zufälligen Absichten dienen, vermitteln die architektonischen Schemata grundlegende Einsichten. Da der Mensch nicht nur ad hoc handeln und sich dem Zufall überlassen, sondern sein Verhalten an vernünftigen Regeln ausrichten soll, deren Geltung keine Frage der Gelegenheit darstellt, sondern aus der jederzeit gültigen Übernahme der persönlichen Verantwortlichkeit folgt, hat die Architektonik für Kant vor allem eine ethische Dimension. Niemand kann wider besseres Wissen und Gewissen handeln, ohne sich vor dem Richterstuhl der eigenen Vernunft schuldig zu machen.

2.2 Verantwortlichkeit und Einfühlungsvermögen

Für die Romantheorie und Erzählforschung ist das architektonische Prinzip, das man auch als das Prinzip der Verantwortung bezeichnen könnte, aus wenigstens drei Gründen relevant: Grundsätzlich gilt, dass auch die Literaturwissenschaftler dem von Kant untersuchten Schema der sinnlich-begrifflichen Welterfassung verpflichtet und dabei an Leitideen orientiert sind, deren Vernünftigkeit zu erörtern eine ihrer Aufgaben darstellt. Insofern sie es stets mit Sprachkunstwerken zu tun haben, wird für sie, zweitens, jene Entwicklung bedeutsam, die von Kant zur modernen **Semiotik** führt. Diese nämlich knüpft, da sich alle Zeichen zugleich an die Sinnlichkeit und an den Verstand des Menschen wenden und Schlussfolgerungsreihen in Gang setzen, die der gemeinsamen Vernunftkritik aller Zeichenbenutzer unterliegen, unmittelbar an Kant an. Abzulesen ist dies an den Werken von Charles Sanders Peirce (1839–1914), der, von Kants Kategorientafel ausgehend, der erkenntnistheoretischen, pragmatischen und ästhetischen Bedeutung der Zeichen nachging, mit deren Hilfe sich die Menschen über die Welt verständigen.

Drittens schließlich war Michail M. Bachtin (1895–1975), von dem die wohl bedeutsamsten Beiträge zur Romantheorie des 20. Jahrhunderts sowie zahlreiche, wichtige Überlegungen zur Erzählforschung stammen, nachhaltig von Kant und seinem architektonischen Prinzip beeinflusst. Eine seiner ersten Veröffentlichungen trägt den programmatischen Titel »Kunst und Verantwortung«. Obwohl Kants Name in diesem kurzen Aufsatz nicht erwähnt wird, stellt er doch auf den Kerngedanken der Architektonik ab. Schon der erste Satz bringt die Leitidee, die Bachtin mit Kant verbindet, ex negativo zum Ausdruck, wenn es heißt:

> »Ein Ganzes wird dann mechanisch genannt, wenn seine einzelnen Elemente nur in Raum und Zeit durch äußere Verbindung vereinigt und nicht von der inneren Einheit des Sinns durchdrungen sind.« (Bachtin 1979, S. 93).

Man könnte auch sagen: Wo keine architektonischen, sondern bloß technische Schemata verwandt werden, ergibt sich auch nur ein mechanischer Zusammenhang. Positiv folgt daraus im Umkehrschluss, dass die drei Bereiche der menschlichen Kultur – Wissenschaft, Kunst und Leben – nur dank der menschlichen **Persönlichkeit** einen Sinnzusammenhang bilden, wobei sich die Integrität der Person wiederum aus der Einheit ihrer Verantwortung ergibt (vgl. ebd.). Anders formuliert: der **Sinnzusammenhang des Lebens** ist dem Menschen nicht einfach vorgegeben, sondern aufgegeben. Er selbst muss die Prinzipien und damit den Bauplan für das architektonische **Projekt** seiner je persönlichen Selbst- und Weltdeutung entdecken.

Diese Sicht der Dinge entspricht ziemlich genau der Kant-Auslegung von Hermann Cohen (1842–1918), der seinerzeit die so genannte Marburger Schule des Neukantianismus begründet hatte. Cohen hatte Kant dahingehend verstanden, dass es ihm »um eine operative Rechtfertigung des theoretischen, ethischen und ästhetischen Gegenstandes gegangen sei« (Ollig 1979, S. 31). Seiner Meinung nach durfte dem Denken, Wollen und Fühlen des Menschen nichts zugrunde gelegt werden, was sich nicht aus dem Denken, Wollen und Fühlen selbst ableiten ließ. In der Ästhetik, Ethik und Erkenntnistheorie geht es daher darum, die Bedingungen ihrer eigenen Möglichkeit aufzuzeigen. Zwischen der Welt, dem Gegenstand des Bewusstseins, und dem menschlichen Bewusstsein, das aus dem Denken, Wollen und Fühlen besteht, klafft demnach eine Lücke, die zu schließen dem Menschen aufgetragen ist. Daraus resultiert seine **Verantwortung.** Dass der Mensch diese Verantwortung überhaupt wahrnehmen kann, liegt wiederum daran, dass ihm mit den Zeichen, den Anschauungsformen von Raum und Zeit, mit der Wissenschaft und mit der Kunst architektonische Möglichkeiten gegeben sind, um die Kluft zwischen der Welt und seinem Bewusstsein zu überbrücken (vgl. Holquist 1986, S. 61). Insgesamt geht es also um eine **Gestaltungsaufgabe**, an der die Kunst dank ihrer spezifischen Anschauungsformen und Werte maßgeblich beteiligt ist.

Man weiß, dass Bachtin mit dem Ideengut der Marburger Schule durch seinen Freund Matvej Isaevic Kagan (1889–1937) in Berührung kam, der bei Cohen studiert hatte. Denkbar ist aber auch, dass Bachtin, der zweisprachig aufgewachsen war, schon zuvor mit den auf Deutsch publizierten Werken Hermann Cohens vertraut war. Aus ihnen übernahm er unter anderem den Begriff der ›Einfühlung‹ (Empathie), der für seine frühe Romantheorie grundlegend werden sollte (vgl. Shukman 1984, S. 243). Diese frühe Romantheorie entstand zwischen 1920 und 1923, blieb jedoch unvollendet. Der wissenschaftlichen Öffentlichkeit wurde sie erst 1979 unter dem Titel *Autor und Held in der ästhetischen Tätigkeit* zugänglich gemacht. Ihre Verbindung zu dem 1919 gedruckten Aufsatz »Kunst und Verantwortung« ergibt sich vor allem daraus, dass die ästhetische Tätigkeit zwischen dem Autor und seinem Helden ein ethisches Verhältnis begründet, das seinerseits ein theoretisches Modell für die zwischenmenschlichen Beziehungen darstellt, die im Rahmen der praktischen Tätigkeit entstehen. Wie bei jedem Modell kommt es dabei neben den analogen Zügen auch auf die spezifischen Differenzierungsmomente an.

Bachtin geht von der Überlegung aus, dass **jeder Mensch nicht nur Held, sondern Urheber seiner Lebensgeschichte** sein will, dass er also nicht von anderen gesteuert werden, sondern sein Schicksal selbst bestimmen möchte. Umgekehrt darf er auch die anderen Subjekte nicht zu Objekten seiner Handlungen reduzieren. Der Romanheld ist nun für den Autor einerseits eine Möglichkeit, das eigene Dasein in eine kritische Distanz zu rücken; andererseits muss er sich in den Helden einfühlen. Die Spannung zwischen diesem emphatischen Moment und dem, was Bachtin die ›Außerhalb-Befindlichkeit‹ des Autors nennt, strukturiert die ästhetische Tätigkeit: In der **Beziehung von Autor und Held** werden zwei einander eigentlich ausschließende Formen des Begehrens vermittelt: Die Ergänzungsbedürftigkeit des Menschen durch andere, die als soziale Abrundung der eigenen Psyche erfahren wird, und das Bedürfnis, in der eigenen Entwicklung nicht abgeschlossen und von außen festgelegt zu werden.

Indem sich der Romanschriftsteller einen Helden schafft, dem er emphatisch verbunden bleibt, ohne dadurch die Position der **Außerhalb-Befindlichkeit** aufzugeben, der er als Autor bedarf, um mit seinem Geschöpf schöpferisch umgehen zu können (vgl. Todorov 1979, S. 505), tritt an ihn die Herausforderung heran, seine Autorität nicht willkürlich, sondern so einfühlsam einzusetzen, wie es die ›ästhetische Liebe‹ von ihm fordert: Sie zielt auf eine Koevolution zwischen dem Autor und seinem Helden, zwischen dem Subjekt, das seine Integrität durch den anderen erfährt, und dem Subjekt, das diese Integrität verbürgt, ab. Dieser koevolutionäre Charakter macht die **ästhetische Tätigkeit** zum Modell des gesellschaftlichen Umgangs der Menschen miteinander.

Zugleich ist die Außerhalb-Befindlichkeit oder Exotopie des Autors mit der Fiktion verknüpft, das Bewusstsein des Helden einsehen zu können. Auch in der Wirklichkeit stehen die Menschen einander ja exotopisch gegenüber. Dort führt diese Außerhalb-Befindlichkeit jedoch dazu, dass ein jedes Bewusstseinssystem für andere Bewusstseinssysteme undurchdringlich bleibt. Der Roman hingegen bietet die spezifische Möglichkeit, die Position der Außerhalb-Befindlichkeit mit einer endogenen Perspektive zu verbinden. Diese für fiktionale Erzählwerke insgesamt charakteristische **Verbindung von Innen- und Außensicht** führt zum einen dazu, dass das Bewusstsein des Autors das seines Helden umfasst, vervollständigt und abrundet (vgl. Bachtin 1990, S. 5 u. S. 12); zum anderen verleiht es dem literarischen Werk seine **ganzheitliche Gestalt**. Was den Autor daran hindert, seinen Helden reduktionistisch zu behandeln, ist das eigene Selbstbewusstsein bzw. das Empfinden, dass niemand dem anderen seine Verantwortlichkeit abnehmen kann, dass es im Leben schlechterdings **kein Alibi** gibt, wie Bachtin sagt (vgl. ebd., S. 206).

Die spezifische Rückkopplung, die das Verhältnis von Autor und Held kennzeichnet, hat infolge dessen auch eine politische Dimension: Wo dem einzelnen die Möglichkeit entzogen wird, zum Urheber seines eigenen Schicksals zu werden, entsteht ein totalitäres System, das den Begriff des Menschen, der ohne das Prinzip der Eigenverantwortlichkeit unvollständig wäre, vernichtet. Niemand hat diese Bedeutungsdimension klarer zum Ausdruck gebracht als der ungarische Schriftsteller Imre Kertész mit seinem *Roman eines Schicksallosen*. Es ist daher höchst aufschlussreich, dass Kertész Bachtin auch in seinem *Galeerentagebuch* erwähnt, das die Entstehung dieses Romans reflektiert.

Damit die Beziehung von Autor und Held nicht nur ein technisches, sondern ein architektonisches – und das heißt letztlich ein humanes – Modell der zwischenmenschlichen Verständigung wird, darf die Analogiebildung also nicht über die entscheidende **Differenz zwischen der intra- und der interpersonalen Verständigung** hinwegtäuschen: während der Autor gegenüber seinem Helden stets das letzte Wort behält und seine Gestalt durch den Tod endgültig abschließt (vgl. ebd., S. 130), können sich die Menschen nur im Modus der Unabschließbarkeit auf einander beziehen (vgl. ebd., S. 143).

An diese Erkenntnis schließt die weitere Entwicklung von Bachtins Romantheorie an: Ihre Leitidee besteht, kurz gefasst, darin, dass der Roman den dialogischen Charakter der im Prinzip unabschließbaren Selbst- und Weltverständigung des Menschen reflektiert. Das setzt einerseits eine gemeinsame Verständigungsgrundlage, andererseits aber auch widersprüchliche Ansichten über den Menschen und seine Welt voraus. Da die Einheit der Sprache dem Menschen ebenso wenig wie die Einheit der Welt gegeben ist und dort, wo sie vollständig erreicht würde, die Freiheit, alternative Ansichten zu äußern, tilgen würde, kann der Roman nur dann ein angemessenes Bild von der Sprachgemeinschaft entwerfen, wenn er die **irreduzible Pluralität** der Ausdrucksmöglichkeiten, der Redeweisen und Lesarten beschreibt, die sie kennzeichnet.

> »Der Roman orchestriert seine Themen, seine gesamte abzubildende und auszudrückende Welt der Gegenstände und Bedeutungen mit der sozialen Redevielfalt und der auf ihrem Boden entstehenden individuellen Stimmenvielfalt.« (Bachtin 1979, S. 157).

Dieses Zitat stammt aus Bachtins Abhandlung *Das Wort im Roman*, die in den Jahren 1934 und 1935, also über zehn Jahre nach seiner Arbeit über die Beziehung von *Autor und Held in der ästhetischen Tätigkeit* verfasst wurde. In der Zwischenzeit hatte sich Bachtin intensiv mit de Saussures Grundlagen der Sprachwissenschaft, mit den Arbeiten der Russischen Formalisten und denen ihrer marxistischen Widersacher beschäftigt. Im Mittelpunkt seiner Forschungen standen jedoch die Werke von François Rabelais und Fjodor M. Dostoevskij. Als Ergebnis dieser Forschungen entstanden eine Reihe von Veröffentlichungen, die jedoch nicht alle unter Bachtins eigenem, sondern unter dem Namen seiner Freunde Pavel N. Medvedev (1891–1941) und Valentin N. Voloshonov (1895–1936) erschienen sind. Ob diese Texte tatsächlich von Bachtin verfasst und autorisiert oder nur von ihm inspiriert wurden, ist eine bis heute umstrittene Frage. Die Quellenlage ist widersprüchlich; den Texten selbst sind keine eindeutigen Hinweise zu entnehmen.

Die Ironie der Geschichte liegt natürlich darin, dass die Frage der Urheberschaft, die vermutlich nie endgültig zu klären sein wird, ausgerechnet bei einem Wissenschaftler auftaucht, der sich ein Leben lang mit dem Prinzip der Verantwortlichkeit und ihrem literarischen Analogon, der Urheberschaft, befasst hat. Im Folgenden werden die beiden Bücher von Medvedev über *Die formale Methode in der Literaturwissenschaft* und von Voloshinov über *Marxismus und Sprachphilosophie* wie Meinungsbeiträge zu einer Diskussion innerhalb des Bachtin-Kreises behandelt, aus denen Bachtin bestimmte Schlussfolgerungen abgeleitet hat, die in jenen Texten nachzulesen sind, die tatsächlich unter seinem eigenem Namen publiziert wurden.

Sicher ist, dass Bachtin die in Petersburg lebenden Formalisten, unter ihnen Tynjanov, Eichenbaum und Jakubinskij, persönlich kannte. Mit Šklovskij verband ihn noch im Alter, als beide in der Nähe von Moskau lebten, ein reger Gedankenaustausch. Im Übrigen waren es Šklovskij und Jakobson, die Bachtin, der unter Stalin in der Verbannung gelebt hatte, 1956 und 1957 wieder ins Gespräch brachten und so in der Sowjetunion wie im westlichen Ausland dafür sorgten, dass seine Arbeiten zunehmende Beachtung erfuhren. Sicher ist auch, dass Bachtin die formale Methode weder einfach abgelehnt noch unverändert übernommen hat. Wie seinem 1924 verfassten Aufsatz »Das Problem von Inhalt, Material und Form im Wortkunstschaffen« zu entnehmen ist, lehnte er lediglich eine Betrachtung ab, die ausschließlich in der Form den Inhalt der Kunst erblickt. Gleichzeitig betonte er jedoch wie die Formalisten, dass die Literatur ihr Material nicht nur außerhalb, sondern auch innerhalb ihrer eigenen Traditionen findet:

> »Außer der vom Wortkünstler vorgefundenen Wirklichkeit von Erkennen und Handeln wird von ihm auch die Literatur vorgefunden: es gilt, gegen oder für alte literarische Formen zu kämpfen, sie sind zu benutzen und zu kombinieren, ihr Widerstand ist zu überwinden oder in ihnen ist Unterstützung zu suchen.« (Bachtin 1979, S. 120).

Bezeichnend ist, dass Bachtin in der formalen Methode offenbar eine rein technologische Untersuchung der Form sah, die, wie schon Kant gefordert hat, durch eine architektonische Untersuchung ergänzt werden müsse, in der es um den Wert von Material, Form und Inhalt geht (vgl. ebd., S. 139). Die spezifische Architektonik der Dichtung wird dabei als **Erlebniszusammenhang** aufgefasst:

> »Im Erdichten nehme ich mich als ein den Gegenstand Erdichtender intensiver wahr, ich spüre meine durch die Außerhalb-Befindlichkeit bedingte Freiheit, das Ereignis ungehindert zu formen und zu vollenden.« (ebd., S. 143).

2.3 Sozialer Redeverkehr und ideologisches Milieu

Während Bachtin in seinem Aufsatz die persönliche Bedeutsamkeit des Kunstwerks herausstellt, das eben nicht nur ein technisches Gebilde, sondern ein architektonisches Wertgefüge darstellt, betont Medvedev in seinem Buch über *Die formale Methode in der Literaturwissenschaft* den gesellschaftlichen Charakter der Kunst. Sie übt seiner Meinung nach nicht nur eine soziale Funktion aus, sie wird überhaupt erst durch bestimmte Formen der Interaktion konstituiert und anhand der Klassenunterschiede in ihrer Bedeutung spezifiziert (vgl. Medvedev 1976, S. 12). Man muss den Wert der Kunstwerke daher auf das »ideologische Milieu« (ebd., S. 16) relativieren, in dem sie produziert und rezipiert werden. Erst dank dieser Relativierung wird es Medvedev zufolge möglich, in der künstlerischen Tätigkeit des einzelnen Menschen eine gesellschaftsrelevante Tätigkeit zu sehen (vgl. ebd., S. 33).

Ganz im Gegensatz zu den Formalisten, die eine autonome, weder biographisch noch soziologisch fundierte Poetik anstrebten, geht es Medvedev also um den **Zusammenhang von Kunst und Milieu**. Das muss nicht unbedingt bedeuten, dass die einzelnen Kunstwerke nur als Beiträge zur allgemeinen Ideologiedebatte betrachtet werden. Medvedevs Einwand gegen die formalistische Methode besagt vielmehr, dass die Kunstausübung zu einer bedeutungslosen Angelegenheit verkümmert, wenn man sie nicht als politische Tätigkeit, sondern lediglich als Handwerk, als Summe von Kunstgriffen, beschreibt (vgl. ebd., S. 80 ff.).

Verfehlt war daher nach Medvedev auch die für den Formalismus typische Gegenüberstellung von poetischer und alltäglicher Sprache, von Kunst und Kommunikation. Wenn die Aufgabe der Kunst in der Verfremdung der gewöhnlichen Rede und in der Desautomatisierung der zur Gewohnheit erstarrten Wahrnehmung bestehe, könne sie dem gesellschaftlichen Redeverkehr und den üblichen Anschauungsformen gegenüber nicht wirklich autonom sein (vgl. ebd., S. 112–116).

Am formalistischen Konzept der Sujetführung, demzufolge bestimmte Motive aneinandergereiht, eingerahmt oder zu Parallelismen angeordnet werden, kritisiert Medvedev, dass es »nicht nur der Beziehung dieser Motive zur Wirklichkeit, sondern auch ihrer ideologischen Bedeutung gegenüber indifferent« sei (ebd., S. 142). Anstatt die Kunstwerke vom Leben zu isolieren und nur anhand ihrer internen Relationen zu beschreiben, müssten sie als Äußerungen im Rahmen von gesellschaftlichen Situationen, also anhand ihrer externen Signifikanz interpretiert werden (vgl. ebd., S. 156). Da jedoch keine Situation den Sinn der Kunstwerke vollständig ausschöpft und selbst gewissen Beschränkungen unterliegt, kann ihre Wahrnehmung und Deutung umgekehrt auch durch das Kunstwerk verändert werden (vgl. ebd., S. 159). Anders gesagt: die **Kunstwerke treten mit ihrer Umwelt in einen Dialog**, weil sie zum einen im Rahmen bestimmter, historisch differenzierter Situationen begriffen werden, und zum anderen die Anschauungsformen prägen, mit deren Hilfe sich der Mensch ein Bild von seiner Umwelt macht.

Jede literarische Form bietet dem Menschen »Mittel zum Sehen und Verstehen der Wirklichkeit« (ebd., S. 174), auf die er sich allerdings immer wieder von neuem einstellen muss. »Um einen Roman produzieren zu können, muß man lernen, das Leben so zu sehen, daß es zur Fabel eines Romans werden kann.« (ebd., S. 177). Entscheidend an den Verfahren, auf die der Formalismus die Aufmerksamkeit gelenkt hatte, war für Medvedev also ihre weltbildnerische Funktion und deren Verbindung mit dem ideologischen Milieu ihrer Entstehung und Bewertung. So wie das einzelne Wort dient auch das einzelne Sprachkunstwerk der zwischenmenschlichen Verständigung, weil es eine informative und eine kommunikative bzw. soziale Aufgabe erfüllt. Dazu merkte Medvedev präzisierend an:

> »Nicht Werke kommen miteinander in Berührung, sondern Menschen, aber sie treten miteinander in Kontakt durch das Medium der Werke, und dadurch stellen sie auch zwischen diesen indirekte Wechselbeziehungen her.« (ebd., S. 197).

Wie aus diesen Ausführungen ersichtlich ist, bezeichnet der **Begriff der Ideologie** bei Medvedev nicht etwa ein zwangsläufig falsches Bewusstsein, sondern den Umstand, dass Ideen in dem sozialen Redeverkehr entstehen und verhandelt werden, zu dem auch die Kunstwerke mit ihren weltbildnerischen Möglichkeiten beitragen. Die Ideologie stellt also kein frei schwebendes Gedankengebäude dar, sie manifestiert sich in verbalen und non-verbalen Äußerungen, d. h. sie gibt sich als Haltung in allen denkbaren Handlungen kund. Für Voloshinov, der diese Auffassung teilt, fällt daher der Begriff der Ideologie mit dem der Semiologie zusammen. Es gibt für ihn **keine unschuldigen Zeichenhandlungen**, da alle Zeichen einem bestimmten ideologischen Milieu verhaftet sind (vgl. Voloshinov 1975, S. 56 ff.). Jedes Zeichen entsteht »bei gesellschaftlich organisierten Menschen im Prozeß ihrer Wechselbeziehungen« (vgl. ebd., S. 68); **jede Zeichenhandlung ist ein sozialer Akt**. Ändern sich die Formen der Wechselbeziehung bzw. die Formen der Interaktion, ändert sich auch die Bedeutung der Zeichen.

Voloshinov folgert daraus in seinem Buch *Marxismus und Sprachphilosophie*, dass sowohl die Zeichen der intra- wie der interpersonellen Verständigung dialogisch strukturiert und jeweils auf konkrete Situationen bezogen sind (vgl. ebd., S. 89 f.). »Die abgeschlossene monologische Äußerung ist eigentlich eine Abstraktion« (ebd., S. 135), sie setzt die künstliche Isolation der Äußerung aus der natürlichen **Abfolge von Rede, Gegenrede und Widerrede** voraus.

> »Eigentlich ist das Wort ein zweiseitiger Akt. Es wird in gleicher Weise dadurch bestimmt, von wem es ist, als auch, für wen es ist. Es ist, als Wort, genau das Produkt der Interaktion von Sprechendem und Zuhörendem. Jedes Wort drückt den ›einen‹ in Beziehung zum ›anderen‹ aus.« (ebd., S. 146).

Es ist vor allem dieses dialogische Konzept der sozialen Rede, die Bachtin zu seiner Kritik an de Saussure und an der traditionellen Stilistik und Poetik veranlasst hat, der zufolge das Kunstwerk eine monologisch Äußerung ist. Von den zahlreichen Gedanken, die seine Romantheorie mit Voloshinovs Sprachphilosophie verbindet, verdienen zwei besondere Aufmerksamkeit. Sie betreffen das Phänomen der Stimmeninterferenz und die Ausbildung der so genannten Redegenres.

Redegenres beziehen sich auf Typen von Situationen, die im Alltag regelmäßig wiederkehren, so dass man in ihnen immer wieder auf die gleichen sprachlichen Verfahren und **Diskursmuster** zurückgreifen kann (vgl. ebd., S. 160 f.). In der arbeitsteiligen Gesellschaft bildet praktisch jedes ideologische Milieu eine eigene Diskursivität aus – vom Fachjargon bis zum Slangausdruck, vom Formularwesen bis zur Grußformel. Schon Rabelais und Furetière hatten Redegenres in ihren Werken parodiert und so den narrativen Diskurs an das ideologische Milieu bestimmter Klassen gekoppelt. Anstatt eine realitätsferne Kunstsprache oder einen esoterischen Stil auszubilden, veranstalteten sie in ihren Romanen subversive Spiele mit dem Material der alltäglichen Sprache.

Die **Parodie** besteht dabei vor allem in der hyberbolischen Imitation der einzelnen Redegenres und ihrer Stile, so dass sich in ihr die alltägliche Redensart und die spezifische Schreibweise des Romans überlagern. Wer eine Parodie liest, meint daher häufig, zwei Stimmen zu hören: eine, die zitiert wird, und eine zweite, die sich über die erste mokiert. Die Parodie stellt, so gesehen, einen interessanten **Grenzfall zwischen der direkten und der indirekten Redewiedergabe** dar, wie sie Voloshinov beschrieben hat. Danach ist die direkte Redewiedergabe bemüht, nicht nur den Gehalt, sondern auch die Gestalt der fremden Rede zu überliefern, während sich die indirekte Redewiedergabe ihres Gegenstandes so annimmt, dass der Gehalt der fremden Rede in der Gestalt erscheint, die ihr der Berichterstatter verleiht. Das ist einerseits eine gewisse Verkleidung der fremden Rede, offenbart andererseits aber auch, wie sich der Berichterstatter zu ihr verhält. Bei der direkten Redewiedergabe wird im mündlichen Dialog zuweilen sogar der Tonfall der fremden Stimme imitiert; bei der indirekten Rede kann man aus der Intonation die Intention des Berichterstatters heraushören. Klar ist, dass sowohl die direkte als auch die indirekte Rede auf den Urheber der Äußerung Bezug nehmen, und dass dieser Urheber wiederum im Dialog mit anderen Rednern steht. Dasselbe gilt auch für die Parodie, die immer einen polemischen Akzent besitzt und mit ihrer hyberbolischen Imitation zwischen dem Zitat und dem ironischen Kommentar des Zitats schwankt. Der Leser läuft daher bei der Parodie, die eine fremde Stimme evoziert, beständig zwischen dem originären Kontext und dem parodierenden Text hin und her. Und genau dieser diskursive Charakter der Lektüre macht die **hybride, intertextuelle Konstruktion** für ihn so interessant.

2.4 Linguistik und Metalinguistik

Wer immer die Bücher, die unter dem Namen von Medvedev und Voloshinov erschienen, wirklich verfasst hat, Bachtin hat ihre Kerngedanken in fast allen seinen späteren Werken aufgegriffen. Wichtig ist dabei vor allem die metalinguistische Erweiterung der Sprachwissenschaft. Betont wird von Bachtin – ähnlich wie von Mukařovský – zum einen, wie dynamisch und dramatisch sich das konfliktträchtige

Sprachgeschehen vollzieht (vgl. Stewart 1986, S. 43), zum anderen aber auch die **dialogische Konstruktion** der einzelnen Äußerungen.

Außer an die Werke von Medvedev und Voloshinov bzw. seine eigenen Überlegungen konnte Bachtin dabei an Jakubinskij anknüpfen, der schon 1923 den Zusammenhang zwischen der sozialen Interaktion und dem mündlichen Dialog herausgestellt hatte (vgl. Grübel 1979, S. 43). Die Rede ist dabei nur ein Moment im kommunikativen Prozess, der auch mimische, gestische und andere motorische Signale umfasst (vgl. Hansen-Löve 1978, S. 297). Diese non-verbalen Signale können im schriftlichen Diskurs zwar verbalisiert werden, in der Regel werden sie dort aber ausgespart oder durch graphische Signale (Kursivschreibung, Fettdruck, Unterstreichungen, Ausrufungszeichen etc.) ersetzt. Das Fehlen solcher Signale sollte jedenfalls nicht darüber hinweg täuschen, dass auch schriftliche Äußerungen dialogisch strukturiert sind. Sie fallen nicht etwa aus dem allgemeinen Redeverkehr heraus, sie sind vielmehr durch die **Besonderheit der doppelten Diskurs-Situation** gekennzeichnet: weil ihr Entstehungskontext selten mit den Umständen übereinstimmt, in denen die schriftlichen Äußerungen wahrgenommen und interpretiert werden, haben es die Leser mit mindestens zwei Bezugsfeldern zu tun.

Alle dialogischen Beziehungen erfordern aus Bachtins Sicht eine metalinguistische Analyse, die sich auch um das Verhältnis der Sprache zur Welt kümmert, das Ferdinand de Saussure aus dem Gegenstandsbereich der Linguistik ausgeklammert hatte. Zu untersuchen sind nicht nur die Mittel des Redeverkehrs, die Zeichen, sondern der Redeverkehr selbst, also die Zeichenhandlung (vgl. Bachtin 1971, S. 203 f.). Überhaupt ist das Sprachsystem für Bachtin eine Abstraktion, konkret erfährt der Mensch die Sprache anhand von Sprechakten, die Einzel- oder Gruppenmeinungen artikulieren und bei aller Stimmenüberlagerung doch immer einen Urheber haben, der sie verantworten muss. Dialogische Beziehungen bestehen daher nicht nur zwischen verschiedenen Äußerungen und ihren Urhebern, sondern auch auf der untergeordneten Ebene der einzelnen Worte, aus denen eine Äußerung zusammengesetzt ist, sowie auf der übergeordneten Ebene der Äußerungsfolgen. Dem **Mikrodialog der Worte** steht der **Makrodialog der Diskurse** gegenüber (vgl. ebd., S. 205 f.).

Die Linguistik hat es in aller Regel mit Sätzen zu tun, deren Wortlaut sich jederzeit reproduzieren lässt; die Metalinguistik untersucht dagegen Äußerungen, die sich niemals identisch wiederholen lassen (vgl. Morson/Emerson 1990, S. 126). Insofern die Textlektüre ein Diskursereignis ist, ändert sich auch die Bedeutung eines Textes mit jeder neuen Rezeptionssituation, mit jedem Kontext. Dialogische Beziehungen und Diskursereignisse können folglich weder auf logische noch auf linguistische Relationen reduziert werden; sie sind pragmatischer Natur und zeigen, dass Zeichenhandlungen, die aufeinander Bezug nehmen, **synreferentielle Bezirke** stiften. Mit diesen Vorstellungen befindet sich Bachtin nicht nur im Einklang mit der Semiologie, sondern auch mit der Phänomenologie. So heißt es bei Merleau-Ponty: »In der Erfahrung des Dialogs konstituiert sich zwischen mir und dem anderen ein gemeinsamer Boden.« (Merleau-Ponty 1974, S. 405).

Zu ähnlichen Ergebnissen wie Bachtin gelangte etwa zur gleichen Zeit auch Lew S. Wygotski, der sich mit dem kindlichen **Spracherwerb** befasste. In seinem Buch *Sprache und Denken* schildert er, wie sich die Rede- und Denkfähigkeit in der

Interaktion des einzelnen mit seiner Umwelt entwickelt. Das Kind lernt weniger die lexikalische Bedeutung als den praktischen Sinn der Worte, d.h. es lernt, was man mit bestimmten Worten in bestimmten Situationen machen kann. Seine Schule ist nicht das Wörterbuch, sondern der zwischenmenschliche Dialog, das Gespräch der anderen, das ein Kind in sich aufnimmt, bevor es selbst in den Kreis der Gesprächspartner aufgenommen wird. »Psychologisch ist die dialogische Sprache tatsächlich die ursprüngliche Sprachform« (Wygotski 1991, S. 337), an ihr orientiert sich das Sprachverhalten des Kindes. Die Fähigkeit zum Selbstgespräch ist, so gesehen, nicht die Grundlage, sondern das Ergebnis einer zunehmenden Individualisierung der sozialen Kommunikation, gegenüber der sich das Kind gleichsam mimetisch verhält.

Bachtin selbst war zu seiner Metalinguistik vermutlich durch Leo Spitzers 1923 erstmals veröffentlichte *Untersuchungen zur italienischen Umgangssprache* angeregt worden (vgl. Grübel 1979, S. 45). Hinweise auf den sozialen und dramatischen Charakter des Dialogs, den man auch als interaktive Rede beschreiben kann, weil er aus bilateralen Sprechakten besteht (vgl. Lodge 1990, S. 21 f.), konnte er jedoch nicht nur der aktuellen Forschungsliteratur und der akademischen Tradition – etwa den sprachphilosophischen Schriften Wilhelm von Humboldts – entnehmen. Ausschlaggebend für seine Sprach- und Romantheorie waren vielmehr die polyphonen Romane Dostoevskijs. Sie warfen ein neues Licht auf das Verhältnis von Autor und Held, sie rückten dieses Verhältnis in die Nähe des ideologischen Milieus, auf das sich Medvedev bezogen hatte, und sie unterstrichen den dramatischen Charakter des dialogischen Zeichenhandelns, wie es von Voloshinov beschrieben worden war.

2.5 Der polyphone Roman

Während Bachtin seine erste Romantheorie auf das Privileg des Autors abgestellt hatte, dem Helden eine abschließende Gestalt geben zu können, wurde nun die Lebensnähe jener Figuren herausgestellt, die sich ihrem Urheber, dem Romanschriftsteller gegenüber, behaupten. Der **Autor eines polyphonen Romans** inszeniert einen Dialog, in den er selbst einbezogen ist, in dem seine eigene weltanschauliche Position zur Disposition gestellt wird. Das verlangt auch vom Leser die Bereitschaft, sich durch den Text in Frage stellen zu lassen. Die Figuren werden also mit einem eigenen Stimmrecht ausgestattet und von der Autorität und Stimmgewalt ihres Urhebers entbunden. Mit dem Part des Autors, der seine Leser nicht mehr mit vorgefassten Meinungen und Bekenntnissen traktiert, sondern zur Diskussion einlädt, ändert sich zwangsläufig die Rolle der Fabel. Der polyphone Roman handelt weniger von Lebensgeschichten und Heldentaten als vielmehr von den Bewusstseinskrisen seiner Figuren – er schildert ihre Schwierigkeiten, sich angesichts der **Vielzahl einander widersprechender Meinungen** eine eigene Überzeugung zu bilden. Das literarische Vorbild für den polyphonen Roman ist daher auch nicht das homerische Epos, sondern der sokratische Dialog und die menippeische Satire, die ihrerseits als Parodie des platonischen Symposions aufgefasst werden kann (vgl. Bachtin 1971, S. 125).

Dostoevskij hat diesen Ansatz der Erzählkunst allerdings noch radikalisiert, indem er in seinen Romanen »die Polyphonie kämpfender und innerlich gespaltener

Stimmen« gestaltet hat (Bachtin 1971, S. 282). Dargestellt wurden von ihm strittige Leitideen und Wertvorstellungen in ihrem oft dämonischen Einfluss auf einzelne Menschen, die nicht darauf hoffen können, dass der Streit von einer übergeordneten Autorität entschieden wird. »Kein einziges Element des Werkes ist aus der Perspektive eines unbeteiligten ›Dritten‹ konstruiert« (ebd., S. 23), und daher liegt die Haupteigenschaft des polyphonen Romans in der »Vielfalt selbständiger und unvermischter Stimmen« (ebd., S. 10). Bachtin weist jedoch sogleich darauf hin, dass er die Begriffe des »homophonen« und des »polyphonen« Romans metaphorisch gebraucht (vgl. ebd., S. 27 f.). Gemeint sind Gestaltungstendenzen, die, wie in der Musik, die Stimmführung oder die Technik der Komposition betreffen. Das bedeutet zugleich, dass der polyphone Roman genauso bewusst komponiert ist wie der homophone Roman. Zudem behauptet Bachtin keineswegs, wie ihm zuweilen unterstellt wird, dass Dostoevskij die beste aller möglichen Romanwelten geschaffen habe. Stattdessen heißt es:

> »Die außerordentliche künstlerische Fähigkeit Dostoevskijs, alles in Koexistenz und Wechselwirkung zu sehen, ist seine größte Stärke, aber auch seine größte Schwäche. Sie machte ihn blind und taub für Vieles und sehr Wesentliches« (ebd., S. 36).

– zum Beispiel für die Geschichtlichkeit der sprachlich verfassten Welt, deren künstlerische Veranschaulichung Goethes besonderes Verdient gewesen sei. Der polyphone Roman ist zwar durch und durch dialogisch (vgl. ebd., S. 48), er repräsentiert die soziale **Stimmen-, Rede- und Sprachenvielfalt** aber nur im Rahmen einer bestimmten historischen Situation, nicht im Wechsel der Generationen. Charakteristisch für den polyphonen Roman ist daher in erster Linie, »daß der Autor nicht über, sondern mit dem Helden spricht« (ebd., S. 72). Sein Leitmotiv besteht in der Unabschließbarkeit des sozialen Dialogs: »das letzte Wort der Welt und das letzte Wort über die Welt sind noch nicht gesprochen, die Welt ist offen und frei.« (ebd., S. 187).

Der Umstand, dass es in Dostoevskijs Romanen relativ häufig zu Sprechakten kommt, in denen eine Figur auf Überlegungen zu sprechen kommt, die ihr Gesprächspartner zwar angestellt, aber gar nicht ausgesprochen hat – ein Umstand, den Bachtin selbst bemerkt – (vgl. ebd., S. 290), wird von manchen Kritikern als mit dem polyphonen Prinzip nicht vereinbar gewertet. So heißt es bei Matthias Freise unter Bezug auf ähnliche Überlegungen von Albert Camus:

> »Dostoevskij läßt die Dramen, die sein Innerstes zerreißen, mit verteilten Stimmen auf der Bühne abrollen. Das erklärt die – realistisch reichlich unmotivierte – schlafwandlerische Sicherheit, mit der die Helden einander einschätzen, wunde Punkte treffen und im Gespräch die den Anderen quälenden metaphysischen Fragen stellen.« (Freise 1993, S. 278).

Diesem Einwand kann man zunächst entgegenhalten, dass es auch ›im wirklichen Leben‹ durchaus vorkommen kann, dass Menschen einander ›durchschauen‹ oder unbewusst den Finger auf die offene Wunde im Seelenleben eines anderen legen. Entscheidend für ihren polyphonen Charakter ist jedoch, dass Dostoevskij

> »in seinen Romanen und Erzählungen nie klar und eindeutig erkennen [lässt], mit welcher seiner Gestalten er sich am meisten identifiziert hat, welches sein eigener Standpunkt jeweils gewesen ist.« (Schleißheimer 1996, S. 229).

Ein anderer Einwand, der in die gleiche Richtung zielt, besagt, dass die Figurenrede bei Dostoevskij gar nicht so individuell gestaltet sei, dass man tatsächlich von mehreren Stimmen, geschweige denn von einer Polyphonie sprechen könne. Ausschlaggebend für jene Mehrstimmigkeit, die Bachtin im Sinn hatte, ist jedoch nicht die phraseologische, sondern die **ideologische Differenzierung** der einzelnen Figuren. Die phraseologische Differenzierung führt nach Bachtin zur **Heteroglossia**; die ideologische zur **Polyphonie**. So stellt es auch Boris Uspenskij in seiner *Poetik der Komposition* dar (vgl. Uspenskij 1975, S. 24). Seine Definition lautet daher: Wenn in einem Roman »die verschiedenen Standpunkte einander nicht untergeordnet, sondern prinzipiell gleichberechtigt dargeboten werden, haben wir es mit einem polyphonen Werk zu tun« (ebd., S. 19).

Aufgehoben ist im mehrstimmigen, weltanschaulich differenzierten Roman also die Schwerkraft des autoritären Wortes, das alle Figurenreden in seinen Bann zieht und so im Text eine zentripetale Funktion ausübt. Doch ebenso wenig wie im homophonen Roman alle Äußerungen in einer apodiktischen Formel zusammengefasst werden, führt die zentrifugale Dynamik des polyphonen Romans zur Kakophonie. Der Autor macht hier nicht etwa keinen Gebrauch von seiner Gestaltungskraft, sondern er »macht – ähnlich wie Einstein in der Physik – die Gültigkeit jeder Aussage abhängig vom Standpunkt dessen, der die Betrachtung anstellt« (Chvatík 1987, S. 221). Das schließt nicht aus, dass der Autor seinerseits wie ein Dirigent bestimmte Werkakzente bzw. Akkorde setzt (vgl. ebd., S. 224).

Es verhält sich demnach nicht so, dass der polyphone Roman der Homophonie aller übrigen poetischen Gattungen gegenübersteht. Der polyphone löst den homophonen Roman auch nicht einfach ab. Vielmehr setzen diese beiden Spielarten der Erzählkunst den mimetischen **Agon** fort, von dem der Roman lebt, seitdem sich Cervantes gegen den Ritter- und Schelmenroman gewandt hatte (vgl. Reed 1981). Die Dialektik von Genre und Countergenre, die damals begann und bei Richardson, Fielding und Sterne ihre Fortsetzung erfuhr, tritt mit dem Gegensatz von Tolstoj und Dostoevskij in eine neue Phase (vgl. Bachtin 1971, S. 303). Während der homophone Roman oft besser geeignet ist, die zeitliche Dimension des Daseins zu erfassen, lässt sich die Spracharena, die der polyphone Roman erzeugt, eher an räumlichen Koordinaten festmachen. Allerdings kann man das gleichsam synchrone Diskursuniversum der Polyphonie dadurch in eine diachrone Betrachtungsweise rücken, dass man es wie im *Ulysses* durch intertextuelle Bezüge mit einem doppelten Boden versieht. Joyce' Roman gewinnt vor dem Hintergrund des homerischen Epos eine Geschichtlichkeit, wie sie in dieser Form weder bei Tolstoj noch bei Dostoevskij vorliegt.

> »Jedenfalls gibt es kaum einen anderen Text, dem Bachtins Terminologie und Auffassung von der ›Polyphonie‹ im Roman so auf den Leib geschnitten ist wie gerade dem Ulysses – wenn auch Joyce' Roman in Bachtins Untersuchungen keine Rolle spielt.« (Žmegač 1990, S. 314).

Es ist allerdings wichtig, auch die Verbindung zwischen Bachtins Essay über die Beziehung von *Autor und Held in der ästhetischen Tätigkeit*, seinem **Konzept des innerlich überzeugenden Sprechens** und dem Phänomen der Polyphonie zu sehen: ein Thema des modernen Romans besteht ja in der Frage nach der Verantwortlichkeit des einzelnen, der sich einer Vielzahl von Einflüssen ausgesetzt sieht und **eine eigene Weltanschauung bilden** muss. Das ist eine architektonische, an den gesellschaftlichen Dialog gebundene Aufgabe, die nicht an fremde Instanzen und Autoritäten delegiert werden kann.

Von den Schwierigkeiten dieser Selbstbestimmung handelt unter anderem »Die Geschichte des Franz Biberkopf«, die Alfred Döblin in seinem Roman *Berlin Alexanderplatz* (1929) erzählt. Der Titelheld muss sich hier gegen zahlreiche Einflüsterungen aus seiner Umwelt behaupten. Erst läuft er mehr oder weniger orientierungslos im Zick-Zack-Diskurs durch die Metropole, um seiner Verantwortung auszuweichen. Dann holt ihn das Schicksal ein, untergräbt sein Selbstbewusstsein und lässt Biberkopf beinahe gänzlich verstummen. Erst im qualvollen Zwiegespräch mit dem Tod hört er endlich auf die Stimme der Vernunft. Dieser Geschichte entspricht die Struktur des Romans, den Döblin selbst als homophon bezeichnet hat, weil die Berliner Metropole zwar den vielstimmigen Chor, die Person des Titelhelden aber die zentrale Gestalt des Dramas bildet. Der Alexanderplatz, der metonymisch für die moderne Massengesellschaft steht, ist der stimmgewaltige, vielköpfige Antagonist des Protagonisten – eine polyphone Geräuschkulisse, ein ideologischer Marktplatz, eine Kampfarena von Weltanschauungen. Der Leser muss sich in dieser künstlerisch organisierten Rede-, Stimmen- und Sprachenvielfalt ebenso orientieren wie die Hauptperson, auch er muss das chaotische Diskursuniversum durchschreiten, um zu einer schlüssigen Lesart der Geschichte zu gelangen. So gesehen laufen in *Berlin Alexanderplatz* die beiden stilistischen Linien des Romans zusammen, die Bachtin folgendermaßen unterschieden hatte:

> »Die Romane der ersten stilistischen Linie treten mit dem Anspruch auf, die Redevielfalt der Umgangssprache und der alltäglichen und halbliterarischen Schriftgattungen zu organisieren und stilistisch zu ordnen. Die Romane der zweiten Linie jedoch verwandeln diese organisierte und veredelte Alltags- und Hochsprache in das substantielle Material der Orchestrierung und die Menschen dieser Sprache, d. h. die ›literarischen Menschen‹ mit ihrem literarischen Denken und literarischen Handeln, in ihre Helden.« (Bachtin 1979, S. 265).

Biberkopf ist zuweilen ein lautstarker Angeber, zuweilen aber auch nur ein kleinlauter Maulheld, der mal als Mitläufer, mal als Quertreiber auftritt und von den zentrifugalen und zentripetalen Kräften des verbal-ideologischen Lebens hin- und hergestoßen wird, bis er schließlich erkennt, dass es im Leben kein Alibi gibt.

Die **Unterscheidung zwischen den zentripetalen und den zentrifugalen Kräften** des verbal-ideologischen Lebens geht auf Bachtins Studie *Das Wort im Roman* zurück. Sie betrifft neben der Linguistik auch die traditionelle Stilistik, an der Bachtin bemängelt, dass sie der Eigenart des Prosawortes nicht gerecht geworden sei, weil sie es entweder am Ideal des einheitlichen Stils und dem Anspruch einer künstlerisch veredelten Schrift- und Hochsprache gemessen oder bloß moralisch beurteilt habe. Vor allem mit der Vielschichtigkeit der verbalen Romankomposition seien viele Interpreten des Romans nicht zu Recht gekommen. Diese Vielschichtigkeit lässt sich nach Bachtin in fünf Grundtypen gliedern:

1. das direkte literarisch-künstlerische Erzählen des Autors (in allen seinen vielfältigen Varianten);
2. die Stilisierung verschiedener Formen des mündlichen, alltäglichen Erzählens;

3. die Stilisierung verschiedener Formen des halbliterarischen (schriftlichen) alltäglichen Erzählens (Briefe, Tagebücher etc.);
4. verschiedene Formen der literarischen, nicht-künstlerischen Autorrede (moralische, philosophische, wissenschaftliche Erörterungen, rhetorische Deklamationen, ethnographische Beschreibungen, protokollarische Informationen etc.);
5. stilistisch individualisierte Reden der Helden. (Bachtin 1979, S. 156).

Dank seiner Fähigkeit, die unterschiedlichsten Redegenres und Sprecherrollen zu kombinieren, steht der Roman in einem besonders engen Kontakt zu den alltäglichen Erscheinungsformen: »die innere Aufspaltung jeder Sprache im je einzelnen Moment ihres geschichtlichen Daseins ist die notwendige Voraussetzung für die Romangattung« (ebd., S. 157); demgegenüber ist die einheitliche Sprache »immer ein Projekt und steht in jedem Augenblick des sprachlichen Lebens der tatsächlichen Redevielfalt gegenüber« (ebd., S. 164). Bachtin ordnet das Projekt der Nationalsprache, der Hochlautung und Lexikalisierung ebenso wie die normative Poetik und die traditionelle Stilistik den zentripetalen Kräften der verbal-ideologischen Vereinheitlichung, und die Stimmen-, Rede- und Sprachenvielfalt, die der Roman reflektiert, den zentrifugalen Kräften des sprachlichen Lebens zu. Während die zentripetalen Kräfte zum Monolog tendieren, halten die zentrifugalen Kräfte den sozialen Dialog offen und anschlussfähig für weitere Äußerungen, alternative Meinungen und neue Lesarten der Welt.

Man sollte sogleich hinzufügen, dass es natürlich monologisierende Prosawerke wie den Thesenroman oder dialogisch strukturierte Werke im Bereich der Lyrik und Dramatik gibt. Im Übrigen sind die zentripetalen und die zentrifugalen Kräfte der Sprache dialektisch als **Integrations- und Differenzierungsmomente** zu verstehen. »Sprachen stellen monumentale Kompromisse dar, ihr Gleichgewicht ist instabil, da sie dem Lauf der Zeit mit gegensätzlichen Zwängen unterliegen.« (Hagège 1987, S. 54). Einerseits muss die Mannigfaltigkeit der Erscheinungen, damit man sich über sie verständigen kann, begrifflich geordnet werden; andererseits darf diese Komplexitätsreduktion nicht zum Ausschluss kontingenter Deutungsmöglichkeiten führen.

Im Zweifelsfall votiert Bachtin freilich für die zentrifugalen Kräfte. Hinter diesem Votum steht seine Erfahrung des stalinistischen Terrors, der mit seiner pluralistischen Gesinnung nicht vereinbar war. Die totalitären Züge der verbal-ideologischen Monologisierung, die auch die nationalsozialistische Sprachlenkung bestimmten und in der Sowjetunion ebenso wie im Dritten Reich erst zur Buchzensur und dann zur Liquidation Andersdenkender geführt haben, machen die politische Dimension des Dialogs deutlich, ohne den es weder eine Freiheit der Meinung noch eine offene Gesellschaft geben kann.

Die unzähligen Worte und Widerworte, die den sozialen Redeverkehr in einer offenen Gesellschaft auszeichnen, erzeugen »im Rahmen der abstrakt einheitlichen Nationalsprache eine Vielzahl konkreter Welten« (Bachtin 1979, S. 185) und verhelfen dem Roman, der diese dialogische Weise der Welterzeugung vor Augen führt, zu seiner spezifischen Poetik:

> »Der Entwurf des Gegenstandes durch das Wort ist dialogisch. Aber darin erschöpft sich die innere Dialogizität des Wortes keineswegs. Nicht nur im Gegenstand trifft das Wort auf

> ein fremdes, Jedes Wort ist auf eine Antwort gerichtet [...]; es provoziert die Antwort, nimmt sie vorweg und formt sich auf sie hin.« (ebd., S. 172).

Bachtin erweitert also das traditionelle Konzept der Mimesis: Die Sprachkunst imitiert nicht einfach die Form der Gegenstände, sie ist zugleich Nachahmung und Vorahmung des Dialogs, der den Dingen ihre sprachliche Gestalt verleiht. Anders als der Ideologe, dem es darum geht, seine Weltanschauung durchzusetzen, vertreibt der Romancier

> »die fremden Intentionen nicht aus der rededifferenzierten Sprache seiner Werke [...] Deshalb werden die Intentionen des Prosaschriftstellers gebrochen, und zwar unter verschiedenen Winkeln, je nachdem, wie stark die sozioideologische Fremdheit, Intensität und Objekthaftigkeit der brechenden Sprache der Redevielfalt ist.« (ebd., S. 190 f.).

Die **Erzählperspektive** ist also nicht nur eine Sammellinse, die verschiedene Aspekte der Welt zusammenfasst, sie erfüllt auch die komplementäre Funktion des Prismas, da die narrative Optik so facettenreich wie die menschliche Sprache sein kann und ein breites Meinungsspektrum erzeugt.

2.6 Der Roman als hybride Konstruktion

Im Brennpunkt von Bachtins Interesse stehen dabei vor allem die bereits erwähnte hybride Äußerung, »die ihren grammatischen (syntaktischen) und kompositorischen Merkmalen nach zu einem einzigen Sprecher gehört, in der sich in Wirklichkeit aber zwei Äußerungen, zwei Stile, zwei ›Sprachen‹, zwei Horizonte von Sinn und Wertung vermischen« (ebd., S. 195). Hybride Äußerungen gibt es auf der Ebene der Figurenrede, wo jeder Charakter von einer **Dialogzone** umgeben ist, es gibt sie auf der Beziehungsebene von Autor und Held, zwischen Held und Erzähler, Erzähler und Autor sowie auf der intertextuellen Ebene – Stichwort: Parodie. Kurzum:

> »Jeder Roman ist in seiner Gesamtheit, vom Standpunkt der in ihm verkörperten Sprache und des Sprachbewußtseins aus betrachtet, eine Hybride.« (ebd., S. 251).

Eine weitere wichtige Anmerkung betrifft das innerlich überzeugende Wort, das Bachtin von der autoritären Rede, die von außen auf den Menschen eindringt, unterscheidet (vgl. ebd., S. 229). Das autoritäre Wort zielt auf die Unterwerfung des einzelnen unter eine fremde Stimme und ihren Monolog; es dient dem Führerprinzip. Dagegen bildet sich das innerlich überzeugende Wort im sozialen Dialog und im persönlichen Zwiegespräch. Der Leser kann nun nicht nur die Romanfiguren und die Rolle der Ich- und Er/Sie-Erzähler anhand dieser Unterscheidung beurteilen, er kann sie auch auf sich selbst beziehen und auf seine Interaktion mit dem Text anwenden: das stumme Lesen, das der Romanrezeption eigen ist, rückt sic in dic Nähc des Zwiegesprächs. Die Romanlektüre bewegt sich sozusagen auf der Grenze zwischen der interpersonalen und der intrapersonalen Verständigung, sie stellt eine Selbst-Vermittlung von Bedeutung auf der Grundlage einer Äußerungsfolge dar, die ein anderer entworfen hat. Obwohl also Zwiegespräch und Romanlektüre auf den ersten Blick monologisch anmuten, erweist eine nähere Betrachtung den dialogischen Charakter dieser Diskursformen.

Don H. Bialostosky sieht das Spezifikum der **Dialogizität**, wie sie Bachtin beschrieben hat, darin, dass es eine rigide Trennung von Person und Idee, Meinung und Urheber verbietet. Weil alle Äußerungen von Menschen stammen und damit auf das ideologische Milieu und das Feld der zwischenmenschlichen Kontakte verweisen, kann man sie nicht auf einen wertneutralen Aussagekern reduzieren. Eine Proposition von ihrem Autor und der Diskurssituation zu isolieren, heißt, den Sinn der Äußerung um wesentliche Bedeutungsmomente zu amputieren (vgl. Bialostosky 1986, S. 788 f.). Der dialogische und ideologische Wert einer Äußerung lässt sich also nur bestimmen, wenn man den Gesprächsverlauf, die Positionen und Rollen der Gesprächspartner und den Kontext ihrer Auseinandersetzung kennt. Dabei ist das Gespräch eine kreative Tätigkeit, die immer wieder zu gewissen Akzentverschiebungen führt. Das Modell dieser Tätigkeit ist das *Symposion*, **der sokratisch-platonische Dialog**, in dem die Teilnehmer ihre Vor-Einstellungen im Meinungsaustausch überwinden und zu einer vertieften Erkenntnis des Gegenstandes gelangen. Nicht die restlose Übereinstimmung, sondern die wechselseitige Ergänzung der Betrachtungsweisen, die Kreation einer überlegenden Lesart, bildet die Leitidee des Symposions (vgl. ebd., S. 790). Dabei kann ein jeder zur Hebamme der Gedanken eines anderen werden – eine Aufgabe, die bei Platon vor allem Sokrates übernimmt. John H. Smith hat darauf hingewiesen, dass es die von Sokrates für sich reklamierte **Hebammenkunst der Gedankenführung** auch bei Kant gibt. In der *Methodenlehre zu seiner Metaphysik der Sitten* aus dem Jahr 1797 heißt es:

> »wenn jemand der Vernunft des Anderen etwas abfragen will, so kann es nicht anders als dialogisch, d. i. dadurch geschehen: daß Lehrer und Schüler einander wechselseitig fragen. Der Lehrer leitet durch Fragen den Gedankengang seines Lehrjüngers dadurch, daß er die Anlage zu gewissen Begriffen in demselben durch vorgelegte Fälle bloß entwickelt (er ist die Hebamme seiner Gedanken).« (zitiert nach Smith 1985, S. 209).

Auch wenn sich die Mitglieder der Sprachgemeinschaft nicht in jeder Gesprächssituation als Lehrer und Schüler gegenüberstehen – der private und öffentliche Diskurs hat immer etwas von einem Symposion, von einer wechselseitigen Aufklärung, in der eine gemeinsame Kritik der Vorurteile betrieben wird. Allerdings kann die Dialektik der Aufklärung die Sprach- und Forschungsgemeinschaft auch in ihr Gegenteil, also in eine Gesellschaft verwandeln, deren Mitglieder sich wechselseitig in ihren Vorurteilen bestärken. Eine dem Ideal der Aufklärung verhaftete Romantheorie, wie sie zum Beispiel Blanckenburg vorgelegt hatte, lässt den Roman als eine kommunikative Handlung erscheinen, in der dem Leser bestimmte (Vor-)Fälle – d. h. in aller Regel: Geschichten – vorgelegt werden, damit er die in ihnen angelegten Begriffe entwickeln kann. Eine eher skeptische Lesart würde zumindest in Rechnung stellen, dass nicht jeder Roman diesem didaktischen Konzept verpflichtet ist. Wird der Leser, wie im **Thesenroman**, auf eine bestimmte Weltanschauung verpflichtet und vom Autor gleichsam bevormundet, kann er sich nicht zu dem »Selbst-Denker« (Lichtenberg) entwickeln, auf den es Sokrates, Kant und Bachtin abgesehen haben. Demgegenüber werden die Leser im dialogisch orientierten Roman für die relative Gleichrangigkeit und Gleichzeitigkeit der Ansichten und Meinungen sensibilisiert.

»Jedes literarische Wort spürt mehr oder weniger deutlich seinen Zuhörer, Leser und Kritiker und spiegelt seine antizipierbaren Einwände, Urteile und Gesichtspunkte wider. Außerdem spürt das literarische Wort ein anderes Wort, einen anderen Stil neben sich.« (Bachtin 1971, S. 219).

Ein anschauliches Beispiel dafür stellt der Briefroman dar, der selbst dann, wenn er sich nur auf die Wiedergabe der Briefe eines Absenders konzentriert, nicht aus in sich abgeschlossenen Monologen, sondern aus dialogischen Sprachzügen besteht. Dabei stellt sich der Verfasser auf den Empfänger der Briefe ein, d. h. der Romanschriftsteller schlüpft in die **Genreform-Maske** des Briefschreibers, einer Sonderform des Ich-Erzählers; der Leser, der seine Sicht der Dinge auf diese Erzählperspektive einstellt, läuft wie der Romanschriftsteller beständig zwischen den einzelnen Briefen und ihren (ausgesparten) Antwortschreiben hin und her – er nimmt die einzelnen Äußerungen der Figur, die als Briefautor fungiert, also dialogisch wahr. Unter diesem Blickwinkel wird die Ausdrucksweise der Figur in mehr als einer Hinsicht auslegungsrelevant: im Hinblick auf ihren Gegenstand, im Hinblick auf das Bild des Empfängers, das sich der Briefschreiber macht, und im Hinblick auf das Selbstporträt, das er freiwillig oder unfreiwillig von seiner eigenen Person liefert, indem er sich so oder so artikuliert.

2.7 Der Chronotopos

Die Kategorie des Chronotopos, die Bachtin von A. A. Uchtomski (1875–1942) übernahm und in seinem Buch *Formen der Zeit im Roman* (1937/38) verwendete, ist mit den Konzepten der Dialogizität und des ideologischen Milieus abgestimmt und ein weiterer Eckstein seiner architektonischen Romantheorie. Dabei erfüllt der ›**Chronotopos**‹ (von griech. ›chronos‹: Zeit und ›topos‹: Ort) in einem Erzählwerk gleich mehrere Funktionen: Er ist zum einen, produktionsästhetisch betrachtet, für das Genre, die Handlung und das Bild der handelnden Menschen, das ein solches Werk vermittelt, konstitutiv. Zum anderen dient er aus rezeptionsästhetischer Sicht dazu, dass sich die Leser im Rahmen der **Anschauungsformen von Raum und Zeit** ein Bild von den erzählten Ereignissen und ihrer Bedeutung machen können.

Grundlage der chronotopischen Anlage aller Geschichten ist, dass sich Ereignisse stets an bestimmten Orten zu bestimmten Zeitpunkten abspielen, dass die Schauplätze und die historischen Rahmenbedingungen die Handlungsmöglichkeiten des Menschen bestimmen, und dass der Mensch die Welt immer nur als Ausschnitt erlebt. »Im Chronotopos werden die Knoten des Sujets geschürzt und gelöst« (ebd., S. 200), er ist keine rein analytische oder abstrakte, sondern eine sehr konkrete, Raum und Zeit synthetisierende Anschauungsform (vgl. ebd., S. 8).

Mit dem Prinzip der Dialogizität ist diese hybride Anschauungsform dadurch verbunden, dass sich der Mensch, wie jedes Lebewesen, immer in einer Umgebung aufhält, auf die er sich mit seinem Verhalten einstellen muss, dass er an die anderen Lebewesen in seiner Umgebung Signale sendet und auch von ihnen Signale empfängt. Der Chronotopos ist, mit anderen Worten, immer eine **Kontaktzone** und dort, wo es um menschliche Kontakte geht, mit dem ideologischen Milieu der einzelnen Interaktionspartner verbunden.

Grundsätzlich kann man davon ausgehen, dass Chronotopoi geschichtsträchtige Schauplätze mit einer situativen Bedeutung sind. Sie offenbaren, wie menschliche Beziehungen, Handlungen und Bewusstseinsvorgänge in ihre Umwelt eingebettet sind und auf diese Umwelt wirken (vgl. Morson/Emerson 1990, S. 367). In der Literatur erweisen sich der Chronotopos, das Figurenensemble, das Handlungsgerüst und das Genre häufig als relationale Größen. So hat zum Beispiel Agatha Christie viele Kriminalromane, um den Kreis der Verdächtigen zu begrenzen und ihre Lebensgeschichten miteinander zu verflechten, in den abgesonderten Lebensräumen einer geschlossenen Gesellschaft spielen lassen, zu der sich der Detektiv wie ein randständiger Beobachter verhält. Auch das Motiv und der Tathergang sind dabei häufig milieubedingt, so dass sich der gesamte Roman chronotopologisch aufschlüsseln lässt. An einem anderen Schauplatz hätte der Leser andere Figuren mit anderen Lebenseinstellungen und Werthaltungen angetroffen.

Zuweilen kann die Umgebung ein metonymischer oder metaphorischer Ausdruck des Charakters sein (vgl. Wellek/Warren 1972, S. 239); neben der Figur, die durch ein Milieu geprägt ist, finden sich solche, die ihrerseits ein Milieu prägen. Oft verhält es sich so, dass die Hauptfigur den Chronotopos, dieser jedoch die Nebenfiguren bestimmt. Auch der ›point of view‹ umfasst natürlich räumliche und zeitliche Aspekte, d. h. er ist **historisch lokalisiert** und auf bestimmte Weltausschnitte fokussiert. Dieser Spezifikation der Erzählhaltung entspricht zumeist auch eine bestimmte Werthaltung des Erzählers, der als Kind seiner Zeit aufgewachsen ist und einem bestimmten ideologischen Milieu entstammt. Infolgedessen kann Bachtin die Form-Inhalt-Kategorie des Chronotopos in seinem Buch *Formen der Zeit im Roman* (1937/38) benutzen, um die **Geschichte der abendländischen Erzählkunst** am Leitfaden ihrer Fähigkeit, den Menschen und seine Welt im Prozess des Werdens zu schildern, abzuwickeln.

Ausgangspunkt dieser historischen Poetik ist der antike Roman, der bereits »eine gewisse enzyklopädische Allseitigkeit anstrebt« (Bachtin 1989, S. 12) und den Abenteuerchronotopos in die Erzählliteratur einführt. Die einzelnen Momente der Zeitreihe sind dabei noch umkehrbar, die Räume, an denen das **Abenteuer** stattfindet, weitgehend austauschbar (vgl. ebd., S. 26). Der Mensch erlebt zwar Abenteuer, er wandelt sich durch sie jedoch nicht wirklich (vgl. ebd., S. 31).

Erst der sogenannte **Prüfungsroman** realisiert, dass sich der Held wandeln muss, um die ihm gestellte Lebensaufgabe zu lösen. Lange Zeit ist der Held dabei jedoch noch kein individueller Charakter, sondern ein Typus, beispielhafter Vertreter eines sozialen Kollektivs, das in seiner Treue oder Tapferkeit Gemeinschaftswerte sieht (vgl. ebd., S. 33 f.). Eine echte Verwandlung, eine **Charakter-Metamorphose**, findet erst dort statt, wo die Abenteuerzeit mit dem Raum der alltäglichen Erfahrung verknüpft wird und gewöhnliche, in der Gegenwart von Autor und Leser lebende Menschen die Heroen der Vorzeit ablösen. Das ist zuerst nur im satirischen Roman, etwa bei Apuleius, der Fall (vgl. ebd., S. 38 f.). In seinem *Goldenen Esel* wird ein Menschenleben anhand seiner Krisenmomente interpunktiert, wird gezeigt, wie ein Mensch ein anderer wird – wobei die Verwandlung durchaus noch wunderbare

Züge trägt (vgl. ebd., S. 43). Die Metamorphosen enden mit einer Konversion, sie verbinden den Typ des abenteuerlichen **Alltagsromans** mit dem Genre der **Bekenntnisliteratur**, dessen Paradigma die *Confessiones* des Hl. Augustinus bilden. In ihnen geht es bereits ausdrücklich um die Verantwortlichkeit des Menschen, in erster Linie um die Verantwortung seines Lebens vor Gott; später dann – wie bei Rousseau – auch um seine Rechtfertigung vor den Zeitgenossen und der Nachwelt.

Der **Schelmenroman** verbindet das Erzähl-Modell der Bekenntnisliteratur, die Lebensbeichte, mit dem Chronotopos des bürgerlichen Alltagsromans, der schon bei Apuleius eine gesellschaftskritische Funktion hatte. Er schildert, wie ein Mensch durch die Gesellschaft zum Schelm gemacht wird und seiner Umwelt den satirischen (Zerr-) Spiegel vorhält. Während die einzelnen Widersacher des Schelms eine Typenrevue nach Art der Ständesatire bilden, verweist sein Erzählverhalten auf die Ahnengalerie der Hofnarren und Eulenspiegel.

Aus dem Schelm wird im Verlauf der Neuzeit ein Hochstapler, ein Emporkömmling, manchmal auch ein Philister, aus seinem **Sittengemälde** eine comédie humaine. Eingebettet ist diese Entwicklung in die Ausdifferenzierung der modernen Gesellschaft, durch die ihre Lebenswelt immer komplexer, das Schicksal des einzelnen jedoch immer kontingenter wird. Nach wie vor bildet sich das Selbst des Romanhelden in der Auseinandersetzung mit seiner Um- oder Mitwelt, nach wie vor bildet die Form-Inhalt-Kategorie des Chronotopos den Verständnisrahmen der vorgestellten Wirklichkeit. Der Akzent scheint sich jedoch vom dargestellten Abenteuer auf das Abenteuer der Darstellung zu verlagern; der **Roman** wird zum **Laboratorium des Erzählens**, zum groß angelegten **Gedankenexperiment**, zum Versuch, die Außenwelt über die Innenwelt des Helden erfahrbar zu machen. Am vorläufigen Schlusspunkt der Entwicklungsreihe steht bei Bachtin (wie bei Butor) der polyphone Roman, aus heutiger Sicht vielleicht die **Metafiktion**, die von den historischen Bedingungen der Möglichkeit, eine Geschichte zu erzählen, handelt.

Nur als Fragment erhalten geblieben ist Bachtins Essay über den **Bildungsroman**, der den historischen Verlauf etwas anders akzentuiert, um das besondere Verdienst von Goethe um den historischen Chronotopos herauszustreichen. Der Roman zeigt zunächst vergleichsweise statische Helden in einer ahistorischen Welt, entwickelt dann einen dynamischen Handlungsbegriff, der auch sein Menschenbild als wandelbare Größe erweist. Der allmählichen Entdeckung der weiten Welt korrespondiert die psychologische Vertiefung der Lebensreise und Charakterbildung, dem allmählichen Abbau der Tabuzonen folgt das Eindringen in die Intimsphäre des Menschen.

An Goethe nun schätzte Bachtin vor allem die Fähigkeit, ›die Zeit im Raum zu sehen‹, die zugleich die Fähigkeit ist, den Lesern den organischen Zusammenhang zwischen dem Werden des Menschen und dem Werden der Welt vor Augen zu führen. **Goethes Romane veranschaulichen Zeit-Räume im Wandel**, zeigen Menschen, die sich im gleichen Ausmaß wie ihr ideologisches Milieu ändern (vgl. Bachtin 1986, S. 25 ff.). Die Zeit selbst erscheint in Goethes Bildungsromanen als eine kreative Kraft, die Gegenwart ist hier eine von Menschen hergestellte Wirklichkeit, die als Schnittstelle von Vergangenheit und Zukunft, d. h. als ein Ereignis begriffen wird (vgl. ebd., S. 33 f.).

2.8 Literatur und Karneval

Offensichtlich ist, dass Bachtins historische Poetik, so wie in seiner Studie zum Chronotopos und in seinem Essay zum Bildungsroman zum Ausdruck kommt, zahlreiche Parallelen zum *Mimesis*-Buch von Erich Auerbach aufweist, in dem es ja ebenfalls um die Nachahmung der alltäglichen Erfahrungswelt in ihrer Geschichtlichkeit geht. Was nun den karnevalesken Chronotopos anbelangt, so muss man dazu nicht nur Bachtins Buch über die *Formen der Zeit im Roman*, sondern auch seine umfangreiche Monographie über *Rabelais und seine Welt* sowie den Aufsatz »Epos und Roman« heranziehen.

Rabelais' Werk entstand in der Renaissance, die als historische Epoche insofern einmalig ist, als sie einen tief greifenden Einstellungswandel vor dem Hintergrund einer allgemeinen Zweisprachigkeit bewirkt hat. Für Bachtin war es daher alles andere als ein Zufall, dass just zu dieser Zeit der moderne Roman entstand. In *Gargantua et Pantagruel* verbindet sich das enzyklopädische Wissen des Mittelalters mit der Gesinnung des Humanismus, wird die lateinische Hochkultur mit den volkssprachlichen Mitteln des Karnevals parodiert, indem die feudalen Unterschiede aufgehoben oder in ihr Gegenteil verkehrt werden (vgl. Bachtin 1987, S. 511).

Der **Chronotopos des Karnevals ist der Marktplatz**, an dem die Maskenumzüge zusammenlaufen, an dem der Narrenkönig, der die verkehrte Welt regiert, gekürt und das tolle Treiben, das maßlose Essen und Trinken, das Ausleben der Sexualtriebe, die Geste der Entblößung und die Erniedrigung alles Erhabenen auf die Spitze getrieben werden. Gefeiert wird im Karneval die Fruchtbarkeit der Natur, die sich im Kreislauf der Jahreszeiten regeneriert und das makrokosmische Pendant zum Mikrokosmos des menschlichen Leibes darstellt, der seinerseits wiederum einen integralen Bestandteil des **Volkskörper**s bildet. Die närrische Verkleidung und groteske Gestaltung dieser Körperschaften ist auch eine ironische Kontrafaktur der christlichen Gemeinde mit ihrem kirchlichen Oberhaupt und ihrem weltlichen Arm.

Während der Gottesstaat in seinen hierarchischen Verhältnissen erstarrt, ist der groteske Leib in einer unaufhörlichen **Metamorphose** begriffen: »er ist nie fertig und abgeschlossen, [...] er verschlingt die Welt und läßt sich von ihr verschlingen.« (ebd., S. 358). Das soziale Lachen, das dabei entsteht, befreit den Menschen von der inneren wie von der äußeren Zensur und vertreibt die Angst, die dem einzelnen von den kirchlichen und weltlichen Autoritäten eingeflößt wird (vgl. ebd., S. 143).

Weder Bachtins Rabelais-Interpretation noch seine Auffassung vom Karneval sind unwidersprochen geblieben. Morson und Emerson meinen, dass die radikale Unabschließbarkeit des Karnevals die übrigen Konzepte Bachtins zugleich ergänze und unterminiere (vgl. Morson/Emerson 1990, S. 452). Andere halten seine Idee der Lachkultur für unkritisch und ahistorisch (vgl. Bernstein 1986, S. 113 f.) oder für allzu optimistisch.

> »Bachtin deutet hin und wieder an, daß der Karneval eng mit dem Marktleben und den Marktgesetzen liiert ist. Er hätte bedenken sollen, daß die aus dem Karnevalsgeschehen hervorgehenden Gattungen nicht nur die demokratische Kritik, sondern auch die destruktive Wirkung der Marktgesetze und der Vermittlung durch den Tauschwert in sich aufnehmen.« (Zima 1991, S. 122).

Relativieren lässt sich Bachtins Konzept des Karnevals auch anhand der funktionalen Gleichrangigkeit von **Narrenkönig und Sündenbock**, die René Girard festgestellt hat (vgl. Girard 1987, S. 214 f.), sowie anhand der historischen Studien von Emanuel Le Roy Ladurie zum Karneval in Romans (vgl. Le Roy Ladurie 1989).

Offenbar ist Bachtins Karneval ein idealtypisches, um nicht zu sagen utopisches Konzept mit kompensatorischen Funktionen. Es wäre jedoch verfehlt, die Gründe dafür einzig und allein im persönlichen Leben Bachtins zu suchen – etwa darin, dass die **Beschreibung des grotesken Leibes, der sich im Kreislauf der Natur erneuert**, von einem Mann stammt, der seit seinem sechzehnten Lebensjahr an Osteomylitis litt, häufig ans Bett gefesselt war und 1938 das rechte Bein amputiert bekam. So sehr dieses Leiden Bachtins **Sensibilität für die somatische Semiotik** geschärft haben dürfte – die Lachkultur ist in ihrer Disziplinlosigkeit zunächst einmal ein Gegenmodell zum stalinistischen Terrorregime. Das schließt nicht aus, dass sich die beiden Extreme in ihrer Tendenz zum Totalitären berühren. Im Karneval gibt es keine Trennung zwischen Zuschauern und Mitspielern; das tolle Treiben läuft auf eine restlose **Vereinnahmung des einzelnen durch das enthemmte Kollektiv** hinaus. Insofern sind die Parallelen zwischen dem Gesellschaftszustand der verkehrten Welt und dem Zustand der fanatisierten Masse kaum von der Hand zu weisen.

Für die Karnevalisierung der Literatur finden sich zu Beginn der Neuzeit nicht nur bei Rabelais einleuchtende Beispiele: Dazu gehören Sancho Pansas Statthalterschaft über eine »Insel auf dem festen Lande«, die Hanauer Narreninitiation des Simplicius Simplicissimus, die Inthronisation des Hahnenkönigs in Quevedos *Vida del Buscón* oder die Erzählung des Slawkenbergius im *Tristram Shandy*. Abzulesen ist an diesen Beispielen aber auch eine allmähliche Literarisierung des Karnevals, die von der Physiologie des grotesken Körpers zum humoristischen Roman führt (vgl. Montigel 1987).

2.9 Bachtin versus Lukács

Sowohl das Buch über *Rabelais und seine Welt* als auch die anderen Schriften von Bachtin verdeutlichen, dass er im Roman, ähnlich wie Lukács, ein komplexes Modell der geschichtlichen Welt sah, das Anlass zu weitreichenden philosophischen und methodologischen Überlegungen gab. Clark und Holquist berichten, Bachtin habe Lukács' *Theorie des Romans* ins Russische übersetzen wollen, dann jedoch von diesem Vorhaben Abstand genommen, als er von der Konversion des Verfassers zum Kommunismus und seiner Selbstkritik an diesem Buch erfuhr (vgl. Clark/Holquist 1984, S. 99). In seinem Aufsatz »Epos und Roman«, der im Wesentlichen eine Auseinandersetzung mit Lukács' These darstellt, dass der Roman wieder zum Epos werden müsse, vertritt Bachtin die Auffassung, dass es im Gegenteil gerade die **Überwindung des Epos durch den Roman** sei, die einen wirklichen Fortschritt der Menschheit bewirkt habe. Während das formvollendete Epos in einer absoluten Vergangenheit angesiedelt sei, die keine Verbindung zur zeitgenössischen Gesellschaft besitze, beziehe sich der Roman stets auf die unabgeschlossene Gegenwart, die ihn zu immer neuen Formexperimenten zwinge (vgl. Aucoutrier 1983, S. 237). Charakteristisch für den Roman und seine relative bzw. perspektivische Welterfassung ist daher, dass er »keiner seiner Spielarten die Möglichkeit gibt, sich zu stabilisieren« (Bachtin 1989, S. 213), und dass diese »Neigung zur Selbstkritik [...] den Roman als ein im Werden begriffenes Genre auszeichnet« (ebd., S. 214).

In der epischen Welt hingegen gibt es keinen Raum für das Unabgeschlossene, Ungelöste und Problematische (vgl. ebd., S. 224). Während der Held des Epos in seiner Rolle aufgeht, gesteht der Roman seinen Figuren Charaktereigenschaften zu, die nicht durch ihre dramatische Funktion determiniert sind. In ihnen scheint die Kontingenz, die Zufälligkeit der menschlichen Schicksale, aber auch die Freiheit der modernen Person auf, die immer wieder gegen totalitäre Gesinnungen und Machenschaften verteidigt werden muss (vgl. Emerson 1986, S. 34). Anstatt dem Roman wie Lukács eine **Gesinnung zur Totalität** zu unterstellen, soll er nach Bachtin ein offenes Kunstwerk, ein **Modell der Unabschließbarkeit** sein. Geteilt wird diese Ansicht u. a. von Milan Kundera, bei dem es heißt: »Der Roman als Modell dieser auf der Relativität und Ambiguität der menschlichen Dinge beruhenden Welt ist mit dem totalitären Universum unvereinbar.« (Kundera 1992, S. 22). Sein Gegner ist jede Ideologie, »in der es nur ein Wort, eine Wahrheit, einen Sinn gibt, und dessen Absurdität darin gipfelt, daß sie dieses einzige Wort in den Mund eines Menschen legt« (Chvatík 1987, S. 229 f.).

Die Verspätung, mit der Bachtins Romantheorie sowohl im post-stalinistischen Russland als auch im Westen aufgenommen wurde, hat dazu geführt, dass viele Ansätze der Erzählforschung, die zunächst ohne die Kenntnis seiner Werke entstanden waren, Berührungspunkte mit dem dialogischen Ansatz, der chronotopologischen Analyse und der pragmatischen Erweiterung der Linguistik zur Metalinguistik aufweisen. Diese Berührungspunkte sind so offensichtlich, dass sie im Folgenden nicht immer eigens benannt werden müssen. Das betrifft neben den Ausführungen von Butor insbesondere den pragmatischen Ansatz der Sprechakttheorie und den semiologischen Ansatz des Bachtin-Schülers Jurij M. Lotman.

3. Der pragmatische Ansatz

3.1 Anfangsgründe der Sprechakttheorie

In seinen Grundlagen der Zeichentheorie (1938) unterteilt Charles William Morris (1901–1971) die Semiotik in **drei Teildisziplinen.**

- Die **Semantik** beschäftigt sich mit den Beziehungen zwischen den Zeichen und den Gegenständen, die sie bedeuten.
- Die **Syntaktik** geht den Beziehungen der Zeichen untereinander nach und achtet dabei insbesondere auf die Regeln, nach denen Zeichenfolgen gebildet werden – also auf die Grammatik.
- Die **Pragmatik** schließlich untersucht die Beziehungen zwischen den Zeichen und den Zeichenbenutzern, von denen viele auf Gewohnheiten beruhen (vgl. Morris 1988, S. 24). »Aus der Perspektive der Pragmatik ist die Struktur einer Sprache ein Verhaltenssystem« (ebd., S. 56). Dabei geht es zum einen um die

Frage, was Menschen mit Zeichen machen; zum anderen aber auch darum, was Zeichen mit Menschen machen.

Es liegt auf der Hand, dass die semantischen, syntaktischen und pragmatischen Relationen einander wechselseitig beeinflussen: Ein Zeichenbenutzer wählt, je nachdem, welchen Zweck seine Zeichenhandlung erfüllen soll, ganz bestimmte Bedeutungsträger aus; umgekehrt nimmt ihre Verknüpfung Einfluss darauf, unter welchem Aspekt die Gegenstände, auf die sich die Zeichen beziehen, erscheinen. Menschen, denen etwas mitgeteilt wird, stellen sich auf die **Bedeutung** der Zeichen ein; Menschen, die etwas mitteilen wollen, machen von den Zeichen einen spezifischen **Gebrauch**. Der Sprachphilosoph Ludwig Wittgenstein (1889–1951) hat das Verhältnis von Semantik und Pragmatik daher folgendermaßen beschrieben:

> »Man kann für eine große Klasse von Fällen der Benützung des Wortes ›Bedeutung‹ – wenn auch nicht für alle Fälle seiner Benützung – dieses Wort so erklären: Die Bedeutung eines Wortes ist sein Gebrauch in der Sprache.« (Wittgenstein 1975, S. 41).

Die Sprechakttheorie hat diesen Gedanken aufgegriffen. Sie untersucht, wie Menschen Handlungen vollziehen, indem sie einzelne Äußerungen oder Äußerungsfolgen kundtun. *How to do things with words* lautet denn auch der Titel des 1962 erstmals veröffentlichten Buches, das die Überlegungen von John Langshaw Austin zu diesem Thema zusammenfasst.

Von zentraler Bedeutung ist für Austin das Verb ›**to perform**‹. Es bedeutet zum einen ›eine Handlung vollziehen‹; zum anderen aber auch ›etwas auf- oder vorzuführen‹. Austin ging zunächst davon aus, dass es **konstative und performative Äußerungen** gibt: solche, die etwas feststellen oder behaupten, und solche, die dem Vollzug einer Handlung gleichkommen. Während konstative Äußerungen entweder wahr oder falsch sind, können performative Äußerungen gelingen oder misslingen. Wenn jemand ein Schiff tauft, macht es wenig Sinn, in dieser Situation zu sagen: »Aber es ist doch gar nicht wahr, daß dieses Schiff so heißt.«

Nun stellt aber der Sprechakt der Namensverleihung – eben weil er behauptet, dass das Schiff nunmehr so und nicht anders heißt – in gewisser Weise auch eine Feststellung dar. Austin erkannte daher bald, dass seine einfache Unterscheidung zwischen den konstativen und den performativen Äußerungen einer näheren Betrachtung nicht standhält. Offenbar vollzieht man manchmal auch dadurch, dass man etwas behauptet oder feststellt, eine bestimmte Handlung. Ist die Behauptung »Es ist kalt« zum Beispiel als Aufforderung gedacht, die Heizung anzuschalten, kann sie wie jede performative Äußerung gelingen oder misslingen. Zumindest erschöpft sich ihr Zweck nicht einfach darin, eine Tatsache festzustellen.

Aus all dem folgt, dass man den Akt, etwas zu sagen, und den Akt, **etwas zu tun, indem man etwas sagt**, theoretisch auseinander halten muss, auch wenn diese beiden Aktionen in der Praxis mit nur einer Äußerung vollzogen werden. Der ›**lokutionäre Akt**‹ besteht darin, etwas zu sagen; er ist also der eigentliche Äußerungsakt; durch die Äußerung wird der ›**illokutionäre Akt**‹ vollzogen, also das, was man tut, indem man einen Befehl oder ein Urteil, eine Erklärung oder eine Beschreibung, eine Feststellung oder Behauptung äußert. Der ›**perlokutionäre Akt**‹ betrifft die Rolle, die der illokutionäre Akt im Rahmen einer bestimmten Situation spielt.

Befehle und Urteile sollen zum Beispiel ausgeführt, Erklärungen und Beschreibungen sollen nachvollzogen, Feststellungen und Behauptungen sollen anerkannt und gegebenenfalls in Taten umgesetzt werden. Die perlokutionäre Kraft einer Äußerung bemisst sich folglich an ihrer Wirkung (vgl. Austin 1979, S. 112–118).

Zu beachten ist, dass der lokutionäre, der illokutionäre und der perlokutionäre Akt nicht nacheinander vollzogen werden. Sie bilden keine Handlungsfolge, sondern die Einheit des Sprechaktes, der somit stets unter drei Gesichtspunkten betrachtet werden muss: dass etwas gesagt wird; was getan wird, indem es gesagt wird; und was dadurch bewirkt werden soll. Erweitert, verändert und auf das Problem der fiktionalen Rede angewendet wurde die Sprechakttheorie durch John R. Searle. Auch für ihn ist alles **Sprechen eine Form des regelgeleiteten Verhaltens** (vgl. Searle 1977, S. 24). Anders als Austin unterscheidet Searle beim Sprechakt vier Dimensionen: den lokutionären Akt der Äußerung von Worten, Sätzen usw., den Akt der Bezugnahme, der sich nicht einfach aus der Bedeutung der einzelne Wörter und Sätze ergibt, sowie den illokutionären und den perlokutionären Akt.

Wörter und Sätze zu artikulieren, die eine bestimmte Bedeutung haben, ist also nicht dasselbe, wie mittels dieser Wörter und Sätze auf Dinge, Personen und Ereignisse zu referieren. Die Semiotik differenziert daher auch – über Morris hinausgehend – zwischen Semantik und **Sigmatik:** Die Semantik betrifft die Beziehung zwischen dem Zeichen und seiner Bedeutung; die Sigmatik die Beziehung zwischen Zeichen und Bezugsgegenstand (vgl. Landwehr 1975, S. 60). Searle selbst spricht hinsichtlich der Proposition von Prädikation und Referenz. Der Bedeutungsgehalt einer Äußerung ergibt sich demnach aus zwei Sprechakten: der Bezugnahme auf einen Gegenstand und seiner Kennzeichnung durch eine Eigenschaft, die dem Gegenstand zu- oder abgesprochen wird. Darüber hinaus ist der Bedeutungsgehalt der sprachlichen Äußerung vom außersprachlichen Sachverhalt zu unterscheiden. Diese Unterscheidung ist deshalb so wichtig, weil es offenbar Äußerungen mit einem propositionalen Gehalt gibt, die sich auf keinen wirklichen Sachverhalt beziehen, bei denen also der Akt der Bezugnahme lediglich ›vorgegeben‹ ist (Searle 1982, S. 87). Genau diese vorgebliche Bezugnahme kennzeichnet laut Searle den logischen Status der fiktionalen Rede.

Searle betont, dass man nur wissentlich oder vorsätzlich etwas zu tun vorgeben kann. Das Verb **›vorgeben‹ (engl. ›to pretend‹)** meint also einen intentionalen Akt. Daraus folgt zum einen, dass Dichtung, die ihre Fiktionalität zu erkennen gibt, keine Täuschung, keine Lüge, keine Vorspiegelung falscher Tatsachen sein kann. Zum anderen ergibt sich daraus im Rahmen der Sprechakttheorie, dass bei der fiktionalen Rede nicht der Äußerungsakt, sondern der illokutionäre Akt der Behauptung oder Feststellung vorgegeben ist (vgl. ebd., S. 90). Die fiktionale Rede besteht zweifellos aus echten Äußerungen; zweifelhaft ist allerdings, ob der **Akt der Bezugnahme vorgegeben** ist, weil sich die Rede auf keine wirklichen Sachverhalte bezieht, oder weil der propositionale Gehalt selbst dann, wenn ihm ein Sachverhalt entspricht, nicht als Behauptung und Feststellung aufgefasst wird.

Denkbar ist beides: Der Satz »Sherlock Holmes wohnt in London« gibt einerseits vor, eine Aussage über Sherlock Holmes zu sein, der gar nicht existiert. Andererseits kann man diese Äußerung auch als eine Aussage über London verstehen, eine Stadt, die tatsächlich existiert. Zusätzlich kompliziert wird das Problem dadurch, dass die fiktionale Rede auch Äußerungen umfasst, die offenbar wahr sind. Wenn in einer Geschichte von Sherlock Holmes behauptet wird, dass die Themse durch London fließt, wird diese Feststellung ja nicht deshalb falsch, weil es gar keinen Sherlock Holmes in London gibt. Es scheint, dass **fiktionale Texte hybride Konstruktionen** aus Sätzen, die buchstäblich falsch, und Sätzen, die eigentlich richtig sind, darstellen. Dadurch wird die fiktive in die reale Welt eingebettet, wird es möglich, die buchstäblich falschen Sätze im übertragenen Sinne zu verstehen und auf die Wirklichkeit des Lesers zu beziehen.

Thomas Pavel hat diese hybriden Konstruktionen als Doppel-Strukturen beschrieben, weil es im Text neben den Zeichen, denen in der Wirklichkeit ein Referent entspricht, solche Elemente gibt, die keine Korrespondenz mit irgendeinem Faktum aufweisen. So stimmt das »London« in den Erzählungen von Conan Doyle weitgehend mit der zeitgenössischen City überein, ohne dass die Figuren, von denen Dr. Watson (einschließlich seiner eigenen Person) berichtet, historisch sind (vgl. Pavel 1986, S. 57). Nun kann man zwar sagen, dass die Existenz der Figuren vorgegeben wird, die Existenz Londons wird jedoch nicht etwa vorgegeben, sondern stillschweigend als Tatsache vorausgesetzt, um die Figuren wahrscheinlich zu machen. Ähnlich wie bei der von Bachtin analysierten Stimmeninterferenz hat es der Leser also auch hier mit der Überlagerung einer aktuellen durch eine virtuelle Welt zu tun: Die erzählten Gestalten sind nicht einfach fiktiv, sondern aus Eigenschaften zusammengesetzt, die zum einen Teil frei erfunden, zum anderen Teil jedoch echten Menschen nachempfunden sind. So stellt Sherlock Holmes insofern eine hybride Konstruktion dar, als er die natürlichen Eigenschaften seines historischen Vorbilds, Dr. Joseph Bell, mit den Eigenschaften einer bestimmten Kunstfigur, nämlich des Chevalier Auguste Dupin verbindet, der schon bei Edgar Allan Poe zum einen alle Insignien des genialen Aufklärers und zum anderen die typischen Merkmale eines dekadenten Bohémiens trug.

3.2 Abgrenzungs- und Integrationstheoretiker

Wenn diese **Überlagerung von aktuellen und virtuellen Welten**, von historischen Phänomenen und literarischen Phantomen, wie Pavel meint, wirklich ein Spezifikum fiktionaler Rede ist, und wenn es keine saubere Demarkationslinie zwischen Fiktion und Realität gibt, dann steht es schlecht um die so genannten Abgrenzungstheoretiker, denen zufolge die fiktionale Rede eine grundsätzlich andere Form des Sprechens als die Alltagsrede darstellt. Man muss nämlich nur daran erinnern, dass auch im Alltag häufig von hypothetischen Sachverhalten, von heuristischen Fiktionen und bloßen Möglichkeiten die Rede ist, ohne dass jemand deshalb auf die Idee kommt, den gesamten Diskurs für irreal zu halten. Pavel steht denn auch den sog. Integrationstheoretikern nahe (vgl. ebd., S. 11), die das Augenmerk auf die **funktionale Äquivalenz von Alltagserzählungen und Sprachkunstwerken** lenken.

Richard Ohmann gehört noch zu den Abgrenzungstheoretikern. Wie die anderen Sprechakttheoretiker setzt er im Anschluss an de Saussure voraus, dass sich alle illokutionären Akte auf gewisse Vereinbarungen innerhalb der Sprachgemeinschaft stützen (vgl. Ohmann 1972, S. 51). Auch die fiktionale Rede beruht demnach auf einem Kontrakt, der regelt, wie sie funktioniert. Die wichtigste Klausel in diesem ungeschriebenen Vertrag besagt, dass sich die fiktive Welt nicht auf Tatsachen, sondern auf Annahmen stützt. Erzeugt wird die fiktive Welt mittels Äußerungen, die zwar die Form, aber nicht den Bedeutungsgehalt von Behauptungen und Feststellungen besitzen. Der Schriftsteller ahmt diese Form nach, ohne für den Inhalt seiner Äußerungen zur Rechenschaft gezogen werden zu können. Die fiktionale Rede bildet, so gesehen, die Ausnahme von der Regel, dass ein Sprecher seine Behauptungen und Feststellungen belegen können muss, wenn er sich nicht der Falschaussage oder der Unaufrichtigkeit bezichtigen lassen will.

Eine etwas andere Position vertritt Barbara Herrnstein Smith in ihrem Buch *On the Margins of Discourse* (1979). Auch sie betont, dass sich die fiktionale Rede nicht durch ihre Form, sondern anhand ihrer Funktionen und Konventionen von nichtfiktionalen Äußerungen unterscheidet. Stärker als Searle und Ohmann, denen es vornehmlich um den **Wahrheitswert** der Dichtung ging, streicht Herrnstein Smith allerdings ihren **Tauschwert** heraus.

Grundsätzlich werden alle Äußerungen auf einem linguistischen Marktplatz gehandelt, weil sie in den Kreislauf des öffentlichen Lebens einbezogen sind, der in verschiedene Diskurse zerfällt. Eine Äußerung läuft sozusagen in der Sprachgemeinschaft umher und wird dabei anhand ihres propositionalen Gehalts, ihrer gesellschaftlichen **Relevanz** und ihrer Modalität bewertet. Äußerungen, die im fiktionalen Aussagemodus vorgetragen werden, haben für die Sprachgemeinschaft einen anderen Stellenwert als echte Feststellungen und Behauptungen. Die meisten linguistischen Transaktionen dienen der Erweckung und Befriedigung aktueller Bedürfnisse, mit ihnen wickelt die Sprachgemeinschaft ihre Alltagsgeschäfte ab (vgl. Herrnstein Smith 1979, S. 79 ff.). Es gibt aber auch Verhandlungen darüber, wie der Meinungsaustausch organisiert und reglementiert werden soll. In diesem Zusammenhang erhält auch die Literatur, die es der Sprachgemeinschaft ermöglicht, sich selbst beim Reden zu beobachten, eine spezifische Funktion:

Romane zum Beispiel stellen die menschliche Rede in Aktion dar, sie machen die Spielregeln, die Wertvorstellungen und die Rollenverteilung der Sprachgemeinschaft bewusst, zeigen Verständnisschwierigkeiten auf und entwickeln unter Umständen neue Formen der Verständigung. Sie können diesen Beitrag jedoch nur leisten, weil sie aus dem gewöhnlichen **Redeverkehr** ausgenommen sind, weil man sie auf dem linguistischen Marktplatz nicht für bare Münze nimmt. Der Romanschriftsteller stellt der Sprachgemeinschaft gewissermaßen einen zunächst ungedeckten Scheck aus, den sie in dem Maße zu einem Wertgegenstand macht, indem sie seine Anregungen aufnimmt und umsetzt. Manche seiner Versprechungen werden überhaupt nicht eingelöst, andere hingegen können zu stehenden Redewendungen und zu Sprichwörtern werden, die allen geläufig sind (vgl. ebd., S. 70).

In gewisser Weise ähneln literarische Formen, die sich dergestalt eingebürgert haben, Redensarten: sie werden von ihrem Urheber abgekoppelt und zu einem Gemeinschaftsgut, auf das sich jeder berufen kann, der in der betreffenden Sprachgemeinschaft verkehrt. Eine weitere Ähnlichkeit betrifft den Umstand, dass man in vielen verschiedenen Situationen ein und dieselbe Redensart ausbeuten kann. In diesem Sinne haben manche Situationen, die in der Literatur beschrieben werden, den

Status von Gemeinplätzen erreicht. Dabei muss es sich nicht immer um einzelne, sprichwörtlich gewordene Äußerungen handeln. Eine Modellfunktion können auch ganze Geschichten sowie die mit ihnen verbundenen Anschauungsformen ausüben (vgl. ebd., S. 69).

Aus dieser auch von Bachtin erkannten Fähigkeit der Literatur, insbesondere des Romans, alle möglichen Erscheinungen der Sprache vorzuführen und gegen einander auszuspielen, folgert Herrnstein Smith, dass ihre Fiktivität nicht allein im Anspielen auf irreale Personen, Gegenstände und Ereignisse liege. Irreal sei vielmehr die Anspielung selbst (vgl. ebd., S. 11). Ähnlich wie Ohmann und Searle meint also auch sie, dass bereits der Akt des Berichtens und Beschreibens lediglich vorgegeben bzw. fiktiv sei. Suspendiert wird dabei die stillschweigende Voraussetzung jeder non-fiktionalen Verständigung, dass ein Sprecher wirklich meint, was er sagt. Dem Zuhörer oder Leser gilt ein Dichter weder als Wahrheitsverkünder noch als Lügner, sondern als Urheber einer sprachlichen Struktur, die echte Aussagen und pragmatische Redegenres repräsentiert (vgl. ebd., S. 111). Typischerweise sei zum Beispiel der Roman die Repräsentation einer Chronik oder einer Biographie, eines Briefwechsels oder irgendeiner anderen etablierten Textsorte (vgl. ebd., 29 f.). Der Roman halte sich immer am Rand dieser Diskurse und ihrer Spielarten auf, um die **Demarkationslinie zwischen Fiktion und Realität** in den Hintergrund treten zu lassen und so die Irrealität seiner Welt zu überspielen.

Insgesamt kann man die Ausführungen von Searle, Ohmann und Herrnstein Smith, die alle drei zu den sog. Abgrenzungstheoretikern gehören, dahingehend zusammenfassen, dass die fiktionale Rede die Ausnahme von der Regel ist, weil sie kein originäres, sondern ein von anderen Verständigungsformen abgeleitetes Sprechen darstellt, das zwar aus echten Äußerungsakten besteht, aber bloß vorgibt, etwas auszusagen. Die wichtigste Funktion, die eine fiktionale Rede unter diesem Blickwinkel erfüllt, ist, andere Sprechakte so zu imitieren, dass deren Eigenart zum Vorschein kommt. Es verwundert nicht, dass diese Sicht der Dinge auf Widerspruch gestoßen ist – vor allem bei Mary Louis Pratt und Chris Hutchison, die gemeinsam mit Thomas Pavel die Fraktion der Integrationstheoretiker bilden.

Pratt pflichtet zwar der Ansicht bei, dass die Urheber fiktionaler Texte nicht an die gleichen Bedingungen der Situationsangemessenheit gebunden sind, wie die Autoren, die einen non-fiktionalen Diskurs führen. Sie wendet jedoch ein, dass die literarische Rede nicht nur aus fiktionalen Äußerungen besteht. Zudem komme die Bezugnahme auf hypothetische oder fiktive Welten auch außerhalb der Literatur vor (vgl. Pratt 1977, S. 90 ff.). Die Sprechakttheorie beginge daher denselben Fehler wie der Formalismus, der eine eigene poetische Sprache postuliert und die Literatur vom alltäglichen Redeverkehr abgetrennt habe.

Einen alternativen Ansatz erblickt Pratt in den Arbeiten von Willam Labov, der sich seinerzeit mit der verbalen **Virtuosität von Alltagserzählungen** beschäftigt hatte. Kennzeichnend für mündlich vorgetragene Geschichten ist nach Labov, dass sie mit einer allgemeinen Orientierung über die Ausgangssituation der Handlung beginnen, dann eine mehr oder weniger dramatische Entwicklung schildern, die vor ihrer Auflösung von einer Bewertung der Handlung unterbrochen wird. Eingefasst ist die gesamte Erzählung in einen Dialog, in dem der Erzähler seinem Zuhörer zunächst die Bedeutsamkeit der nachfolgenden Geschichte erklärt, um sie am

Schluss seiner Rede wieder an das Thema der Unterhaltung zurückzubinden, die Anlass für die Erzählung war (vgl. ebd., S. 45).

Dieses Schema kann zwar unvollständig ausgeführt werden, entbehrt jedoch nie jener Sequenz, die Labov ›**evaluation**‹ nennt. Dabei geht es nicht nur um die Bewertung der erzählten Geschichte, sondern auch um den Gebrauchswert der Erzählung bzw. um ihre Relevanz. Indem er dem Zuhörer den pragmatische Sinn der Narration erläutert, rechtfertigt sich der Erzähler dafür, dass er die Aufmerksamkeit seines Gesprächspartners in Anspruch genommen und von ihm verlangt hat, erst einmal schweigend abzuwarten, was das Ganze soll. Kurzum: die Evaluation beantwortet die Frage, warum es die Geschichte verdient, erzählt zu werden (vgl. ebd., S. 46 f.). Was dabei zur Disposition steht, ist »the tellability of the story«.

3.3 Die Pragmatik von Konversation und Narration

Pratt behauptet nun, dass all die Verfahren der Evaluation, die Labov im mündlichen Erzählbericht entdeckt hat, explizit oder implizit auch die schriftliche Narration strukturieren, und dass beide Formen des Geschichten-Erzählens den Anforderungen entsprechen müssen, die das so genannte **Kooperationsprinzip** an die Teilnehmer einer Konversation stellt. Auf dieses Kooperationsprinzip hatte H. P. Grice in seinem Aufsatz »Logic and Conversation« hingewiesen. Menschen sind danach grundsätzlich zur Koordination ihres Verhaltens gezwungen. Das gilt auch für die Sprechakte, die Austin und Searle als regelgeleitetes Verhalten beschrieben hatten. Das für jede Verständigung unerlässliche Kooperationsprinzip ist daher allen Sprechakten eingeschrieben, es ist eine Implikatur des Gesprächs, die Grice anhand von Maximen explizit macht (vgl. Grice 1975, S. 45 ff.):

Die **Maxime der Quantität** verlangt, dass die Gesprächspartner ohne große Umschweife zur Sache kommen und sich nicht mit irgendwelchen Kleinigkeiten aufhalten. Ihre Rede soll so informativ wie möglich sein. Neben der Quantität geht es um die **Qualität der Information**. Die entsprechende Maxime besagt, dass ein Sprecher keine Aussagen treffen soll, die er für falsch hält, dass er sich also für die Wahrheit seiner Behauptungen verbürgen und seine Feststellungen belegen können muss. Es ist klar, dass diese Verpflichtung in der realistischen Literatur durch das Gebot der Wahrscheinlichkeit ersetzt und in der phantastischen Literatur zuweilen gänzlich aufgehoben wird. Zumindest für den Roman gilt zudem, dass sein Erzähler in viele Bereiche ausschweifen kann, weil das Thema nicht eindeutig festgelegt ist bzw. weil jene Kunst der Konversation, die im Roman geübt wird, nicht unter dem selben Zeitdruck wie die alltägliche Konversation steht.

Die »**Maxim of Relation**« lautet kurz und bündig: »Be relevant.« Sie hängt mit dem Gebot, sich knapp zu fassen zusammen, betrifft darüber hinaus aber auch, was Labov ›Evaluation‹ genannt hatte. So wie der Sprecher gegebenenfalls in der Lage sein muss, seine Aussagen zu belegen, muss er auch imstande sein, die Bedeutsamkeit seiner Äußerungen darzulegen und dadurch seine Rede zu rechtfertigen. Horaz' Formel ›prodesse et delectare‹ versucht, das für den gesamten Bereich der Literatur zu leisten; sie kann im einzelnen Sprachkunstwerk ergänzt oder erweitert, verworfen und durch andere Rechtfertigungen ersetzt werden. Der Ermessensspielraum, der sich dabei ergibt, wird unter anderem von der literarischen Kritik ausgemessen, die ja vor allem den gesellschaftlichen Tauschwert der literarischen Ware regelt.

Wenn es ein mündlicher oder schriftlicher Erzähler versäumt, dem Publikum die Relevanz seiner Geschichte darzulegen, wird man ihm womöglich keine weitere Aufmerksamkeit schenken. Seine Narration droht zu einer irrelevanten Episode ohne Folgen zu werden. Freilich bemisst sich die Relevanz des Geschichten-Erzählens im Alltag und in der Literatur nicht allein an der aktuellen Diskurs- bzw. Lektüre-Situation. Was zunächst unbedeutend erscheint, kann sich später als eine wichtige Erfahrung erweisen, auf die man bei passender Gelegenheit dankbar zurückgreift. Die »tellability« der Story wächst also mit ihren Bezugsmöglichkeiten, so dass man sie auch als ›Übertragbarkeit‹ der Geschichte interpretieren und damit einer metaphorologischen Betrachtung zuführen kann.

Schließlich erwähnt Grice noch ohne Anspruch auf Vollständigkeit einige »**Maxims of Manner**«, die in der Literatur häufig in ihr Gegenteil verkehrt werden. Jedenfalls vermeidet die Literatur nicht unbedingt die Undurchsichtigkeit des Ausdrucks (»obscurity of expression«) oder die Doppeldeutigkeit (»ambiguity«), die in den meisten anderen Unterhaltungen verpönt sind. Welche Maximen im Einzelnen gültig sind und welche außer Kraft gesetzt oder modifiziert werden, hängt somit einerseits von der Diskurssituation und andererseits vom Redegenre ab.

Obwohl also jede Konversation ihre eigene Logik und damit auch spezielle Regeln der Zusammenarbeit hat, lässt sich kaum eine kommunikative Handlung denken, die ohne das Kooperationsprinzip auskommt. Unter diesem Gesichtspunkt erscheinen die »Regelverstöße«, die in der literarischen Kommunikation begangen werden, in einem neuen Licht. Für Grice gibt es stets die Option, die Geltung einer Maxime auszusetzen (vgl. ebd., S. 57). Der Umstand jedoch, dass die Nicht-Geltung entweder ausdrücklich vereinbart werden oder per Konvention geregelt sein muss, zeigt, wie bedeutsam das Kooperationsprinzip für das Gelingen jedweder Verständigung ist. Worin aber besteht nun eigentlich die **pragmatische Funktion der literarischen Kommunikation**?

Pratts Antwort auf diese Frage läuft darauf hinaus, dem Erzählen eine »**display producing relevance**« (vgl. Pratt 1977, S. 136) zuzuerkennen. Romanautoren und Lesern geht es nicht darum, bestimmte Sachverhalte oder Ereignisfolgen zu behaupten. Sie sind vielmehr daran interessiert, beispielhafte Vorfälle, Denkmodelle und **Weltbilder zur Schau bzw. zur Disposition zu stellen**. Der narrative Diskurs übersetzt das Denk- und Erzählbare, das der Ausdruck ›tellability‹ meint, in Anschauungsformen bzw. in schematisierte Ansichten, die ebenso den Möglichkeitssinn wie den Wirklichkeitssinn des Menschen ansprechen und ihre Relevanz dadurch erlangen, dass sie sich auf seine Lebenswelt beziehen und in Handlungsdispositionen übersetzen lassen, deren Wahrnehmung die Lebenswelt verändert. Das Prinzip der fiktionalen Rede lässt sich demnach besser als mit dem Verb »to pretend«, an dem Searle den logischen Status der fiktionalen Rede festgemacht hatte, durch das Verb »to display« beschreiben.

Einen Roman zur Hand zu nehmen, kommt demnach in etwa der Bereitschaft gleich, sich im Rahmen einer mündlichen Unterhaltung auf eine exemplarische Geschichte einzulassen, die ein neues Licht auf den Gegenstand der Unterredung wirft und so den Gang der Erörterung verändert (vgl. ebd., S. 152). Während Romane in der Er/Sie-Form jenen Alltagserzählungen gleichen, in denen von dem vorbildlichen oder abschreckenden Beispiel einer dritten Person die Rede ist, ähneln Romane in der Ich-Form der alltäglichen Vermittlung eigener Erfahrungen. Als dritte Möglichkeit erwähnt Pratt Romane, in denen ein Erzähler berichtet, wie ihm eine Geschichte zugetragen wurde; auch dabei wird eine Erzählsituation modelliert, die man aus Alltagsgesprächen kennt (vgl. ebd., S. 208 f.).

Chris Hutchison hat sich Pratts Kritik an Searle, Ohmann und Herrnstein Smith angeschlossen und dafür plädiert, die Narration nicht als einen uneigentlichen oder parasitären Umgang mit der Sprache, sondern als einen komplexen Sprechakt sui generis zu betrachten. Auch unter dieser Voraussetzung kann man Äußerungen entdecken, die vorgeben, Behauptungen oder Feststellungen zu sein. Solche Äußerungen konstituieren jedoch nicht etwa die Fiktion, sie werden vielmehr durch die Konventionen der Fiktion reguliert, derzufolge das Sprechen selbst zur Schau gestellt werden kann. Die **Sprache ist dabei Medium und Objekt der Demonstration** (vgl. Hutchison 1984, S. 10 f.). Ihre ›display‹-Funktion teilt die Literatur mit anderen Gedankenexperimenten, in denen es ebenfalls um das imaginäre Ausprobieren von Ereignisverläufen geht, die nur behauptet werden, um in verschiedenen Varianten durchgespielt werden zu können. Was dabei festgestellt wird, sind die kontingenten Möglichkeiten der Wirklichkeit (vgl. ebd., S. 13 ff.).

Das Wort »tellability« drückt, so gesehen, die Fähigkeit (»ability«) des Menschen aus, das Denkbare erzählerisch zu veranschaulichen und, ganz im Sinne von Aristoteles, Geschehenszusammenhänge zu imaginieren, die noch gar nicht eingetreten sind, aber im Prinzip eintreten könnten. »Imagination zu haben heißt nicht so sehr, die Sachlage, so wie sie ist, zu sehen, sondern zu sehen, wie sie sein kann, wie sie sein soll und was man tun kann, damit sie wird, wie sie sein soll.« (Flusser 1996, S. 111). Verbindlichkeit erreicht das literarische ›dis-play‹, wie jedes Spiel, durch die Regeln, die das Kooperationsprinzip erzwingt.

Alles in allem gibt es zwischen dem sozialen Redeverkehr, wie ihn Bachtin, Medvedev und Voloshinov beschrieben und über das ideologische Milieu mit der Dialogizität des Romans verbunden hatten, sowie den Kriterien der »tellability« und dem **Zusammenhang von Konversation und Narration** zahlreiche Verbindungslinien. Wie alle anderen Äußerungsfolgen erfordern auch Erzählungen eine metalinguistische Untersuchung, die ihrer pragmatischen Relevanz für die Lebenswelt der Menschen nachgeht. Der Roman, der die unterschiedlichsten Äußerungsformen und Redegenres zu einer hybriden Konstruktion verbinden oder parodieren kann, erhält seine kulturelle Bedeutung aus der Rückkopplung des künstlerisch gestalteten Prosawortes mit den alltäglichen Verfahren der zwischenmenschlichen Verständigung.

4. Der morphologische Ansatz

Der morphologische Ansatz der Erzählforschung hat zwei Wurzeln. Die eine liegt in Russland und ist mit dem Namen von Vladimir Propp verbunden, der 1928 seine *Morfologija skazki* veröffentlichte; die andere liegt in Deutschland, wo Günter Müller in einer Reihe von Aufsätzen, die zwischen 1939 und 1951 entstanden, eine *Morphologische Poetik* entwickelte. Sowohl Propp als auch Müller waren zu ihren Werken unabhängig voneinander durch Goethe und seine **Idee der Pflanzenmetamorphose** angeregt worden.

Müller verband mit dieser Idee die Vorstellung, dass »Dichtungen sich ebenso wie organische Naturen nur in Gestaltung darstellen, daß aber die dichterischen Gestalten von einer anderen Art sind als jene« (Müller 1968, S. 157). Eine Gestalt ist immer etwas Anschauliches, eine »Erscheinung« (ebd., S. 177), die wiederum zu einer Reihenbildung gehört, die auf den **Typus** zurückverweist, der in der Reihe abgewandelt wird. Das einzelne literarische Kunstwerk kann demzufolge als Abwandlung einer archetypischen oder idealtypischen Dichtung im Rahmen der Gattung begriffen werden, die diesem Typus verpflichtet ist. Insgesamt ging es Müller also nicht etwas um eine nahtlose Identifizierung, sondern um eine Analogisierung von **Kunst und Natur** (vgl. ebd., S. 291 f.) im Bewusstsein ihrer wesensmäßigen Verschiedenheit.

Ein wesentlicher Unterschied zwischen Kunst und Natur liegt zum Beispiel darin, dass nur die Dichtung adressiert ist. »Während Pflanze und Tier unabhängig von etwaigen Betrachtern leben, wenden sich sprachliche Gebilde ihrer Natur nach an Vernehmende. Es gehört sogar zur vollen Wirklichkeit einer dichterischen Gestalt, daß sie vernommen, vollzogen, betrachtet wird« (ebd., S. 242). Analog sind sich Natur und Kunst jedoch darin, dass sie dem Betrachter als die Schöpfung eines anderen begegnen, denn, »was der Leser, der Betrachter in keiner Weise hervorbringt, ist der Sprachleib« (ebd., S. 244).

4.1 Erzählte Zeit und Erzählzeit

Als Müllers Hauptverdienst gilt bis heute die terminologische **Differenzierung von erzählter Zeit und Erzählzeit**, obwohl die Unterscheidung selbst bereits Fielding bekannt war, aus dessen *Tom Jones* Müller jene Stelle zitiert, in der das Recht des Erzählers, den Verlauf der Geschichte auf die entscheidenden Ereignisse zusammenzuraffen, um diese ausführlich zu behandeln, behauptet wird. Da eine Erzählung bestimmte Zeiträume überspringen und auslassen, die Dauer anderer wiederum dehnen und strecken kann, sind erzählte Zeit und Erzählzeit selten deckungsgleich.

Problematisch wirkt auf den ersten Blick Müllers Behauptung: »Alles Erzählen ist ein Erzählen von etwas, das nicht Erzählung ist, sondern Lebensvorgang. Dieser spielt sich in der raumzeitlichen Welt ab« (ebd., S. 261). Eine solche Bemerkung scheint die Erzählkunst auf ein Nachahmungsverhalten verpflichten zu wollen, das selbst für den **Gestaltwandel**, den die Morphologische Poetik beschreiben möchte, kaum Spielraum lässt. Man kann Müllers Bemerkung allerdings auch dahingehend verstehen, dass mit der raumzeitlichen Welt einfach das ›natürliche‹ Bezugsfeld aller fiktionalen und non-fiktionalen Erzähltexte benannt werden soll, dass also die dichterische Umgestaltung der Wirklichkeit stets vor dem Hintergrund der Welterfahrung Kontur gewinnt, die der Mensch einer raumzeitlichen Ordnung unterwirft.

Erst durch den Vergleich mit dieser raumzeitlichen Ordnung der Welt im alltäglichen Lebensvollzug wird es nämlich möglich, die Eigenart der künstlerisch gestalteten Zeit zu begreifen. Der Leser geht sozusagen von einem Normalverlauf der Geschichte aus und wertet daher jede **Dehnung, Raffung oder Auslassung** als einen auslegungsrelevanten Eingriff des Erzählers. Was ihm bedeutsam erscheint, wird ausgemalt, was ihm unwichtig erscheint, hingegen zusammengerafft oder ausgelassen.

Auch die 1955 von Eberhard Lämmert, einem Schüler Müllers, vorgelegten *Bauformen des Erzählens* sind dem morphologischen Ansatz, insbesondere der Unterscheidung von erzählter Zeit und Erzählzeit, verpflichtet. Lämmert betont jedoch stärker als sein Lehrer jene Momente, die zur Einheit und Geschlossenheit eines Erzählwerkes beitragen. Diese Akzentverschiebung ist mit einem Wandel der Metaphorik verbunden, geht es Lämmert doch eher um das Gewebe der Rückbeziehungen und Vorausdeutungen als um die Analogie von Kunst- und Natur.

Grundlage jeder narrativen Textur ist nach Lämmert das **Prinzip der Sukzession**, das zum einen die Aufeinanderfolge der einzelnen Textteile und zum anderen die **zeitliche Ordnung der Geschichte** betrifft (vgl. Lämmert 1993, S. 19). Ihre spezifischen Konturen erhalten die einzelnen Bauformen oder Strickmuster allerdings erst dadurch, »daß die monotone Sukzession der erzählten Zeit beim Erzählen auf verschiedene Weise *verzerrt*, *unterbrochen*, *umgestellt* oder gar *aufgehoben* wird« (ebd., S. 32).

Der entscheidende Fortschritt gegenüber Müller liegt darin, dass Lämmert nicht nur das Verhältnis der erzählten Zeit zur Erzählzeit, sofern es einen Erzählstrang betrifft, sondern die zeitlichen Verhältnisse bei der Verknüpfung mehrerer Handlungsstränge untersucht. Aber auch im Hinblick auf die einsträngige Erzählung wird Müllers Begriffsinstrumentarium ergänzt und verfeinert. Neben der **Aussparung**, der **Zeitraffung** und der **Zeitdehnung** erwähnt Lämmert die Möglichkeit der **Zeitdeckung**, bei der die Ereignisdauer in etwa mit der Dauer ihrer Nacherzählung übereinstimmt. Das ist zum Beispiel bei der Wiedergabe mündlicher Rede der Fall. Bei der Raffung wiederum unterscheidet er die sukzessive Raffung nach dem »und dann … und dann«-Muster von der iterativen (»immer wieder und wieder … « bzw. »jeden Tag«) und der durativen Raffung (»während der ganzen Zeit … «, »im Lauf der Jahre« usw.) (vgl. ebd., S. 82 f.).

Zahlreiche Abwandlungen der monotonen Sukzession ergeben sich aus dem Umstand, dass verschiedene **Handlungsstränge**, die zur gleichen Zeit an unterschiedlichen Orten abgespult werden, nur nacheinander und nicht gleichzeitig erzählt werden können. Daher wird entweder zunächst nur der eine **Erzählfaden** abgerollt und erst dann der andere wieder an jener Stelle aufgenommen, an der er vorübergehend liegen geblieben ist, oder der Erzähler verflicht die beiden Fäden dadurch miteinander, dass er ständig zwischen den Schauplätzen hin- und herspringt.

Lämmert unterscheidet in diesem Zusammenhang drei **Arten der Verknüpfung von Handlungssträngen**:

- die **additive Verknüpfung** von Gegenwarts- und Vorzeithandlungen sorgt für eine Steigerung der Ereignisfülle und dient ganz allgemein der Integration von einzelnen Ereignissen in einen umfassenden Geschehniszusammenhang;

- die **korrelative Verknüpfung** läuft auf einen Vergleich der Handlungsstränge hinaus, profiliert also Gegensätze und Ähnlichkeiten, die einer Geschichte vor dem Hintergrund einer anderen Kontur verleihen;
- die **konsekutive bzw. kausale Verknüpfung** schließlich lässt die eine Handlung als Ursache und die andere als deren Wirkung erscheinen (vgl. ebd., S. 45–56).

4.2 Rückwendungen und Vorausdeutungen

Neben der Verknüpfung von Handlungssträngen in Form von ganzen Erzählabschnitten gibt es rückwärts und vorwärts gerichtete Verweise, die Lämmert **Rückwendungen und Vorausdeutungen** nennt.

Die **Rückwendungen** haben entweder eine aufbauende oder eine auflösende Funktion, je nachdem ob sie eine neue Handlung anstoßen oder Informationen über bestimmte Ereignisse, die bereits referiert wurden, nachreichen. Sofern die Rückwendungen in den Gang der Handlung eingeschoben werden, können sie weiter in Rückschritte, Rückgriffe und Rückblicke gegliedert werden: Während der **Rückschritt** eine eigene Geschichte beinhaltet, die als Abschweifung oder Parallele zu jener Erzählung angelegt ist, in deren Rahmen der Rückschritt erfolgt, bezieht sich der **Rückgriff** nicht auf eine andere Geschichte, sondern auf einen früheren Zeitpunkt derselben Geschichte. Der **Rückblick** schließlich rafft das Ergebnis oder die Wirkung einer abgeschlossenen Handlung im Hinblick auf ihre Bedeutung für die fortlaufende Geschichte zusammen (vgl. ebd., S. 104–139).

Bei den **Vorausdeutungen** ist grundsätzlich zu überlegen, ob sie als zukunftsgewisser oder zukunftsungewisser Verweis zu verstehen sind. **Zukunftsgewisse Vorausdeutungen** sind eigentlich nur vom Standpunkt eines Erzählers möglich, der entweder allwissend ist oder im Nachhinein von Ereignissen berichtet, deren Abschluss ihm bekannt ist. **Zukunftsungewisse Vorausdeutungen** sind dagegen neben dem Erzähler jederzeit auch den (erzählten) Figuren möglich.

Lämmert unterscheidet mehrere Formen der zukunftsgewissen Vorausdeutungen: solche, die, wie der Titel, das Vorwort oder der erste Absatz einer Erzählung, einführenden Charakter haben; abschließende Vorausdeutungen, die sich auf den Endzustand der Geschichte, ihre moralische oder symbolische Bedeutung beziehen; eingeschobene Vorausdeutungen – z. B. Kapitelüberschriften – und die sogenannten »Handlungserregungsmomente«, die bestimmte Erwartungen schüren (vgl. ebd., S. 143–175).

Auch die zukunftsungewissen Vorausdeutungen, die allesamt den Charakter von Verkündigungen haben, lassen sich verschiedenen Unterabteilungen zuweisen, je nachdem, ob sie durch die Art, die Umstände oder den Eingriff des Erzählers beglaubigt oder eben nicht beglaubigt werden. Darüber hinaus gibt es die gleichnishaften Verkündigungen sowie die trügerischen Vorspiegelungen, die auf einem Irrtum oder einer vorsätzlichen Täuschung beruhen können. Zu beachten ist, dass viele ungewisse Vorausdeutungen in die Figurenrede einfließen und als Flüche und Träume, Pläne und Absichtserklärungen, Wünsche, Ängste und Warnungen verkleidet sein können (vgl. ebd., S. 175–189).

Die Verknüpfung der Handlungsstränge, die **Aufhebung der monotonen Sukzession**, die Rückwendungen und Vorausdeutungen – kurz: alle Bauformen des Erzählens überführen den *Stoffzusammenhang* der Geschichte in den *Sinnzusammenhang* der Fabel. Um zur Grundlage einer Erzählung zu werden, muss der Stoff nach Lämmert »bereits einen irgendwie gearteten Ereignis- und Lebenszusammenhang enthalten« (ebd., S. 25), die Geschichte bringt diesen Zusammenhang in eine zeitliche Reihenfolge und lässt ihn so als Geschehensablauf erscheinen. Indem dieser Geschehensablauf, die erzählte Zeit, in verschiedene Handlungsstränge zerlegt, mit Vor- und Rückverweisen durchflochten, gerafft oder gedehnt wird, erfährt er jene Verdichtung, die aus der Geschichte eine Fabel, d. h. ein Beziehungssystem von spezifischer Sinnträchtigkeit macht (vgl. ebd., S. 24 ff.).

4.3 Plot-Modelle

Lämmerts Ausdrücke ›Geschichte‹ und ›Fabel‹ entsprechen weitgehend den englischen Ausdrücken ›story‹ und ›plot‹. Der Handlungsplan (plot) und der Sinnzusammenhang (Fabel) lassen sich ihrerseits auf den aristotelischen ›mythos‹ zurück beziehen, der ja ebenfalls eine durch das **Prinzip der Folgerichtigkeit** zum Modell verdichtete Geschichte ist. Eine etwas andere, ursprünglich aus Frankreich stammende, dann aber in Russland systematisierte Terminologie stellt die ›fabula‹ dem ›sjuzet‹ gegenüber. Unter dem ›Sujet‹ verstand der Ethnograph Aleksandr Veselovskij das Thema oder den Gegenstand einer Erzählung. Für ihn waren im Sujet daher verschiedene Motive und Situationen angelegt (vgl. Volek 1977, S. 141). Denkt man zum Beispiel an das Thema der Liebe, so assoziiert man damit die Situation der ersten Begegnung, das Motiv der Treue usw. Das **Thema**, seine **Motive** und **Situationen** werden vom Erzähler irgendwie behandelt, d. h. gestaltet. Es liegt daher nahe, Erzählungen anhand ihres Gegenstandes und seiner Behandlung zu charakterisieren.

Entscheidend ist nun die Wendung, die Viktor Šklovskij diesem Begriffspaar gab, weil für ihn der eigentliche **Gegenstand** eines Kunstwerks nicht die erzählte Geschichte, sondern die **Art und Weise seiner Behandlung bzw. Gestaltung** war. Aus den einzelnen Motiven und Situationen des Themas wird daher bei ihm die Fabel, d. h. die Rohmasse an Ereignissen, die der Dichter in einer spezifischen Weise bearbeitet, um zu seinem Sujet zu gelangen. Die Fabel bildet, so gesehen, nur das Material für die Sujetformung. Was also bei Lämmert als Stoffzusammenhang und Grundlage der Fabel erscheint, ist bei Šklovskij die Fabel selbst, während der Sinnzusammenhang nicht dasselbe wie das Sujet darstellt, das ja mehr die künstlerische Gestaltung des Textes als die **Verdichtung der Ereignisfolge zu einem Beziehungssystem von spezifischer Sinnträchtigkeit** meint.

Ihre gleichsam kanonische Fassung erhielt die Dichotomie von ›fabula‹ und ›sjuzet‹ durch Boris Tomaševskij. Sie lautet:

> »Die Fabel ist die Gesamtheit der Motive in ihrem logisch kausal-temporalen Zusammenhang; das Sujet ist die Gesamtheit derselben Motive, aber in der Abfolge und in dem Zusammenhang, in dem sie in dem Werk gegeben sind. Für die Fabel ist es nicht wichtig, in

welchem Teil des Werkes der Leser etwas über das Ereignis erfährt, noch ob dieses sich ihm in direkter Mitteilung durch den Autor oder durch die Erzählung einer Person oder durch ein System von Andeutungen am Rande darstellt. Beim Sujet dagegen ist gerade die Einführung der Motive in das Blickfeld des Lesers das, was wichtig ist.« (zit. n. Volek 1977, S. 144).

Die Motive und Situationen stehen demnach in einer doppelten Relation, nämlich einerseits zu dem, was passiert ist (fabula), und andererseits zu dem, wie der Geschehensablauf erzählerisch gestaltet ist (sjuzet) (vgl. Martin 1986, S. 115). Das bedeutet auch, dass die logische, kausal-temporale Ordnung von ästhetischen und ethischen Werten überformt wird, da die Sujetgestaltung nach künstlerischen Kriterien erfolgt.

Der Leser ist jedoch zunächst einmal weder mit der Fabel noch mit dem Sujet, sondern mit einem Text konfrontiert, der es ihm einerseits erlaubt, sich einen bestimmten Geschehensablauf vorzustellen, und der ihn andererseits dazu anhält, die Art und Weise seiner narrativen Darstellung zu beachten. Daher schreibt Emil Volek: »Fabel und Sujet werden nicht direkt, sondern über den Text vermittelt« (Volek 1977, S. 157), der seinerseits eine Abfolge von Äußerungseinheiten ist und daher im Verlauf der Lektüre als Diskurs erfahren wird. Die Erwartung, dass sich die einzelnen Motive und Situationen, die vom Erzähler nach und nach in das Blickfeld des Lesers eingeführt werden, zu einem folgerichtigen, sinnfälligen Zusammenhang (plot bzw. mythos) verbinden, fungiert in der Lektüre, die dadurch zu einem »semiologischen Prozeß« (ebd., S. 159) wird, als **hermeneutische Prämisse**. Anders gesagt: beim Vorgang der Textdeutung wird in aller Regel stillschweigend vorausgesetzt, dass der Text als Sinnzusammenhang verfasst ist und dementsprechend ausgelegt werden kann. Diese stillschweigende Voraussetzung ist gewissermaßen die Grundlage der literarischen Verständigung, der Boden, auf dem sie stattfindet. Bedenkt man, dass ›plot‹ ursprünglich soviel wie ›Grundstück‹ oder ›Bodenfläche‹ meint, wird klar, dass eine plotorientierte Lektüre keineswegs darauf hinauslaufen muss, dass der Interpret, handlungsversessen, über die spezifische Machart des Textes hinwegsieht. Vielmehr bestellt der Leser seinen Boden, indem er den Schriftfurchen folgt, die Bedeutungstiefe des Themas mit Probebohrungen auslotet und das Feld der interpretativen Möglichkeiten vermisst.

So richtig es also ist, dass die verschiedenen Begriffspaare von ›fabula‹ und ›sjuzet‹, ›story‹ und ›plot‹, **Stoffzusammenhang und Sinnzusammenhang**, Geschichte und Mythos nicht deckungsgleich sind, sie haben alle insofern ihre Berechtigung, als sie verschiedene Momente des semiologischen Prozesses erfassen, in dem der Leser die Struktur des Textes in ein System von Beziehbarkeiten überführt, das zum einen chronotopologisch und kausal, zum anderen aber auch ästhetisch und ethisch interpretiert werden kann. Auf diese Weise kann die Unzulänglichkeit jeder einzelnen Dichotomie aufgefangen werden. Wie Volek zu Recht feststellt, lässt zum Beispiel Lämmerts Differenzierung von Stoff- und Sinnzusammenhang offen, ob sich das System der Beziehbarkeiten der künstlerischen Gestaltung der Fabel oder der Leistung des Interpreten verdankt. Beziehbarkeiten entstehen durch die Sujetformung, die Behandlung der erzählten Zeit, die Verknüpfung der Handlungsstränge, ihre Perspektivierung und durch die Rückwendungen und Vorausdeutungen im Text –

systematisiert werden diese Beziehbarkeiten aber offenbar erst, wenn sie der Interpret gemäß der heuristischen Prämisse, dass sie einen folgerichtigen Zusammenhang (mythos) oder Handlungsplan (plot) ergeben, einer bestimmten Lesart unterzieht.

Anstatt also die Geschichte (Fabel), so wie sie der Text gestaltet (Sujet), einfach als gegeben anzunehmen, sollte man von einem narrativen Diskurs ausgehen, dem die zunächst plotorientierte Lektüre folgt. Erst dadurch nämlich, dass sich der Leser die Textur der Bezüge sukzessive erschließt und zwischen ihnen hin- und herläuft, wird die Erzählung einerseits als Handlungs- oder Geschehensabfolge anschaulich und andererseits auf die Verständnisrahmen beziehbar, in die der Mensch nicht nur seine Lektüreerlebnisse, sondern alle Erfahrungen einordnet. Anders gesagt: der semiologische Prozess führt das Schema der Erzählung aus, das im Text noch nicht zu einer konkreten Erfahrung verdichtet, immerhin jedoch schon angedeutet ist.

Der ›plot‹ ist demnach, wie es die frühe Wortgeschichte wollte, als »sketch or outline of a literary work« bzw. als »plan or scheme of any literary creation« zu verstehen (vgl. Nischik 1981, S. 43). Der Ausdruck ›plot-weaver‹ verbindet dieses Konzept mit den **Metaphern des Handlungsgeflechtes und des Textgewebes** (ebd., S. 44). In diesem Sinne sagt man, dass der Erzählfaden aufgenommen, die Knoten des Sujets geschürzt und die Verstrickung des Lesers in die Geschichte über die Verwicklung der Handlung erfolgt.

Weiterhin kann man mit Renate Nischik **›single plot novels‹**, die nur einen Handlungsstrang besitzen, von **›multiple plot novels‹** mit mehreren Handlungssträngen unterscheiden, bei denen es dann wiederum eine Haupthandlung (›main plot‹) und diverse Nebenhandlungen (›subplots‹) geben kann. Die sogenannten **›plot points‹** sind die Knoten im Erzählgewebe, an denen die einzelnen Handlungsfäden miteinander verknüpft werden, um der Geschichte eine andere Richtung zu geben. Von diesen Knotenpunkten aus verlaufen dann die Strippen, die der Erzähler zieht, durch den in aller Regel mehrdimensionalen Bedeutungsraum des Textes.

Um verschiedene Handlungsstränge zu entwickeln, genügt es nach Lämmert, entweder die Handlungsträger, den Schauplatz oder den Zeitpunkt der Handlung zu wechseln. Nischik kritisiert an dieser Konzeption, dass es ihr zufolge wohl überhaupt kein einsträngiges Erzählwerk geben könne (vgl. ebd., S. 32), und plädiert daher dafür, nur dann von zwei Handlungssträngen zu sprechen, wenn sie verschiedene Personen betreffen; wechselt dagegen nur der Ort und die Zeit der Handlung, wird der Handlungsstrang in einzelne Handlungsfäden zerlegt (vgl. ebd., S. 98 ff.). Ein sogenannter **Doppelroman** liegt vor, wenn sich die unterschiedlichen Handlungsstränge nicht zu einem einheitlichen Mythos verbinden lassen, sondern zwei von einander unabhängige Geschichten erzählt werden.

Der Doppelroman ist eine äußerst komplexe Erscheinung und daher denkbar weit von jenen simplen Bauformen entfernt, an denen Vladimir Propp einst seinen morphologischen Ansatz der Erzählforschung entwickelt hatte. Propp ging wie Müller »von dem Grundgedanken Goethes aus, dass das Tier- und Pflanzenreich auf einen Urtyp zurückgeführt werden könnte, aus dem sich über verschiedene Abwandlungen die einzelnen konkreten Formen ergeben« (Hempfer 1973, S. 80 f.). Er untersuchte etwa 150 Volks- und Zaubermärchen im Hinblick auf ihre Handlungsstrukturen. Der Schlüsselbegriff seiner Analyse ist die ›Funktion‹, d. h. die Rolle, die eine absichtsvolle und zielgerichtete Handlung in einer Kette von Begebenheiten spielt (vgl. Schardt 1995, S. 51).

Propp meinte die zahlreichen Geschichten, die in den russischen Volks- und Zaubermärchen erzählt werden, auf insgesamt 31 Funktionen zurückführen zu können, die das Inventar des Genres bilden. Unabhängig davon, welche Funktion ein Erzähler auswählt, an welcher Stelle der Geschichte er sie benutzt, und wie er die Handlung, die diese Funktion erfüllt, im einzelnen gestaltet – sie wird stets nach dem Wenn-Dann-Schema mit anderen **Funktions- oder Handlungseinheiten** verknüpft (vgl. Fietz 1982, S. 149). Was bei dieser morphologischen Betrachtung vollkommen ausgespart werden musste, war die Axiologie der Volks- und Zaubermärchen, also der Wertakzent der einzelnen Handlungen, die diese oder jene dramaturgische Funktion erfüllen.

Diesem Nachteil stand jedoch der ungeheure Vorteil gegenüber, im Prinzip jede Erzählung nach dem gleichen Schema untersuchen und diese Untersuchung am Modell des Satzes orientieren zu können. Die abstrakte **Syntax des Volks- und Zaubermärchens** hielt gewissermaßen Leerstellen für bestimmte Subjekte und Objekte bereit, die der Erzähler so oder so konkretisieren konnte. Am Satzbau selbst änderte sich dadurch nichts, d. h. die Struktur des Genres blieb durch den Erzählakt unberührt. Dadurch schien sich für die Erzählforschung die Möglichkeit zu ergeben, alle narrativen Gattungen im Hinblick auf ihr Formeninventar und die Regeln seiner selektiven Nutzung in einem konkreten Text zu untersuchen, dessen Eigenart in der je besonderen Kombination der einzelnen Funktionen bestand. Die Regeln bildeten dann so etwas wie die **Grammatik**, das Inventar hingegen den allgemeinen Wortschatz oder das **Lexikon** der Erzählkunst.

Unter dieser Voraussetzung bot Propps Ansatz einen beinahe idealen Ausgangspunkt für die strukturalistische Analyse der Erzählkunst. Auch die Strukturalisten nämlich versuchten, das Inventar der narrativen Elemente und ihre jeweils spezifische Relationierung zu einem bestimmten Text zu beschreiben, um daraus generelle Schlussfolgerungen über das Regelwerk abzuleiten, das alle Erzählungen verbindet.

5. Der strukturalistische Ansatz

5.1 Bremonds Logik der narrativen Optionen

Im Rahmen der strukturalistischen Neuinterpretation versuchte Claude Bremond, Propps Methode auf andere Erzählformen zu übertragen. Dabei zeigte sich, dass Propp durch das Material seiner Forschung zu einer allzu finalistischen Konzeption der Erzählung verführt worden war. Während die Volks- und Zaubermärchen in sich abgeschlossene Geschichten darstellen, bei denen alles auf ein bestimmtes Ziel hinausläuft, weisen viele andere Erzählwerke eine offene Struktur auf. Für sie gilt: »Alles kann sich mit allem kombinieren, alles kann allem folgen. Es liegt sogar im Interesse der Erzählung, solche Überraschungen möglich zu machen« (Bremond 1972, S. 197).

Bremond schlug daher ein alternatives Analysemodell vor, demzufolge jede **Begebenheit** oder **Aktion** verschiedene **Anschlussoperation**en zulässt. Welche **Option** ein Erzähler wählt, lässt sich nicht bei jedem Genre vom Ende der Geschichte her bestimmen. Das Syntagma der Erzählung wird von Bremond also paradigmatisch erweitert, weil jede Handlungssequenz, die im Text ausgeführt ist, vor dem Hintergrund alternativer Sequenzen steht, die im Prinzip auch hätten verwirklicht werden können. Mit der bereits eingeführten Plot-Terminologie könnte man sagen: Jeder **plot-point** ist eine **Weggabelung**, eine **Verzweigung**, an der sich der Erzähler für eine Fortsetzung und gegen andere Möglichkeiten der Handlungsentwicklung entscheidet. Was sich im Nachhinein als konsequente Verkettung von Ursache und Wirkung ausnimmt, ist das Ergebnis einer ständigen Reduktion von virtuellen Geschehnisabläufen an den Wendemarken (plot-points) der Geschichte.

Bremonds Modell trägt somit der Tatsache Rechnung, dass viele Geschichten weit weniger formalisiert sind als die russischen Märchen mit ihrer stereotypen **Syntax**, die Propp untersucht hatte. Es führt aber auch dazu, die Komplexitätsreduktion, die der Erzähler vorgenommen hat, in der Textanalyse auf den Kopf zu stellen, weil nun für jede narrative Anschlussoperation ein **Paradigma alternativer Operationen** bestimmt werden muss. Wenn es in einer Erzählung zum Beispiel heißt: »Nachdem die Tür ins Schloß gefallen war, goß er sich einen Drink ein«, gibt es offenbar unzählige Möglichkeiten, anders zu handeln.

So wichtig es im Einzelfall auch sein mag, die Eventualitäten einer Handlung zu bedenken, zur Diskussion steht letztlich nur die Geschichte, die der Text erzählt. Das ändert nichts daran, dass die einzelnen Handlungsträger im Prinzip immer die Wahl haben, dies zu tun und jenes zu lassen. Diese Handlungsfreiheit wird auch nicht dadurch geleugnet, dass jede Geschichte anhand ihres Verlaufs und ihres entweder geschlossenen oder offenen Endes beurteilt wird. Erst dieser Verlauf bzw. sein Abschluss machen es nämlich möglich, die alternativen Handlungsmomente zu bestimmen, die für die Deutung der Geschichte von Belang sind. Die Frage, ob der oben erwähnte Drink ein auswechselbares oder ein bedeutsames Detail ist, lässt sich erst beantworten, wenn man den Zusammenhang kennt. Auslegungsrelevant würde er etwa dann, wenn das Getränk vergiftet war.

Dass eine Erzählung nicht völlig offen und beliebig fortsetzbar ist, war natürlich auch Bremond bewusst. Er wollte die notwendige Einschränkung jedoch jenseits der konkreten Geschichte in einer abstrakten **Matrix der Rollen** verankern, die verschiedene Handlungsträger spielen können. Danach gibt es z. B. die ›Agenten‹, die eine Handlung ausführen, oder die ›Patienten‹, die eine Handlung erleiden. Auch eine solche transzendente, d. h. dem Geschehniszusammenhang der einzelnen Geschichte enthobene Matrix besagt jedoch wenig, wenn sie nicht an die der Geschichte immanenten Rollen der Handlungsträger zurückgebunden wird. Wenn – um bei dem erwähnten Beispiel zu bleiben – der Drink tatsächlich vergiftet ist und getrunken wird, stellt derjenige, der ihn sich einschenkt, zugleich den Agenten und den Patienten dieser Handlung dar (vgl. Scheerer/Winkler 1976, S. 23 f.).

5.2 Greimas' Aktantenmodell

Ähnlich wie Bremond hat Algirdas Greimas sein **Aktantenmodell** auf jene fundamentalen Dichotomien abgestellt, die der Welt eine anthropomorphe Gestalt verleihen. Die strukturale Semantik findet diese Gegensätze in der menschlichen Sprache, das Aktantenmodell überführt diese Gegensätze in oppositionelle **Handlungsrollen**. Dabei ist keine der sechs semantischen Rollen, die Greimas nennt, an einen bestimmten Kasus gebunden. Eine Figur kann demnach die dramaturgischen Funktionen von ›sujet‹ oder ›objet‹, ›destinateur‹ oder ›destinataire‹, ›opposant‹ oder ›adjuvant‹ übernehmen, d. h. sie führt als Akteur der Geschichte aus, was im Aktantenmodell an Handlungsmöglichkeiten angelegt ist. Die erzählte Aktion vermittelt dergestalt zwischen der zwar anthropomorphen, aber abstrakten Logik der Handlung und der konkreten Deutung des Textes als Handlungszusammenhang. Greimas behauptet mit anderen Worten, dass eine zu erzählende Geschichte, bevor sie Bedeutung entfalten kann, erst auf Handlungsmuster und **Rollenskripte** umgeschaltet werden muss, bevor sie als Handlungszusammenhang vorgetragen und sinnvoll verstanden werden kann (vgl. Greimas 1972, S. 48).

> »Damit die Tiefengrammatik, die ja konzeptioneller Art ist, Erzählungen produzieren kann, die in figurativer Form manifestiert sind (in denen die menschlichen oder personifizierten Protagonisten Aufgaben erfüllen, Proben bestehen, Ziele erreichen), muß sie zunächst auf einer intermediären semiotischen Ebene eine anthropomorphe aber nicht figurative Repräsentation erhalten.« (ebd., S. 54).

Aufgrund der erwähnten Oppositionspaare lassen sich **drei Ausprägungen** der figurativen Repräsentation denken: bestandene und nicht-bestandene **Prüfungen** (›syntagmes performanciels‹), **Verträge**, die geschlossen und gebrochen werden (›syntagmes contractuels‹) und **Begegnungen**, zu denen die Figuren aufbrechen und von denen sie verwandelt zurückkehren (›syntagmes disjonctionels/conjonctionels‹). Wie Cesare Segre bemerkt hat, liegt der vielleicht interessanteste Aspekt des Aktantenmodells darin, dass Greimas die verschiedenen Modalitäten der Erzählung berücksichtigt. Auf der Achse von **Subjekt und Objekt** geht es um das, was die Figuren wollen (vouloir) und tatsächlich tun (faire), auf der Achse von **Widersacher und Helfer** um das, was die Figuren können (pouvoir), und auf der Achse von **Befehlsgeber und Befehlsempfänger** um das, was sie wissen (savoir) (vgl. Segre 1980, S. 125 f.).

Widersprüchlich wird in der Forschungsliteratur der Verzicht des Aktantenmodells auf den problematischen Begriff des Charakters beurteilt. Einerseits kann es ein Vorteil sein, die Analyse der dramatischen Funktion einer Figur von den philosophischen, psychologischen und moralischen Implikationen dieses Begriffs zu entlasten. Andererseits lässt sich manches Rollenverhalten eben doch nicht ohne Rückgriff auf die persönlichen Eigenarten des Handlungsträgers explizieren. So mag es für eine rein formale Beschreibung der *Wahlverwandtschaften* ausreichend sein, die Figuren lediglich als Widersacher aufzufassen; um jedoch die unterschiedlichen Verfahren der Konfliktlösung, die von den Beteiligten aufgrund ihrer verschiedenen Wertmaßstäbe angestrebt werden, angemessen zu verstehen, darf man

Eduard und Charlotte, Ottilie und den Hauptmann nicht auf ihren aktantiellen Part als Gegenspieler reduzieren.

Das heißt nicht, dass man Goethes Roman nur charakterologisch deuten kann. Eher schon soll damit gesagt werden, dass seine Idee, soziale Verhältnisse und die Konflikte derselben symbolisch gefasst darzustellen, eine Betrachtungsweise erfordert, die das Geschehen gerade nicht von den Bedingungszusammenhängen abkoppelt, die zwar der Text, aber nicht das Aktantenmodell berücksichtigt. Die Kritik an Greimas' Modell war denn auch vor allem bemüht, seinen universalen Geltungsanspruch zu relativieren (vgl. Kolkenbrock-Netz 1988, S. 269 ff.) und die oft allzu starre Analogisierung von Aktant und Akteur, semantischer Rolle und dramaturgischem Part flexibler zu gestalten (vgl. Nischik 1981, S. 38).

Zu überlegen ist, ob das Bemühen, Erzähltexte erst auf dramatische Rollen und diese dann auf einige wenige Gegensätze zu reduzieren, wie es im Aktantenmodell geschieht (vgl. Brooks 1984, S. 15 ff.), nicht in eine Sackgasse führt, weil es überhaupt nicht an die Information herankommt, die solche Texte dank ihrer je spezifischen Gestaltung enthalten. Was einen Roman vor allem interessant macht, ist ja nicht, dass es in ihm wie überall auf der Welt und in jedem anderen Erzähltext Widersacher und Gegenspieler, Freunde und Feinde, Begegnungen und Trennungen, Prüfungen, Handlungspläne und Absprachen gibt, sondern wie diese Rollen in Szene gesetzt werden, um den Blick des Lesers auf Aspekte zu lenken, die seinen Horizont erweitern. Oft sind es gerade die feinen Nuancen und Differenzierungen der gewohnten Optik, durch die ein Roman Wirkung zeigt. Eben diesen feinen Unterschieden kommt man jedoch nicht bei, wenn man alle konkreten Unterschiede von vornherein in abstrakte Kategorien aufhebt, die zwar universal sein mögen, eben wegen ihrer tatsächlichen oder vermeintlichen Universalität aber auch nur selten wirklich informativ sein können. Gleichwohl hat die Diskussion der szenographischen Qualität des literarischen Diskurses (vgl. Kap. 8), gezeigt, dass die Aktantensemantik wichtig ist, um das narrative Wechselspiel von Realität, Imagination und Fiktion performativ zu verstehen.

5.3 Todorovs Erzählgrammatik

Tzvetan Todorov knüpft mit seiner Erzählgrammatik sowohl an Claude Bremond als auch an Algirdas Greimas an (vgl. Fietz 1982, S. 169). Von jenem übernimmt er die **Ablehnung der finalistischen Handlungskonzeption**, von diesem die Beschreibung der Figuren anhand ihrer semantischen Rollen. Seinen grammatikalischen Ansatz rechtfertigt Todorov mit

> »der grundlegenden Einheit von Sprache und Erzählung, einer Einheit, die uns zwingt, unsere Vorstellungen über die eine wie die andere zu revidieren. Man wird eine Erzählung besser verstehen, wenn man weiß, daß die Person ein Nomen ist und die Handlung ein Verbum. Nomen und Verbum aber wird man besser verstehen, wenn man die Rolle bedenkt, die sie in der Erzählung einnehmen.« (Todorov 1972, S. 70 f.).

Das war insofern ein neuer Gesichtspunkt, als die Erzählkunst nun nicht mehr nur auf anthropomorphe Handlungsmodelle und linguistische Kategorien zurückgeführt, sondern ihrerseits als Modell zur Erforschung des menschlichen Handelns und Sprechens angesetzt wurde. Im Rahmen dieser Konzeption besteht eine Erzählung im Wesentlichen aus Aussagen über die Handlungsträger, die entweder durch ihre Eigenschaften (Attribute) oder durch ihre Handlungen (Aktionen) charakterisiert werden. Die **Attribute** und **Aktionen** werden somit als **Prädikate**, die einzelnen Aussagen als **Propositionen** und die **Personen** der Geschichte als ihre Referenten aufgefasst.

Die gesamte Erzählung kann danach als eine Folge von Aussagen beschrieben und entweder als Diskurs oder als Historie betrachtet werden. Bei der **Unterscheidung von ›discourse‹ und ›historie‹** beruft sich Todorov auf Emile Benveniste und sein Buch *Probleme der allgemeinen Sprachwissenschaft*. Dort wurde die Geschichte als eine Folge von Aussagen definiert, bei denen die Person des Sprechers keine Rolle spielt. Es scheint, als ob sich die Ereignisse selbst erzählen. Als Rede (Diskurs) bezeichnet Benveniste hingegen »jeden Aussageakt, der einen Sprecher und einen Hörer voraussetzt, und bei jenem die Absicht, diesen in irgendeiner Weise zu beeinflussen« (Benveniste 1974, S. 269).

Todorov ging es bei der Übernahme dieser Unterscheidung vor allem darum, dass eine Geschichte ohne die Pronomen der 1. und der 2. Person Singular auskommt, während die Rede stets einen Ich- und Du-Bezug aufweist. Dieser Bezug bezeichnet das Verhältnis des Erzählers, der den Leser mit seiner Geschichte anredet, während die Geschichte selbst so vorgestellt wird, als ob sie unabhängig von ihrer Vermittlung sei. Wer auf den Diskurscharakter einer Erzählung abhebt, fragt also, warum und **wie die Geschichte erzählt wird**; wer von diesem Diskurscharakter und der Beziehung des Redners zu seinem Publikum absieht, will einfach nur wissen, **was in der Geschichte passiert**.

Tatsächlich können sich die Ereignisse, wie Todorov bemerkt, niemals selbst erzählen (vgl. Todorov 1973, S. 127). Bei der Analyse eines Erzähltextes kann es jedoch sinnvoll sein, das Geschehen zunächst einmal losgelöst von seiner Vermittlung zu untersuchen. Eine gründliche Untersuchung wird dabei jedoch nicht stehen bleiben und neben den Handlungsmotiven auch den Motiven des Erzählers, just diese Handlung so oder so zu schildern, nachgehen. Jedes Erzählwerk hat also zwei Seiten:

> »es ist zugleich Geschichte und Diskurs. Es ist Geschichte, weil es eine bestimmte Realität evoziert, Geschehnisse, die geschehen sein könnten, Personen, die von diesem Gesichtspunkt aus mit Personen des wirklichen Lebens ineinander verschwimmen. Diese Geschichte hätte uns mit anderen Mitteln berichtet werden können, z. B. in einem Film; sie hätte uns im mündlichen Bericht eines Zeugen, ohne daß sie zu einem Buch gemacht worden wäre, übermittelt werden können. Aber das Werk ist zugleich Diskurs; es gibt einen Erzähler, der die Geschichte berichtet, auf der anderen Seite gibt es einen Leser, der sie aufnimmt. Auf dieser Ebene zählen nicht die berichteten Geschehnisse, sondern die Weise, in der der Erzähler sie uns vermittelt.« (Todorov 1972, S. 264 f.).

Die Unterscheidung von ›historie‹ und ›discourse‹ lässt auch die **Umstellung der erzählten Zeit** in einem neuen Licht erscheinen: »In der Geschichte können sich mehrere Ereignisse zur gleichen Zeit abspielen; aber im Diskurs müssen sie gezwungenermaßen in eine Folge nacheinander eingesetzt werden; eine komplexe Figur wird auf eine gerade Linie projiziert« (ebd., S. 279). Weil dies immer wie eine künstliche Verarmung des Ereignisreichtums der menschlichen Realität wirkt, ist es nur natürlich, dass sie die Erzähler nach Möglichkeit zu kompensieren versuchen – unter anderem durch die Vor- und Rückverweise, die Verknüpfung diverser Handlungsstränge und all die anderen Verfahren, die eingesetzt werden, um der Vielfalt der Schauplätze und Zeitläufe erzählerisch gerecht zu werden.

Zwei weitere Begriffe, die mit der Unterscheidung von ›discourse‹ und ›historie‹ zusammenhängen, sind die der **›Diskurssituation‹** und des **›Diskursuniversums‹**. ›Diskurssituation‹ wird von Todorov und Ducrot »die Gesamtheit von Umständen genannt, innerhalb derer sich ein Äußerungsakt vollzieht (gleich, ob die dabei vollzogene Handlung schriftlich oder mündlich ist)« (Todorov/Ducrot 1975, S. 373). Wichtig gerade im Hinblick auf die fiktiven Geschichten, die in bestimmten Diskurssituationen erzählt werden, ist die Fähigkeit der natürlichen Sprachen, »das Universum, auf das sie sich beziehen, konstruieren zu können; sie können sich also ein imaginäres Diskursuniversum verschaffen« (ebd., S. 281).

Dieses Diskursuniversum lässt sich wiederum in einzelne Situationen zerlegen, Situationen, in denen Diskurse geführt oder andere Handlungen unternommen werden. Auf diese Weise stehen den Äußerungsakten, die das Diskursuniversum erzeugen, jene verbalen und non-verbalen Aktionen gegenüber, die der Erzähler zu einer Geschichte (›histoire‹) zusammenfasst.

Karlheinz Stierle hat sich dafür ausgesprochen, die zweistellige Relation von ›historie‹ und ›discourse‹ durch die dreigliedrige von **Geschehen, Geschichte und Text der Geschichte** zu ersetzen, die ihrerseits drei Aufgaben erfüllt:

> »1. Als Fundierungsrelation; das Geschehen fundiert die Geschichte, die Geschichte fundiert den Text der Geschichte; 2. Als ›hermeneutische‹ Relation: die Geschichte interpretiert das Geschehen, der Text der Geschichte interpretiert die Geschichte; 3. Als Dekodierungsrelation: der Text der Geschichte macht die Geschichte sichtbar, die Geschichte macht das Geschehen sichtbar.« (Stierle 1973, S. 531).

Man kann sich den Sinn dieser Gliederung verdeutlichen, indem man die unterschiedlichen Blickwinkel (1) desjeningen, der ein Geschehen erlebt, (2) des Erzählers, der dieses Geschehen zu einer Geschichte verdichtet, und (3) des Lesers, der einen Erzähltext interpretiert, einnimmt. Ähnlich wie Lämmert von einer Überführung des bloßen Stoffzusammenhangs in einen Sinnzusammenhang ausging, ohne hinreichend zu klären, welchen Anteil der Leser und der Erzähler daran haben, geht Stierle davon aus, dass die Geschichte dem Geschehen einen Sinn verleiht, indem sie es auf Deutungsschemata und Handlungskonzepte bezieht, die dann vom Interpreten der Geschichte konkretisiert werden. Entscheidend ist, dass der Erzähler dazu auf bestimmte narrative Gattungen rekurriert, in denen diese Schemata und Konzepte gleichsam parat gehalten werden (vgl. ebd., S. 532). Auf dieser Ebene wäre auch das Aktantenmodell von Greimas anzuordnen, das zwischen Diskurs und Lektüre vermittelt, da der Leser bei seiner Interpretation des Textes die Schemata und Konzepte berücksichtigen muss, auf die der Erzähler zurückgegriffen hat, um ein System von Beziehbarkeiten herzustellen (vgl. Schwarze 1985, S. 75).

Von Belang ist auch, dass die Modellierung des Geschehens zu einer Geschichte, die sich bestimmter Redefiguren, Genreformen usw. bedient, ihre Sinnmuster nicht nur aus der literarischen Tradition bezieht. Denn zum einen kann ein Erzähler auch ganz alltägliche Deutungsschemata verwenden, und zum anderen sind die Gattungskonzepte selbst in aller Regel bereits hybride **Konstrukte aus Erfahrungsmodellen** höchst unterschiedlicher Provenienz; darauf haben in jüngster Zeit wiederholt Arbeiten zur Kognitiven Poetik aufmerksam gemacht. Oft ist es gerade die Doppeldeutigkeit der Sinnmuster, die eine Geschichte so interessant macht, z. B. wenn der Detektiv eine Allegorie des Lesers und seine Spurensuche eine Parabel für den Wunsch aller Menschen ist, in jedem noch so rätselhaften Geschehen einen Sinn zu finden.

5.4 Ricœurs Alternative

Den wohl bedeutendsten Beitrag zur Diskussion um das Verhältnis von Diskurs und Historie hat Paul Ricœur (1913–2005) geleistet, der zum einen die an Propps Morphologie geschulte Erzählgrammatik von Bremond, Greimas und Todorov kritisiert und zum anderen die von Müller, Lämmert oder Stierle vorgetragenen Überlegungen wieder an die Zeitlichkeit allen narrativen Weltverstehens und damit auch an die aristotelische Auffassung des ›mythos‹ bindet:

In der sich an Propp anschließenden Forschung sieht Ricœur insgesamt eine gefährliche **Tendenz zur übermäßigen Logifizierung und Entchronologisierung** der narrativen Strukturen, weil sich die Grammatiker der Erzählkunst nur für die Funktionalität der Handlungsfolgen und Handlungsträger, nicht aber für das Moment der Zeit interessieren, das Geschehen, Geschichte und Erzählung, Historie, Diskurs und Lektüre verbindet (vgl. Ricœur 1989, S. 59 ff.). Schon die Auflösung der erzählten Ereignisfolge zugunsten einer Vielzahl erzählerischer Möglichkeiten, die Bremond vorgenommen habe, sei mit der Idee einer folgerichtigen Handlung nicht mehr zu vereinbaren (vgl. ebd., S. 73 f.). Noch einen Schritt weiter gehe Greimas, der das stets zeitliche Verstehen des Menschen auf ein Aktantenmodell reduziere, in dem die Dimension der Zeit überhaupt nicht mehr vorgesehen sei (vgl. ebd., S. 89). Geht man hingegen mit Ricœur davon aus, **dass Menschen mittels Erzählungen Antworten auf existentielle Fragen suchen**, können sie diese, weil ihre Existenz nun einmal zeitlich dimensioniert ist, nicht in einem abstrakten Aktantenmodell, sondern nur in einer konkreten Geschichte finden, die das menschliche Leben zu einem anschaulichen Modell verdichtet. Ricœur nimmt daher an,

> »daß zwischen dem Erzählen einer Geschichte und dem zeitlichen Charakter der menschlichen Erfahrung eine Korrelation besteht, die nicht rein zufällig ist, sondern eine Form der Notwendigkeit darstellt, die an keine bestimmte Kultur gebunden ist.« (Ricœur 1988, S. 87).

Daher gibt er dem Verhältnis von ›historie‹ und ›discourse‹ eine Wendung, die eher an Stierle als an Todorov orientiert ist und stets die Zeitverhältnisse der Erzählung berücksichtigt, auf die es auch schon Müller und Lämmert abgesehen hatten. Es geht dabei »um den konkreten Prozess, durch den die Textkonfiguration zwischen der Vorgestaltung (préfiguration) des praktischen Feldes und seiner Neugestaltung (refiguration) in der Lektüre vermittelt.« (ebd., S. 88). Alle drei Figurationen sind – dadurch kommt erneut die aristotelische *Poetik* ins Spiel – das **Ergebnis einer mimetischen Tätigkeit**, die Ricœur ausführlich beschreibt (vgl. ebd., S. 90–122):

1. Präfiguration: Schon die Bezugswelt des Textes weist eine Gestaltung als Handlungsraum auf, dem ein bestimmtes Begriffsnetz entspricht, dessen einzelne Kategorien wiederum auf die zeitliche Dimension aller menschlichen Handlungen verweisen. Zu diesem Begriffsnetz gehören u. a. die auf Ziele bezogenen Motive derjenigen, die handeln, oder das emphatische Moment der Betroffenheit, das alle Menschen, die Handlungen erleiden, eint. Auch die Umstände der Handlungen, die zumeist als Interaktionen begriffen werden, sind kategorial erfasst. Wer eine Geschichte erzählt, knüpft an dieses Begriffsnetz, diese Präfiguration des Geschehens durch bestimmte Kategorien, die dem menschlichen Handeln nachempfunden sind, an.

2. Konfiguration: Durch die Erzählung erfährt das Geschehen eine weitere bedeutsame Verwandlung: statt des lose geknüpften Begriffsnetzes hat es der Leser oder Zuhörer nun mit einem Bedingungszusammenhang im Sinne des aristotelischen ›mythos‹ zu tun, der es zum Beispiel erlaubt, das Ende mit dem Anfang der Geschichte zu vergleichen und die mehr oder wenige folgerichtige Entwicklung an den Maßstäben zu messen, die der Erzähler oder seine Figuren aufgestellt haben. Vor allem diese Wertorientierung der Geschichte setzt die erzählerische Konfiguration des Geschehens von ihrer Präfiguration durch das Begriffsnetz der Handlungskategorien ab. Das Konfigurieren wird daher von Ricœur mit dem Zusammenschließen und der Schemabildung in Beziehung gesetzt, die dem Urteilsakt, so wie ihn Kant verstanden hatte, zugrunde liegen. Da einige dieser Urteilsakte in bestimmten literarischen Gattungen vorgeprägt sind – man denke an die moralischen Beispielerzählungen, die Dichotomisierung von Gut und Böse im Märchen oder die differenziertere Ethik vieler Romane – stimmt Ricœur in dieser Hinsicht durchaus mit Stierle überein.

3. Refiguration: Die zeitliche und wertmäßige Ordnung der erzählten Geschichte wird schließlich im Verlauf der Textlektüre und Interpretation noch einmal zu einem Erfahrungsmodell umgestaltet, das der Leser dann bei seinem eigenen Handeln nicht nur theoretisch berücksichtigen, sondern auch praktisch ratifizieren kann. Die Refiguration koppelt die narrative Konfiguration also an das Begriffsnetz des zwischenmenschlichen Handelns zurück, lässt diesen Handlungszusammenhang aber im Lichte der Erzählung erscheinen, die eine veränderte Handlungsdisposition bewirken kann.

Die von Ricœur auch als Mimesis I, II und III bezeichneten Vorgänge der Prä-, der Kon- und der Refiguration wirken demnach in ästhetischer und ethischer Hinsicht so zusammen, dass der narrative Text als Aufforderung gelesen wird, die menschliche Praxis und ihre theoretische Erfassung in der Art und Weise zu sehen, wie sie im Text modell- oder beispielhaft vor Augen geführt werden (vgl. ebd., S. 130). Der hermeneutische Zirkel von Zeit und Erzählung, der den Radius der Interpretation bestimmt, ist dabei immer auf einen existentiellen Mittelpunkt bezogen, auf den Umstand nämlich, dass der Mensch, solange er lebt, von Situationen betroffen ist, zu denen er sich verstehend verhalten muss, und die er nur durch Handlungen ändern kann (vgl. ebd., S. 123). Weit davon entfernt, bloß ein müßiger Zeitvertreib zu sein, ist das Erzählen und Verstehen von Geschichten, so betrachtet, ein Geschehen, das vom Lebensvollzug nicht zu trennen ist. Anders gesagt:

> »Erst in der Lektüre kommt die Dynamik der Konfiguration an ihr Ziel. Und erst jenseits der Lektüre, in der tatsächlichen Handlung, die bei den überkommenen Werken in die Lehre gegangen ist, verwandelt sich die Konfiguration des Textes in Refiguration.« (Ricœur 1991, S. 255).

Während die historische Erzählung einen Wahrheitsanspruch erhebt und damit den Beurteilungsmaßstäben der Geschichtsschreibung unterliegt (vgl. Ricœur 1989, S. 10), ist die Wahrscheinlichkeit der fiktionalen Erzählung, wie schon Aristoteles erkannte, als Modell der Handlung (›mythos‹) oder als Handlungsplan (›plot‹) gedacht. Um sich nicht dem Vorwurf auszusetzen, dass sein hermeneutischer Ansatz der zeitgenössischen Erzählkunst hinterherhinkt, erörtert Ricœur die so genannte **›Entfabelung‹ des modernen Romans**, die ja, vordergründig betrachtet, darauf hinausläuft, den Mythos oder Plot abzuschaffen. Seiner Ansicht nach ändert die antinarrative Tendenz vieler Romane nichts am Verfahren der Konfiguration: Zum einen ist gerade die Entfabelung dem mimetischen Impuls verhaftet, eine angeblich oder tatsächlich unerzählerisch gewordene Welt angemessen darzustellen, und zum anderen macht sie die Aufgabe, das zwischenmenschliche Verhalten und Geschehen begrifflich geordnet vorzustellen, keineswegs obsolet. Eher schon lässt sich die Entwicklung vom traditionellen Handlungs- zum modernen Bewusstseinsroman als Eroberung neuer Erfahrungsbereiche durch das Verfahren der Konfiguration verstehen, die eben nicht nur die Außen-, sondern auch die Innenwelt des Menschen erzählbar und verstehbar machen will (vgl. Ricœur 1989, S. 16, S. 19 u. S. 24).

Gleichwohl meint auch Ricœur: »Das Schwinden der Fabel zugunsten eines Prinzips der Koexistenz und der Interaktion zeugt von dem Hervortreten einer dramatischen Form, in der der Raum tendenziell an die Stelle der Zeit tritt« (Ricœur 1991, S. 165). Raum und Zeit, Welt und Geschichte sind jedoch keine unvereinbaren Gegensätze, sondern komplementäre Anschauungsformen bzw. Begriffe, die allesamt darauf ausgerichtet sind, das menschliche Dasein sinnvoll zu ordnen.

Wiederum eine Alternative zu Ricœurs Modell der dreifachen Mimesis hat Monika Fludernik präsentiert. Sie unterscheidet **vier Ebenen**:

1. Die **axiomatische Ebene der grundlegenden Kategorien und Schemata**, die der realen Lebenserfahrung des Menschen entstammen und dazu dienen, seinen Alltag zu strukturieren.

2. Die **übergeordnete Ebene**, auf der vier für das Vermögen, ›in Geschichten zu denken‹, entscheidende **Konzepte** angesiedelt sind. Zwei davon stammen unmittelbar aus der realen Welterfahrung, nämlich das Konzept der Wahrnehmung (›viewing‹) und das Konzept des Erzählens (›telling‹), das ja nicht erst im Rahmen der literarischen Erzählkunst bedeutsam wird. Hinzu kommen die beiden Konzepte der erzählerisch gestalteten Erfahrung (›experiencing‹) einschließlich des zuweilen stillschweigend vorausgesetzten kulturellen Wissens, sowie das der Handlung (›action‹). Fludernik betont, dass ihr Konzept des Erzählens (›telling‹) auch die reflexiven Formen der Erinnerung und Introspektion umfasst (›reflecting‹). Außerdem

führt sie zum Konzept der Handlung (›action‹) aus, dass es zwar eigentlich zu den Verständnisrahmen gehört, die bereits auf der ersten axiomatischen Ebene zu verorten sind, beim Erzählen und beim Verstehen von Geschichten aber noch einmal von zentraler Bedeutung ist, weil es dort zum Schema der Fabelkomposition und der Interpretation und insofern zur eigentlichen Voraussetzung jeder erzählerisch gestalteten Erfahrung (›experiencing‹) wird.

3. Auf einer weiteren Ebene befinden sich in Fluderniks Modell die **genretypischen Erzählformulare und Standardsituationen**, die mit der narrativen Tradition entstehen und als relativ unabhängige kulturelle Einheiten, also losgelöst von ihrer Verwendung oder Abwandlung in diesem oder jenem Text, aufgefasst werden können.

4. Schließlich geht es auf der letzten Ebene um die Fähigkeit der Interpreten, die auf den drei übrigen Ebenen angesiedelten Schemata und Konzepte sinnvoll anzuwenden:

> »On level IV readers utilize conceptual categories from levels I to III in order to grasp, and usually transform, textual irregularities and oddities. Level IV constitutes an all-embracing dynamic process engendered by the reading experience.« (Fludernik 1996, S. 45).

Im Kern geht es dabei um eine Naturalisierung der Geschichte, einer Zurückführung ihrer unnatürlich oder künstlich wirkenden Momente auf das Alltagsverständnis, also um einen Prozess der (Re-) Familiarisierung, die das genaue Gegenteil des formalistischen Programm zur Verfremdung oder Defamilarisierung des Vertrauten darstellt.

Fluderniks Ansatz ist im Zusammenhang mit den Arbeiten zur Kognitiven Poetik zu sehen, in denen ebenfalls die Schemata und die Modelle rekonstruiert werden, die den interpretativen Prozess der Textlektüre steuern. Im Vergleich mit der eleganten Dreiteilung von Prä-, Kon- und Refiguration wirkt ihr Ansatz relativ sperrig. Das hat zum einen mit der Doppelfunktion der Konzepte zu tun, die auf mehreren Ebenen zur Anwendung gelangen, sowie zum anderen mit dem durchaus problematischen Begriff der **Naturalisation**, der leicht mißverstanden werden kann. Fludernik führt ihn auf eine Erkenntnis der neueren Sprachwissenschaft, vor allem auf die Metapherntheorie von George Lakoff, Mark Johnson und Mark Turner zurück:

> »The central insight that I have adopted from the linguistics of naturalness is that of the embodiment of cognitive categories and of the reliance of higher-level symbolic categories on such embodied schemata.« (ebd., S. 19).

Letztlich orientiert sich die Auffächerung der vier Ebenen also am Leitfaden des Leibes, der das ›Denken in Geschichten‹ in eine Spannung zwischen der Körperlichkeit des Daseins und der Ableitung aller höheren mentalen Funktionen aus dieser Tatsache stellt. Im Prinzip war diese Explikation im Mimesis-Konzept immer schon angelegt, geht es bei der Nachahmung doch selbst dann im weitesten Sinn des Wortes um ein körperliches Verhalten, wenn man mit den eigenen Augen der Blickrichtung eines anderen bzw. mit dem ›geistigen Auge‹ der Erzählperspektive eines Textes folgt. Sieht man in der **Inkorporation aller Schemata und Modelle** die pragmatische Implikatur, die jede Form der narrativen Weltvermittlung mit der alltäglichen Erfahrung verbindet, so stößt man im Ergebnis wieder auf die beiden sinnlichen Anschauungsformen der Zeit und des Raums, die Kant unterschieden hatte. Einerseits präfiguriert die leibliche Existenz des Menschen sein Verhalten *in* der Welt mit einem räumlichen Orientierungsschema, zu dem die einfachen Gegensätze von rechts und links, oben und unten, vorne und hinten gehören, die metaphorisch ausgebeutet werden können. Andererseits erweist sich die Zeitlichkeit aller Erfahrung, die das Verhältnis des Menschen *zur* Welt konfiguriert, an der Endlichkeit der menschlichen Existenz bzw. an der Vergänglichkeit des menschlichen Körpers. Insofern das Konzept der Zeit und die räumlichen Orientierungsschemata beim Erzählen, d. h., bei dem Versuch, sich die Welt als einen sich ständig wandelnden Sinnzusammenhang auszulegen, zusammenwirken, haben die beiden Ansätze von Ricœur und Fludernik nicht nur den Vorteil, sich wechselseitig zu ergänzen, sondern auch den, die Erzählforschung stärker als viele andere Ansätze in den Kontext der Lebenserfahrung zu rücken.

5.5 Barthes' Analyseschema

Roland Barthes stellt seine »Einführung in die strukturale Analyse von Erzählungen«, an die sich unter anderem die narratologischen Arbeiten von Seymour Chatman anlehnen, auf den Begriff des Diskurses ab, der nicht nur über sprachliche Zeichen in mündlicher und schriftlicher Form, sondern auch über (bewegte) Bilder oder andere Zeichen abgewickelt werden kann. Gleichwohl verrät Barthes' Definition, dass sein **Diskursbegriff der Linguistik** entstammt, wenn er schreibt: »Der Diskurs ist ein großer ›Satz‹ (dessen Einheiten nicht unbedingt Sätze sein müssen) genauso wie der Satz, mittels gewisser Spezifizierungen, ein kleiner ›Diskurs‹ ist« (Barthes 1988, S. 105). Entsprechend wird von ihm jede Erzählung als ein großer Satz und jeder Satz, der eine Beschreibung oder Feststellung enthält, als Entwurf einer kleinen Erzählung aufgefasst. Da der Sinn einer Geschichte die gesamte Erzählung »durchströmt« (ebd., S. 108), und es im künstlerisch organisierten, narrativen Diskurs keine vollkommen bedeutungslosen Elemente gibt, kann man ihn nicht einfach in funktionale oder dysfunktionale Einheiten zerlegen. **Jedes Element macht nur im Zusammenhang mit den anderen Sinn**; und kein Bestandteil kann eliminiert werden, ohne diesen Zusammenhang zu verändern.

Allerdings kann man die Elemente anhand ihrer Funktionen sowie daran unterscheiden, ob sie, wie bei der **Handlungsverknüpfung**, gleichsam horizontale **Relationen** auf einer Ebene bilden, oder zu Beziehungen zwischen verschiedenen Ebenen gehören, z. B. der Handlung und dem Motiv der Figur, diese Handlung auszuführen oder zu unterlassen. Diese gleichsam vertikalen, auf die Integration der einzelnen Ebenen gerichteten **Funktionen** nennt Barthes ›Indizien‹; die horizontalen Funktionen »implizieren metonymische *Relata*, die Indizien metaphorische *Relata*« (ebd., S. 112).

Um bei dem Beispiel der Handlung und ihrer Motivierung zu bleiben: Wenn erzählt wird, dass jemand auf sein Fahrrad steigt, liegt es nahe, anzunehmen, dass er sogleich in die Pedale treten und davonfahren wird. Auf ein Rad steigen, in die Pedale treten und Fortfahren sind Elemente einer Handlung, die metonymisch zusammenhängen und sich logisch berühren; sie stehen daher zueinander in einer Kontiguitätsrelation. Zu erzählen, dass jemand aufs Rad steigt, um Brötchen zu holen, heißt dagegen, eine Handlung so zu motivieren, dass sich weitere Schlussfolgerungen auf die Umstände der Handlung ergeben – jemand will frühstücken, es ist morgens usw. Radfahrt, Brötchenkauf und Frühstücksappetit stehen untereinander insofern in einer metaphorischen Relation, als sie dank des Bildes aufeinander verweisen, das sich die Leser erfahrungsgemäß von einer Person machen, die zum Bäcker radelt. Sie bilden einen empirischen Verweisungszusammenhang, der aufgrund von Similaritäten und Koinzidenzen besteht, und vom Leser aus den mitgeteilten Indizien erschlossen wird. Anders gesagt: »Die **Indizien** erfordern eine Aktivität des Entzifferns« (ebd., S. 114), bei der ein Interpret auch auf Informationen rekurriert, die der narrative Diskurs nicht enthält; die Funktionen hingegen sind immer solche Informationen, die dem Text der Erzählung zu entnehmen sind.

Eine weitere wichtige Unterscheidung trifft Barthes zwischen den so genannten ›**Kardinalfunktionen**‹, die den Kern einer Erzähleinheit darstellen, und den so genannten ›**Katalysen**‹, die sich aus ihnen ergeben. Während Kardinalfunktionen Alternativen eröffnen, realisieren Katalysen die Alternative, für die sich der Erzähler entscheidet. »Wenn an einer Stelle der Erzählung ›das Telefon klingelt‹, so ist es gleichermaßen möglich, zu antworten oder nicht zu antworten, wodurch die Geschichte unweigerlich in zwei verschiedene Richtungen vorangetrieben wird.« (ebd., S. 113). Hingegen lassen sich zwischen zwei Kardinalfunktionen wie ›das Telefon klingelt‹ und ›er hebt ab‹ zahlreiche Katalysen wie ›er geht zum Schreibtisch‹, ›legt das Buch aus der Hand‹ ›und drückt die Zigarette aus‹ einfügen. »Man kann keinen Kern streichen, ohne die Geschichte zu ändern, aber man kann auch keine Katalyse streichen, ohne den Diskurs zu ändern« (ebd., S. 114), erklärt Barthes, der mit dieser Bemerkung einerseits an Bremonds Logik der narrativen Optionen und andererseits an Todorovs Distinktion von Erzählrede und Historie anknüpft.

Neben den Katalysen und den Indizien, die dazu dienen, eine Kardinalfunktion auszumalen oder zu motivieren, gibt es noch jene ›*Informanten*‹, die der Leser braucht, um sich in den raumzeitlichen Verhältnissen der Geschichte zurechtzufinden. So könnte es etwa heißen ›er geht zum Schreibtisch, *der nur wenige Schritte entfernt steht*‹ und ›legt das Buch aus der Hand, *in dem er seit Stunden gelesen hat*‹. Oft hängt es von der Thematik und dem Interesse der Leser ab, welche Diskurselemente als Katalysen, als Indizien und als Informanten interpretiert werden.

Mehr oder weniger eindeutig ist nur das Kriterium für die **Kardinalfunktionen, die Wendepunkte in der Handlung markieren**. Diese plot-points müssen nämlich immer mehr als eine Anschlussoperation zulassen und verschiedene Optionen für die Fortsetzung der Geschichte eröffnen (vgl. Fietz 1982, S. 157). Cesare Segre hat übrigens darauf hingewiesen, dass Schriftsteller eher zu indirekten als zu direkten Indizien neigen, dass sie eher Indizien für eine Motivierung als die Motivierung selbst angeben (vgl. Segre 1980, S. 98 f.), um den Leser zu Mutmaßungen über die Beweggründe der handelnden Figuren zu veranlassen.

In seinem Aufsatz über »Die Handlungsfolgen« erläutert Barthes ein Phänomen, das man den Selbsterhaltungstrieb der Erzählung nennen könnte, und das eng mit dem **Wechselspiel von Kardinalfunktion und Katalyse** zusammenhängt. Wenn es um die Auswahl der Handlungsmomente geht, die sich aus einer bestimmten Situation ergeben, wird sich der Erzähler in aller Regel für das Moment entscheiden, das die Geschichte nicht nur irgendwie, sondern so vorantreibt, dass weitere Optionen für ihre Fortsetzung entstehen (vgl. Barthes 1988, S. 147). Aufschlussreich ist auch Barthes' Antwort auf die Frage, was eine Erzählung überhaupt lesbar macht. Seiner Ansicht nach ist es die

> »Logik des Bereits-Gelesenen: das (aus einer jahrhundertealten Kultur stammende) Stereotyp stellt die eigentliche Vernunft der narrativen Welt dar, die vollständig auf den Spuren aufbaut, die die (weitaus stärker angelesene als praktische) Erfahrung in das Gedächtnis des Lesers eingegraben hat und aus denen es besteht.« (ebd., S. 151).

Die Deutungsschemata und Handlungskonzepte, die literarische Gattungen transportieren, lassen sich, so gesehen, als mehr oder weniger stereotype Lesarten auffassen, an die sich die Schreibweisen der Autoren anlehnen – entweder um die tradierte Logik zu konservieren oder um sie zu problematisieren.

Als Barthes seinen Aufsatz über die Handlungsfolgen, der sich bereits mit Balzacs Erzählung *Sarrasine* beschäftigt hatte, zu einer umfangreichen Monographie mit dem Titel *S/Z* ausarbeitete, setzte er die Logik des Bereits-Gelesen, die den Bereich des ›Lesbaren‹ bestimmt, vom ›Schreibbaren‹ ab. Das **Lesbare** ist das Ergebnis einer Stereotypenbildung, das **Schreibbare** die Überschreitung der kulturellen Stereotypen durch einen künstlerischen Diskurs, für den es noch keine angemessenen Lesarten gibt. Das Schreibbare ist demnach zwar intelligibel, aber eben noch nicht zu einem Verständnisrahmen verfestigt (vgl. Culler 1975, S. 190). Lesbare Texte machen den Interpreten laut Barthes zum Konsumenten, schreibbare Texte zum Koproduzenten der Bedeutung (vgl. Barthes 1976, S. 8 f.).

Um der Rolle des Koproduzenten gerecht zu werden, genügt es nicht, den Text als Antwort auf die Frage nach dem Sinn der Geschichte zu verstehen. Der Leser muss vielmehr untersuchen, aus welchen Bedeutungsfäden der Text, der dadurch als Textur erscheint, geknüpft ist, und wie er mit seiner Umwelt zusammenhängt. Bei der Koproduktion von Sinn geht es also weniger um eine Struktur als um den Prozess der Strukturation, um das »Zusammenwirken der Stimmen« (ebd., S. 25), die den Text »polyphonisch« (ebd., S. 35) machen. Diesen Stimmen entspricht ein Bedeutungsvolumen, das sich nicht mehr auf eine einzige Melodie oder den Generalbass des Erzählers zurückführen lässt. Anstatt die Geschichte auf eine singuläre Aussage zu reduzieren und lediglich nach ihrer Moral zu fahnden, wird seine semantische Pluralität anerkannt. Anerkannt wird auch, dass selbst Widersprüche zu dieser **Bedeutungsvielfalt** beitragen können. Das Lesbare ist dagegen durch die Erwartung bestimmt, dass sich weder der Text noch der Leser im Verlauf ihrer Auseinandersetzung widersprechen.

In seinem Essay *Le plaisir du texte* (1974) verknüpft Barthes diese Vorstellung mit der **Unterscheidung von Lust und Wollust**. Wollust empfindet ein Leser nur in dem Augenblick, in dem er sich selbst widerspricht, weil ihn der Text mit einer Ansicht überwältigt, die gegen seine Weltanschauung oder sein Selbstbild verstößt. Das Vergnügen am Text kann also entweder durch den Wunsch nach einem geschlossenen Sinnzusammenhang oder durch das Begehren, sich nicht mit einer einfachen Bedeutung zufrieden zu geben, motiviert sein.

An Barthes' Analysen, insbesondere an seinem Buch *S/Z* wird häufig kritisiert, dass seine Untersuchungsmethode zu persönlich oder zu idiosynkratisch sei, um modellbildend zu wirken (vgl. Scholes 1974, S. 155). Dieser Vorwurf ist einerseits nicht unberechtigt; andererseits sollte man jedoch sehen, dass die Lektüre literarischer Werke niemals die gleichen systematischen Züge wie ein jederzeit wiederholbares Laborexperiment haben kann. **Jede Kreation von Bedeutung ist ein persönlicher Akt**, der gewisse Momente der Willkür einschließt, ohne deswegen irrelevant zu werden. Barthes' Analysen spiegeln die Passionen eines Lesers, der seinen Spieltrieb durchaus nicht verleugnet. Wer mit ihm die Meinung teilt, dass die eigentliche Kraft der Literatur eher darin besteht, mit den Zeichen der Sprache zu spielen, als die vorherrschende Ordnung der Dinge zu befestigen (vgl. Barthes 1980, S. 41), wird das semiologische Abenteuer, das er mit dem performativen Charakter seiner Lektüren eingegangen ist, selbst dort anregend finden, wo diese Lektüren zum Widerspruch reizen.

Im Gegensatz zu jenen Versuchen, die Analyse der Textstruktur auf eine bestimmte Nomenklatur festzulegen, wirkt Barthes' Rückgriff auf die Textilmetapher des Textgewebes und die damit verbundene Idee, den narrativen Diskurs als Resonanzboden der verschiedenen Stimmen aufzufassen, die in ihm nachhallen und mitschwingen, jedenfalls ausgesprochen wohltuend. Im Übrigen lassen sich das Bedeutungsvolumen und der Prozesscharakter des Textes unschwer mit der bewährten Plot-Metaphorik, der Verknüpfung von Handlungsfäden und Erzählsträngen verbinden. Man kann mit diesen Begriffen auch erklären, wie Leser in fremde Geschichten verstrickt werden und aus dem polyphonen Stimmengewirr des Textes, ganz im Sinne Bachtins, eine eigene Sicht der Dinge entwickeln.

6. Der narratologische Ansatz

Der strukturalistischen Tätigkeit und der morphologischen Methode verdanken die Narratologen wesentliche Anregungen. Ihre Werke weisen daher häufig einen synoptischen Charakter auf, da in ihnen das umfassende Konzept der Erzählgrammatik anhand der einzelnen Kategorien aufgefächert wird, die sich aus den Unterscheidungen von Diskurs und Historie, Person und Aktant, erzählter Zeit, Erzählzeit usw. ergeben.

6.1 Die Dimensionen der Narration

Gérard Genette ergänzt die Leitdifferenz von ›**discours**‹ und ›**historie**‹ in seiner Abhandlung über *Die Erzählung* zunächst um das Moment der ›**narration**‹. Die Geschichte wird demnach in einer bestimmten Form, dem Diskurs, erzählt, wobei der Erzählakt, die Narration, von der Art und Weise der Erzählung unterschieden werden kann, die der Geschichte ihre spezifische Form gibt. Die Geschichte ist damit das Signifikat, der Diskurs der Signifikant der Narration, die ihrerseits einen komplexen, mündlichen oder schriftlichen Sprechakt darstellt (vgl. Genette 1994, S. 16).

Der Referent der Narration – also das, was Günther Müller unter dem Lebensbezug des Erzählens verstand –, fällt für Genette nicht in den Zuständigkeitsbereich der Narratologie.

Dem Konzept der Erzählgrammatik verhaftet ist Genette insofern, als seine **Analysekategorien Tempus, Modus und Person** die Aspekte des Verbs aufgreifen und über Analogieschlüsse mit dem ›point of view‹-Konzept sowie mit der antiken Differenzierung von Mimesis und Diegesis verbinden.

Was zunächst die **Person** des Erzählers bzw. das Subjekt der Erzählung betrifft, so erinnert Genette daran, dass ein Narrator nicht unbedingt ein persönlich gestaltetes Medium, sondern auch eine gleichsam körperlose Stimme sein kann, weshalb man die entsprechende Analysekategorie denn auch am besten in ›Stimme‹ umtauft. Allerdings engt dieser Terminus die Analyse auf das Gebiet der mündlichen und schriftlichen Erzählungen ein, da man – zum Beispiel – im Spielfilm keine entsprechende Vermittlungsinstanz entdecken und die Narration selbst dann, wenn es eine ›voice over‹ gibt, nicht auf diese eine spezielle ›Stimme‹ reduzieren darf.

Ergänzt wird diese Kategorie von Genette durch das **Kriterium der Distanz**: Die am stärksten auf Distanz bedachte Form ist die der erzählten Rede nach dem Muster: »Ich teilte meiner Mutter meine Entscheidung mit, Albertine zu heiraten.« Etwas weniger distanziert nimmt sich die indirekte Rede – »Ich sagte meiner Mutter, daß ich Albertine unbedingt heiraten mußte« – aus, die nicht nur das, was ausgesprochen, sondern auch das, was lediglich gedacht wurde, vermitteln kann (»Ich dachte, daß ich Albertine unbedingt heiraten müßte«).

Von diesen Formen der indirekten Rede zu unterscheiden ist die **erlebte Rede**, die auf hypotaktische Konstruktionen und Inquit-Formeln verzichten kann: »Ich mußte Albertine unbedingt heiraten«. Schließlich kann sich die Wiedergabe der Personenrede bzw. der Gedanken, die sich eine Person macht, eng an die direkte Rede halten, die vergleichsweise wenig Distanz zulässt. Ein Beispiel dafür wäre: Ich sagte zu meiner Mutter (ich dachte): »Ich muß Albertine unbedingt heiraten« (vgl. Genette 1994, S. 122 f.).

Neben dem Kriterium der Distanz gilt es den **Modus der Narration** zu beachten, der bereits im Zusammenhang mit der Erzählperspektive behandelt worden ist (vgl. III.7 und III.8). Hier geht es um die Unterscheidung zwischen der internen und der externen Fokalisation sowie um jene Form der Narration, die nicht fokalisiert ist. Zu beachten ist dabei stets, dass die Fokalisation kein Vorgang der Erzählung, sondern der erzählerisch vermittelten Wahrnehmung des Geschehens ist. Daher hat die Fokalisation für Genette im Text auch keine Stimme.

Unter dem Stichwort **Tempus**, dem Aspekt der Zeit, interessieren Genette vor allem die so genannten ›Anachronien‹, also jene Abweichungen von der monotonen Sukzession, die auch schon Lämmert beschäftigt hatten. Bei der ›**Prolepse**‹ wird ein Ereignis oder eine Ereignisfolge erzählt, bevor die Narration zu jenem Zeitpunkt vorgedrungen ist, an dem die entsprechende Handlung stattgefunden hat; bei der ›**Analcpsc**‹ wird cin zunächst ausgespartes Geschehen gleichsam nachgereicht. Ge hören die Ereignisse zur Haupthandlung, handelt es sich um interne, gehören sie nicht dazu, handelt es sich um externe Pro- und Analepsen. Außerdem unterscheiden sich die Anachronien hinsichtlich ihres Umfangs sowie hinsichtlich ihrer Entfernung von jenem Zeitpunkt der Geschichte, auf den sie Bezug nehmen. Genette wäre jedoch kein echter Narratologe, wenn er nicht noch hinzugefügt hätte, dass es in manchen Erzählwerken auch noch proleptische Analepsen und analeptische Prolepsen gibt.

Ähnlich wie Todorov und Genette postuliert auch Seymour Chatman, dass es zum einen etwas gibt, wovon erzählt wird, und zum anderen die Art und Weise, in der das geschieht. Die ›story‹ ist für ihn, ›was‹ geschildert wird, der Diskurs hingegen bestimmt, ›wie‹ etwas geschildert wird (vgl. Chatman 1978, S. 9). Grundsätzlich muss jede **Erzählung als Kommunikation** betrachtet werden, also von einem Sender an einen Empfänger gerichtet sein. Zur Botschaft gehört dabei sowohl das ›was‹ als auch das ›wie‹ der Erzählung. Genau wie Booth geht auch Chatman davon aus, dass es auf der Senderseite neben dem eigentlichen Verfasser den implizierten Autor und gegebenenfalls noch weitere Vermittlungsinstanzen gibt, denen auf der Empfängerseite der empirische Interpret, das implizierte Publikum und jene Adressaten entsprechen, an die sich die einzelnen Erzähler wenden (vgl. ebd., S. 28).

Darüber hinaus behauptet Chatman, dass Erzählungen ohne **›plot‹** eine logische Unmöglichkeit seien. Selbst wenn eine **›story‹** nur nach dem simplen Muster von »und dann … und dann … « erzählt werde, würde die schlichte Folge der Begebenheiten in der Lektüre in einen Bedingungszusammenhang überführt. Der ›plot‹ muss also im Text nicht explizit ausgeführt sein, der Leser erschließt ihn aus dem, was die Erzählung an stummen Wissen impliziert, wodurch die Lektüre zur Konjektur wird (vgl. ebd., S. 45 ff.). Gleichwohl macht es Sinn, jenen Diskurs, der sich auf die monotone Sukzession von »und dann … und dann … « beschränkt, von jener Erzählrede abzugrenzen, die ausdrücklich auch mit kausalen Kategorien und logischen Konjunktionen arbeitet.

Im Anschluss an Bremond und Barthes hebt Chatman die Schlüsselstellen und Verzweigungsmomente in einer Geschichte, von ihm **›kernels‹** genannt, von den Ereignissen ab, die sich aus der Entscheidung des Erzählers für eine bestimmte Fortsetzung ergeben. Während diese sogenannten **›satellites‹** keine Wahl eröffnen, entsprechen die ›kernels‹ in ihrer Funktion den ›plot-points‹, die als Wendemarken ausgewiesen sind (vgl. ebd., S. 53 f.). Der ›plot‹ erweist sich damit als ein Netzwerk aus verschiedenen Handlungsfäden und Erzählsträngen, die dort zusammenlaufen, wo die Knoten der dramatischen Verwicklung geschürzt und gelöst werden. In diesem Sinne hat selbst die ›antistory‹ einen ›plot‹, weil man jene Stellen benennen kann, an denen der Erzähler eine Entscheidung entweder vermieden oder zurückgenommen hat, um den Eindruck einer folgerichtigen Geschehensentwicklung zu vermeiden (vgl. ebd., S. 56 f.).

Wie Genette und Chatman knüpft auch Gerald Prince an die morphologischen und strukturalistischen Vorarbeiten zur Narratologie an. Als Verbindungsglied fungiert dabei das **Konzept der Erzählgrammatik**, dessen Rationalität Prince folgendermaßen beschreibt:

> »Just as a grammar can be built to account for the structure of any and all English sentences, a grammar can be built of any and all kernel narratives.« (Prince 1980, S. 52).

Eine auf ihren Kern reduzierte Erzählung (= kernel narrative) umfasst nach Prince mindestens zwei reale oder fiktive Ereignisse in einer Zeitsequenz, von denen keines das andere voraussetzt oder enthält (vgl. ebd., S. 49 u. Prince 1982, S. 4). Das klingt einleuchtend, ist aber keineswegs selbstverständlich. Eine Geburt setzt zum Beispiel eine Schwangerschaft voraus, folgt jedoch nicht zwingend aus ihr. Dennoch würden die meisten Menschen sowohl die Äußerung »Sie wurde schwanger und gebar ein Kind« als auch die Äußerung »Sie wurde schwanger und gebar kein Kind« als rudimentäre Erzählungen verstehen, auch wenn die zweite Geschichte einen wesentlich überraschenderen Verlauf als die erste nimmt. Wendet man die Definition von Prince rigide an, handelt es sich jedoch nur bei der zweiten Geschichte um ein ›kernel narrative‹, da ja die erste Äußerung zwei Ereignisse in eine Zeitabfolge rückt, von denen das zuletzt genannte, die Geburt, das zuerst genannte, die Schwangerschaft, voraussetzt.

Entweder enthält Prince' Definition also eine Vorentscheidung für ungewöhnliche Geschichten, oder sie bedarf der Relativierung, um auch auf Erzählungen von gewöhnlichen Geschehnisabläufen zuzutreffen. Klar ist, dass die meisten Erzählungen mehr als einen Ereigniskern besitzen und daraus Entwicklungen ableiten, die nach dem Muster von **›topic‹** und **›comment‹** beschrieben werden können (vgl. Prince 1980, S. 57). Man kann also den Gegenstand einer Erzählung von den Äußerungen unterscheiden, die sich auf ihn beziehen. Der ›topic‹ ist das Ereignis, die Situation, die Figur oder das Thema, über das sich der Erzähler auslässt, während jede seiner Einlassungen einen ›comment‹ darstellt, der die Vorstellungen der Leser von diesem Gegenstand verändert.

In einer alternativen Terminologie, die aus dem Prager Strukturalismus stammt, ist von **›Thema‹** und **›Rhema‹** die Rede. Demzufolge gibt es eine nach Relevanzkriterien gestaffelte **funktionale Satzperspektive**. Ob in dieser Perspektive zunächst das Thema, also das, worüber etwas gesagt wird, oder das Rhema, also das, was zum Thema gesagt wird, erscheint, hängt von diesen Kriterien sowie vom Redegenre und vom Diskursmuster ab. Gerade literarische Texte sind, um beim Leser Spannung und Interesse zu wecken, häufig insofern rätselhaft strukturiert, als sie etwas mitteilen (Rhema), bevor gesagt wird, worum es eigentlich geht. Ein Drama, einen Roman oder ein Poem, die schon in den ersten Zeilen das Thema verraten, wird man auch deshalb selten finden, weil diese allzu direkte Art der Information als plump empfunden wird. Auch sind literarische Texte nicht in dem Sinne rhetorisch, dass sie als strategische Informationsvermittlung betrachtet werden können, bei der es nur darum ginge, eine a priori feststehende Botschaft an den Mann zu bringen. Eher schon ist es so, dass nicht nur die Leser, sondern auch die Autoren erst im Verlauf der ästhetischen Tätigkeit entdecken, was sie beim Schreiben beschäftigt und motiviert.

Übrigens verwendet Prince die Unterscheidung von ›topic‹ und ›comment‹ um den Charakter in ein Bündel von Merkmalen aufzulösen, die vom Erzähler über eine Figur ausgesagt werden. Auch die Umgebung des Charakters, sein persönlicher Hintergrund und die Handlungen, die zumeist im Vordergrund der Erzählung stehen, lassen sich als Themen auffassen, die der Erzähler rhematisch entfaltet.

Noch konsequenter als Chatman benutzt Prince also die **Grammatik der Sprache als Leitfaden der Erzählforschung**. So folgt für ihn selbstverständlich, dass sich die 1. Person Singular in der Regel auf den Sprecher, die 2. auf den Angesprochenen und die 3. auf den Gesprächsgegenstand bezieht. Das bedeutet zugleich, dass jede narrative Äußerung ein erzählendes Subjekt, dessen Adressaten und ein

Objekt umfasst (vgl. Prince 1982, S. 8). Dass diese rein grammatikalische Klassifikation den Eigenarten der Erzählkunst nicht vollauf gerecht wird, sieht freilich auch Prince, weshalb er betont, dass die 1. Person Singular nicht nur als erzählendes Ich (Subjekt) und erzähltes Ich (Objekt), sondern auch als Er/Sie-Erzähler auftreten und über andere Personen Bericht erstatten kann (vgl. ebd., S. 14).

Zudem kann es in einer Erzählung mehrere Subjekte, Objekte und Adressaten geben. Prince etabliert daher eine Hierarchie zwischen verschiedenen narrativen Instanzen. Als ›main narrator‹ gilt danach jener Erzähler, der die anderen Erzähler einführt (vgl. ebd., S. 16). Da sich die diversen Erzähler nicht alle an dieselben Leser oder Zuhörer wenden, muss man auch den ›main narratee‹ von den übrigen Adressaten der Erzählung unterscheiden. Auf jeder Vermittlungsebene des Textes müssen jedoch mindestens ein **Sender** und ein **Empfänger** der Narration vertreten sein.

Abgesehen davon, dass eine Erzählung im Vergleich zu einer anderen nachträglich, vorzeitig oder gleichzeitig abgewickelt werden kann, kann man sie anhand der temporalen Distanz zwischen dem Zeitpunkt der Erzählung und der erzählten Zeit, hinsichtlich des Ausmaßes, in dem sie den Erzähler selbst betrifft, und durch das Medium der Vermittlung (mündliche Erzählung, Briefroman, Verfilmung etc.) charakterisieren (vgl. ebd., S. 27–33). Ergänzt werden diese Kriterien durch die Aspekte der Erzählperspektive, die Modi des narrativen Diskurses und das Tempo der Ereignisfolge bzw. ihrer Schilderung.

Ausführlicher als Chatman geht Prince auf die Mitarbeit des Lesers am narrativen Diskurs ein. Der Beitrag des Interpreten ergibt sich danach aus einem Frage-und-Antwort-Spiel, denn: »reading a text may be said to be grossly equivalent to proceeding textual data gradually by asking questions of the text and answering them on the basis of it.« (ebd., S. 103). Freilich kommt es bei der **Selbstvermittlung der Textbedeutung im Verlauf der Lektüre** zunächst einmal darauf an, die Fragen zu ermitteln, die wirklich bedeutsam sind. Erst dann kann der Interpret im Text nach sinnvollen Antworten suchen. Finden wird er sie nicht nur in dem, was explizit dasteht und implizit mitgemeint ist, sondern auch in der eigenen Menschenkenntnis und Welterfahrung, auf die der Text verweist (vgl. ebd., S. 128).

6.2 Rede- und Gedankenwiedergabe

Wiederum ausführlicher als Prince hat sich Chatman mit den verschiedenen Möglichkeiten der Rede- und Gedankenwiedergabe beschäftigt, über die ein Erzähler verfügt. Dazu unterscheidet er neben der direkten und indirekten Rede die von Anführungszeichen **markierte Rede** (›tagged speech‹) und die freie, **unmarkierte Rede.** Insgesamt ergeben sich also vier verschiedene Formen der Rede- und Gedankenwiedergabe (vgl. Chatman 1978, S. 201):

		Tagged	Free
Direct	Speech	»I have to go«, she said	I have to go
	Thought	»I have to go«, she thought	have to go
Indirect	Speech	She said that she had to go	She had to go
	Thought	She thought that she had to go	She had to go

Hilfreich sind diese Unterscheidungen vor allem, wenn es um die Bestimmung des inneren Monologs, der erlebten Rede und des so genannten Bewusstseinsstromes geht – allesamt Formen der Gedankenwiedergabe, die im modernen Roman von zentraler Bedeutung sind. Im Mittelpunkt steht dabei das Verhältnis von Narration und Repräsentation, von **Ereignisschilderung und Bewusstseinsbeschreibung**: Während Ereignisse buchstäblich aufgezählt und nacherzählt werden können, ist das Bewusstsein des Menschen eigentlich nicht erzählbar. Denn obwohl Empfindungen und Gedanken sozusagen mentale Ereignisse darstellen, lässt sich die Innenwelt doch ebenso wenig wie die Außenwelt einfach auf eine gerade Linie projizieren. Für Ann Banfield, die sich mit dem Unterschied von Ereignis- und von Bewusstseinsvermittlung beschäftigt hat, sind daher Erzählwerke, die Vorstellungswelten veranschaulichen, sprachliche Gebilde, die aus zwei ganz unterschiedlichen Satztypen bestehen: »the sentence of narration and the sentence representing consciousness.« (Banfield 1982, S. 257).

Historisch gesehen, hat sich die Erzählkunst erst relativ spät dem **Problem der dynamischen Bewusstseinsbeschreibung** gestellt. Seine schrittweise Lösung bestand, vereinfachend ausgedrückt, in der allmählichen Auflösung der Syntax, die für die Ereignisvermittlung ausgebildet worden war. Damit ist gemeint, dass der sog. ›**Bewusstseinsstrom**‹, der dem vorsprachlichen Bereich des Unter- und Unbewussten entspringt, dort, wo er in das künstlich begradigte Kanalsystem der diskursiven Sprache mündet, erst zu einer **Gedankenwiedergabe nach dem Modell der direkten oder indirekten Rede** gerinnt, dass diese so genannte ›**erlebte Rede**‹ aber weder der Dynamik noch der Intensität der Empfindungen entspricht, die unter Umständen über das menschliche Bewusstsein hereinbrechen können. Will man diese Intensität und Dynamik mit sprachlichen Mitteln gestalten, so wird man auf die logische Interpunktion der einzelnen Sätze, die Gliederung des Textes in einzelne Staustufen oder Absätze und die begriffliche Filterung der Empfindungen verzichten, um sich statt dessen dem Prinzip der freien, unzensierten Assoziation zu überlassen.

Das war den Schriftstellern im 17., 18. und 19. Jahrhundert jedoch nicht ohne weiteres möglich. Zum einen war die Erforschung des Bewusstseins damals noch nicht sehr weit vorgedrungen, zum anderen kam es den Autoren zu jener Zeit vor allem darauf an, die Entäußerung der Innenwelt so zu betreiben, dass auch der Roman als Sprachkunstwerk anerkannt wurde. Erst an der Wende zum 20. Jahrhundert konnten es die Autoren, von wenigen Ausnahmen abgesehen, wagen, sich mit expressiven und subversiven Bewusstseinsmomenten zu befassen und für diese Inhalte angemessene Formen der sprachlichen Veranschaulichung zu entwickeln.

Als eine erste Hinwendung der Erzählkunst zum Bewusstseinsstrom gilt Edouard Dujardins Erzählung *Les Lauriers sont coupés*, die 1887 entstand. Geschildert wird der innere Monolog eines Pariser Studenten, dessen Gedanken um eine von ihm umworbene Schauspielerin kreisen, während er selbst durch die Stadt flaniert, seine Geliebte trifft und von ihr nach einer gemeinsamen Spazierfahrt vertröstet wird. Die Schlüsselstellung, die Dujardins Text in der modernen Erzählkunst einnimmt, rührt zum einen daher, dass er James Joyce nachhaltig beeindruckt und zu seinen wesentlich radikaleren Erzählexperimenten angeregt hat. Zum anderen erschien von Dujardin selbst, Jahre nachdem diese Radikalisierung stattgefunden hatte, ein theoretisches Werk über die Technik des inneren Monologs, das in der Forschungsliteratur häufig mit der Bemerkung zitiert wird, die dort nachgelieferte Definition des inneren Monologs entspreche eher Joyce' als Dujardins eigenem Verfahren. Sie lautet:

> »Der innere Monolog ist – wie jeder andere Monolog – die Rede einer Person, die wiedergegeben wird, um uns mit dem Innenleben dieser Gestalt bekannt zu machen, ohne daß ein Autor durch Erklärungen und Kommentare vermittelt. Wie jeder Monolog ist er eine letztlich unausgesprochene Rede ohne Hörer. Vom traditionellen Monolog unterscheidet er sich jedoch dadurch, daß er seinem Inhalt nach Ausdruck der intimsten Gedanken ist, dem Unbewußten so nahe wie möglich; seinem Gehalt nach, weil er eine Rede ist, die – jenseits aller logischen Konstruktion – dieses Denken im Zustand des Entstehens und in Bewegung begriffen erfaßt; was endlich seine äußere Gestalt angeht, so verwendet er direkte Sätze, die ein Minimum an syntaktischer Formung aufweisen [...].« (zit. n. Stephan 1962, S. 29).

Durch die minimale Syntax der direkten Rede, die das Unbewusste lesbar macht, bevor es logifiziert wird, soll der innere Monolog, der sich an keinen Zuhörer wendet, den intimen Gedanken einer Person Ausdruck verleihen, die sich gleichsam selbst bespricht, ohne sich im eigentlichen Sinn des Wortes zu artikulieren. Mit dem inneren Monolog entsteht also eine Technik, die zugleich der Bewusstseinsvermittlung und der Ereignisvermittlung dient.

Wie so viele nach ihm wies auch Lawrence Edward Bowling in seinem 1950 veröffentlichten Aufsatz »What is the Stream of Consciousness Technique?« darauf hin, dass sich Dujardins Definition des inneren Monologs eher zur Beschreibung von Joyce' als zur Beschreibung seiner eigenen Erzähltechnik eigne (vgl. Bowling 1950, S. 335). Im Übrigen habe der Verfasser von *Les Lauriers sont coupés* nicht ausreichend bedacht, dass sich nur bestimmte Inhalte des menschlichen Bewusstseins in die sprachliche Form des inneren Monologs übersetzen ließen (vgl. ebd., S. 337). Tatsächlich müsse man jedoch mit Fëdor M. Dostoevskij davon ausgehen, dass sich viele Empfindungen überhaupt nicht versprachlichen lassen, weshalb die Literatur immer nur bestimmte Bewusstseinsbereiche ausloten könne (vgl. ebd., S. 339). Was den inneren Monolog jedoch zur Hauptsache vom Bewusstseinsstrom unterscheide, sei die Rolle, die der Verstand bei diesen beiden Vermittlungsverfahren spiele: Während der innere Monolog ein Ausdruck der begrifflichen Verarbeitung von spontanen Empfindungen und daher eigentlich eine retrospektive Angelegenheit sei (vgl. ebd., S. 342 ff.), stelle der **Bewusstseinsstrom »a direct quotation of the mind«** (ebd., S. 345) dar, bevor sich der Verstand der Empfindungen annehme.

Derek Bickerton hat diese psychologische Beschreibung um eine linguistische Typologie der Erscheinungsformen ergänzt, die der innere Monolog haben kann. Auch er geht davon aus, dass das innere Sprechen bereits eine vom Verstand logisch und syntaktisch organisierte Rede ist, für deren Wiedergabe es im Prinzip **vier Möglichkeiten** gibt: die **direkte Rede**, die den inneren Monolog wie ein Selbstgespräch (›soliloquy‹) wirken lässt; die **indirekte Rede**, die ein allwissender Erzähler benutzt, um dem Leser bestimmte Gedanken und Empfindungen der Figuren mitzuteilen; der **indirekte innere Monolog**, der als freie indirekte Rede auftaucht; und der **direkte innere Monolog**, dem die freie direkte Rede entspricht (vgl. Bickerton 1967,

S. 238). Folgerichtig »fehlen im indirekten inneren Monolog die erste und die zweite Person, die im direkten inneren Monolog für das monologisierende Ich stehen können« (Stephan 1962, S. 33).

Während der direkte innere Monolog dem wörtlichen Zitat nahe steht, wird der indirekte innere Monolog häufig einfach mit der so genannten ›erlebten Rede‹ gleichgesetzt, in der die Gedanken einer Figur in der 3. Person Singular wiedergegeben werden. Die Syntax entspricht daher weitgehend der direkten Rede – nur dass die Verben wie bei der indirekten Redewiedergabe im Imperfekt oder im Plusquamperfekt und nicht im Präsens oder Perfekt stehen. Im Unterschied zur direkten und zur indirekten fehlt bei der erlebten Rede die sogenannte Inquit-Formel, die aus Verben des Sagens, Fühlens, Denkens usw. gebildet wird. Ihren Namen erhielt die erlebte Rede übrigens erst 1921 durch Etienne Lorck, der auch darauf hinwies, dass sie stets im Indikativ steht. Norbert Miller fasst sie als eine Zwischenstufe von direkter Rede und Erzählbericht auf: Dank der erlebten Rede kann der Verfasser mehr oder weniger nahtlos von der Außen- zur Innenperspektive übergehen und umgekehrt (vgl. Miller 1958, S. 215). Das narrative Spektrum der Rede- und Gedankenwiedergabe kennt demnach folgende Ausprägungen (vgl. Stephan 1962, S. 24):

Direkte Rede:	Sie fragte (bzw. dachte):	»Wo geht er jetzt hin?«
Indirekte Rede:	Sie fragte (bzw. dachte),	wo er jetzt hingehe.
Erlebte Rede:		Wo ging er jetzt hin?

Davon abzusetzen ist die **Technik des Bewusstseinsstroms**, die an der Schnittstelle von Bewusstem und Unbewusstem, Artikulierbarem und Nicht-Artikulierbarem operiert und dem Prinzip der freien Assoziation unterliegt, bei dem auf eine grammatikalisch intakte Syntax ebenso wie auf logische Kategorien verzichtet wird. Die Interpunktion beschränkt sich zumeist auf den Bindestrich und die Fortsetzungspunkte, die gewissermaßen zum graphischen Sinnbild der Assoziation geworden sind. Der Eindruck einer monotonen Sukzession wird zum einen durch die Sprunghaftigkeit des Denkens, zum anderen dadurch vermieden, dass der Bewusstseinsstrom keine Tabuzone ausspart. Er kann daher nicht nur einem erheblichen Gefühlsstau Bahn brechen, er wurde von vielen Autoren auch bewusst eingesetzt, um der Erzählkunst Themenbereiche wie den der Sexualität zu erschließen, die bis dato entweder gänzlich ausgespart oder, um die Zensur zu umgehen, lediglich angedeutet worden waren.

Die Metapher des Bewusstseinsstroms stammt übrigens von William James, dem Bruder von Henry James. In seinen 1884 erstmals veröffentlichten *Principles of Psychology* findet sich zum ersten Mal das Bild, das den Gedankenfluss zum Bewusstseinsstrom erweitert:

> »Consciousness, then, does not appear to itself chopped up in bits. Such words as ›chain‹ or ›train‹ do not describe it fitly as it presents itself in the first instance. It is nothing jointed; it flows. A ›river‹ or ›stream‹ are the metaphors by which it is most naturally described. In talking hereafter, let us call it the stream of thought, of consciousness, or of subjective life.« (zit. n. Sternberg 1979, S. 123).

An einer anderen Stelle des Buches weist James auf die Vielfältigkeit der Gegenstände und Beziehungen hin, die das Bewusstsein mit sich führt:

»No one ever had a simple sensation by itself. Consciousness, from our natal day, is of teeming multiplicity of objects and relations, and what we call simple sensations are results of dicriminative attention, pushed often to a high degree.« (ebd., S. 41).

Diese Formulierung macht noch einmal deutlich, warum der Bewusstseinsstrom die Verstandestätigkeit des Menschen, die mit seiner Fähigkeit zur Unterscheidung einsetzt, unterläuft. Erst dort aber, wo die Empfindungen begrifflich voneinander geschieden sind, können sie auch zum Gegenstand einer sprachlichen Vermittlung werden, die den Anforderungen an eine diskursive Rede, sei sie nun direkt, indirekt oder erlebt, entspricht.

Sowohl die Philosophen und Psychologen, die sich nach James und Freud mit dem Bewusstsein befassten, als auch die Romanautoren und ihre Leser erkannten bald, dass der Strom des inneren Erlebens ein eigenes, subjektives Zeitempfinden mit sich führt, das sich nicht anhand der Uhr objektivieren lässt. Der Franzose Henri Bergson unterschied daher die messbare Zeit (›temps‹) von dem erlebnisspezifischen Gefühl der Dauer (›durée‹), das von Mensch zu Mensch differiert.

6.3 Zitat und Paragramm

Der narratologische Versuch, die Kommunikationsverhältnisse im Erzähltext darzulegen, wäre ohne die Berücksichtigung des Zusammenhangs von Narration und Zitation unvollständig. Bereits 1961 hatte Hermann Meyer darauf hingewiesen, dass die optimale **Integration eines Zitats** keineswegs darin besteht, es dem Text bis zur Unkenntlichkeit anzugleichen. Das Zitat kann seine Verweis-Funktion nur erfüllen, wenn es als Entlehnung erkennbar bleibt (vgl. Meyer 1961, S. 13). Meyer bemerkte auch, dass die Zitierkunst unabhängig davon, was mit dem Verweis im Einzelnen bezweckt wird, stets daran erinnert, dass sich Literatur von Literatur ernährt (vgl. ebd., S. 22). Sie sagt daher etwas über die **Textgenese** und über den literarischen Horizont derjenigen aus, die sich mittels literarischer Anspielungen verständigen. An der Art und Weise, wie Zitate verwendet werden, kann man zudem ablesen, wie sich ein Schriftsteller zur **Tradition** verhält, ob er sich auf sie beruft, um ihre Autorität für sich in Anspruch zu nehmen, oder ob er sie lediglich anführt, um sich von ihr abzusetzen. Gerade der moderne Roman arbeitet häufig mit Zitaten, die wie eine Schnittstelle funktionieren: Sie binden den Text dadurch an die Tradition an, dass sie seinen Bruch mit dieser Tradition markieren.

Unter diesen Voraussetzungen konnte Steven Taubeneck zeigen, »daß der Reiz der neuen Zitatkunst offensichtlich darin liegt, Charaktere zu persiflieren, Themen zu parodieren und Stile zu imitieren« (Taubeneck 1984, S. 272), die einst traditionsbildend gewesen waren. Eine Sonderform stellt **das ›fingierte Zitat‹** dar, das sich auf einen Text bezieht, der gar nicht existiert. Interessant an fingierten Zitaten ist, dass mit ihnen eine dialogische Textgenese simuliert wird. Offenbar brauchen Kreationen Anstöße, die sie sich notfalls selbst verschaffen.

Diesen Gedanken verfolgt auch Julia Kristeva mit ihrem Konzept der **Intertextualität**, das Bachtins Modell der Dialogizität eine spezifische Wendung gibt. Für Kristeva kommt Bachtin das Verdienst zu, klar erkannt zu haben, dass eine Struktur unter Bezug auf eine andere Struktur hergestellt wird (Kristeva 1978, S. 389). Sie selbst versucht nun zu zeigen, dass sich diese Strukturation einmal auf einer vertikalen und einmal auf einer horizontalen Achse vollzieht, da die dialogischen Beziehungen zwischen dem Autor und dem Leser von den Beziehungen des Textes zu anderen Texten durchkreuzt werden. Kristeva folgert daraus, dass man den Begriff der Intersubjektivität durch den der Intertextualität ersetzen könne (vgl. ebd., S. 391). »Für den Sachkenner ist Intertextualität ein Begriff, der anzeigt, wie ein Text die Geschichte ›liest‹ und sich in sie hineinstellt« (Kristeva 1972, S. 255), wie er den Leser mit einer Struktur konfrontiert, die doppelt kodiert ist: als an ihn gerichtete Schreibweise und als Lesart der literarischen und außerliterarischen Traditionen, auf die sie sich bezieht.

Eingebunden wird diese Konzeption in eine Theorie, derzufolge Romane und andere Diskurse nicht einfach Tauschobjekte zwischen Sender und Empfänger, sondern paragrammatische Prozesse der Sinnbildung sind (vgl. Kristeva 1972, S. 244). Ein **Paragramm** ist ein Wort oder Textsegment, das aus anderen Worten oder Textsegmenten abgeleitet worden ist und die Spuren dieser dialogischen Genese trägt. Ein Beispiel mag den Unterschied von Zitat und Paragramm veranschaulichen: Im zweiten Teil von Gerold Späths 1980 veröffentlichtem Roman *Commedia* werden verschiedene Touristen durch ein Museum mit zum Teil sehr skurrilen Gegenständen geführt. Unter anderem präsentiert ihnen der Kurator ein leicht vergilbtes Buch mit dem Titel »Goldene Lebensregeln für die Jungfrau als Braut, fürderhin Gattin, Mutter und Witwe«. Dieses Buch, heißt es weiter, habe einstmals einer gewissen Züs Bünzli gehört, von der Eingeweihte wissen, dass sie eine Figur aus Gottfried Kellers Novelle *Die drei gerechten Kammacher* ist. Wer sich die Mühe macht, bei Keller selbst nachzuschlagen, entdeckt, dass schon dort dieses Buch erwähnt wird. Sein Titel lautet: »Goldene Lebensregeln für die Jungfrau als Braut, Gattin und Mutter«. Späth hat Keller also nicht einfach zitiert, sondern paragrammatisch abgewandelt. Sein eigener Text kommt über die Bezugnahme auf die fremde Novelle voran, die sich ihrerseits bereits auf ein seinerzeit vielleicht tatsächlich verlegtes oder fingiertes Werk bezieht. Signifikant verändert wird durch Späths Zusatz der Sinn der »Goldenen Lebensregeln«. Der Leser, der den Text hinter dem Text wahrnimmt und so zu einer palimpsestuösen Lektüre der *Commedia* gelangt, erfährt hier in nuce, wie Lesarten zu Schreibweisen werden und zwischen den Zeilen (bzw. zwischen den Büchern) ein intertextueller Bedeutungsraum entsteht.

Da die poetische Umwandlung von Schreibweisen in Lesarten und von Lesarten in Schreibweisen prinzipiell keine Grenzen kennt, ist die Literatur für Kristeva ein unendlicher – man könnte auch sagen: ein autopoietischer – Diskurs, ein **Schreiben-Lesen**. Zur Erklärung dieses Ausdrucks fügt sie hinzu, dass das griechische Verb ›legein‹ nicht nur soviel wie ›auflesen‹, ›zusammenklauben‹, ›pflücken‹ und ›einsammeln‹, sondern auch ›auslegen‹ und ›schreiben‹ meint (vgl. Kristeva 1972, S. 171).

Die paragrammatische Konzeption der poetischen Sprache ist also eine Theorie der Kreativität, die sich von Bachtins Konzept der **Dialogizität** vor allem dadurch unterscheidet, dass sie den hybriden Charakter der Textstrukturation nicht im einzelnen Text oder im zweistimmigen Wort, sondern im Spannungsfeld verschiedener Texte verortet (vgl. Schahadat 1995, S. 368). Obwohl Bachtin diesen Aspekt nicht verleugnet, gilt seine Theorie doch eher dem intratextuellen Phänonem der Stimmeninterferenz als dem intertexuellen Phänomen der funktionalen Äquivalenz und Austauschbarkeit von Schreiben und Lesen (vgl. Pfister 1985, S. 4 f.).

Kritisiert wird an Kristevas Konzeption, dass sie den Textbegriff radikal generalisiert und jeden Umweltbezug der Literatur in eine intertextuelle Beziehung verwandelt (vgl. ebd., S. 7). Im Übrigen müsse man auch die **Erscheinungsformen der Intertextualität** spezifizieren. Dazu hat Manfred Pfister sechs Kriterien aufgestellt:

Die (1) ›Referentialität‹ meint das Ausmaß, in dem ein Text andere Texte thematisiert. Die (2) ›Kommunikativität‹ betrifft die Frage, ob und wie die intertextuellen Bezüge markiert sind. Werden diese Bezüge im Text ausdrücklich erörtert, ist das Kriterium der (3) ›Autoreflexivität‹ erfüllt. Unter dem Gesichtspunkt der (4) ›Strukturalität‹ kann man die Integration der intertextuellen Verweise in den vorliegenden Diskurs betrachten; ein fremder Text kann lediglich genannt oder anzitiert werden, er kann aber auch als durchgängige Vergleichsfolie für den gesamten Diskurs dienen. Die (5) ›Selektivität‹ der Intertextualität bemisst sich daran, wie pointiert bestimmte Bezugselemente ausgewählt und hervorgehoben werden, während sich das Kriterium der (6) ›Dialogizität‹ auf das Spannungsverhältnis von Text und Prätext bezieht (vgl. ebd., S. 26 ff.).

Auch Ulrich Broich geht davon aus, dass Intertextualität erkannt werden muss, um für die Interaktion von Text und Leser relevant zu sein (vgl. Broich 1985, S. 31). Er hat sich daher um die **Formen ihrer Markierung** Gedanken gemacht. Schon der Titel kann ein Hinweis auf die intertextuelle Machart eines Sprachkunstwerks sein. So erschien 1752 in London ein Roman von Charlotte Lennox, der bezeichnenderweise *The Female Quixote or The Adventures of Arabella* hieß. Zuweilen liest eine Romanfigur dem Leser Texte vor, die so zum Vergleich mit ihrer eigenen Geschichte herausfordern. Das ist etwa in Peter Handkes Roman *Der kurze Brief zum langen Abschied* (1972) der Fall, dessen Ich-Erzähler verschiedene Passagen aus dem *Grünen Heinrich* von Gottfried Keller paraphrasiert. Weniger offensichtlich sind die vielen Paragramme, auf die zwar im Text hingewiesen wird, deren Ableitung dem Leser aber wie im Falle der *Commedia* nicht unbedingt gegenwärtig ist.

Interessant ist, dass die Häufigkeit bzw. die Notwendigkeit der Markierung im Verlauf der Literaturgeschichte abgenommen zu haben scheint (vgl. ebd., S. 46 f.). Für Autoren und Interpreten ist es inzwischen offenbar selbstverständlich geworden, dass Texte eine **dialogische Genese** aufweisen und einer **palimpsestuöse**n **Lektüre** unterzogen werden können. Dabei bilden sich zum Teil umfangreiche Netzwerke aus, die man mit dem Begriff ›Hypertext‹ bezeichnen kann. Als ›Hypertext‹ bezeichnet Gérard Genette in seinem 1982 erstmals veröffentlichten Buch *Palimpseste. Die Literatur auf zweiter Stufe* »jeden Text, der von einem früheren Text durch eine einfache Transformation oder durch eine indirekte Transformation (durch Nachahmung) abgeleitet wurde« (Genette 1993, S. 18). In diesem Sinne ist zum Beispiel jeder *Hamlet*-Roman ein **Hypertext**, der auf einen **Hypotext** – das Shakespeare-Drama – Bezug nimmt.

1. Im Vordergrund der ›**Hypertextualität**‹, wie sie Genette beschreibt, steht die mimetische Dimension der Text-Vernetzung, geht es doch im einzelnen Hypertext um die Refiguration einer literarischen Präfiguration.

2. Den Terminus ›**Intertextualität**‹ möchte Genette für die Kopräsenz zweier oder mehrere Texte reservieren – also für jene Formen des Zitats oder der Anspielung, die keine genealogische oder transformatorische Funktion haben.

3. Die sog. ›**Paratextualität**‹ betrifft das Verhältnis von Haupttext und Nebentexten, z. B. den Titel und Untertitel, das Vor- und Nachwort, sowie das Motto und die Klappentexte, die einem Roman beigefügt werden.

4. Der Ausdruck ›**Architextualität**‹ dient Genette zugleich als Oberbegriff für alle diese Relationen und als Spezialbezeichnung für die Bezugnahme eines Textes auf ein archetypisches Muster (vgl. ebd., S. 10–18). Zu denken wäre hier zum Beispiel an die *Nuevas andanzes y desaventuras de Lazarillo de Tormes*, die Jose Camillo Cela 1936 veröffentlicht hat, da sie an den ersten Schelmenroman der Neuzeit, den 1554 anonym verlegten *Lazarillo de Tormes* anknüpfen.

5. Schließlich gilt es noch, die ›**Metatextualität**‹ zu erwähnen, die dann vorliegt, wenn ein Text sich selbst und/oder andere Texte bespricht. Das kann sowohl explizit, durch einen Kommentar, als auch implizit, im Rahmen einer so genannten ›Metafiktion‹ geschehen. Als ›**Metafiktionen**‹ werden Texte bezeichnet, die ihre eigene Fiktionalität thematisieren und das scheinbar unproblematische Verhältnis von Realität und Fiktion problematisieren (vgl. Waugh 1984, S. 2). Eine wichtige Operation metafiktionalen Erzählens ist die spielerische **Dekonstruktion der gesellschaftlichen Konstruktion von Wirklichkeit**, wie sie in John Barths *Sot-Weed Factor* am Beispiel der Pocahontas-Legende geschieht (vgl. Kap. II.9) Damit ist nicht die Zerstörung (Destruktion), sondern der Umbau der Verständnisrahmen gemeint, mit deren Hilfe sich die Menschen ein Bild von ihrer Umwelt machen. Das englische Wort ›**to display**‹, auf das ja auch die Integrationstheoretiker ihre »Gebrauchsanleitung« für den Roman abgestellt haben, kann diesen Vorgang besser als jedes deutsche Verb wiedergeben: Metafiktionen unterlaufen oder verkehren die gewohnten Spielregeln der menschlichen Selbst- und Weltverständigung, um neue Regeln auszuprobieren (vgl. ebd., S. 42).

Die eigentliche Pointe vieler Metafiktionen liegt jedoch darin, dass die Dekonstruktion den literarischen Charakter der Verständnisrahmen erweist (vgl. ebd., S. 36), die im Alltag ganz selbstverständlich eingesetzt werden. Zur Disposition gestellt wird zum Beispiel die Annahme, dass sich das Strukturgefüge der Wirklichkeit als Text begreifen lässt, oder die Vorstellung, dass jeder Mensch tatsächlich der Urheber seiner eigenen Lebensgeschichte ist. Es geht also um die **Lesbarkeit der Welt** und um jene Schreibweisen, die dieser heuristischen Fiktion verpflichtet sind. Der Roman war seit jeher ein bevorzugtes Medium solcher Dekonstruktionen; seine Erfolgsstory »beginnt mit einer Auflösung des Glaubens an die Autorität des geschriebenen Wortes, mit Cervantes« (Alter 1975, S. 3), dessen Erzählmodell auch heute noch viele Metafiktionen bestimmt.

Kristevas paragrammatische Konzeption der poetischen Sprache und die terminologische Differenzierung der Hypertextualität sind zwar nicht ausdrücklich dem narratologischen Programm der Entwicklung einer universalen Erzählgrammatik verpflichtet, sie ergänzen die Ausführungen von Chatman und Prince jedoch zum einen auf der inhaltlichen Ebene und zum anderen, rein formal betrachtet, in dem Bestreben, ebenfalls eine umfassende Matrix der literarischen Möglichkeiten zu entwerfen. Der Umstand, dass Genette sowohl den Bereich der Narratologie als auch den Bereich der Hypertextualität mit der ihm eigenen Akribie vermessen hat, unterstreicht diesen Zusammenhang.

7. Der phänomenologische Ansatz

Die Lehre von den Erscheinungen hat seit Platon verschiedene Fassungen erhalten. Hegels Phänomenologie wurde bereits erwähnt, im Folgenden geht es jedoch um jene Beiträge zur Erzählforschung, die dem Ansatz von Edmund Husserl (1859–1938) verpflichtet sind. Für ihn ist der Bereich der **Erscheinungen** – die Welt – das Korrelat des menschlichen **Bewusstseins**, das sich die Dinge auf eine bestimmte Art und Weise vorstellt und mit Bedeutung ausstattet (vgl. Konstantinovic 1973, S. 34).

Jedes Ding weist also, da es von der Phänomenologie als intentionaler Gegenstand verstanden wird, auf das Bewusstsein, dessen Erkenntnisstruktur und den Prozesscharakter der Vorstellungsakte zurück. Die Anknüpfungspunkte, die sich aus dieser Konzeption für die Literaturwissenschaft ergeben, lassen an ihrem Gegenstandsbereich vor allem die rezeptionsästhetischen Aspekte hervortreten. Umso intensiver man sich mit den Vorstellungsakten der Leser auseinandersetzte, desto fragwürdiger wurde jedoch die Annahme, dass die Bedeutung eines Textes ausschließlich über die Rekonstruktion der Intentionen seines Verfassers zu ermitteln sei. Stattdessen wurde die **konstruktive Leistung des Interpreten** betont und der Text als ein schematisiertes Gebilde betrachtet, das erst in der Vorstellung des Rezipienten seine sinnliche Gestalt erhält (vgl. Ray 1984, S. 9).

7.1 Das Konzept der »Konkretisation«

Schon Waldemar Conrad, der den ästhetischen Gegenstand bereits 1908/1909 mit einer an Husserl geschulten Begrifflichkeit beschrieb, erkannte, dass dem Kunstgenuss nicht die natürliche Wahrnehmung der Dinge, sondern eine spezifische Einstellung entspricht. Denn im Verlauf der Lektüre nimmt der Interpret das Buch ja nicht als ein materielles Objekt, sondern als eine von subjektiven Vorstellungen geprägte Welt wahr. Diese Welt ist **der ästhetische Gegenstand**, ihm entspricht die Auffassung des Buches als einer in sich werthaltigen, künstlerischen Gestalt (vgl. Conrad 1908, S. 77 ff.). Werthaltungen werden dabei nicht unmittelbar ausgedrückt, sondern mitgemeint, bedürfen also der Selbst-Vermittlung durch den Leser, der in seiner Vorstellung über das, was er schwarz auf weiß sieht, hinausgeht.

Dank dieser Überschreitung der gewöhnlichen Dingwahrnehmung eröffnet der Text idealtypische An- und Einsichten, die der Leser, wie Conrad sagt, »realisiert«. Gemeint war damit nicht, dass die Vorstellungen verdinglicht, sondern in ihrer Mehrdeutigkeit erfasst werden. Der ästhetische Gegenstand ist nämlich

> »ein Gegenstand im Sinne intentionaler Gegenständlichkeit, und zwar in dem prägnanten Sinne, daß er eine Mehrheit von ›Ansichten‹ besitzt und es verschiedene Wahrnehmungen ›desselben‹ Gegenstandes gibt.« (Conrad 1909, S. 454).

Da der Begriff der ›Realisation‹ gewisse Missverständnisse nahelegt, haben ihn andere Phänomenologen durch den der ›Konkretisation‹ ersetzt und darauf hingewiesen, dass der ästhetische Gegenstand immer ein idealer Gegenstand sei (vgl. Konstantinovic 1973, S. 43).

Nun zerfällt ein ästhetischer Gegenstand allerdings in einzelne Phänomene, die im Verlauf der Lektüre entweder vereinheitlicht oder, falls sie sich einer solchen, von Husserl als ›Erfüllungssynthese‹ bezeichneten Verdichtung und Auslegung widersetzen, eine analytische Betrachtung der Widerständigkeit erforderlich machen, die zur spezifischen Gegenständlichkeit des Kunstwerks gehört. Schon Conrad war daher der **Gedanke eines geschichteten Aufbaus der Textbedeutung** gekommen, die verschiedene Betrachtungsebenen integriert (vgl. ebd., S. 62).

Systematisch ausgeführt wurde dieser Gedanke von Roman Ingarden, einem Freund und Schüler Husserls. In seinen beiden Büchern über *Das literarische Kunstwerk* (1931) und *Vom Erkennen des literarischen Kunstwerks* (1968) unterscheidet er das literarische Werk von den Konkretisationen, die es durch verschiedene Leser zu verschiedenen Zeitpunkten erfährt. Grundlage dieser Wirkungsästhetik sind die **Unbestimmtheitsgrade**, die literarische Gegenstände gegenüber den Gegenständen der Erfahrung aufweisen. Während diese in jeder Hinsicht (Größe, Farbe, Gewicht etc.) bestimmt sind, rufen ihre unvollständigen literarischen Darstellungen, da sie lediglich **schematisierte Ansichten** bilden, Vorstellungen mit gewissen **Leerstellen** hervor. Diese Leerstellen kann der Leser zum Teil durch andere Informationen im Text oder dank dessen, was er von sich aus weiß, überbrücken; zum Teil muss er sie jedoch im Ungefähren belassen (vgl. Ingarden 1960, S. 261 f. u. 268).

Einerseits also reduziert ein realistischer Text die Wirklichkeit immer auf einige schematisierte Ansichten, andererseits sind nicht alle Leerstellen auslegungsrelevant. Klar ist, dass die schematisierten Ansichten ihrerseits nicht einfach gegeben, sondern aus der Wort- und Satzfolge des Textes abgeleitet sind und sich im Verlauf der Lektüre zu intentionalen Gebilden zusammenschließen, da sie ja nicht einfach isoliert nebeneinander stehen bleiben. Ingarden nennt das literarische Werk daher ein **mehrschichtiges Gebilde** und trennt erstens die Schicht der **Wortlaute** von jener der **Satzfolgen** auf der zweiten Ebene, um beide gegen die **schematisierte**n **Ansichten** auf der dritten und die **intentionale**n **Gebilde** auf der vierten Stufe des Bedeutungsaufbaus abzugrenzen.

Darüber hinaus werden die einzelnen Schichten mit bestimmten ästhetischen Qualitäten verknüpft, die zusammen ein **Wertgefüge** bilden, das den **Sinnzusammenhang** des Textes gleichsam überwölbt. Die einzelnen Teile stehen dabei in einem Verhältnis der Polyphonie, das für Ingarden die harmonische Gesamtwirkung der unterschiedlichen Schichten erklärt:

> »So richtig es ist, daß diese Harmonie ihre eigenen, vollkommen neuen ›abgeleiteten‹ Gestaltqualitäten hat, sie ist doch eine polyphone Harmonie, ein ästhetischer Ausdruck – wenn man uns hier das Wort erlaubt – der Schichtenstruktur des literarischen Werkes.« (ebd., S. 398).

Was Ingarden Polyphonie nennt, ist eigentlich eine Symphonie, ein harmonischer Zusammenklang und daher etwas anderes als die Stimmenvielfalt, die laut Bachtin den polyphonen Roman bestimmt. Während der polyphone Roman die zentrifugalen Kräfte der Sprache, die Divergenz der Meinungen und die Disharmonien des gesellschaftlichen Redeverkehrs reflektiert, liegt Ingardens Polyphonie-Begriff eher die zentripetale Idee einer Konvergenz aller Bedeutungsschichten zu einer sinnvollen Gesamtgestalt zugrunde.

Im Gegensatz zu Zoran Konstantinovic, demzufolge Bachtin seine Polyphonie »ganz im späteren Sinne Ingardens« (Konstantinovic 1973, S. 84) konzipiert habe, muss man daher die Unvereinbarkeit ihrer Konzeptionen und den Umstand betonen, dass die phänomenologische Auffassung des Begriffs eine Vorliebe für jene literarischen Werke erkennen lässt, die auf eine harmonische Wirkung abzielen. Vielen modernen Romanen ist mit dieser Vorstellung kaum beizukommen, auch wenn die Grundidee vom mehrschichtigen Kunstwerk ihre eigene Rationalität besitzt.

7.2 Protention und Retention

Den Stufenaufbau der Bedeutung, der das Kunstwerk vertikal gliedert, ergänzte Ingarden durch eine horizontale Aufteilung, deren Hauptglieder der Anfang, die Mitte und das Ende eines Textes sind (vgl. Ingarden 1960, S. 27). Der Leser nun blickt während der Lektüre wie Janus zugleich nach vorne und nach hinten, da seine aktuelle Wahrnehmung einerseits durch den Eindruck des bereits Gelesenen und andererseits durch die Erwartungen bestimmt wird, die der Text hervorruft.

Sowohl die Erinnerung als auch die Erwartung des Lesers unterliegen dabei einer unaufhörlichen Modifikation, für die Husserl die Begriffe der **Protention und Retention** geprägt hatte. Was dem Leser noch unmittelbar gegenwärtig ist, hat er in Retention; sein Vorgefühl für das, was sogleich folgt, heißt Protention. Um zum Beispiel eine Melodie wahrnehmen zu können, genügt es nicht, einen einzelnen Ton zu hören. Erforderlich ist das Bewusstsein der Tonfolge, die neben dem aktuellen akustischen Eindruck den Nachklang des zuvor Wahrgenommenen und die Antizipation ihrer weiteren Modulation umfasst. Auch die einzelnen Äußerungen, aus denen ein Erzähltext besteht, stehen in der Spannung von Protention und Retention (vgl. ebd., S. 33 u. S. 53).

Eben diese Spannung sorgt dafür, dass ein Text als Erlebnis bzw. als Geschehen erfahren wird. Der Leser reagiert sozusagen auf die Vorstellungsakte, in denen er die Textbedeutung konkretisiert, und behält dabei bestimmte Kulminationspunkte der Geschichte dank ihrer Erlebnisintensität im Gedächtnis. Der **Erinnerung** wiederum tritt die **Erwartung** gegenüber, die dem Spannungsbogen vorauseilt, wobei man mit Ingarden verschiedene **Phasen des Erlebens und Erkennens** eines literarischen Kunstwerks unterscheiden kann:

> »1. Das vorästhetische betrachtende Erkennen des literarischen Kunstwerks selbst; 2. Das ästhetische Erleben, welches zur Konstitution der ästhetischen Konkretisation des Werkes führt; und 3. Das betrachtende Erkennen dieser Konkretisationen in ihrer werthaften Gestalt.« (ebd., S. 345).

Letztlich also sind die Erlebnis- und Erkenntnisakte ethisch motiviert; der Kunstgenuss bleibt nicht beim ästhetischen Gegenstand, seiner **Konkretisation** und **Interpretation** stehen, er überschreitet diese Momente vielmehr durch eine **Reflexion** der Werte, die das Kunstwerk ausdrückt. In dieser Hinsicht entspricht Ingardens phänomenologische Konzeption Bachtins Idee vom axiologischen Charakter der Kunst, die allein unter Berücksichtigung ihrer epistemologischen Funktion nur unzureichend erfasst wäre.

Eckhard Lobsien hat seine *Theorie literarischer Illusionsbildung* weniger auf die Werthaltigkeit als auf die Erlebnishaftigkeit des Kunstwerks abgestellt. Er macht deutlich, dass sich die Illusionsbildung vor dem Hintergrund der alltäglichen Selbst- und Weltwahrnehmung vollzieht, der die Wahrnehmungsdispositionen entstammen, die der Text aufruft (vgl. Lobsien 1975, S. 17). Der Text selbst ist mit seinen Perspektivträgern nur ein schematisches Gebilde, das erst in dem Maße eine konkrete Gestalt erhält, in dem es der Leser auf seine Wirklichkeit bezieht. Die Vorstellungswelt, die so entsteht, ist dem Leser folglich immer nur in Anschauungsformen zugänglich, die ihre je eigenen Abschattungen haben. So wie man von einem Gegenstand der sinnlichen Wahrnehmung oft nur eine Seite sieht und die anderen aus den Ecken und Kanten sowie dem Wissen um analoge Gegenstände erschließt, verweisen auch schematisierte Ansichten nach dem so genannten »Etcetera-Prinzip« auf das, was in ihnen ausgespart wird, aber realistischerweise vorhanden sein muss. Hinzu kommt, dass sich der Leser während der Konkretisation dieser Ansichten auf einen Sinnhorizont zubewegt.

Komplementär zum Sinnhorizont hatte Ingarden darauf verwiesen, dass Texte dem Leser in aller Regel ein mehr oder weniger klar umrissenes ›Orientierungszentrum‹ bieten, das im Erzähler verankert sein kann und dann entweder innerhalb oder außerhalb der erzählten Welt liegt. Das Orientierungszentrum kann aber ebenso gut mit dem Gesichtskreis einer handelnden Figur zusammenfallen (vgl. Ingarden 1960, S. 243 f.). Auch die phänomenologische Betrachtung kommt also nicht ohne Berücksichtigung der narrativen Optik aus, da die Vorstellungsakte eines Lesers in aller Regel den Erzählperspektiven folgen.

7.3 Der Lektüreprozess

Jean-Paul Sartres Bemerkung »**Lesen ist gelenktes Schaffen**« (Sartre 1950, S. 29) fasst den nachvollziehenden Charakter der Lektüre kurz und bündig zusammen. Beschäftigt hat sich Sartre insbesondere mit dem **Verhältnis des Imaginären zum Realen**, das in der Vorstellung immer wieder neu austariert wird. Damit sich ein Bewusstsein überhaupt etwas vorstellen kann, muss es die Möglichkeit haben, sich auf ein irreales, real nicht greifbares Objekt einzustellen (vgl. Sartre 1981, S. 284 f.). Ein solches Objekt erscheint aber immer nur vor dem Hintergrund der Realität. »Obgleich also das Bewußtsein durch das Erzeugen von Irrealem vorübergehend von seinem ›In-der-Welt-Sein‹ befreit erscheinen könnte, ist im Gegenteil gerade dieses ›In-der-Welt-Sein‹ die notwendige Bedingung der Imagination.« (ebd., S. 288).

Gleichzeitig gilt, dass jedes reale Phänomen mit Imaginärem versetzt ist, so dass man zusammenfassend sagen kann: »Jedes Imaginäre erscheint ›auf Welthintergrund‹, aber umgekehrt impliziert jedes Erfassen des Realen als Welt eine verborgene Überschreitung auf das Imaginäre hin« (ebd., S. 291), das in der Fiktion Gestalt annimmt. Tatsächlich gehen die Ausdrücke Fiktion und Figur ja, etymologisch betrachtet, auf das gleiche Verb zurück. Die **Fiktion** ist die Figur oder Gestalt, die sich vor dem Hintergrund der **Realität** abhebt, wenn das Reale in der **Imagination** zugleich entrückt und überschritten wird.

Unter dieser Voraussetzung gehen das Imaginäre, das Reale und das Fiktive beim Vorstellen eine spezifische Verbindung ein, die erklärt, warum und wie das menschliche Bewusstsein seine Bezugswelt beständig transzendiert, ohne ihrer Wirklichkeit tatsächlich zu entkommen. Erklärbar wird so auch, warum die Beschäftigung mit imaginären Gegenständen sehr reale Folgen haben und das Wirklichkeitsbewusstsein eines Menschen nachhaltig verändern kann.

Wolfgang Iser hat zunächst in Aufsätzen wie »Die Appellstruktur der Texte« und »Der Lesevorgang« beschrieben, wie literarische Werke ihre Rezipienten dazu veranlassen produktiv zu werden. Später hat er diese Aufsätze unter der Überschrift *Der Akt des Lesens* in eine **Theorie ästhetischer Wirkung** integriert, die den Text als ein Wirkungspotential auffasst, das im Lesevorgang aktualisiert wird (vgl. Iser 1984, S. 7). Bedeutungen sind demnach »das Produkt einer Interaktion von Text und Leser« (Iser 1979, S. 229). Iser kritisiert, dass Ingarden die Unbestimmtheit des literarischen Werkes lediglich an seiner Darstellungsfunktion bemisst. Die schematisierten Ansichten und die Leerstellen, die sie enthalten, sind für Iser weniger ein Manko des Textes, das der Leser notdürftig ausgleichen muss, als vielmehr die Voraussetzung dafür, dass eine Interaktion von Text und Leser überhaupt zustande kommt (vgl. ebd., S. 250 f.).

Indem zum Beispiel »der Roman das Zusammenspiel seiner Blickpunkte verweigert, zwingt er den Leser zu einer Konsistenzbildung« (ebd., S. 246), die sich nicht damit begnügen kann, die Leerstellen aufzufüllen. Vielmehr muss der Leser auf die **Dialektik von Zeigen und Verschweigen**, die er selbst in Gang gesetzt hat, reagieren: »Das Verschwiegene bildet den Antrieb der Konstitutionsakte, zugleich aber ist dieser Produktivitätsreiz durch das Gesagte kontrolliert [...]« (ebd., S. 255). Nur so lässt sich erklären, daß ein Text als reales Geschehen erfahren wird (vgl. ebd., S. 267). Die damit verbundene Zeitlichkeit wird auch von Iser phänomenologisch beschrieben, wenn es heißt:

> »Jeder Augenblick der Lektüre ist eine Dialektik von Protention und Retention, indem sich ein noch leerer, aber zu füllender Zukunftshorizont einem kontinuierlich ausbleichenden Vergangenheitshorizont so vermittelt, daß die beiden Innenhorizonte des Textes miteinander verschmelzen können.« (ebd., S. 258; vgl. dazu auch Ricœur 1991, S. 273).

Dass sich die Horizonte überhaupt verschmelzen lassen, wird dabei stillschweigend unterstellt. Vor diesem Hintergrund erscheint jede Interpretation als selektive Vereindeutigung der Mehrdeutigkeit, die ein Text dank der vielfältigen Kombinationsmöglichkeiten seiner einzelnen Segmente bietet (vgl. Iser 1984, S. VI). Neben den von Ingarden beschriebenen Unbestimmtheitsstellen, die sich aus der bloß schematischen Darstellung der literarischen Gegenstände ergeben, ist es für Iser vor allem die **mangelnde Deckung der einzelnen Textperspektiven**, die den Leser zu einer stets labilen Konsistenzbildung veranlassen:

> »Es charakterisiert erzählende Texte, daß die Textperspektiven – sei es die des Erzählers, die der Figuren überhaupt, die des Helden oder die anderer wichtiger Figuren insbesondere

> – nicht in Deckung stehen. Dieser Sachverhalt kompliziert sich häufig noch dadurch, daß die in der Fabel entrollte Handlung der Figuren nicht ihrem Selbstverständnis entspricht, sondern diesem oft zuwiderläuft. Damit sind bereits mehrere Orientierungsachsen im Text gegeben« (ebd., S. 82),

denen der Leser nachgehen muss. Die Folge ist, dass sich der Leser als perspektivischer Punkt durch seinen intentionalen Gegenstandsbereich bewegt (vgl. ebd., S. 178). Die zeitlichen Momente der Protention und Retention, die eine Zeitachse hervorbringen (vgl. ebd., S. 239) und die räumlichen Aspekte der Textperspektiven wirken dabei so zusammen, dass die ästhetische Erfahrung den Erfahrungserwerb selbst bewusst macht (vgl. ebd., S. 217). Gerade die **Schwierigkeiten der Horizontverschmelzung und Konsistenzbildung** bewegen den Leser dazu, die Bedingungen seiner Interaktion mit dem Text zu reflektieren. Eine solche Reflektion liefert ihm nicht nur Aufschluss über die spezifische Machart des Textes, sie umfasst auch generelle Überlegungen zur Verweisungsstruktur allen sinnvollen Erlebens, denn: »Wir reagieren auf eine Vorstellung, indem wir eine neue bilden« (ebd., S. 289), die ihrerseits weitere Vorstellungen weckt.

Begrenzt wird dieser im Prinzip endlose Prozess dadurch, dass nicht alle Vorstellungen im Rahmen einer Textinterpretation die gleiche Relevanz haben. Allerdings setzt die Interaktion von Text und Leser zunächst einmal die praktischen Relevanzkriterien der alltäglichen Erfahrungsverarbeitung außer Kraft, um den Horizont bzw. das Bewusstsein des Lesers zu erweitern. Sie überschreitet damit nicht nur die sogenannte Lebenswelt des Lesers, sondern auch dessen habituelle Orientierungen durch alternative Erfahrungsmodelle. In diesem Sinne hat die Dialektik von Zeigen und Verschweigen eine doppelte Appellstruktur: Sie veranlasst den Leser nicht nur zu bestimmten Vorstellungsakten, sie bietet ihm darüber hinaus die Chance, sich durch die Formulierung von Unformuliertem selbst zu reformulieren (vgl. ebd., S. 255 u. S. 293): Die einzelnen Informationen, die ein Leser in seine Textinterpretation integriert, sind also Informationen im Sinne der Gestaltgebung: sie bringen sein Bewusstsein in eine neue Form.

Möglich wird dies, weil die Äußerungen, aus denen sich der narrative Diskurs zusammensetzt, anders als gewöhnliche Sprechakte nicht situiert sind. Da der fiktionalen Rede dieser Situationsbezug fehlt (vgl. ebd., S. 104), und sie sich nicht auf die Wirklichkeit schlechthin, sondern auf Bedeutungssysteme oder Lesarten bezieht, dank der die Kontingenz und Komplexität der Welt immer schon irgendwie reduziert worden ist (vgl. ebd., S. 118), können die gewohnten Orientierungsschemata in der Lektüre eine Korrektur erfahren (vgl. ebd., S. 152). Die **Lektüre** ist daher **ein kybernetischer Prozess**: Der Leser versucht, den Text zunächst in seine vertrauten Verständnisrahmen einzuordnen. Wenn sich die schematisierten Ansichten dieser Ordnung entziehen, muss er die Verständnisrahmen gleichsam umbauen, muss er seine eigenen Schemata korrigieren. Da dies nicht gänzlich ohne Folgen für seine weitere Selbst- und Weltwahrnehmung bleiben wird, geht er aus der Interaktion mit dem Text verändert hervor.

Die **pragmatische Relevanz der symbolischen Interaktion von Text und Leser** ergibt sich daraus, dass die intrapersonale Auseinandersetzung mit dem Text, die in der Vorstellung des einzelnen Lesers stattfindet, mit dem interpersonalen Diskurs rückgekoppelt ist. Insbesondere der Roman reflektiert die gesellschaftliche Konstruktion der Wirklichkeit nicht nur, er modelliert sie auch, indem er das Bewusstsein derjenigen verändert, die ihre Konstruktivität in der Lektüre erproben. Iser selbst hat diesen Gedanken im Anschluss an Nelson Goodman folgendermaßen formuliert:

> »Wie die anderen Versionen von Welt, so ist auch das Kunstwerk nur eine solche; doch es zielt nicht – wie die übrigen – auf eine bestimmte Praxis, ohne dadurch schon weniger pragmatisch als die anderen zu sein. Seine Pragmatik ist, die Operationen zu exemplifizieren, durch die Welten gemacht werden.« (Iser 1991, S. 278).

Dergestalt wird der rezeptionsästhetische Akt des Lesens an den produktionsästhetischen Vorgang zurückgebunden, den Aristoteles in seiner *Poetik* beschrieben hatte. Betont wird dabei zum einen der **performative Charakter der Mimesis,** zum anderen aber auch der Umstand, dass sie sich nicht in der Nachahmung des Vorgegebenen erschöpft (vgl. ebd., S. 481 ff.).

Volker Roloff, der Isers Theorie der ästhetischer Wirkung mit ihren phänomenologischen Vorläufern verglichen hat, befand, dass sie gegenüber Sartre vor allem die Mehrdeutigkeit des Textes betone und sich von Ingardens Konzeption vornehmlich durch die Ablehnung des Harmonieprinzips unterscheide (vgl. Roloff 1977, S. 266). Anders als Roloff meint, handelt es sich dabei jedoch nicht nur um Akzentverschiebungen. Eher schon ist Hannelore Link zuzustimmen, die darauf hingewiesen hat, dass ein Teil von Isers Theorie noch dem alten Paradigma der Fiktionalität verpflichtet sei, das der andere Teil durch ein neues ersetze (vgl. Link 1973, S. 539). Dem alten Paradigma zufolge hat die fiktive Welt eine grundsätzlich andere Seinsweise als ihre reale Bezugsgröße; dem neuen Paradigma zufolge beziehen sich fiktionale Welt-Versionen nicht anders als non-fiktionale auf die gleiche Bezugsgröße. Was sie voneinander unterscheidet, ist die Art der Bezugnahme.

7.4 Fiktion und Metapher

Dass Romane erfundene Geschichten erzählen, gilt sei Huet als ausgemacht. Gleichwohl beziehen sich viele Romane auf Personen, Sachverhalte oder Ereignisfolgen, die nicht erfunden, sondern historisch belegbar sind. Dieser Umstand hat nicht nur die so genannten Abgrenzungstheoretiker, sondern viele Interpreten, die sich mit dem Wahrheitswert von fiktionalen Erzähltexten beschäftigt haben, verwirrt. Roman Ingarden zum Beispiel meinte, literarische Kunstwerke enthielten keine echten, sondern lediglich **Quasi-Urteile**, die sich statt auf wirkliche, in jeder Hinsicht bestimmte Gegenstände bloß auf die schematisierten Ansichten von Gegenständen beziehen, die zahlreiche Unbestimmtheitsstellen aufweisen. Quasi-Urteile könnten jedoch weder als wahr noch als falsch eingestuft werden (vgl. Ingarden 1968, S. 10 ff.). Gegen diese Argumentation hat sich Felix Martinez-Bonati gewandt, denn

> »wenn mindestens einige der Behauptungen, die in literarischen Werken vorkommen, notwendig wahr oder notwendig falsch sind, so sind mindestens einige der literarischen Sätze prinzipiell wahr oder falsch, und also echte Urteile.« (Martinez-Bonati 1973, S. 187).

Martinez-Bonati betont allerdings, dass die wahren Behauptungen nicht deswegen akzeptiert werden, weil sie im Text begründet werden, sondern weil sie der Leser als wahr behandeln muss, um mit der Geschichte etwas anfangen zu können. Weigert er sich zum Beispiel anzunehmen, dass es in London einen Detektiv namens Sherlock Holmes gegeben hat, macht es keinen Sinn, die Geschichten von Arthur Conan Doyle weiter zu lesen. Noch absurder wäre es, die Tatsache zu bestreiten, dass es eine Stadt namens London gibt. Zumindest die Behauptung ihrer Existenz ist ein echtes Urteil, selbst wenn es in einem fiktionalen Erzähltext getroffen wird.

Man kann daher von Spielregeln der fiktionalen Verständigung sprechen und mit Martinez-Bonati sagen: »der Sinn des epischen Spiels ist [die] Darstellung fiktiver Wirklichkeit, in einem Wort: Mimesis« (ebd., S. 189). Mimesis aber zielt auf Erkenntnis ab. Folgerichtig liegt die Antwort auf die Frage nach dem Wahrheitsgehalt der Dichtung, die Martinez-Bonati gibt, ganz auf der Linie von Aristoteles: Um sich die philosophische Wahrheit eines fiktionalen Textes zu erschließen, verzichten die Leser darauf, ihn an der historischen Wahrheit zu messen. Selbst dort, wo sie es mit echten Urteilen zu tun bekommen, interessiert sie nicht deren **Wahrheitswert**, sondern deren Beitrag zu einer Geschichte, die im Rahmen der Wahrscheinlichkeit bleibt und etwas über die Wirklichkeit besagt, ohne die Wirklichkeit eigentlich auszusagen.

Eine etwas andere Lösung des Problems fasst Lubomir Dolozel ins Auge. Er rekapituliert zunächst die Positionen von Gottlieb Frege und Jan Mukařovský. Freges Logik kennt wahre, falsche und solche Aussagen, die weder wahr noch falsch sind. Seine Auffassung deckt sich mit Mukařovskýs Meinung, dass fiktionale Sätze weder wahr noch falsch sind – eine Ansicht, die ja auch Ingarden vertreten hatte. Dolozel wendet nun, ähnlich wie Martinez-Bonati, ein, dass zumindest einige fiktionale Sätze nach dem wahr-falsch-Kriterium beurteilt werden können. Bei einer Wette um den Wohnsitz von Sherlock Holmes gewinne, wer auf die Baker Street, und verliere, wer auf die Berczy Street setze. Offenbar kann man Aussagen nicht nur danach beurteilen, ob sie auf die wirkliche Welt zutreffen, sondern auch danach, ob sie mit den Verhältnissen in einer möglichen Welt übereinstimmen (vgl. Dolozel 1980, S. 9 f.).

Zu beachten ist allerdings, dass in einem Erzählwerk nicht alle Aussagen dieselbe Autorität der **Authentifikation** besitzen. Was Conan Doyle seinen Gewährsmann, Dr. Watson, sagen lässt, wird vom Leser eher akzeptiert, als das, was irgendein Zeuge sagt, dessen Aussage Watson zitiert. Dolozel ist also zuzustimmen, dass es in einem fiktionalen Text verschiedene Instanzen der Wissensvermittlung gibt, und dass ihre Informationen unterschiedlich beurteilt werden. Von der Lösung des Wahrheitsproblems, das Martinez-Bonati formuliert hatte, hebt sich Dolozels Erklärung dadurch ab, dass sie nicht auf das Konzept der Mimesis und damit auf das Verhältnis von Text und Welt rekurriert. Was der Leser eines Romans im Rahmen der fiktionalen Rede, die eine mögliche Welt entwirft, als wahr oder wahrscheinlich akzeptiert, und was er als falsch oder unwahrscheinlich einstuft, entscheidet sich nicht am Vergleich dieser Welt mit irgendeiner nachgeahmten Wirklichkeit, sondern anhand ihrer Konstruktion (vgl. ebd., S. 13). Dolozel vertritt sozusagen eine Relativitätstheorie der fiktionalen Wahrheit, wenn er schreibt: »Fictional truth is strictly ›truth in/of‹ the constructed narrative world and its criterion is agreement or disagreement with authentical narrative facts.« (ebd., S. 15).

Die ›Tatsache‹, dass Sherlock Holmes nicht in der Berczy, sondern in der Baker Street wohnt, hängt also von der Autorität ihrer Setzung durch den Erzähler ab. Wollte man diese ›Tatsache‹ bestreiten, müsste man seine Autorität untergraben und eine andere Version von Sherlock Holmes' Leben aufstellen. Dolozel ist sich darüber im Klaren, dass eine einfache Distinktion zwischen Erzählern mit und ohne Authentifikations-Autorität nicht ausreicht, um den vielen graduellen Unterschieden bei der Beurteilung einer bloß möglichen, aber immerhin wahrscheinlichen Welt gerecht zu werden. So kann es zum Beispiel Ich-Erzähler geben, die eine fast uneingeschränkte Authentifikations-Autorität besitzen, während sich umgekehrt ein vermeintlich auktorialer Erzähler als unzuverlässig erweist. Das ändert für Dolozel jedoch nichts daran, dass die Kriterien der Beurteilung immer dem Text selbst zu entnehmen sind. Eine Welt-Version kann sich als inkonsistent erweisen, sie kann in ironische Anführungszeichen gesetzt oder im Erzählerkommentar als zweifelhaft markiert werden (vgl. ebd., S. 21 f.). Schon allein der Umstand, dass ein Text als Roman deklariert wird, schränkt seine Authentizität ein.

Im Übrigen lassen die Leser fiktionalen Texten gegenüber die gleichen Vorsichtsmaßnahmen wie gegenüber non-fiktionalen Erzählungen walten. Sobald auch nur ein leiser Verdacht an der Wahrhaftigkeit der Mitteilung oder der Aufrichtigkeit des Mitteilenden auftaucht, wird der Erzählbericht nur noch unter Vorbehalt aufgenommen. Wie aber steht es mit den offensichtlich unwahren Behauptungen, die im Text selbst nicht widerlegt oder in Zweifel gezogen werden und der Dichtung zuweilen den Vorwurf eingebracht haben, Lüge oder Täuschung zu sein?

Eine Antwort auf diese Frage besteht darin, das Welt-Wissen der Leser in Anschlag zu bringen. Was sie nicht kennen, wird von ihnen im Zweifelsfall mit Skepsis behandelt. Diese Antwort kollidiert jedoch mit der von Dolozel entwickelten **Relativitätstheorie der fiktionalen Wahrheit**, die nicht auf externe Daten, sondern textinterne Korrelationen rekurriert. Tatsächlich werden fiktional erzeugte Welt-Versionen, anders als Dolozel meint, nicht allein an ihrer internen Konsistenz, sondern auch an ihrer externen Signifikanz gemessen. Der Beurteilungsmaßstab ist jedoch nicht die Welt an sich, sondern immer nur eine andere Version. Das bedeutet, dass die buchstäbliche Falschheit einer Fiktion durchaus mit ihrer metaphorischen Richtigkeit vereinbar sein kann, auch wenn diese Falschheit selbstverständlich keine Gewähr dafür bietet, dass eine Welt-Version im übertragenen Sinne für zutreffend zu halten ist (vgl. Goodman 1984, S. 128). »Ob geschrieben, gemalt oder gespielt, die Fiktion trifft in Wahrheit weder auf nichts noch auf durchsichtige mögliche Welten zu, sondern, wenn auch metaphorisch, auf wirkliche Welten« (ebd., S. 129).

Es gibt also keinen Grund, das **Kriterium der externen Signifikanz** gegen das **Kriterium der internen Konsistenz** auszuspielen, denn so wie sich die Elemente der literarischen Konfiguration zueinander verhalten, stellt sich der Leser die Verhältnisse in ihrer Bezugswelt vor. Das gilt auch für jene heuristischen Fiktionen, die Hans Vaihinger in seiner *Philosophie des Als Ob* als Hilfskonstruktionen logischen Denkens bezeichnet hat. Dabei stellt er zunächst einmal im Anschluss an Kant und Nietzsche fest,

> »daß die ganze Vorstellungswelt in ihrer Gesamtheit nicht die Bestimmung hat, ein Abbild der Wirklichkeit zu sein – es ist dies eine ganz unmögliche Aufgabe – sondern ein Instrument ist, um sich leichter in derselben zu orientieren.« (Vaihinger 1923, S. 14 f.).

Folgerichtig ist der Schluss von der Unrichtigkeit eines Vorstellungsgebildes auf seine Unbrauchbarkeit genauso falsch wie der umgekehrte von seiner Brauchbarkeit auf die Richtigkeit (vgl. ebd., S. 22). Behauptet wird damit nicht, dass sich die Dinge tatsächlich so verhalten, wie sie eine heuristische Fiktion konfiguriert. Behauptet wird allerdings, dass eine solche Fiktion nicht verifiziert oder falsifiziert, sondern anhand ihrer pragmatischen Funktion beurteilt und gerechtfertigt wird:

> »Fiktionen, welche sich nicht justifizieren, d. h. als nützlich und notwendig rechtfertigen lassen, sind ebenso zu eliminieren wie Hypothesen, denen die Verifikation fehlt.« (ebd., S. 91).

Es geht also um den erkenntnistheoretischen Mehrwert der Fiktion, die im Modell veranschaulicht, wie sich ein Sachverhalt schlüssig darstellen lässt. Dazu probiert der Wissenschaftler verschiedene Relationen aus, die seine geistige Präfiguration des Sachverhalts in einem neuen Licht erscheinen lassen und seine Sicht der Dinge einer Refiguration unterziehen.

Spezifiziert wird dieser Vorgang durch das Erkenntnisinteresse des Forschers, das ihn nicht nach irgendwelchen, sondern nach ganz bestimmten Ähnlichkeiten suchen lässt. Unter dieser Voraussetzung gilt für die Fiktion, was sich von jedem **Schaubild (Diagramm)** und von jeder **Metapher** sagen lässt: »Der Kontext interpretiert die Metapher, umgekehrt spezifiziert die erfaßte Metapher den Kontext.« (Stierle 1978, S. 153). Wie bei einem Dialog wird das eine durch das andere modifiziert.

Das ist einer der Gründe dafür, dass die Interaktionstheorie die Substitutionstheorie der Metapher abgelöst hat. Weder lässt sich für jeden bildlichen ein eigentlicher Ausdruck finden, noch ist die Paraphrase der Metapher in der Lage, ihren spezifischen Mehrwert auf den Begriff zu bringen. Ebenso wenig lassen sich figurative Texte ohne Bedeutungsverluste in eine diskursive Sprache übersetzen. Das betrifft ihren epistemologischen, vor allem aber ihren axiologischen Wert. Der spezifische Unterschied, den eine Romanlektüre macht, lässt sich, gerade weil er an eine bestimmte Interaktionsform gebunden ist, oft gar nicht in Worte fassen. Der Leser übernimmt dank seiner **perspektivische**n **und emphatische**n **Mimesis** mit der narrativen Optik auch eine bestimmte Haltung der Welt gegenüber. Diese Haltung erscheint ihm nicht unbedingt deswegen gerechtfertigt, weil er sie logisch verifizieren und alternative Einstellungen falsifizieren könnte. Vielmehr geht seine gesamte Persönlichkeit aus der Interaktion mit dem Text verändert hervor, weil er sich den Sinn dessen, was ihm während der Lektüre geschieht, nur dialogisch vermitteln kann.

Genau genommen handelt es sich dabei um einen **Dialog**, an dem drei Instanzen beteiligt sind: die Fiktion, die Realität und die Imagination des Lesers. Auf die Triade des Fiktiven, des Realen und des Imaginären hat auch Wolfgang Iser seine Untersuchungen zur weltbildnerischen Funktion der Literatur abgestellt (vgl. Iser 1991, S. 19). Der fiktionale Text überschreitet seine Bezugsrealität bereits dadurch, dass er einzelne Elemente aus ihrem Strukturgefüge auswählt. Dadurch nämlich werden die Elemente disponibel, d. h. ihre **Selektion** schafft die Voraussetzungen dafür, dass sie im Text andere Relationen eingehen können (vgl. ebd., S. 24 ff.). Die Zeichen-**Kombination**, die dadurch entsteht, unterscheidet sich vom Strukturgefüge der Wirklichkeit und fordert so den Vergleich mit der Realität heraus. Auslegungsrelevant ist aber nicht nur das Welt-Konstrukt, das sich aus der textinternen Relationierung oder Konfiguration der einzelnen Elemente ergibt; auslegungsrelevant ist auch die Art und Weise der Konstruktion; sie nämlich exemplifiziert, wie Welten gemacht werden (vgl. ebd., S. 278). Infolgedessen muss der Leser in seiner Imagination sowohl zwischen den einzelnen Elementen der literarischen Konfiguration als auch zwischen dem Text und diversen Kontexten hin- und herlaufen. Dieser diskursive Charakter lässt die Lektüre zu einer Art ›mind mapping‹ werden.

Zumindest in seinem Buch über *Das Fiktive und das Imaginäre* hat sich Iser endgültig von dem alten Paradigma losgesagt, das seine Theorie ästhetischer Wirkung noch zum Teil beeinflusst hatte. Schon sie ließ sich jedoch mühelos mit der von Paul Ricœur beschriebenen Abfolge von Prä-, Kon- und Refiguration vereinbaren, da Iser davon ausging, dass sich narrative Texte nicht auf die Welt schlechthin, sondern auf Bedeutungssysteme (= Präfigurationen) beziehen, die bereits eine gewisse Reduktion der Weltkomplexität geleistet haben und im Verlauf der Lektüre einer Refiguration durch den Interpreten unterzogen werden.

Im Übrigen ist Isers Modell keineswegs so funktionalistisch wie Terry Eagleton behauptet (vgl. Eagleton 1992, S. 48), da die Erwartung des Lesers, dass sich die einzelnen Teile des Textes zu einem kohärenten Ganzen fügen, keine self-fulfilling-prophecy darstellt. Sie fungiert nur als Regulativ, nicht als vorweggenommenes Resultat der Vorstellungsakte, die auch zu einer Enttäuschung dieser Erwartung führen können.

Stichhaltiger erscheint da Gary Lee Stonums Einwand, dass Iser zu wenig die **Modulation der einlaufenden Information durch die bereits aufgenommenen Informationen** berücksichtige (vgl. Stonum 1977, S. 950), und dass es in der Lektüre neben der Verschmelzung der Innenhorizonte auch darum gehe, die Regeln dieser Verschmelzung aufzudecken (vgl. ebd., S. 956). Allerdings reflektiert Iser sehr wohl den Umstand, dass viele moderne Texte die traditionellen Verfahren der Konsistenzbildung unterlaufen und mit so genannten »**Minusverfahren**« (vgl. Iser 1984, S. 322) dafür sorgen, dass die Position der Leerstelle, paradox formuliert, doppelt besetzt ist: durch ihre Unbestimmtheit auf der syntagmatischen Achse des Textes und durch die Schwierigkeit, das Paradigma zu bestimmen, aus dem der Leser ein Element auswählen könnte, mit dem sich die Leerstelle überbrücken lässt.

Insgesamt kennzeichnet Isers Konzept der Lektüre die Tendenz, den phänomenologischen Ansatz mit pragmatischen und kybernetischen Modellen der Informationsverarbeitung zu verbinden. Der Begriff der ›**Kybernetik**‹ ist vom griechischen Wort für Steuermann abgeleitet und bezieht sich auf alle Formen der Systemregulierung, die über eine Rückkopplungsschleife laufen. Das System erhält dabei zum einen aus der Umwelt, mit der es interagiert, zum anderen jedoch auch aufgrund seiner Selbstbeobachtung ständig ein »feedback« über das eigene Verhalten. Dieser Rücklauf an Informationen gestattet es ihm, sein Verhalten zugleich auf die sich wandelnden Umweltbedingungen und auf die eigenen, ebenfalls wandelbaren Bedürfnisse abzustellen.

In diesem auf die Kognitive Poetik vorausweisenden Sinne wird auch der **Leser als ein sich selbst steuerndes, informationsverarbeitendes System** betrachtet, das sich mit immer neuen Vorstellungsakten auf den Text einstellt, der für die Dauer der Lektüre seine Umwelt bildet (vgl. Lewandowski 1980, S. 59). Dabei werden die Informationen zu Hypothesen über die Bedeutung des Textes verarbeitet und nach Maßgabe dessen, was folgt, modifiziert.

8. Der semiologische Ansatz

Das kybernetische Modell der Informationsverarbeitung verbindet das von Iser entwickelte Modell der symbolischen Interaktion von Text und Leser mit der Semiologie. Das **Sprachkunstwerk** erscheint in der Fassung, die Jurij M. Lotmann (1922–1993) der Kybernetik gegeben hat, als **ein sekundäres modellbildendes System**, das auf dem primären Modell der Sprache aufbaut und das ebenfalls weitgehend sprachlich verfasste Bewusstsein des Menschen moduliert (vgl. Lotman 1973, S. 22 f. u. S. 30). Modellbildend ist dabei vor allem die Struktur des Textes, da sie die Vorstellungsakte des Lesers lenkt. Ändert sich die Struktur, ändern sich folglich auch die Vorstellungen, die sich ein Leser von der Bedeutung des Textes macht.

8.1 Legende und Karte

Unter dieser Voraussetzung unterscheidet Lotman die äußeren Umcodierungen, die das Verhältnis der Textstruktur zu den Strukturen seiner Umwelt betreffen, von den inneren **Umcodierungen**, die die Beziehung seiner einzelnen Elemente untereinander betreffen (vgl. ebd., S. 64 f.). Erweist sich zum Beispiel der Verdächtige in einem Kriminalroman als unschuldig, handelt es sich um eine textimmanente Umdeutung seiner Rolle. Lässt dagegen ein Text seine Umwelt bzw. die des Lesers in einem veränderten Licht erscheinen, transzendiert diese Umcodierung den Verweisungszusammenhang der einzelnen Elemente untereinander. Narrative Texte sind natürlich multipel kodiert (ebd., S. 99) und auf mehrere Verweisungszusammenhänge bezogen:

> »jedes Detail und der Text als Ganzes sind in verschiedene Relationssysteme integriert, wodurch sie gleichzeitig mehr als eine Bedeutung annehmen. In der Metapher bloßgelegt, hat diese Eigenschaft doch einen viel allgemeineren Charakter.« (ebd., S. 110).

Trotz seiner Mehrdeutigkeit kann der künstlerische Text jedoch immer nur ein endliches Modell der unendlichen, d. h. in ihrer Bedeutung unerschöpflichen Welt sein. Lotman drückt diesen Sachverhalt metaphorisch aus, wenn er den Text als eine Karte beschreibt, die bestimmte Weltausschnitte unter bestimmten Gesichtspunkten in des Wortes doppelter Bedeutung ›verzeichnet‹ (vgl. ebd., S. 316 f.).

Die Metapher der **Karte** erlaubt es, den eher statischen Begriff des Codes durch das dynamische Konzept der **Legende** zu ersetzen: Das Wort ›Legende‹ bedeutet ursprünglich ›die (auf) zu lesenden, auszulegenden Stücke‹. Damit können sowohl die Merkmalstypen der Karte, die auf ihr verwendeten Zeichen, deren Bedeutung die Legende aufschlüsselt, als auch die Stücke gemeint sein, die ein Erzähler zusammenträgt. Das Moment der Fiktionalisierung zeichnet sowohl die (erfundene) Geschichte als auch die Karte aus, die ja nie das Territorium selbst, sondern immer nur eine seiner möglichen Konfigurationen darstellt.

8.2 Der Roman als Präsuppositionsmaschine

Wie schon die Phänomenologen bemerkt hatten, kann sich der Autor eines Romans bei seiner kartographischen Tätigkeit jederzeit auf das stumme Wissen der Leser verlassen, mit dem sie die weißen Flecken in seiner Darstellung überbrücken werden. Obwohl der Roman also nur ein Modell der (in ihrer Bedeutung unerschöpflichen) Welt ist, setzt er bei seinen Lesern stillschweigend eine **enzyklopädische Kompetenz** voraus. Zumindest theoretisch präsupponiert er das gesamte Wissen der Sprachgemeinschaft (vgl. Titzmann 1977, S. 268). Praktisch sind jedoch immer nur Teile dieses Wissens für die Interpretation eines bestimmten Romans relevant. Welche Teile das sind, muss der Interpret allerdings in aller Regel selbst herausfinden.

Wenn der Leser also angehalten ist, die Leerstellen in einer Erzählung, »die Räume des Nicht-Gesagten und des Schon-Gesagten auszufüllen, so ist der Text nichts anderes als eine Präsuppositionsmaschine« (Eco 1987, S. 29), die an die Vorstellungsbatterie des Lesers angeschlossen und von seinem Gedächtnis mit »Stoff« versorgt wird. Umgekehrt ist das Erzählen »ein kosmologischer Akt« (Eco 1986, S. 28), den der Text nur in seiner Quintessenz dokumentiert. Als Umberto Eco seinen Roman *Der Name der Rose* zu schreiben begann, fertigte er lange Materiallisten mit allem an, was seine fiktive Welt realistischer Weise enthalten müsste. Er verschaffte sich also eine enzyklopädische Kompetenz.

Um den Roman, den Eco schließlich geschrieben hat, sinnvoll zu lesen, genügt es jedoch, das Diskursuniversum zu studieren, zu dem er sein Wissen verdichtet hat (vgl. Eco 1987, S. 47). Zwar wird der Interpret um der einen oder anderen Absonderlichkeit willen vielleicht auch einmal ein Nachschlagewerk konsultieren, im Prinzip kann er sich die Bedeutung des Textes jedoch anhand der allgemeinen Menschenkenntnis und Welterfahrung aufschlüsseln, zu der natürlich auch seine bisher gesammelten Leseeindrücke beitragen. Insofern entspricht die Lektüre, die zwischen Text und Kontext hin- und herläuft, der Arbeit am Roman, denn während dieser Arbeit laufen ebenfalls zwei Dialoge ab:

> »einer zwischen dem entstehenden Text und allen zuvor geschriebenen Texten (jedes Buch wird aus anderen und über andere Bücher gemacht) und einer zwischen dem Autor und seinem gedachten Wunsch-, Modell oder Musterleser.« (ebd., S. 55).

Mutatis mutandis muss auch der empirische Leser, der den Textverweisen nachgeht, »einen hypothetischen Autor entwerfen« (Eco 1987, S. 76 f.), damit er den Roman als intentionales Gebilde bzw. als sinnvolle Äußerung auffassen kann. So wie die Fabel sind auch der **Modell-Autor** und der **Modell-Leser** zwei Bilder, »die sich erst im Laufe und am Ende der Lektüre wechselseitig definieren« (Eco 1994, S. 36).

Dem realen Autor entspricht also ein hypothetisches Konstrukt des empirischen Interpreten, der sich seinerseits auf den ›lector in fabula‹ kapriziert. Der **performative Charakter der Romanlektüre** rührt folglich daher, dass sie ein imaginäres Rollenspiel mit bestimmten Formen der kybernetischen Informationsverarbeitung verbindet. Der Interpret ist einerseits an der kointenionalen Inszenierung des literarischen Diskurses beteiligt, andererseits jedoch von den Regieanweisungen des Autors abhängig.

Tatsächlich wurde der Begriff der Enzyklopädie vorgeschlagen, »um zu erklären, wie Zeichen nach einem Inferenzmodell arbeiten und auf welche Weise ihre Bedeutung als Menge ko-textuell orientierter Instruktionen interpretiert werden kann« (Eco 1985, S. 242). Denn während ein Wörterbuch lediglich die Denotata des jeweiligen Stichwortes verzeichnet, enthält eine Enzyklopädie auch Angaben über die Verwendungszusammenhänge, in denen ein Lemma auftaucht. Es ist genau dieses empirisch fundierte Wissen um die auslegungsrelevanten Ko- und Kontexte, das der Leser eines Romans braucht.

Der vermeintliche Nachteil der Enzyklopädie, der aus ihrer **Unabschließbarkeit** resultiert, ist daher in Wirklichkeit ein ungeheurer Vorteil, weil nur so eine neue Bedeutung entstehen und das Wissen vermehrt werden kann. Würden Autoren und Leser auf das Lexikon der Sprache beschränkt, könnten sie zwar Wörter, aber keine Erfahrungen austauschen. Der ›regressus ad infinitum‹, dem theoretisch keine Zeichendeutung entkommen kann, ist also in Wahrheit ein ›progressus ad infinitum‹, der lediglich aus ökonomischen Gründen begrenzt wird – z. B. durch das Diskursuniversum des Textes, das, so gesehen, das gemeinsame Territorium oder den synreferentiellen Bezirk von Autor und Leser bildet.

8.3 Inferentielle Spaziergänge

Die Exkurse, zu denen der narrative Diskurs veranlasst, indem er stillschweigend oder ausdrücklich auf Wissensbestände rekurriert, die im Text selbst nicht erläutert werden, nennt Eco »inferentielle Spaziergänge« (Eco 1987, S. 148). Obwohl das Diskursuniversum also nur einen Ausschnitt aus der Enzyklopädie darstellt, die es stillschweigend voraussetzt, geht der Leser ständig über den Text hinaus, um ihn auf bestimmte Kontexte zu beziehen. Die Rückschlüsse, die sich dabei einerseits vom Text auf den Kontext und andererseits vom Kontext auf den Text ergeben, unterstreichen noch einmal, wie ähnlich der narrative Diskurs und seine Lektüre einander im Hinblick auf ihre Verlaufsform sind.

Die Vorstellungswelt, die eine literarische Darstellung evoziert, ist somit genau der Bereich, der durch das unentwegte Hin- und Herlaufen des Lesers zwischen den einzelnen Zeichen des Textes und seinen Bezugsgegenständen entsteht. Anders formuliert: Zeichen eröffnen Bedeutungsräume, auf die sich der Interpret mit einer bestimmten Sicht der Dinge einstellt. **Jede Zeichendeutung involviert daher das Prinzip der perspektivischen Mimesis.** Hierin liegt denn auch der tiefere Grund für den unauflöslichen Zusammenhang zwischen Phänomenologie und Semiologie, sofern man die Lehre von den Erscheinungen nicht wie Husserl als Wesensschau, sondern wie Charles Sanders Peirce (1839–1914) als Untersuchung dessen versteht, was sich ein Mensch, der Zeichen liest, vergegenwärtigt. Der perspektivische Charakter dieser Vergegenwärtigung kommt sehr klar darin zum Ausdruck, dass ein Zeichen für Peirce immer nur in einer bestimmten Hinsicht für etwas anderes steht. Die klassische Zeichendefinition ›aliquid stat pro aliquo‹ wird von ihm folgendermaßen erläutert:

> »Ein Zeichen oder Repräsentamen ist etwas, das für jemand in irgendeiner Hinsicht für etwas anderes steht. Es wendet sich an jemanden, erzeugt also im Geist dieses Menschen ein gleichwertiges oder vielleicht ein komplexeres Zeichen. Dieses Zeichen, das es erzeugt, werde ich den Interpretanten des ersten Zeichens nennen. Das Zeichen steht für etwas, nämlich für sein Objekt. Es steht für dieses Objekt nicht in jeder Hinsicht, sondern in bezug auf eine Art von Idee, die ich zuweilen als Grundlage des Repräsentamen bezeichnet habe.« (Peirce 1931–35/1959, No. 2.228).

Ebenso wenig wie der Interpretant, der selbst ein Zeichen ist, mit dem Interpreten verwechselt werden darf, ist er mit dem Referenten, dem Bezugsobjekt des Zeichens, gleichzusetzen, von dem sich das Subjekt der Zeichendeutung aufgrund des Repräsentamens eine bestimmte Vorstellung macht. Dadurch, dass das Zeichen sich nur in einer bestimmten Hinsicht auf seinen Gegenstand bezieht, kann es seine Funktion nur im Rahmen eines Anschauungsraumes erfüllen. Das bedeutet zugleich, dass sein Gegenstand immer unter einem bestimmten Blickwinkel erscheint.

> »Die Perspektive eines Zeichens ist ein Verhältnis zur Welt, das zwischen einem Zeichenereignis, einem semiotischen Subjekt und einem dargestellten Objekt in einem Raum besteht.« (Pape 1989, S. 233).

Es liegt auf der Hand, dass die **Erzählperspektive**, die sich aus der Zeichenfolge eines Textes ergibt, nach dem gleichen Muster funktioniert. Auch sie kann ihren Gegenstand nur im Kontext eines (imaginären) **Anschauungsraum**es darstellen, den der Leser konkretisiert. Und weil die narrative Optik auf den Interpreten konvergiert, kommt es zwischen verschiedenen Interpreten zu jenem Auseinanderklaffen der **Auffassungsperspektive**n, das sich einstellt, sobald ein Gegenstand von unterschiedlichen Standorten und Blickwinkeln aus anvisiert wird. Da auch ein und derselbe Interpret zu verschiedenen Zeitpunkten unterschiedliche Lesarten ein und desselben Textes entwickeln kann, sind Bedeutungen selbst nur als zeit- und standpunktfixierte Ereignisse denkbar. Eine abschließende Interpretation kann es daher ebenso wenig wie einen finalen Interpretanten geben.

8.4 Diagrammatik und Exemplifikation

Eine der lange unterschätzten Einsichten von Peirce betrifft die diagrammatische **Verknüpfung der Zeichen im Diskurs**. Damit ist im Prinzip nichts anderes als die mimetische Konfiguration einzelner Sachverhalte im Text gemeint. Eco schreibt: »die Literatur organisiert Wörter, die Aspekte der Welt bezeichnen, doch das literarische Werk deutet auf die Welt hin durch die Art und Weise, wie diese Wörter angeordnet werden [...].« (Eco 1977, S. 271 f.). Man kann auch sagen, dass der Text mehr als die Summe seiner Worte und deren Bedeutung ist, weil die Relationen zwischen den Worten Gestalten bilden, die den Text zu einem Schaubild machen (vgl. Dumitriu 1965, S. 106 f. u. S. 167).

Zu beachten ist dabei, dass die **diagrammatische Konfiguration** der Worte eben nicht ein Abbild, sondern ein Schaubild – oder noch besser: ein Anschauungsmodell – für die Sachverhalte ist, die mit ihnen bezeichnet werden. Peirce hatte daher im Zusammenhang mit der Karten-Metapher von Gesetzen der **Projektion** gesprochen und betont, dass eine Karte nur dann als Ortsbeschreibung verstanden und zur Orientierung eingesetzt werden kann, wenn ihr Benutzer den Maßstab sowie die Regeln der Übertragung kennt und weiß, auf welches Gelände sich die Darstellung bezieht. In gleicher Weise kann der Leser die Vorstellungswelt, die ein Roman entwirft, nur dann auf seine Erfahrung beziehen, wenn er die entsprechenden Vergleichsgrößen ausgemacht und die legendären Züge des Textes entschlüsselt hat (vgl. Peirce, No. 3.419).

Die Diagrammatisierung betrifft also einerseits die Elemente des Textes und andererseits ihren Verweisungszusammenhang. Auf jeden Fall verwandelt die Relationierung der Zeichen die Funktion des Bezeichnens in eine solche des Figurierens (vgl. Iser 1982, S. 133). Die **Übertragung der Figur auf die Wirklichkeit** liegt jedoch allein in der Verantwortung der einzelnen Leser. Sie müssen einerseits bedenken, dass die Karte nicht das Territorium und die Version nicht die Welt selbst ist, haben aber gerade aufgrund dieser Differenz die Möglichkeit, sowohl die Realität als auch ihre fiktionale Modellierung oder Analogiebildung imaginär zu überschreiten.

Wenn aber die je spezifische Verknüpfung der Zeichen den Text zu einer komplexen Metapher macht, dann erweist sich die Interaktion von Text und Leser, ganz im Sinne von Paul Ricœur, als eine Refiguration der Konfiguration, die das sekundäre modellbildende System auf der Basis ihrer begrifflichen Präfiguration durch die Sprache darstellt. Festzuhalten ist allerdings, dass diagrammatische Phänomene nicht nur bei der fiktionalen Weise der Welterzeugung, sondern überall dort auftreten, wo es um die Lesbarkeit der Welt geht. Das Verfahren der Diagrammatisierung, »das im ganzen syntaktischen und morphologischen Bau der Sprache offenbar und obligatorisch, in seinen lexikalischen Aspekten jedoch latent und virtuell ist, entkräftet Saussures Lehre von der Arbitrarität« (Jakobson 1974, S. 28), die nur dann Gültigkeit besitzt, wenn man die symbolischen Zeichen isoliert betrachtet. Sie gilt weder für komplexe Zeichengebilde noch für die indexikalischen und für die ikonischen Zeichen, die nach Peirce in die beiden Unterklassen der Abbilder (images) und der Schaubilder (diagrams) zerfallen.

Dank Peirce' Differenzierung des Zeichenbegriffs lässt sich Platons ambivalente Haltung der Dichtung gegenüber so erklären, dass in seinen Texten nicht hinreichend die Abbildfunktion mancher Worte von der diagrammatischen Struktur der Sätze, Absätze usw. unterschieden wurde, deren Modellfunktion erst Aristoteles erkannt hat. Begreift man das Sprachkunstwerk mit Roland Barthes »als diagrammatische und nicht imitative Struktur« (Barthes 1974, S. 83), besteht zwischen der diskursiven und figurativen Sprache gar kein Gegensatz, sondern ein Verhältnis der wechselseitigen Ergänzung. »Wir verlangen als Menschen komplementär neben einer begrifflich-wissenschaftlichen eine anschaulich-ästhetische Welterschließung« (Gabriel 1991, S. 216).

Das bedeutet zugleich, »daß die Künste als Modi der Entdeckung, Erschaffung und Erweiterung des Wissens – im umfassenden Sinne des Verstehensfortschrittes – ebenso ernst genommen werden müssen wie die Wissenschaften« (Goodman 1984, S. 127). Um Kunst und Wissenschaft einerseits als **Weisen der Welterzeugung** auszuweisen und andererseits zu unterscheiden, hat Goodman eine Theorie der Bezugnahme entwickelt, derzufolge eine Version die Welt buchstäblich denotieren, einige ihrer Eigenschaften anhand bestimmter Merkmale, die sie selbst besitzt, exemplifizieren oder auf metaphorische Weise ausdrücken kann. Was zum Ausdruck gebracht wird, ist metaphorisch exemplifiziert (Goodman 1987, S. 94).

Wie eine **Exemplifikation** funktioniert, veranschaulicht Goodman am Beispiel der Stoffprobe. Sie muss im Besitz der Eigenschaften sei, die sie zu einem Musterstück machen. Doch nicht alles, was eine Stoffprobe vor Augen führt, soll auch exemplifiziert werden. Exemplifikatorisch ist etwa ihre Farbe oder Textur, nicht aber ihre Größe gemeint. Daher brauchen Exemplifikationen, ähnlich wie Karten, eine Legende, die dort, wo sie der Text nicht mitliefert, erschlossen werden muss.

Die Frage, worauf eine Metapher, eine Exemplifikation oder eine Fiktion zutreffen, ist daher ebenso wie die Frage, ob sie ihrem Gegenstandsbereich eine angemessene Gestalt verleihen, immer nur im Einzelfall und nicht auf der Basis einer globalen Gleichsetzung oder Distinktion von Dichtung und Wahrheit zu beantworten. Was »ein Roman exemplifiziert oder ausdrückt, reorganisiert eine Welt oft drastischer als das, was das Werk buchstäblich oder figurativ sagt oder abbildet.« (Goodman 1984, S. 131 f.). Gottlieb Gabriel, für den Goodmans Einsichten in die Komplementarität von Kunst und Wissenschaft unabhängig von ihrer nominalistischen Formulierung Gültigkeit besitzen (vgl. Gabriel 1991, S. 193), übersetzt sie in eine offenbar an Aristoteles geschulte Terminologie, wenn es bei ihm heißt: »Dichtung bezieht sich nicht direkt-referentiell auf die Welt, indem sie über diese etwas aussagt, sondern indirekt-exemplarisch, indem sie Welt vorführt« (ebd., S. 216).

Noch genauer wäre es wohl, zu sagen, dass **Sprachkunstwerke hybride Gebilde** sind, die sich sowohl direkt als auch indirekt auf die Welt beziehen und sie ebenso gut exemplarisch wie metaphorisch vor Augen führen, denotieren oder ausdrücken können. Zumindest der Roman ist jedenfalls nicht auf eine bestimmte Art der Bezugnahme und damit auch nicht auf eine bestimmte Weise der Welterzeugung beschränkt. Das hat insbesondere Ann Jefferson hervorgehoben. Sie schlägt vor, Romane als Orte anzusehen, an denen verschiedene Weltbilder, Anschauungsformen und Begriffsverfahren getestet und durchexerziert, gegeneinander ausgespielt und mit einander verschränkt werden (vgl. Jefferson 1980, S. 237).

Ähnlich sieht es Inge Crosman. Auch sie geht davon aus, dass Sprachen oder andere Symbolsysteme die Welt nicht imitieren, sondern Welt-Versionen konstruieren. Da der Roman sowohl diese Konstrukte als auch die Konstruktionsverfahren thematisiere und problematisiere, laufe seine Lektüre auf ihre Reversion hinaus. Der Akzent kann dabei entweder auf der Re- oder auf der Dekonstruktion der Weltbilder liegen, grundsätzlich gilt jedoch, dass der Roman die weltbildnerische Funktion der Sprache nicht einfach übernimmt, sondern kritisch reflektiert (vgl. Crosman 1983).

8.5 Die Situationssemantik

Die weltbildnerische Funktion des Romans betrifft, wie mehrfach angedeutet wurde, vor allem den Umstand, dass die Menschen ihre Lebenswelt als einen Verweisungszusammenhang von Situationen erfahren. Diesem Umstand trägt die relationale Semantik Rechnung, die Jon Barwise und John Perry entwickelt haben. Während die metaphorologische Bedeutung dieser Theorie auf der Hand liegt, wird ihre narratologische und poetologische Relevanz erst klar, wenn man sie im Zusammenhang der Ausführungen von C. Altieri betrachtet:

Ähnlich wie den Sprechakttheoretikern geht es Charles Altieri um die pragmatische Dimension der Literatur und um die Befriedigung, die ihre Autoren und Interpreten aus der fiktionalen Verständigung ziehen (vgl. Altieri 1981, S. 1 f.). Seiner Ansicht nach kann man literarische Texte am besten als Handlungen verstehen, die auf verschiedenen Ebenen durchgeführt werden, um den Lesern **Anstöße zu einer kontemplativen Beschäftigung mit den Werten** zu liefern, die diese Handlungen ausdrücken (vgl. ebd., S. 10). Möglich wird dies, weil die Deutung der Texte auf jene Methoden der Projektion rekurriert, die Ludwig Wittgenstein beschrieben hat (vgl. ebd., S. 24). Wittgenstein war zunächst der Auffassung gewesen, dass Sätze wie bildliche Modelle der Sachverhalte aufgefasst werden können, die sie aussagen. Später erkannte er, dass Sätze, Absätze usw. nur Sinn ergeben, wenn der Interpret ihren Bedeutungsgehalt auf Sachverhalte projiziert (vgl. ebd., S. 45). Ohne Peirce' Begriff des Diagramms zu verwenden, gelangte also auch Wittgenstein zu ähnlichen Schlussfolgerungen über die sprachliche Konfiguration von Sachverhalten.

Altieri schließt sich dem Theorem der Projektion an und ergänzt es in einem wichtigen Punkt: da es angemessene und unangemessene Methoden der Projektion gibt, kann der Spracherwerb, wie schon Wygotski wusste, nicht ausschließlich darin bestehen, einzelne Worte, ihre Bedeutung und ihre regelgerechte Verknüpfung zu lernen. Eingeübt werden muss darüber hinaus, wie Aussagen auf Situationen bzw. Texte auf Kontexte zu übertragen sind (vgl. ebd., S. 55). So versteht man zum Beispiel die Aussage, dass jemand verliebt sei, indem man sich unter Rückgriff auf die eigene Lebens- und Leseerfahrung Situationen vorstellt, in denen eine solche Aussage Sinn macht (vgl. ebd., S. 62).

Da viele Situationen dynamisch sind, spricht Altieri zuweilen auch von Szenarios. Diese Ausdrucksweise hat den Vorteil, dass sie mit dem **Konzept der Szenographie** vereinbar ist, das Umberto Eco entwickelt hat. Die Szenographie ist »ein virtueller Text oder eine kondensierte Geschichte« (Eco 1987, S. 100), die sich der Leser vorstellt, wenn er die Aussagen eines Erzählers auf entsprechende Sachverhalte oder Ereignisfolgen projiziert. Es ist klar, dass der Handlungs- und Sinnzusammenhang eines Textes wesentlich aus solchen Szenographien besteht. Folglich erweitert die Kenntnis literarischer Situationen und Szenarios die Fähigkeit des Menschen, seine Umwelt sinnvoll auszulegen (vgl. Altieri 1981, S. 68).

Der Akt der Situierung, durch den Altieri die Pragmalinguistik mit der situativen Semantik verbindet, besteht nun zur Hauptsache darin, auszuprobieren, welches Szenario zu einer Äußerung passt (vgl. ebd., S. 161). Das Kriterium des »Passens« gilt sowohl in rezeptions- als auch in produktionsästhetischer Hinsicht. Zum Beweis führt Altieri Henry James an, der in seinen *Notebooks* ausgeführt hatte, wie sich ein Text, verstanden als Szenenfolge, von einer Szene aus aufbauen lässt, indem ihre Handlungsimpulse und -motive ausgeführt, auf Handlungsträger verteilt und in Konflikte verwickelt werden (vgl. ebd., S. 129 f.). Im Wechselspiel von Dramaturgie und Szenographie bilden sich Leitmotive, Handlungsstränge und Erzählperspektiven, während die Bedeutung des Textes mit den Kontexten, d. h. mit den Projektionsflächen wächst, auf die ihn seine Leser beziehen.

In diesem Zusammenhang wird für Altieri auch die Theorie der Bezugnahme von Goodman relevant. Vor allem die Exemplifikation erlaubt es Altieri zu zeigen, wie literarische Texte auf Einstellungen oder Werthaltungen Bezug nehmen (vgl. ebd.,

S. 272), zumal auch Goodman betont, dass die Bedeutung einer **Exemplifikation** von der **Projektion** ihrer bedeutsamen Merkmale auf geeignete Kontexte abhängt.

Ein literarischer Text drückt Werte jedoch nicht nur aus, er weckt beim Leser auch bestimmte Einstellungen und verleiht der ästhetischen Erfahrung so eine ethische Dimension. Das geschieht vor allem, weil das aufmerksame Lesen, das ein Sprachkunstwerk erfordert, die Sensibilität des Lesers für die feinen Unterschiede schärft, deren Beachtung einen rücksichtsvollen Umgang der Menschen miteinander gestatten. Das aufmerksame Lesen (»attentive reading«) ist für Altieri daher ein Modell für den angemessenen Umgang des Menschen mit seinesgleichen (vgl. ebd., S. 298). Ihr Gegenteil ist jene Indolenz sich selbst und anderen gegenüber, die auch in der Romanlektüre nur einen nutzlosen Zeitvertreib sehen kann.

Altieris **Konzept der aufmerksamen Lektüre** lässt sich ohne Schwierigkeiten mit der Romantheorie von Peter Jones vereinbaren. Jones beginnt seine Argumentation mit der Feststellung, dass nicht nur die narrative Optik, sondern auch die Textinterpretation an bestimmte Blickwinkel und Standorte gebunden ist. Der Streit der Interpreten geht daher vor allem um die Frage, welche Blickwinkel und Standorte einem Text angemessen sind (vgl. Jones 1975, S. 182). Jones schlägt nun vor, die Textinterpretation am **Modell der zwischenmenschlichen Verständigung** zu orientieren: Jemanden zu verstehen und den Sinn seiner Argumentation zu erfassen, heißt zu wissen, wie man sich ihm gegenüber verhalten soll und kann. Das Verständnis dient dabei nicht der Kontrolle des anderen, sondern der Kontrolle des eigenen Verhaltens in Bezug auf den anderen. Eine ähnliche Einstellung sei auch Romanen gegenüber angebracht (vgl. ebd., S. 196 f.), da sie, Personen vergleichbar, Argumente vorbringen und anhand von tatsächlichen oder möglichen Geschichten veranschaulichen (vgl. ebd., S. 200). Wie jede andere Argumentation habe auch die exemplarische des Romans Anspruch darauf, wohlwollend geprüft zu werden.

Allerdings bringt ein Romanschriftsteller seine Argumentation zumeist nicht explizit und diskursiv, sondern implizit durch eine Narration mit bestimmten Wertakzenten zum Ausdruck, die auf verschiedene Stimmen verteilt sein können. Das Rollenspiel der Genreform-Masken und das Phänomen der Stimmeninterferenz verhindern, dass der Text als autoritative Setzung oder als unmittelbarer Ausdruck der Verfassermeinung verstanden werden kann. Seine Entschlüsselung ist der Dialektik von Zeigen und Verschweigen unterworfen, die den Roman zu einer komplexen Metapher macht.

Wenn es aber stimmt, dass sich der Mensch immer in bestimmten Situationen befindet, und Situationen stets durch bestimmte An- und Einsichten, durch Handlungsoptionen und durch Stimmungen gekennzeichnet sind, kann man mit Gerhard Hoffmann davon ausgehen, »daß Literatur und insbesondere Erzählliteratur als situative Umsetzung von Bedeutung zu verstehen ist« (Hoffmann 1978, S. X). Unter dieser Voraussetzung lässt sich ihre Bedeutung mit den Methoden der **Situationssemantik** erfassen, die J. Barwise und J. Perry entwickelt haben. Einer ihrer Leitgedanken ist die Effizienz der Sprache:

> »Ausdrücke, die von verschiedenen Leuten an verschiedenen Orten zu verschiedener Zeit mit unterschiedlichem Zugang zur Welt um sie herum gebraucht werden, können ganz verschieden interpretiert werden, obwohl sie dabei ihre sprachliche Bedeutung bewahren.« (Barwise/Perry 1987, S. 5).

Aus der Effizienz der Sprache lässt sich zunächst einmal folgern, dass Ausdrücke kontextspezifisch interpretiert werden. Ein und derselbe Text kann in unterschiedlichen Zusammenhängen verschiedene Deutungen erfahren. Ross Chambers hat in seinem Buch *Story and Situation* gezeigt, dass sich die Effizienz der Sprache auch auf die Erzählliteratur erstreckt: »the ›same‹ story can have a quite different point when it is told in different situations.« (Chambers 1984, S. 3).

Ein anderer Leitgedanke von Barwise und Perry besagt, dass die gesamte Wirklichkeit aus Situationen besteht, so dass sich der Mensch immer im Kontext irgendeiner Situation befindet, die seine Wahrnehmung beschränkt (vgl. ebd., S. 9). Die Frage ist nun, wie der Mensch sich all die unzähligen Situationen, aus denen die Welt besteht, sinnvoll aufschlüsseln kann. Offenbar geht das nur, wenn es vergleichbare Situationen und damit die Möglichkeit gibt, Invarianten oder Situationstypen auszubilden (vgl. ebd., S. 12 f.).

Schon Aristoteles hatte erkannt, dass der Mensch unbekannte Situationen auf bekannte zurückführt, und dass dabei eine Bedeutungsübertragung vom Bekannten auf das Unbekannte stattfindet, die den Deutungsvorgang in die Nähe der Metaphernbildung rückt (vgl. Aristoteles 1993, S. 177 ff.). Auch Barwise und Perry betonen, dass die Analogien und Differenzen zwischen den Situationstypen der Welt eine gewisse Textur verleihen. Bedeutung wird von ihnen daher »als eine Relation zwischen verschiedenen Situationen aufgefasst« (Barwise/Perry 1987, S. 8). Dabei kann man die Äußerungssituation, in der ein sprachlicher Ausdruck gebraucht wird, von jener Bezugssituation unterscheiden, der seine Bedeutung entstammt (vgl. ebd., S. 42 f.). Die **Äußerungs- oder Diskurssituation** und die **Bezugs- oder Rekurssituation** ergeben gemeinsam mit der Beziehung von Sender und Empfänger den Verwendungskontext, durch den die Bedeutung des Ausdrucks spezifiziert wird.

Anders gesagt: die Situationssemantik ist eine pragmatische Theorie der Bedeutungsentnahme und -übertragung, derzufolge die externe Signifikanz der Sprache wichtiger ist als die sprachinterne Bestimmung eines Ausdrucks durch andere Ausdrücke, die de Saussure dazu veranlasst hatte, die Sprache auf ein System von Differenzen zu reduzieren.

Auch »die mentale Signifikanz der Sprache, einschließlich der Rolle von Sätzen in **Einstellungsberichten**, wird durch ihre richtig verstandene externe Signifikanz adäquat erklärt« (ebd., S. 57). Um einen Einstellungsbericht wie »Melanie sah Jim eine Sardelle essen« oder »Melanie wußte, daß der rothaarige Junge eine Sardelle gegessen hatte« angemessen zu verstehen, muss man daher die Wahrnehmungssituation, die das Einstellungsverb (»sehen« bzw. »wissen«) bezeichnet, die Diskurssituation des Einstellungsberichtes und die wahrgenommene Situation auf Rekurssituationen beziehen können. Es reicht nicht aus, zu wissen, was die einzelnen Worte bedeuten, man muss darüber hinaus erkennen, dass die wahrgenommene, externe Situation den mentalen Zustand von Melanie spezifiziert. Zu berücksichtigen sind dabei auch die typischen Beschränkungen, denen etwas zu »sehen« oder zu »wissen« unterliegt – Beschränkungen, die man wiederum aus der eigenen Erfahrung kennt. Um einen Einstellungsbericht zu verstehen, muss man ihn also zum einen auf die Wahrnehmungssituation einer anderen Person und zum anderen auf die von ihr wahrgenommene Situation beziehen, was nur gelingen kann, wenn es für beide Situationen in der eigenen Erfahrung Vergleichsfälle gibt.

Gerade im Zusammenhang mit der von Mieke Bal entwickelten Matrix von Narrateur, Fokalisateur und Akteur, derzufolge Erzählungen eine **Überlappung von Einstellungs- und Handlungsbericht** sind, zu denen sich ihre Interpreten mimetisch verhalten müssen, kann die Situationssemantik helfen, zu erklären, wie die narrative Optik und die Erzählgrammatik ineinander greifen, um den Leser mit Informationen zu versorgen, die über den Text hinausweisen. Die Grundsituation von Bals Matrix – »X relates that Y sees that Z does« – lässt sich daher folgendermaßen umschreiben:

In dieser Diskurssituation liefert der Erzähler X dem Leser einen Einstellungsbericht, der auf die Wahrnehmungssituation von Y rekurriert, in deren Fokus die Handlung von Z steht. Aufzuschlüsseln ist dieser Bericht anhand des empirischen Wissens, dass der Interpret

a) über Handlungen von dem Typ, den Z ausführt, sowie
b) über die Beschränkungen der Wahrnehmungssituation von Y und
c) über die Erzählperspektive von X besitzt.

Möglich wird dies, weil der Einstellungsbericht eine Bezugssituation ausbeutet, die der Leser, wenn nicht dem Inhalt so doch der Form nach aus eigener Anschauung kennt. Der Satz »X relates that Y sees that Z does« bezeichnet also eine Wahrnehmungssituation, die in eine bestimmte Erzählsituation eingebettet ist, welche wiederum Aufschluss über ihre textinterne Bedeutung gibt. Der Sinn dieser textinternen Bedeutung lässt sich jedoch nur ermessen, weil der Leser die externe Signifikanz der eingebetteten Situation kennt.

9. Zusammenfassung

In seiner Eigenschaft als dialogisch orientiertes Sprachkunstwerk reflektiert der Roman den sozialen Redeverkehr, seine Gegensätze und Widersprüchlichkeiten. Das Phänomen der Stimmen-Interferenz, die Tempus-Paradoxien, die Verschachtelung von Fiktion und Realität sowie der paragrammatische Umgang mit der literarischen Tradition weisen den Roman als eine hybride Konstruktion aus. Der narrativen Optik entspricht einerseits die chronotopische Anlage der Historie und andererseits jene Dialektik von Zeigen und Verschweigen, auf die sich der Interpret mit seiner perspektivischen und emphatischen Mimesis einstellen muss, um der internen und externen Signifikanz des narrativen Diskurses auf die Spur zu kommen. Die display-Funktion des Romans beruht auf der (diagrammatischen) Konfiguration möglicher Handlungsabläufe, Bewusstseinszustände und anderer Sachverhalte; pragmatische Relevanz erlangt diese Funktion allerdings erst dadurch, dass ihre Refiguration im Verlauf der Romanlektüre die Situationssemantik der menschlichen Erfahrung erweitert oder modifiziert. Mindestens ebenso auslegungsbedürftig wie die Analogiebildungen sind dabei die Differenzierungsmomente der narrativen Legende. »Die Romanciers zeichnen die Karte der Existenz, indem sie diese oder jene menschliche Möglichkeit aufdecken« (Kundera 1992, S. 51), doch jeder einzelne Roman sagt zu seinem Leser: »Die Dinge sind komplizierter als du denkst.« (ebd., S. 26).

V. Neue Herausforderungen der Erzählforschung

Die Erzählforschung steht heute vor drei wesentlichen Herausforderungen.

1. Da ist erstens die **medienwissenschaftliche Herausforderung**: Inwiefern können Analyseverfahren, die für literarische Texte entwickelt worden sind, auf andere narrative Diskurse wie zum Beispiel auf Spielfilme oder auf Comics übertragen werden, welche Ergänzungen sind dazu erforderlich und welche Schlussfolgerungen ergeben sich aus dem Wechselspiel dieser Diskurse im Multimedia-Zeitalter? Es liegt nahe, diese Herausforderung anzunehmen, indem man den szenographischen und den kinematographischen Diskurs miteinander vergleicht und den Comic in die Tradition der Bildergeschichten und **Text-Bild-Medien** rückt, in der auch das Emblem oder die serielle Malerei des Mittelalters (Totentanz, Passionsgeschichte etc.) stehen. Zu berücksichtigen sind dabei die Eigenarten oraler, literaler und multimedialer Kulturen sowie die Erkenntnisse verschiedener Einzeldisziplinen (Kunstgeschichte, Filmwissenschaft, Bildforschung, Psychologie etc.).

2. Da ist zweitens die **kulturwissenschaftliche Herausforderung**: Inwiefern sind die für eine Kultur grundlegenden Formen der Wahrnehmung und Erinnerung auf narrative Diskurse angewiesen? Worin besteht der Handlungsbezug dieser Erzählungen und wie tragen sie zur Alltagsordnung der Lebenswelt bei, die in der Hauptsache aus gesellschaftlich vereinbarten Verhaltensregeln besteht? Insofern es bei der Beantwortung dieser Fragen um die Organisation, Kommunikation und Interpretation von Erfahrungen geht, ist die Erzählforschung für diese Herausforderung gut vorbereitet. Zum Beispiel kann sie sich auf die Begriffstrias von Prä-, Kon- und Refiguration berufen (vgl. Kap. IV.5.4). Auch die gerade in den letzten Jahren verstärkt akzentuierten Aspekte der **Pragmatik** und der **Dialogizität** (vgl. Kap. IV.2 und 3) narrativer Diskurse haben das Augenmerk der Wissenschaftler auf den kulturellen Kontext und seine Wechselwirkung mit einzelnen Kunstwerken gelenkt.

3. Die **kognitionswissenschaftliche Herausforderung** drittens ist in den jüngeren Arbeiten zur Entwicklung einer Kognitiven Poetik bereits angenommen worden. Hier geht es im wesentlichen darum, das von der Semiotik und Rezeptionsästhetik bereit gestellte Wissen über die Vorstellungen und Schlussfolgerungen während der Textlektüre mit den einschlägigen Befunden der Gehirnforschung zu verknüpfen. Eine zentrale Rolle bei der kognitiven Informationsverarbeitung spielen im literarischen wie im außerliterarischen Bereich die Anschauungsmodelle und Schemata, die bestimmte Strukturen und Prozesse der Realität in idealtypischer Art und Weise repräsentieren. Zu berücksichtigen sind darüber hinaus neuere Untersuchungen zur Wechselwirkung von Einbildungskraft, Einfühlungsvermögen und Sprache.

Wie eng kognitions-, medien- und kulturwissenschaftliche Fragestellungen zusammenhängen, sieht man daran, dass die Fähigkeit des Menschen, Erfahrungen in einen sinnvollen Verständnisrahmen einzuordnen und zum Aufbau einer gemeinsamen Lebenswelt zu verwenden, von Gedächtnisleistungen und anderen Gehirnfunktionen abhängt, die durch Texte oder andere Speichermedien nachhaltig unterstützt werden können. Indem Romane und andere fiktionale Diskurse das Wechselspiel von Realität, Fiktion und Imagination darstellen, hat es ihre Untersuchung sowohl mit der Konstruktivität des menschlichen Vorstellungs- und Erinnerungsvermögens als auch mit der gesellschaftlichen Konstruktion von Wirklichkeit zu tun. Dies ist ein Grund, warum einige Ansätze der Romantheorie in der Medien- und Kulturwissenschaft aufgegriffen werden – beispielsweise Hayden Whites Konzept des ›emplotments‹ (vgl. Kap. II.2.9) oder Bachtins Unterscheidung zwischen den zentrifugalen und den zentripetalen Tendenzen der Sprachverwendung (vgl. Kap. IV.2.3).

Wenn in der Vorbemerkung zu diesem Buch davon die Rede war, dass die Erzählforschung einen Beitrag zur Wissenschaftsgeschichte geleistet hat, so wird dies immer dann besonders deutlich, wenn die Kultur als ein Diskursuniversum beschrieben wird. Vor allem die vielfach bemühte Metapher von der ›Kultur als Text‹ knüpft an die Leitidee der Neuzeit, die ›Lesbarkeit der Welt‹ an, die der Roman immer wieder von neuem in Frage stellt. Wenn im Folgenden die Theorien und Methoden zur Debatte gestellt werden, die sowohl für die Erzählforschung als auch für die Medien-, Kultur- und Kognitionswissenschaften von Bedeutung sind, so geht es dabei letztlich um die Gestaltung der Lebenswelt, die den gemeinsamen Bezugspunkt von Dichtung und Forschung bildet.

Während die Kognitive Poetik eine noch ausbaufähige Synthese linguistischer, psychologischer und narratologischer Konzepte darstellt, sind die Kultursoziologie und die Diskursanalyse aus dem genuinen Bemühen erwachsen, neue Zugänge zur modernen Lebenswelt und Medienlandschaft freizulegen. Die abschließenden Bemerkungen zur Funktion des Narrativen in der Kultur- und Medienwissenschaft gehen zwar nicht im Detail auf das spannende Feld der Filmdramaturgie ein; interessierte Leser finden zu diesem Thema jedoch im Literaturverzeichnis zahlreiche Hinweise. Anknüpfen kann dieser Überblick an das bereits in Kapitel IV.8.5 erwähnte Konzept der Szenographie.

1. Szenographie und Kognitive Poetik

1.1 Vom Drama des Satzes zur Szene gemeinsamer Aufmerksamkeit

1959 legte Lucien Tesnière seine *Eléments de syntaxe structurale* vor. Darin vergleicht er den Kern eines einfachen Satzes, der in den meisten europäischen Sprachen vom Verb gebildet wird, mit einem kleinen Drama: »Wie das Drama umfaßt er notwendig ein Geschehen und meist auch noch Akteure und Umstände« (Tesnière 1980, S. 93). Statt von Akteuren kann man auch von Aktanten sprechen. Entscheidend für die **Dependenzielle Satzgrammatik**, die so heißt, weil in ihr alles von der **Valenz des Verbs** abhängt, ist der Gedanke, dass ein Tätigkeitswort verschiedene Ergänzungen verlangt. Das Verb ›schreiben‹ zum Beispiel verlangt wenigstens nach einem Subjekt und einem Objekt, ist also zweiwertig: *Robert* schreibt einen *Text*; das Verb ›erzählen‹ scheint mehr als ein Objekt zu verlangen, ist also dreiwertig: *Martha* erzählt *Robert* eine *Geschichte*. In der Regel besteht das kleine Drama eines Satzes also aus dem Verb sowie aus ein bis zwei **Aktanten**, die **obligatorisch** sind, weil der Satz ohne sie in semantischer und grammatikalischer Hinsicht unvollständig wäre. Hinzu kommen verschiedene **fakultative Angaben**, die zwar nicht zwingend erforderlich sind, die Satzaussage aber nachhaltig bereichern können: Martha erzählt dem *griesgrämigen* Robert *aufgeregt* die Geschichte, *die sie soeben vom Balkon aus gehört hat*. Sobald es darum geht, verschiedene Äußerungen zu verknüpfen und einen Diskurs zu bilden, begibt man sich vom Gebiet der Satz- in das Gebiet der Textgrammatik.

Entscheidend für die Literaturwissenschaft ist nun die Idee, dem Satz, der ein kleines Drama vor Augen führt, eine ›szenographische‹ Funktion zuzuschreiben, was sich auch dadurch rechtfertigen lässt, dass die Umstandsangaben den Schauplatz (= Chronotopos) des Geschehens beschreiben. Indem jeder szenographische Akt das **Modell des Theaters** (die Szene) mit dem Tätigkeitsfeld der Schrift (*graphein = schreiben*) verknüpft, verleiht er Texten eine Erlebnisdimension, die in der Interaktion von Text und Leser zum Ausdruck kommt. Während sich der Autor um Anschaulichkeit bemüht und ein bestimmtes Geschehen in Szene setzt, bringt der Interpret das kleine oder große Drama in seinem Kopftheater zur Aufführung. Dieses Zur-Aufführung-bringen macht aus der Text-Lektüre einen performativen Akt: Indem ein Leser die **perspektivische und emphatische Mimesis** vollzieht, die in der Zeichen-Konfiguration angelegt ist, spielt er den Part, der für ihn im szenographischen Diskurs vorgesehen ist.

Tatsächlich kann man kaum ein Zeichen wahrnehmen, ohne sich auf seine Perspektive einzulassen. Insofern sich ein Zeichen nämlich immer nur in einer bestimmten Hinsicht auf einen Gegenstand bezieht, besteht die Vorstellung, die es erweckt, nicht nur aus einem bestimmten Bild von diesem Gegenstand, sondern auch aus dem (imaginären) Anschauungsraum, in dem es erscheint. Um so deutlicher dieser Raum in der Szenographie des Textes ausgeführt wird, desto eindrücklicher ist seine Wirkung. Dieses Wirkungsprinzip war bereits der antiken Rhetorik und Poetik bekannt. Daher kann man die szenographische Qualität der Literatur und die performative Dimension der Textlektüre als Erscheinungsformen der *energeia*, der **Kraft der Sprache zur Veranschaulichung**, betrachten

Als Roland Barthes den Begriff der ›Szeno-Graphie‹ aufgriff, ging es ihm vor allem um den Nachweis, dass nicht nur dramatische Texte, die als Spielvorlage für die Theaterbühne gedacht sind, sondern tendenziell alle sprachlichen Formulierungen eine performative Dimension besitzen (vgl. Neumann in Neumann u. a. 2002, S. 14). Für die Textanalyse, insbesondere für die Untersuchung von Erzähltexten, folgt daraus, dass man mindestens in gleichem Maße auf ihre energetisch-dynamischen Interpretanten wie auf ihre Referenten oder Bezugsobjekte achten soll. Der **Begriff des dynamisch-energetischen Interpretanten** stammt von Peirce. Er bezieht sich auf die durch Zeichen ausgelösten Vorstellungen, die weitere Vorstellungsprozesse anregen und die menschliche Einbildungskraft so dazu bewegen, über den unmittelbaren Eindruck, den ein Zeichen auslöst, hinaus tätig zu werden. Es liegt auf der Hand, dass die Stärke der dynamisch-energetischen Interpretanten, die man im Sinne der Sprechakttheorie auch als **perlokutionäre Kraft** bezeichnen kann (vgl. Kap. IV.3.1), mit der Anschaulichkeit der Zeichen wächst. Von daher macht es Sinn, literarische Werke als kointentional inszenierte Diskurse aufzufassen, bei der die Phantasie des Rezipienten den **Regieanweisungen des Textproduzenten** folgt. Freilich ist der Begriff der ›Regieanweisung‹ in diesem Zusammenhang nicht allzu wörtlich zu nehmen, liegt die eigentlich dynamisch-energetische Kraft doch vor allem in den Verben und ihrer szenographischen Qualität sowie in den adverbialen Bestimmungen oder Substantiven, die einen Schauplatz bezeichnen.

Exakt dies ist gemeint, wenn Umberto Eco die Szenographie einen virtuellen Text nennt, in dem der Keim zu einer Geschichte steckt (vgl. Eco 1987, S. 100). Denn wenn man zum Beispiel das Wort ›Fußgängerzone‹ hört oder liest, hat man sofort einen bestimmten Schauplatz (= Chronotopos) vor Augen und denkt an die Rollenmuster der Aktanten, die an diesem Schauplatz für gewöhnlich versammelt sind: Passanten auf dem Weg zum Einkauf, Straßenhändler und Imbißbuden, Schaufenster und Lieferantenverkehr. Da diese Stereotypen Teil unseres kulturellen Wissens sind und jeder Mensch über die Repräsentationen verfügt, die man ›scripts‹ nennt, evoziert der Begriff ›Fußgängerzone‹ augenblicklich die Kulisse und die Rollenmuster, die mit dieser Szene verbunden sind.

Indem er solche Vorstellungen hervorruft, bewegt sich der szenographische Diskurs im Spannungsfeld von Fiktion und Realität. Vor allem veranlasst er die beiden von Kant als **reproduktive und als produktive Einbildungskraft** bezeichneten Formen der Imagination dazu, die von Ricœur beschriebene Präfiguration der Wirklichkeit anhand der literarischen Zeichen-Konfiguration zu überschreiten, diese Entgrenzung dann aber wieder im Rahmen der Refiguration zurückzubeziehen auf die Erfahrung (vgl. Kap. IV.5.4). In diesem Rückbezug, in dieser Reflexion der literarischen Weltgestaltung im Lichte der eigenen Lebenserfahrung liegt die **Rationalität** einer Verständigung anhand von heuristischen Fiktionen und Anschauungsmodellen, die dank der szenographischen Qualität plastisch in Erscheinung treten und dramatisch erlebt werden. In der **Ereignishaftigkeit** dieser Verständigung liegt die Faszination literarischer Werke (vgl. Pross in Neumann u. a. 2002, S. 159).

Diese Ereignishaftigkeit verbindet den Schlüsselbegriff der Szenographie mit dem Prinzip der Dialogizität. Nicht nur, dass jeder echte **Dialog** eine dramatische **Szene** mit Positionswechseln ist (vgl. Encke/Pross in Neumann u. a. 2000, S. 260). Vielmehr gilt, dass im Bewusstsein der beteiligten Personen ›**Szenen gemeinsamer Aufmerksamkeit**‹ (M. Tomasello) entstehen. In diesen Szenen vollzieht sich der Erwerb der Sprache, der mit dem Erwerb grundlegender kognitiver Fähigkeiten einher geht. Bereits neun Monate nach der Geburt lernen Kleinkinder, sich ein Bild von den Absichten anderer Lebewesen zu machen und die Bewegungen ihrer Bezugspersonen als intentionale Handlungen zur Erreichung bestimmter Ziele zu interpretieren (vgl. Tomasello 2002, S. 28 ff.). Eingeschlossen in dieses Vermögen ist die Fähigkeit, der Blickrichtung dieser Bezugspersonen zu folgen und einzelne Gegenstände in ihrer Umgebung ins Auge zu fassen und auf die Zweck-Mittel-Relation der Handlung zu beziehen. Damit sind die entscheidenden Voraussetzungen für die emphatische und perspektivische Mimesis gegeben, die sich im Anschauungsraum der Vorstellung vollzieht und alle Zeichenhandlungen begleitet.

Mit anderen Worten: So wie ein Kind lernt, der Blickrichtung eines anderen Menschen zu folgen, der zu bestimmten Gegenständen greift, um bestimmte Absichten in die Tat umzusetzen, lernt es auch, sich auf die Intentionen einzustellen, die mit sprachlichen Äußerungen verknüpft sind. Sowohl der äußere Handlungs- als auch der innere Anschauungsraum des Menschen werden während der (sprachlichen) Sozialisation im Wechselspiel von Beobachtung, Nachahmung und Vorstellungsvermögen erworben.

Zwei Befunde der aktuellen Gehirnforschung unterstützen diese Sicht der Dinge: Zum einen die Erkenntnis, dass die meisten Areale der Großhirnrinde, die Anteil an der Verarbeitung visueller Informationen haben, auch an der **Imagination** beteiligt sind. Zum anderen die Entdeckung der so genannten Spiegelneuronen, die selbst dann aktiv werden, wenn es nicht um die Ausführung eigener, sondern um die **Beobachtung** fremder Bewegungen geht. Offenbar sind die Beobachtung und der spontane Impuls zur **Nachahmung** im Gehirn ebenso eng miteinander verbunden, wie die Steuerung der Gliedmaßen mit der Empfindung des eigenen Körpers. Schließlich verfügt das Gehirn nur dank dieser Rückkopplungen über eine Art von Erfolgskontrolle, wenn es darum geht, etwas zu ergreifen und zu begreifen. Insofern hat der Grundgedanke der Kognitiven Poetik – der Gedanke, **dass alle mentalen und poetischen Prozesse auf Körperfunktionen zurückgeführt werden können** – eine nicht nur literaturwissenschaftliche Relevanz.

1.2 Schemata, Modelle und Legenden

»Cognitive poetics is all about reading« (Stockwell 2002, S. 1) und in dieser Hinsicht die konsequente Fortsetzung und Verknüpfung rezeptionsästhetischer, linguistischer und kognitionspsychologischer Ansätze zur Beschreibung dessen, was geschieht, wenn ein Text interpretiert wird. Besonderes Gewicht wird dabei auf die Art und Weise der **Informationsverarbeitung** sowie auf die Funktion des Kontextes gelegt. Noch grundlegender ist jedoch die Zusammenführung der pragmatischen Bedeutungstheorie – »Meaning is use« (ebd., S. 4) und der Idee, dass sinnhaftes Erleben immer leibhaftige Erfahrungen voraussetzt, die metaphorisch verwendet werden. Ein Beispiel dafür sind Ausdrücke wie »Die da oben – wir da unten«. »Oben« und »unten« werden hier im übertragenen Sinne verwendet. Grundlage dieser Verwendung ist der Umstand, dass der aufrechte Gang des Menschen eine entsprechende Unterscheidung nahelegt. In diesem Sinne strukturiert die leibhaftige Erfahrung der Umwelt das hierarchische Bild der Gesellschaft. Anders gesagt: Da mit dem menschlichen **Körper** eine **Deixis** von vorne und hinten, links und rechts, oben und unten, leicht oder schwer, waagerecht oder senkrecht verbunden ist, die immer wieder von neuem auf andere Gebiete der Erfahrungen projiziert werden kann, bildet der Leib des Menschen den Konvergenzpunkt jeder sozialen Praxis und jeder Theoriebildung. Als Bedingung dieser bereits von Nietzsche ins Auge gefassten Möglichkeit, sich die Welt am **Leitfaden des Leibes** auszulegen, ist die Tatsache, dass unser Gehirn in einem beweglichen Kopf auf einem beweglichen Körper sitzt, also »embodied« ist, wie man im Englischen sagt. Folgerichtig kann auch die mit jeder Selbsterfahrung verbundene Unterscheidung von Innen- und Außenwelt metaphorisch genutzt werden.

Unter dieser Voraussetzung, das war schon früher erkannt worden, erstellen Romanleser auch von der fiktiven Welt, die sie in der Interaktion mit dem literarischen Text erzeugen, eine **kognitive Karte**. Insofern nun die Deixis des menschlichen Körpers und die metaphorisch von ihm abgeleiteten Erfahrungsmodelle zugleich in die fiktive Welt hinein projiziert und als **Legende der Textauslegung** verwendet werden, hängt die Bedeutung eines Romans zur Hauptsache von dem Gebrauch ab, den ein Leser von diesen Modellen macht. Zu berücksichtigen ist dabei, dass er es im Vergleich mit der überaus komplexen Realität stets mit idealisierten kognitiven Modellen (**ICM = Idealized Cognitive Model**) zu tun hat (vgl. ebd., S. 32 f.).

Der Vorgang der **Projektion**, die sich am Leitfaden des Leibes orientiert und von der Körpererfahrung zu den Idealisierten Kognitiven Modellen führt, ist Gegenstand der ›deictic shift theory‹ (DST). Sie knüpft, soweit sie narrative Texte betrifft, an das Konzept der Fokalisation und die mit ihr zusammenhängenden Prinzipien der perspektivischen und emphatischen Mimesis an. Die Grundthese lautet: »readers can see things virtually from the perspective of the character or narrator inside the text-world, and construct a rich context by resovling deictic expressions from that viewpoint.« (ebd., S. 47). Insofern die **Fokalisation ein zentrales Verfahren szenographischer Diskurse** ist, verwundert es nicht, dass die Kognitive Poetik auch an die Strukturale Syntax und Semantik von Tesnière und Greimas anknüpft, indem sie die Akanten als ›role archetypes‹ und den ›plot‹ als ein Netzwerk von ›thematic relationships‹ versteht, in das die Aktanten gleichsam eingespannt sind. Die konkreten Handlungsfolgen (›action chains‹), die eine ›story‹ ausmachen, können dann auf die Verbvalenz zurückgeführt und damit auf eine abstrakte Matrix von Handlungstypen (z. B. Wahrnehmen, Erkennen und Mitteilen) sowie auf gewisse ›circumstantial elements‹ reduziert werden (vgl. ebd., S. 64–72).

Eine Pointe der Kognitiven Poetik liegt darin, dass sie weder die einzelnen Texte noch ihren Kontext, die Kultur, auf linguistische Kategorien reduziert. Von ›embodiment‹ zu reden, heißt immer, das A priori der Körperempfindung gegenüber der Sprache zu betonen und das ›emplotment‹, ohne dass es kein ›Denken in Geschichten‹ geben könnte, als eine Schemabildung am Leitfaden des Leibes zu verstehen. In dieser Hinsicht stimmt die Kognitive Poetik mit den von Paul Ricœur und Monika Fludernik entwickelten Vorstellungen von der erzählerischen Ordnung der Lebenswelt überein (vgl. Kap. IV.5.4).

Aus der Unmöglichkeit, literarische Verständigungs- und Verständnisprozesse vollständig aus der linguistischen Struktur eines Textes ableiten zu können, zieht die Kognitive Poetik darüber hinaus Konsequenzen, wenn sie die dreifache **Unterscheidung zwischen aktualen, möglichen und unmöglichen Welten** trifft. Sowohl ›the actual world‹ der Erfahrung als auch ›the possible worlds‹, die im Prinzip genauso gut wie sie hätten realisiert werden können, heben sich von den ›impossible worlds‹ dadurch ab, dass sie nicht in sich widersprüchlich (= kontradiktorisch) verfasst sind. Insofern man zum Beispiel nicht gleichzeitig behaupten kann, dass Menschen fliegen und nicht fliegen können, gehören die flugunfähigen Menschen zur aktualen Welt sowie zu jenen möglichen Welten, die nicht den Tatsachen widersprechend (= kontrafaktisch) konstruiert sind. Daneben gibt es fiktive, aber mögliche Welten, in der so eigenartige Figuren wie Superman und Spiderman, Peter Pan oder Karlsson vom Dach herumschwirren. Gänzlich unmöglich, weil unvorstellbar ist jedoch eine Welt, in der die Behauptung, der Mensch könne ohne technische Hilfsmittel fliegen, genauso richtig ist wie die gegenteilige Behauptung, der Mensch könne dies nicht.

Ausschlaggebend für die Unterscheidung der möglichen von den unmöglichen Welten ist also die Logik des ausgeschlossenen Dritten, der jede **Welt-Konstruktion** gehorchen muss, und nicht, dass die immerhin denkbare Welt, in der es fliegende Menschen gibt, gemessen an der aktualen Welt, in der es keine von sich aus flugtüchtigen Menschen gibt, kontrafaktisch ist (vgl. Stockwell 2002, S. 92 f.). So verwirrend diese Form der philosophischen Klärung auch erscheint, sie bildet lediglich den Hintergrund einer weiteren **Unterscheidung zwischen der empirischen Welt der realen Erfahrung und der diskursiven Welt eines Textes**, die mit der realen Erfahrung vollständig, in Teilen oder gar nicht übereinstimmen kann. Ein Beispiel mag helfen, diese Unterscheidung nachzuvollziehen:

Ein echter Reiseführer beschreibt Städte und Länder, die es tatsächlich gibt; ein fingierter Reiseführer wie *Molvanîen. Land des schadhaften Lächelns* (2005) präsentiert den Lesern zwar ein Land, das es gar nicht gibt, bedient sich dazu aber einer ebenso raffinierten wie komischen ›rhetoric of dissimulation‹ (W. Booth), die dem Ganzen den Anschein der Wahrheit gibt – und geben kann, weil das Diskursuniversum des Textes zahlreiche Elemente und Darstellungsformen enthält, die jeder Leser aus dem Genre der authentischen Reiseführer kennt. So gibt es im *Molvanîen*-Führer das Bild einer Ente, die das Schwänzchen in die Höh' und den Kopf ins Wasser streckt. Irreführend ist nicht das Bild, sondern die Textunterschrift, der zufolge es eine angeblich nur in Molvanîen lebende Tierart, den so genannten ›Afteratmer‹, zeigt.

Molvanîen ist eine mögliche Welt, die diskursiv erzeugt worden ist, aber keine aktuale Welt, die man leibhaftig betreten kann. Zwischen dieser möglichen und der empirischen Welt liegt ein ›**mental space**‹, der imaginär überbrückt werden kann, weil der Leser seine Erfahrungen im Umgang mit echten Reiseführern auf das Diskursuniversum von Molvanîen projizieren und das wahrhaft schräge Hochhaus, das im fiktiven Reiseführer beschrieben wird, auf das Schema des Schiefen Turmes von Pisa beziehen kann.

Folgerichtig unterscheidet sich eine unmögliche von einer möglichen Welt dadurch, dass man nicht weiß, wie man die geistige Kluft zwischen ihr und der aktualen Welt des Erlebens überbrücken soll, da es weder ein empirisches **Schema** wie das des Schiefen Turms zur **Konstruktion** einzelner Bezugsobjekte noch ein Schema der Diskursformation wie das Genremuster des Reiseführers gibt. Eine unmögliche Welt lässt sich schlechterdings nicht beschreiben, sonst wäre sie eine mögliche Welt. Eine fiktive, mögliche Welt ist in sich konsistent, aber zumindest in einzelnen Teilen kontrafaktisch, die aktuale Erfahrung der Realität konsistent und faktisch.

Die Pointe dieser komplizierten Differenzierung liegt darin, dass **Simulationen** mögliche Welten erzeugen, die eine pragmatische Relevanz besitzen, während sich unmögliche Welten gar nicht vor Augen führen lassen und daher auch keine **pragmatische Bedeutung** erlangen können. Der Unterschied lässt sich an *Marbot. Eine Biographie* (Erstveröffentlichung 1981) zeigen: Erzählt wird in diesem Buch von Wolfgang Hildesheimer die Lebensgeschichte eines englischen Adligen zu Beginn des 19. Jahrhunderts, der vor der inzestuösen Liebe zu seiner Mutter auf das europäische Festland flüchtet, wo er eine neue Art der Interpretation von Kunstwerken entdeckt. Tatsächlich ist Marbot eine von Hildesheimer erfundene Figur, ihre Biographie also ein Roman. Trotzdem handelt es sich um einen in vielerlei Hinsicht äußerst aufschlußreichen Text über den Zusammenhang von Kreativität, Psychoanalyse und Romantik. Darüber hinaus ist *Marbot* das genaue, pseudobiographische Pendant zu dem zuvor von Hildesheimer in mehreren Anläufen unternommenen Versuch, ›das Rätsel Mozart‹ mit den Mitteln der Erzählkunst zu lösen. Denn so wie er bei diesem Versuch auf eine Reihe von fiktionalen Darstellungsverfahren angewiesen war, obwohl sich sein Diskurs auf eine offensichtlich nicht erfundene Person der Realhistorie bezog, weist die Welt, in der es nur zu wahrscheinlich ist, dass irgendein Gelehrter früher oder später auf eine Figur wie Marbot stößt, die Epochenmerkmale auf, die man aus der ›wahren‹ Geschichtsschreibung kennt.

Der Witz der Marbot-Fiktion liegt unter anderem darin, dass sie den Ödipuskomplex als das Ergebnis einer Legendenbildung darstellt. Tatsächlich hatte Sigmund Freud diesen für die Psychoanalyse zentralen Mythos ja nicht aus klinischen Befunden, sondern aus der Literatur abgeleitet. Wenn Hildesheimer diesen Mythos nun im aristotelischen Sinn des Wortes als Muster der Fabelkomposition benutzt und eine Figur erfindet, deren Lebensgeschichte diesem Muster folgt, setzt er Freuds Theoriebildung unter ironischen Anführungszeichen in Szene. Damit aber erscheint gerade das, was in der psychoanalytischen Fachliteratur als real wirksame Urszene der Persönlichkeitsentwicklung postuliert wird, als das Ergebnis einer fiktionalen Konstruktion. Krankengeschichten, die nach diesem Muster ausgelegt werden, folgen der Logik des ›emplotments‹. Indem Hildesheimers Roman diese Art der Legendenbildung vor Augen führt, regt er die Leser zum Nachdenken über den Anteil des Fiktiven an der Realität an. Dabei wird Freuds Verfahrensweise nicht einmal desavouiert. Vielmehr legt Marbots Kunstverständnis den Gedanken nahe, dass es keine Alternative zur Legendenbildung gibt. Denn – das ist gewissermaßen die Quintessenz des Romans – bedeutsam werden Kunstwerke oder andere Produkte menschlicher Tätigkeit immer nur in bezug auf ihre Motivation durch Antriebe, die sich der unmittelbaren Selbsterfahrung entziehen. Um schöpferisch werden zu können, muss sich der Mensch ein Rätsel sein.

2. Habitus, Feld und Diskurs

Ein von der Kognitiven Poetik noch nicht gelöstes Problem stellt die mangelnde Verknüpfung zwischen den idealisierten Modellen und den realen Strukturen und Prozessen der Lebenswelt dar. Offen bleibt bislang, inwiefern die Ableitung aller metaphorischen Konzepte von leibhaftigen Erfahrungen sozial vermittelt ist. Jedenfalls versteht es sich keineswegs von selbst, dass die Erfahrungen, die ein einzelner Mensch mit seinem Körper macht, zum Schema der Weltauslegung anderer Menschen werden und daher zur zwischenmenschlichen Verständigung auch über solche Sachverhalte taugen, die jenseits der leibhaftigen Erfahrung liegen. In diese Leerstelle der Theoriebildung passt der Begriff des Habitus, der seinerseits nicht von dem des Feldes zu trennen ist, wie ihn Pierre Bourdieu (1930–2002) entwickelt hat. Da seine **Kultursoziologie** in vielerlei Hinsicht der **Diskursanalyse** von Michel

Foucault (1926–1984) verwandt ist, sollen sie im Zusammenhang erörtert werden. Die enge Beziehung, die darüber hinaus zwischen bestimmten Medienformaten und bestimmten Diskursformationen – etwa zwischen dem persönlichen Brief und der subjektiven Ausdrucksweise oder zwischen dem unpersönlichen Medium der Zeitung und dem objektiven Stil journalistischer Textsorten – besteht, eröffnet die Möglichkeit von hier aus zu allgemeinen Bemerkungen über das Verhältnis von Erzählforschung, Kulturanthropologie und Medienphilosophie überzugehen.

2.1 Grundbegriffe der Kultursoziologie

Der französische Soziologe Pierre Bourdieu hat die Grundzüge seiner Gesellschaftstheorie immer wieder am Beispiel literarischer Werke erläutert. Das ist kein Zufall, ging es ihm doch um die Vermittlung von zwei Bezugsgrößen, die zum Schaden der Analyse nur allzu oft getrennt von einander betrachtet werden: der Rolle der Subjekte und der objektiven Umstände und Einflüsse, die ihr Denken und Handeln bestimmen. Im Hinblick auf das Ensemble dieser Umstände und Einflüsse spricht Bourdieu vom **Feld**. Er knüpft damit zum einen an den aus der Physik stammenden Begriff des Kraftfeldes an und legt damit eine antagonistische Sicht der Faktoren nahe, die den Spielraum menschlicher Interaktion bestimmen:

> »Die sozialen Felder bilden Kraftfelder, aber auch Kampffelder, auf denen um Wahrung oder Veränderung der Kräfteverhältnisse gerungen wird.« (Bourdieu 1985, S. 74).

Zum anderen trägt der Begriff des Feldes der Tatsache Rechnung, dass die moderne Gesellschaft arbeitsteilig funktioniert und unterschiedliche Tätigkeitsfelder ausgebildet hat, die nach eigenen Gesetzen funktionieren. Daher spricht Bourdieu auch vom ökonomischen oder vom intellektuellen, vom kulturellen oder vom literarischen Feld. Gemeinsam ist diesen Feldern allerdings innerhalb der westlichen Welt, dass es für die Akteure stets darauf ankommt, irgendeine Form von Kapital zu erwerben. Dieses Kapital, von dem ihr Einfluß im Kraftfeld abhängt, muss nicht unbedingt aus Geld bestehen. Es kann zum Beispiel bei einem Künstler auch aus dem Respekt und der Autorität bestehen, die er sich mit seinen kulturellen Leistungen erworben hat. Für diesen Fall reserviert Bourdieu den Ausdruck: **symbolisches Kapital**. Klar ist auf jeden Fall, dass eine soziale Position in ein und demselben Feld nicht doppelt besetzt werden kann – und das erklärt die Konkurrenz der Akteure bzw. das Spannungsgefälle, das in einem Kraftfeld existiert.

Nun agiert das Individuum für Bourdieu aber nicht nur im Hinblick auf die Umstände und Einflüsse, denen es ausgesetzt ist, vielmehr wird seine **soziale Praxis** auch vom so genannten **Habitus** bestimmt, einem ursprünglich von dem Kunsthistoriker Erwin Panofsky geprägten Begriff (vgl. Bourdieu 1997, S. 132). Bourdieu versteht darunter, einen Gedanken des Sprachwissenschaftlers Noam Chomsky aufgreifend, die Matrix der Denk- und Verhaltensmuster, die ein Mensch im Verlauf seiner Sozialisation erworben hat:

> »In der Terminologie der generativen Grammatik Noam Chomskys ließe sich der Habitus als ein System verinnerlichter Muster definieren, die es erlauben, alle typischen Gedanken, Wahrnehmungen und Handlungen einer Kultur zu erzeugen – und nur diese.« (ebd., S. 143).

Die Angewohnheiten (Habitualitäten), die man an einem bestimmten Individuum beobachten kann, sind sozusagen die Oberflächenformation des Habitus, dem eine Tiefenstruktur zugrunde liegt, die über das Individuum hinaus auf die Mentalität der Gesellschaftsschicht verweist, in der es sozialisiert worden ist. So unterscheidet sich zum Beispiel der Habitus eines Angehörigen der englischen *leisure class* deutlich von dem Denk- und Verhaltensstil eines *blue collar workers*. Man muss freilich sehen, dass die Zuordnung von **Habitualität und Mentalität** ebenso wie die von sozialem Feld und symbolischen Kapital keine starre, ahistorische Zuordnung, sondern eine dynamische Korrelation ist, die sich mit der Zeit ändern kann. Nur unter dieser Einschränkung ist es sinnvoll und zulässig, von homologen sozialen Strukturen zu sprechen (vgl. Bourdieu 1998, S. 17). Eben diese Einschränkung ist umgekehrt aber auch die Bedingung der Möglichkeit, die Dynamik der Felder und die Genese eines Habitus historisch zu untersuchen und die Kultursoziologie mit der Literarhistorie zu verbinden.

Entscheidend ist dabei, dass die soziale Praxis eines Menschen dank seines Habitus einen **Zeichencharakter** besitzt (vgl. Dörner/Vogt in Bogdal 1990, S. 136). Die Sozialisation hat somit die doppelte Funktion, stilbildend für das Denken und Verhalten eines Menschen zu sein, und ihn in den Zeichenkosmos der Gesellschaft einzuführen. In den gleichen Zusammenhang gehört der Hinweis, dass dieser Zeichenkosmos nicht nur ein mentales Konstrukt ist, sondern eine somatische Dimension besitzt:

> »Der Habitus ist Produkt wie Produzent von Praktiken: Wiederholte Erfahrungen kondensieren sich in den Körpern als Wahrnehmungs-, Denk- und Handlungsschemata und bleiben so aktiv präsent. Bourdieus Schlüsselkonzept der Inkorporierung bzw. Einverleibung der Praxisstrukturen wird in der Literatur oft merkwürdig körperlos (miß-)verstanden.« (Fröhlich in Schwengel/Höpken 1999, S. 100).

Genau hier liegt der Punkt, den die Kultursoziologie und die Kognitive Poetik gemeinsam haben. So wie hier der Habitus und die Mentalität, werden dort die Schemata und Modelle an den Leitfaden des Leibes und die Semiotik des Körpers geknüpft. Fasst man den **Habitus** in diesem Sinn als **eine im Körper der Welterfahrung angelegte Disposition** zu einer bestimmten Denkart und Verhaltensweise auf, kann man beispielsweise den Malstil der Pointillisten recht anschaulich als Ergebnis ihrer Auseinandersetzung a) mit der traditionellen Bildkomposition im kulturellen Feld, b) dem technologischen Fortschritt der Photographie und c) dem Verlangen erklären, auf dem Kunstmarkt zu reüssieren, indem man eine neue Art des Sehens demonstriert. Aus der Not, weder so wie ihre Vorgänger malen noch den Realismus der Kamera imitieren zu wollen, entsteht ein Ensemble von stilbildenden Techniken, die den darstellerischen Gestus der Pointillisten und damit ihre, wie man heute sagen würde, ›unique selling position‹ im kulturellen Feld prägen. Erfolgreich konnte diese Demonstration freilich nur sein, weil sie bestimmten Eigenschaften der menschlichen Wahrnehmung entspricht, die sich aus der physiologischen und psychologischen Verfassung des Körpers ergeben.

Prinzipiell gilt nicht nur für Gemälde, sondern für alle künstlerischen Werke, dass sich in ihnen die Kraftlinien des Feldes und die Spuren des Habitus überlagern, ohne dass damit behauptet würde, alles im Werk – von der Wahl des Sujets bis zum Ausdruck – sei ausschließlich sozial determiniert. Ausschlaggebend ist vielmehr, dass der subjektive Spielraum der künstlerischen Persönlichkeit objektiv begrenzt ist. Offensichtlich ist dies in den Zeiten der Regelpoetik, wenn bestimmte Ausdrucksformen regelrecht untersagt werden; weniger offensichtlich unter den modernen Vorzeichen der künstlerischen Autonomie, die freilich niemals selbstverständlich ist und immer wieder von neuem eingefordert und eingelöst werden muss. In dieser Hinsicht berührt die Kultursoziologie von Bourdieu die Unterscheidung zwischen dem ›Schreibbaren‹ und dem ›Lesbaren‹, die Roland Barthes getroffen hat (vgl. Kap. IV.5.5). Dabei hat Bourdieu allerdings auch die Kehrseite der Autonomie im Blick:

> »Die beharrliche Insistenz auf der Autonomie künstlerischer Intention führt zu einer besonderen Gesinnungsethik. Sie tendiert dazu, die Werke nach der Reinheit der künstlerischen Intention zu beurteilen, und verkehrt sich damit bisweilen in eine Art Geschmacksterror: wenn nämlich der Künstler unter Hinweis auf seine Gesinnung bedingungslose Anerkennung für sein Werk fordert.« (Bourdieu, 1997, S. 83 f.).

Ein weiterer zentraler Gesichtspunkt der Kultursoziologie betrifft die feinen Unterschiede der sozialen **Distinktion** innerhalb eines Feldes. Denn obwohl der Habitus An- oder Abzeichen der Sozialisation ist, stellt er doch nicht einfach eine mit sich selbst stets identische Erkennungsmarke dar.

> »Die Habitus sind differenziert wie die Positionen, deren Produkt sie sind; aber auch differenzierend. Sie sind unterschiedlich und unterschieden und sie machen Unterschiede [...]« (Bourdieu 1998, S. 21),

wobei die Tendenz zur Vergrößerung und Vergröberung selbst kleiner und an sich unbedeutender Unterschiede in dem Maße zu wachsen scheint, in dem Individuen, deren Verhalten nur geringfügig voneinander abweicht, sich aus Gründen der **Konkurrenz** voneinander abzuheben versuchen. In diesen Fällen kommt es dann zu einer ›reziproken Schismogenese‹, d. h., zu einer wechselseitigen Differenzierung, Distinktion und Distanzierung (vgl. Bateson 1985, S. 109 ff u. 1987, S. 238 f.) Man kann dieses Gesetz auch auf literarische Figuren anwenden und zeigen, wie sich ihr Verhalten – etwa das von Naphta und Settembrini in Thomas Manns Roman *Der Zauberberg* (1924) – aus dem Versuch der wechselseitigen Abgrenzung von einander ergibt.

2.2 Der Roman als soziale Praxis

Was aber bringt die Kultursoziologie, abgesehen von dieser Sensibilisierung für die feinen Unterschiede in der Figurenzeichnung, für die Literarhistorie und Romaninterpretation? In einem seiner umfangreichsten Bücher, *Die Regeln der Kunst. Genese und Struktur des literarischen Feldes* (Französische Erstausgabe 1992), hat sich Bourdieu mit Gustave Flauberts *Éducation sentimentale* (1869) und mit dem Phänomen der ›demi-monde‹ im 19. Jahrhundert beschäftigt. Diese etwas anrüchige Welt wurde in der Regel von Frauen beherrscht, die aufgrund ihrer sozialen Position eine Mittlerrolle zwischen dem Feld der Macht und dem literarischen Feld spielen konnten. Als Gattin reicher Bürger aus dem Unternehmermilieu verfügten sie über eine gewisse politische, vor allem aber über ökonomische Unabhängigkeit und konnten es sich leisten, in ihren Salons Künstler und Bürger zusammenzuführen. Sie hatten damit faktisch die Macht zu entscheiden, welche Aspiranten aus dem literarischen Feld den Zugang zum Literaturmarkt erhielten, der eher wirtschaftlichen als künstlerischen Gesetzen gehorcht. Das **Gesellschaftsspiel der Kräfte**, das Flaubert in seinem Roman veranschaulicht, folgt daher Regeln, die sich aus der Vermittlung des ökonomischen, des sozialen und des kulturellen Kapitals ergeben, die in der Halbwelt des bürgerlichen Künstlersalons zusammentreffen. Neben ihrer Kunst können die vorwiegend jungen Männer, die in diesen Salons auf ältere, wohl saturierte Damen treffen, die Trumpfkarte der Erotik ausspielen und das Blatt zu ihren Gunsten wenden, sofern sie mit der Zuneigung auch die wirtschaftliche Protektion einer einflussreichen Dame erringen. Unter diesen Voraussetzungen läuft die ironisch als ›Erziehung des Herzens‹ bezeichnete Sozialisation des jungen Künstlers in der ›demi-monde‹ bei Flaubert wie ein Feldversuch ab:

> »Vier bzw. fünf heranwachsende Männer, darunter der Held, Frédéric, auf Zeit zusammengeführt durch ihre gemeinsame Lage als Studenten, werden, Partikeln in einem Kraftfeld gleich, in diesen Raum geworfen; ihre jeweilige Laufbahn bzw. ihr Werdegang wird dabei bestimmt durch das Verhältnis zwischen den Kräften des Feldes und ihrer je eigenen Trägheit. Diese Trägheit ist doppelt verankert: in ihren aufgrund ihrer Herkunft und ihres Werdegangs je unterschiedlichen Dispositionen, die eine Tendenz zur Beharrung in einer spezifisch Daseinsweise auszeichnet, folglich einen wahrscheinlichen Werdegang beinhaltet; sowie im ererbten Kapital, das beiträgt zur Definition der durch das Feld angebotenen Möglichkeiten und Unmöglichkeiten.« (Bourdieu 2001, S. 29 f.).

Da sich im Schwerpunkt dieses Kraftfelds das intellektuelle, künstlerische Prestige und die ökonomische Macht die Waage halten, gerät Frédéric, der von beiden Polen gleich stark angezogen wird, in eine Zone der gesellschaftlichen Schwerelosigkeit zwischen Anziehung und Abstoßung, sozialem Aufstieg und Absturz. Diese relative Schwerelosigkeit ergibt sich zum einen aus der Unverbindlichkeit aller zwischenmenschlichen Beziehungen innerhalb der ›demi-monde‹, wo einzelne Personen ebenso leicht fallen gelassen wie emporgehoben werden; zum anderen aber daraus, dass die Entscheidung über den Wettstreit um die Aufmerksamkeit und die Gunst der einflussreichen Kreise lange Zeit in der Schwebe gehalten wird.

> »Frédérics Erziehung des Herzens ist das fortschreitende Erlernen der Unvereinbarkeit der beiden Welten: Kunst und Geld, reiner Liebe und käuflicher Liebe« (ebd., S. 47),

und steuert insofern auf die für den Bildungsroman typische Forderung zu, einem Lebensideal zugunsten der Realität zu entsagen. Neben dieser Geschichte einer Persönlichkeitsentwicklung, die Bourdieu als einen Prozess des gesellschaftlichen Alterns beschreibt (vgl. ebd., S. 30), ist Flauberts Roman freilich noch mit einer anderen Geschichte verknüpft, die von der Erfindung eines neuen Lebensstils und seiner gesellschaftlichen Anerkennung handelt. Gemeint ist die **Sozialgeschichte der Boheme** und ihres Habitus. Sie verweist auf ein bestimmtes Milieu und auf andere gesellschaftliche Felder und Praktiken, von denen sich dieses Milieu insgesamt abzuheben versucht:

> »Der Lebensstil der Bohème, der durch Phantasie, Wortwitz, Esprit, Chanson, Trinkgelage und Lieben in ihren vielfältigen Formen gewiß einen wichtigen Beitrag zur Entwicklung des künstlerischen Lebensstils geleistet hat, richtet sich gleichermaßen gegen das geordnete Dasein der offiziellen Maler und Bildhauer wie gegen die eingefahrenen Muster des bürgerlichen Lebens. Aus der Lebenskunst, der Lebensart eine Schöne Kunst zu machen, heißt sie auf ihren Einzug in die Literatur vorzubereiten. Aber die Erfindung der literarischen Figur der Bohème ist nicht nur literarische Fiktion: Von Murger und Champfleury bis zu Balzac und zum Flaubert der Erziehung des Herzens tragen die Schriftsteller in hohem Maße zur öffentlichen Anerkennung der neuen gesellschaftlichen Entität bei – eben durch Entwicklung und Verbreitung des Begriffs der Bohème wie auch zur Konstruktion ihrer Identität, ihrer Werte, Normen und Mythen.« (ebd., S. 96).

Mit anderen Worten: Die Literatur erscheint an der Schnittstelle von Realität und Fiktion als eine semiotische Kraft, die sowohl das Feld der Kultur als auch das Feld der Macht verändert und eine scheinbar marginale Gruppe, die zunächst über gar keinen Kredit verfügt, mit sozialem Prestige und symbolischem Kapital ausstattet. Weit davon entfernt, nur zu registrieren, wie ein Habitus entsteht, erweist sich der Roman im Hinblick auf die Boheme als eine stilbildende und Werte vermittelnde Agentur der gesellschaftlichen Konstruktion von Wirklichkeit. Komplementär zum bürgerlichen Künstlersalon muss daher auch die Arbeit an einem **Roman** – und das gilt nicht nur für den speziellen Fall der *Éducation sentimentale*, sondern generell – als **eine soziale Praxis unter anderen** verstanden werden. In dieser Hinsicht besteht eine deutliche Affinität zwischen Bourdieus Kultursoziologie, dem dialogischen Ansatz der Erzählforschung und den Überlegungen, die Barbara Herrnstein Smith oder Marie Louise Pratt zur diskursiven Funktion literarischer Äußerungen im Kontext der öffentlichen Meinung angestellt haben. Bourdieu hat gewissermaßen die Probe auf das Exempel gemacht und in *Die Regeln der Kunst* auch die Regeln der literarisch vermittelnden Welterzeugung bzw. die Regeln einer Kulturpoetik erläutert, zu deren Schlüsselkonzepten der Feldbegriff und der Habitus, das symbolische Kapital, aber auch die Kategorie der Macht gehören, die es erlauben, seine soziologische Analyse des Wechselspiels von Fiktion, Imagination und Realität mit der Diskursanalyse von Michel Foucault zu verbinden.

2.3 Grundzüge der Diskursanalyse

Mit der **Diskursanalyse** hat sich Foucault unter anderem gegen einen Fehler gewandt, der seiner Meinung nach immer dann entsteht, wenn man die subjektive Rolle einzelner Menschen über- und den objektiven Einfluss der gesellschaftlichen Kräfte bei der Entstehung von Kunstwerken oder wissenschaftlichen Leistungen unterschätzt. Zu diesen gesellschaftlichen Kräften zählt Foucault auch die Institutionen und Agenturen, die den öffentlichen Redeverkehr lenken – etwa die staatliche Zensurbehörde oder das parlamentarische Protokoll, das regelt, wie eine Volksversammlung abgehalten wird. Ganz allgemein kann man sagen, dass die Freiheit der Rede in der Gesellschaft ständig beschnitten wird, damit bestimmte Dinge nicht zur Sprache kommen. Foucault interessiert sich insbesondere für die Verfahren der **Diskursformation**, also für die Prozeduren, von denen es abhängt, was jeweils gesagt werden kann (oder gesagt werden muss), damit eine Rede zustande kommt und wahrgenommen wird. Dabei zeigt sich zum einen, dass die Bedeutung einzelner Äußerungen wesentlich von ihrem Stellenwert in einem Diskurs (oder im Spannungsfeld verschiedener Diskurse) abhängt. Zum anderen wird deutlich, dass jede Diskursformation auch eine Formation seiner semiotischen Kraft darstellt, so dass sich an der historischen Entwicklung der Diskursformationen eine Genealogie der Macht ablesen lässt.

Grundsätzlich gilt, dass die **semiotische Kraft** eines Diskurses, zumal dann, wenn er aufgezeichnet und verbreitet wird, wesentlich weiter reicht als die Wirkungsabsicht dieses oder jenes Menschen, der sich in der Position und Funktion eines Autors befindet. So verstanden ist jede **Äußerung ein raumzeitlich fixiertes Ereignis**, was man zum Beispiel daran sehen kann, dass so manche Behauptung, die man heutzutage in der westlichen Gesellschaft aufstellen kann, ohne Sanktionen befürchten zu müssen, an anderen Orten auf der Welt strikt untersagt ist und oft auch lange Zeit in der eigenen Kultur undenkbar war. Überhaupt kann man zeigen, dass ein und dieselbe Bemerkung in verschiedenen Diskursen unterschiedliche Bedeutungen hervorrufen kann, was die Sprache einerseits zu einem vielseitig verwendbaren Mittel der Verständigung macht, andererseits aber auch dazu führt, dass man sich mit einer Äußerung zur falschen Zeit am falschen Ort buchstäblich um Kopf und Kragen reden kann. Foucault setzt also voraus

> »daß in jeder Gesellschaft die Produktion des Diskurses zugleich kontrolliert, selektiert, organisiert und kanalisiert wird – und zwar durch gewisse Prozeduren, deren Aufgabe es ist, die Kräfte und die Gefahren des Diskurses zu bändigen, sein unberechenbares Ereignishaftes zu bannen, seine schwere und bedrohliche Materialität zu umgehen.« (Foucault 1991, S. 10f.).

Zum Beispiel können ganz bestimmte Bezugsobjekte tabuisiert oder einzelne Sprechersubjekte vom Diskurs ausgeschlossen sein; auch gibt es Verfahren wie den Kommentar zur Bändigung der semiotischen Kraft, die ein Diskurs entfaltet. Manchmal wird sogar der Gebrauch bestimmter Worte zensiert. Viele Prozeduren arbeiten zusammen – vor allem dort, wo es um die **Ausgrenzung des Wahnsinns und der Lüge aus dem Diskurs** geht. Für die Wahnsinnigen wird die Klinik mit ihren Geschlossenen Abteilungen errichtet; alle übrigen sind an das Gebot der intellektuellen Redlichkeit gebunden. (vgl. ebd., S. 11ff.) Ein weiteres wichtiges Prinzip der Diskursformation sieht Foucault in der Einrichtung von Diskursgesellschaften mit der Möglichkeit zur Exkommunikation bestimmter Mitglieder (vgl. ebd., S. 22 und S. 25f.).

Grundsätzlich geht es im Spannungsfeld von Diskurs und Prozedur also immer um Machtverhältnisse, um die Zusammenballung oder Zerstreuung von Kräften, die den Verlauf der Geschichte gewaltsam ändern können. Das bereits von Nietzsche herausgestellte Wechselspiel zwischen dem Willen zur Macht, der sich als Wille zur Wahrheit behauptet, und der intellektuellen Redlichkeit, die sich gegen massive Widerstände nur selten durchsetzen kann, hat Foucault nachhaltig beschäftigt. Von Nietzsche übernahm er daher den Gedanken, der seiner **Genealogie der Macht** zugrunde liegt, dass nämlich jede Diskursformation eine politische und eine erotische

Dimension hat. Physiologisch gesehen, will ein Subjekt die Redegewalt an sich reißen, um seine Kraft an den Dingen auszulassen und andere Subjekte zu beherrschen; da diesem Trieb jedoch objektiv das gleiche Begehren aller übrigen entgegensteht, muss es gewisse Regeln geben, damit nicht jedes Wortgefecht in einen offenen, handgreiflichen Schlagabtausch mündet. Das zu diesen Regeln auch Verfahren gehören können, die den vermeintlich Schwächeren begünstigen und dem angeblich Stärkeren enge Beschränkungen auferlegen, ist, psychologisch betrachtet, nur zu verständlich und im Übrigen ein Grundprinzip der Zivilisation, die danach strebt, den menschlichen Aggressionstrieb zu verdrängen. Das von Sigmund Freud so genannte ›Unbehagen in der Kultur‹, das mit dem Bewusstsein von der Gefahr einer Wiederkehr der verdrängten Gewalt entsteht, ist die Kehrseite dieses Vorgangs – gleichsam das schlechte Gewissen der Gesellschaft, die sich besser dünkt als sie von Natur aus ist.

Immer wieder ist die Meinung vertreten worden, dass es die Aufgabe von Kunst und Literatur sei, diesem Unbehagen Ausdruck zu verleihen und die Daseinsmöglichkeiten ins Bewusstsein zu heben, für die es keinen Raum in der diskursiven Ordnung einer Gesellschaft gibt. So erklärt zum Beispiel Mario Vargas Llosa in seinem Essay *Wie man Romane schreibt* (dt. 2004):

> »Die fiktive Literatur ist eine Lüge, die eine tiefe Wahrheit verbirgt; sie ist das Leben, das es nicht gab, das Männer und Frauen einer bestimmten Epoche führen wollten und nicht konnten und deshalb erfinden mussten. Sie ist kein historisches Abbild, sondern eher ihr Gegenbild; das, was nicht geschah, was genau deshalb mit Phantasie und Worten erfunden werden musste, um die Sehnsucht zu lindern, die das wirkliche Leben nicht befriedigen konnte, um die Leere zu füllen, die Frauen und Männer um sich fühlten und mit selbstgeschaffenen Geistern zu bevölkern suchten.« (Llosa 2004, S. 13 f.).

Man kann dabei an Figuren wie Madame Bovary denken oder auch an die von Sigmund Freud genährte Vorstellung, alle Dichtung habe ihren Ursprung im Tagtraum und damit in der kompensatorischen Phantasie. Vargas Llosa ist da wesentlich subtiler, aber auch subversiver, sieht er den literarischen Gegendiskurs doch ganz im Sinne von Foucault als ein Ereignis, dass außerliterarische Folgen haben kann (vgl. Geisenhanslüke 2003, S. 128). Seine scheinbar nur semiotische, letztlich aber politische Kraft liegt darin, dass ein Gegendiskurs die Mächtigen aus der Fassung bringen kann:

> »Diese Unruhe, welche gute Literatur gegenüber der Realität erzeugt, übersetzt sich unter Umständen auch in Auflehnungen gegen Autoritäten, Institutionen oder den herrschenden Glauben.« (Llosa 2004, S. 14).

Warum sonst hat die katholische Kirche einen Katalog der verbotenen Schriften (index librorum inhibitorum) erstellt, warum sonst wurden im Dritten Reich Bücher verbrannt und in der römischen Kaiserzeit Dichter wie Ovid verbannt? Schon Platons Konzeption eines Staates, in dem die Dichter nichts zu melden haben, weil sie es mit der Wahrheit angeblich nicht so genau nehmen (vgl. Kap II.1.1), war vom Machtanspruch der Philosophen geprägt und damit ein idealer Praetext für den literarischen Gegendiskurs. Seitdem ist die Frage, was ein Autor wagen und sagen kann, virulent geblieben. Das Intervall zwischen dem Schreibbaren und dem Lesbaren betrifft, ganz allgemein gefasst, die von Labov so genannte ›tellability‹: Sie nämlich bemisst sich nicht nur an der Relevanz dessen, was man erzählen soll, sondern auch daran, was man überhaupt erzählen darf.

2.4 Diskursformation und Medienevolution

Weniger politisch, aber mindestens ebenso folgenreich ist die Gewichtsverlagerung zwischen dem Sag- und Zeigbaren im Verlauf der **Medienevolution**. Der Stellenwert des Romans im diskursiven Gefüge der Gesellschaft hat sich mit dem Kino, dem Fernsehen und dem Internet nachhaltig verändert. Immer öfter erscheint er nur noch als ›Das Buch zum Film‹. Aufschlussreich ist daher, dass Harold Adams Innis in seinem Buch *Empire and Communications* (1950), einem Klassiker der Medienwissenschaften, ähnlich wie Bachtin von den zentrifugalen und zentripetalen Kräften der Kommunikationstechnologien gesprochen und den Übergang von der oralen erst zur literalen und dann zur multimedialen Kultur als eine Art von Verdrängungswettbewerb beschrieben hat, in dessen Verlauf sich auch das Sozialgefüge und die Mentalität der Gesellschaft verschieben. Je nachdem, welcher Medientyp diesen Vorgang dominiert, entsteht eine entsprechende Verzerrung (›bias‹) der menschlichen Wahrnehmung (vgl. Hartmann 2000, S. 240 ff.).

Zur kritischen Analyse der Medien und ihrer Wechselwirkung mit den diversen Prozeduren der Diskursformation kann man den Begriff des Dispositivs verwenden, den Michel Foucault geprägt hat, um das heterogene Ensemble aus technischen Apparaten, sozialen Regeln und Diskursen zu beschreiben, das zur Behebung eines bestimmten gesellschaftlichen Notstands gebildet und dann sehr häufig institutionalisiert wird (vgl. Foucault 1978, S. 119 f.). Ein solches Dispositiv kann man zum Beispiel in dem Ensemble von Rotationspresse, Vertriebssystem und Sensationspresse sehen. Gerade dieses Beispiel macht deutlich, wie das Mediendispositiv ›Zeitung‹, einstmals nur ein Organ der bürgerliche Meinungsbildung, zunächst zum Massenblatt wird, um die gestiegene Nachfrage nach Informationen zu befriedigen, auf die jede offene Gesellschaft angewiesen ist, dann aber ihrerseits bestimmte Mißstände wie den Rufmord, das Pseudo-Ereignis, die Zeitungs-Ente usw. hervorbringt und schließlich, wie die gleichgeschalteten Publikationsorgane der Nazi-Diktaktur beweisen, auch gegen die Freiheit eingesetzt werden kann. Als »zielgerichtete Konstellation aus diskursiven und nichtdiskursiven Kräften« (Kammler in Bogdal 1990, S. 43) entgeht das Dispositiv keineswegs der von Adorno und Horkheimer in ihrem gleichnamigen Buch dargelegten ›Dialektik der Aufklärung‹.

In diesem Sinne sind alle Massenmedien Trafo- oder Relaisstationen, in denen der Aufmerksamkeitspegel der Gesellschaft für bestimmte Themen hoch- oder heruntergefahren und der Stromkreis der Kommunikation zuweilen gänzlich unterbrochen, zumeist jedoch in bestimmte Kanäle gelenkt und so mit anderen Regelkreisen verbunden wird. Von den dezentralen Netzen mit lokaler (Intranet) oder globaler (Internet) Reichweite unterscheidet sich das Paradigma des Massenmediums, das Fernsehen, in seiner ursprünglichen, auf eine einzige Sendeanstalt konzentrierten, zentripetalen Form, vor allem durch die **Monopolisierung der Information** und die **Monologisierung der Kommunikation**. Dafür besitzt es in dieser Form freilich auch eine wesentlich stärkere Integrationskraft als es das Fernsehen heute, nach der zentrifugalen Vervielfältigung der Fernsehsender und -programme, noch hat.

Mit dem Roman hat das alles insofern zu tun, als man immer wieder den Versuch unternommen hat, der Literatur eine Vermittlungsfunktion zuzuschreiben, die sich aus ihrer spezifischen Befähigung ergibt, **interdiskursive Formationen** zu bilden. Darunter versteht man Texte oder Textteile, die entweder einen Diskurs in einen anderen übersetzen oder zwischen verschiedenen Ausdrucksweisen und Redensarten hin und her laufen. Schon der kultursoziologische Begriff des Feldes ist insofern eine interdiskursive Formation, als er die Sphäre der kriegerischen Auseinandersetzung (Schlachtfeld) mit der physikalischen Vorstellung einander überlagernder Spannungen (Kraftfeld) und dem typisch modernen Phänomen der arbeitsteiligen Ausdifferenzierung unterschiedlicher Tätigkeitsfelder verschränkt. Wenn der Begriff des Kraftfeldes jedoch in einem Roman wie *Der Mann ohne Eigenschaften* (1930 ff.) auftaucht und dort dazu dient, gesellschaftliche Verhältnisse naturwissenschaftlich zu erklären, geschieht das im Zeichen der von Musil so genannten konstruktiven Ironie. Konstruktiv ist diese Übertragung insofern, als sie diese Verhältnisse in einem neuen, womöglich aufschlussreichen Licht erscheinen lässt; Ironie ist insofern im Spiel, als der Autor nicht unbedingt die sozialen, politischen und moralischen Schlussfolgerungen teilt, die sich aus dieser Zweckentfremdung naturwissenschaftlicher Begriffe und Verständnisrahmen ergeben.

Einerseits verweist die Übertragung im Modus der konstruktiven Ironie also auf das grundsätzliche Problem der modernen Kultur, das sich aus der Notwendigkeit einer **Vermittlung heterogener Diskurse, Anschauungsformen und Kenntnisse** ergibt. Andererseits zeigt Musils Roman immer wieder, wie unvereinbar die simultan nebeneinander existierenden Lesarten und die parallel praktizierten Verfahren der alltäglichen und der wissenschaftlichen, der zivilen und der militärischen Welterzeugung sind. Von daher sollte man den Begriff des Interdiskurses, sofern er mit der Vorstellung verbunden ist, die Literatur könne zusammenführen, was im arbeitsteiligen Prozess der Zivilisation auseinander dividiert worden ist, mit einer gewissen Skepsis verwenden (vgl. Link in Fohrmann/Müller 1988, S. 284 ff.). Zwar verfügt die Literatur über die ausgezeichnete Möglichkeit, Schnittstellen und Übergänge zwischen verschiedenen Spezialdiskursen zu markieren und interdiskursive Formationen zu bilden; ob sie damit jedoch eine reintegrative Funktion erfüllt (vgl. Nünning 1998, S. 237), ist äußerst zweifelhaft. Eher schon könnte man sich fragen, ob eine solche Funktionsbestimmung nicht einem Rückfall in das Totalitätsprinzip gleichkommt, das im modernen und postmodernen Roman gründlich desavouiert worden ist.

3. Medienphilosophie und Kulturanthropologie

Die Entwicklungsgeschichte des Romans ist ohne den Buchdruck und die Fähigkeit des Menschen, sich in einem Anschauungsmodell der Wirklichkeit zu bewegen, schlechterdings nicht zu erklären. Sieht man im Anschluss an Foucault den **Roman als Dispositiv der Zivilisation** an, berührt seine Theorie allgemeine Fragen der

Medienphilosophie und Kulturanthropologie. In der Hauptsache geht es dabei um die Verantwortung des Menschen für die Gestaltung seiner Lebenswelt. In der Geschichtlichkeit dieser Gestaltung spiegelt sich einerseits der technologischen Fortschritt, andererseits aber auch die Fähigkeit des Menschen, sich eine ›zweite Natur‹ aus Artefakten zu bilden. Paradox ist das nur, wenn man Technik und Natur für unvereinbare Gegensätze hält. Überzeugender wirkt da die Bemerkung von Walter J. Ong:

> »Technologies are artificial, but [...] artificiality is natural to human beings. Technology, properly interiorized, does not degrade human life but on the contrary enhances it.« (Ong 1993, S. 82 f.).

Das trifft bereits auf die kulturellen Techniken des Lesens und Schreibens zu, sowie auf jene Apparate, mit denen der Mensch im Zeitalter der Mechanik bestrebt war, die Muskelkraft und die Reichweite seiner Arme zu erweitern. Erst recht gilt Ongs Bemerkung im Hinblick auf das **Multimedia-Zeitalter**, in dem die ganze Welt vernetzt und dadurch zum ›global village‹ (Marshall McLuhan) geworden ist. Sowohl die Expansion der **Gutenberg-Galaxis** als auch ihre vom Mikrochip bewirkte Implosion stellen Epochenschwellen dar, die zugleich Technologie- *und* Energieschübe sind: Sie verändern das Medien-Dispositiv und die Mentalität, also die Art und Weise, wie der Erlebnis- und Gedankenstrom in den einzelnen Diskursen gestaut und umgelenkt, zerstreut und wieder in soziale Energie umgewandelt wird. Wer eine solche Beschreibung für metaphorisch hält, hat sicher recht, nur gibt es eben keine eigentliche, eindeutig richtige Ausdrucksweise für die verschiedenen Formen der Speicherung, Übertragung und Umwandlung von Informationen, die untereinander bloß eine gewisse Familienähnlichkeit aufweisen (vgl. Sandbothe in Münker u. a. 2003, S. 190).

3.1 Schrift, Buchdruck und Roman

Wendet man sich der Frage nach der kulturellen Rolle von Medien zu, so kann man zunächst einmal feststellen, dass sie im Prinzip die gleiche Funktion wie einzelne Zeichen haben: Medien lassen etwas in Erscheinung treten und erweitern damit das Bewusstsein, das sich mit ihrer Hilfe auf bestimmte Gegenstände einstellen und beziehen kann (vgl. Krämer in Münker u. a. 2003, S. 83). Insofern stehen **Phänomenologie und Semiologie** in einem komplementären Verhältnis. Ein Zeichen, das nicht in die Sinne fällt, kann auch nicht als Mittel der Bezugnahme dienen. Medien leisten beides: die sinnliche Präsentation von Zeichen und die Vergegenwärtigung oder Veranschaulichung dessen, was man durch Zeichen repräsentieren kann.

Erst die technologische Entwicklung elektronischer Medien hat die Aufmerksamkeit der Wissenschaftler allerdings auf die Eigenarten oraler und literaler Kulturen gelenkt. Im Allgemeinen geht man davon aus, dass ausschließlich **mündliche Kulturen** die zur Verständigung notwendigen Laute nicht unbedingt als feststehende Begriffe auffassen. Entsprechend begrenzt sind ihre Möglichkeiten, konkrete Einzelfälle auf einen gemeinsamen Verständnisrahmen zu beziehen und in dieser abstrakten Form zum Gegenstand weiterführender Überlegungen zu machen (vgl. Ong 1993, S. 33). Mit der **Schrift** erweitert sich daher das Vermögen des Menschen, die Welt mittels Konzepten zu erfassen, auf die man sich immer wieder von neuem berufen kann. Zudem wird das menschliche Gedächtnis durch die Schrift entlastet. Mit der Zeit entsteht ein **Archiv** von Texten, die der kollektiven Erinnerung dienen und eine Art des Vergleichs ermöglichen, ohne den es wohl kein historisches Bewusstsein gibt. Indem Texte ihren Lesern buchstäblich etwas vor Augen stellen, tragen sie nachhaltig zur Objektivierung von Bedeutungen bei. Gleichzeitig eröffnen sie der Imagination einen subjektiven Spielraum, der nicht streng reglementiert werden kann. Ein Grund dafür ist die Entkoppelung der beiden Momente, die in der mündlichen Kommunikation kaum voneinander zu trennen sind, nämlich dem Senden und dem Empfangen einer Botschaft. Ohne unmittelbares ›feedback‹ und ohne die Möglichkeit, das Verständnis seiner Botschaft durch die Art und Weise ihrer Intonation, durch Mienen und Gesten, zu kontrollieren, ist der Schreiber darum bemüht, denkbaren Missverständnissen im Text vorzubeugen (vgl. ebd., S. 104). Entsprechend umständlich und sorgfältig wird die **Rezeption im Text vorstrukturiert.** Vor allem dies unterscheidet die literarische von der mündlichen Diskursformation.

Mit dem **Buchdruck** wächst in diesem Sinne einerseits die Gefahr massenhafter Missverständnisse, andererseits entsteht aber auch ein neues Dispositiv, dessen Vorteile sich unter anderem darin zeigen, dass man die Botschaft von ihren Verzerrungen durch die individuelle Handschrift freihalten kann. Noch stärker als das Manuskript erweckt das Typoskript die Vorstellung, die Welt ließe sich wie die Schrift erst in ihre Einzelteile zerlegen und dann auf den Begriff bringen. Die einzelne Äußerung erscheint nicht mehr als eine Form des dialogischen Meinungsaustausches, deren Bedeutung sich schon mit der nächsten Äußerung verschiebt, sondern als ein Satz, der ein für alle mal so feststeht wie die Lettern in einem Buch. Das gedruckte Wort ist daher insofern autoritär, als es, vom Redefluss isoliert, keine Widerworte neben sich dulden scheint.

Umso bemerkenswerter bleibt es, dass die Literatur immer wieder gerade diese Relativierung des autoritären Wortes durch seine Rückbindung an den sozialen Redeverkehr geleistet hat, und dass sich vor allem der parodistische, intertextuell verfasste Roman als Gegendiskurs zu jener **Logifizierung der Welt** durch die Schrift präsentiert, die im Zusammenhang mit der Genealogie der Macht gesehen werden muss. Diese Gegenbewegung beginnt bereits mit der Menippeischen Satire, die den sokratischen Dialog, das Symposion und andere Formen der philosophischen Welterklärung parodiert. Auch der neuzeitliche Schelmenroman, der in mancher Hinsicht an diese Tradition anknüpft, unterläuft nicht nur die vorherrschende Moral, sondern auch die Autorität der Schrift, wenn er den Erzähler im Verlauf der erzählten Geschichte als Vertrauensschwindler entlarvt (vgl. Bauer 1993, S. 27 ff.). Folgerichtig ruft ein unzuverlässiger Ich-Erzähler den nächsten auf den Plan. Cervantes schließlich veranstaltet im *Don Quijote* (1605/1615) ein metafiktionales Spiel mit den Lesarten der Welt, die der Ritter-, der Schäfer- und der Schelmenroman ihrem Publikum nahe legen, und in den *Simplizianischen Schriften* (1668 ff.) von Grimmelshausen wird die Kluft zwischen der religiösen Verurteilung der Welt als Sündenpfuhl und Jammertal auf der einen und ihrer durchaus lustbetonten, leibhaftigen Erfahrung auf der anderen Seite so anschaulich in Szene gesetzt, dass man unmöglich glauben kann, mit dem ›Adjeu Welt‹ des Haupterzählers sei tatsächlich das endgültige Urteil über das irdische Dasein gesprochen. Noch deutlicher zeigt sich in einem Roman wie Laurence Sternes *Tristram Shandy* (1760 ff.) der poetisch artikulierte, skeptische Vorbehalt gegen die rationalistischen Konzepte, die ein Aufklärer wie John Locke in seinem *Essay Concerning Human Understanding* (1690) in Bezug auf das Denken und die Sprache vertreten hat.

Wenn Cervantes, Sterne oder Musil die wechselseitige Verschränkung und Durchdringung der Diskurse unter den Vorzeichen des Buchdrucks reflektieren, so machen ihre Romane klar, wie sehr die moderne Welt und die Mentalität ihrer Zeitgenossen medial verfasst sind. Umbrüche im Mediensystem, so kann man sagen, befördern den Mentalitätswandel, wie überhaupt die Entwicklung einer Kultur wesentlich von der Evolution und Wechselwirkung ihrer Medien abhängt. Im Multimedia-Zeitalter ist die Gesellschaft weder ausschließlich literarisch verfasst noch gänzlich unabhängig von der schriftlichen Tradition. Vielmehr scheint die **Interaktion zwischen Texten und (bewegten) Bildern** immer mehr zum Prinzip der Diskursformation zu werden. Ein Indikator dafür ist die Zunahme von illustrierten Romanen, in denen das Verhältnis von Text und Bild zum Thema wird. Zu ihnen gehört Umberto Ecos *Die geheimnisvolle Flamme der Königin Loana* (2004). Der Ich-Erzähler dieses Textes hat sein Gedächtnis verloren und versucht seine Erinnerung mit Hilfe der Comics wiederzuerlangen, die er als Heranwachsender gelesen hat. Dabei rekonstruiert er nicht nur seine persönliche Geschichte, sondern auch die des italienischen Faschismus. Ecos Roman soll also zugleich eine fiktionale Aufarbeitung realhistorischer Vorgänge und eine Reflexion der Medienevolution sein, ein Modell biographischen Erinnerns und, da einzelne *comic strips* im Buch reproduziert werden, ein Mini-Bildatlas der Populärkultur. Deutlich wird so der **Zusammenhang**, in dem die **Mentalität** einer Epoche, ihre **diskursive Formation** und bestimmte **Medienformat**e stehen.

3.2 Kultur als Netzwerk von Zeichenhandlungen

Es ist dieser Zusammenhang, der für einen semiotischen, konstruktivistisch geprägten Kulturbegriff spricht (vgl. Nünning/Nünning 2003, S. 6). Dass die **Kultur vor allem ein Konstruktionsprozess** ist, der bestimmte Zeichen- und Bedeutungssysteme hervorbringt, hatte bereits die ältere Kulturphilosophie erkannt. Vor allem Ernst Cassirer (1874–1945) hat diesen Gedanken in seinem dreibändigen Hauptwerk *Philosophie der symbolischen Formen* (1923, 1925 und 1929 veröffentlicht) vertreten. Seine Grundannahme besagt, dass die geistige Energie des Menschen ihren Ausdruck in symbolischen Formen findet, die in ihrer geschichtlichen Abfolge dem Mythos, der Religion und der Wissenschaft zugeordnet werden können. Cassirers Philosophie ist damit im Ansatz bereits **eine semiotische Theorie der kulturellen Evolution des Menschen**. Die entscheidenden Faktoren der Zivilisation sind für sie der menschliche Geist und sein bevorzugtes Medium, die Sprache. Das Bild der Kultur, das Cassirer entwirft, ist das eines aus vielen Fäden gestrickten Netzwerkes – eine Metapher, die er mit seinem etwa älteren Zeitgenossen Max Weber (1864–1920) teilt, und an die auch die jüngere kulturwissenschaftliche Forschung anknüpft. So heißt es in einem grundlegenden Aufsatz des Ethnologen Clifford Geertz:

> »Der Kulturbegriff, den ich vertrete, [...] ist wesentlich ein semiotischer. Ich meine mit Max Weber, daß der Mensch ein Wesen ist, das in selbstgesponnene Bedeutungsgewebe verstrickt ist, wobei ich Kultur als dieses Gewebe ansehe. Ihre Untersuchung ist daher keine experimentelle Wissenschaft, die nach Gesetzen sucht, sondern eine interpretierende, die nach Bedeutung sucht« (Geertz 1995, S. 9),

und sich daher auch berechtigt fühlt, im Prinzip jede Kultur wie einen Text auszulegen. Um eine fremde Kultur zu verstehen, muss man selbst Erfahrungen mit ihr gemacht haben. Umgekehrt gibt es keine wissenschaftliche Betrachtung der eigenen Kultur, die nicht ein Moment der Distanzierung von der Verstrickung in ihr Bedeutungsgewebe enthält. Daher folgt aus der Metapher von der ›Kultur als Text‹ (vgl. Bachmann-Medick 1996) nicht nur die emphatische Mimesis, dank der sich der Ethnologe bis zu einem gewissen Grad in die Lage der fremden Kultur versetzt, sondern auch, dass die eigene Kultur einer kritischen Lektüre unterzogen werden muss, die danach fragt, warum sie gerade diese und keine andere Gestalt aufweist. Letztlich geht es also um eine dialogische Konstruktion der eigenen und der fremden Kultur im Bewusstsein ihrer Alterität füreinander und ihrer Kontingenz.

Das von Clifford Geertz praktizierte **Verfahren der ›dichten Beschreibung‹** hat den Kulturwissenschaften über den engeren Rahmen der Ethnologie hinaus die Möglichkeit eröffnet, so etwas wie die Tiefenstruktur konventionalisierter Verhaltenssysteme frei zu legen. Die Lesbarkeit bestimmter sozialer (und kultischer) Praktiken beruht demnach darauf, dass die dichte Beschreibung einen Text erzeugt, der, ähnlich wie der Habitus bei Bourdieu, auf die Mentalität einer Gesellschaft bezogen werden kann. Sieht man im Genreformular so etwas wie den Habitus einer Lesegemeinschaft, die sich auf bestimmte Erzählkonventionen verständigt hat, kann man dieses Formular nutzen, um die Kultur zu rekonstruieren, die es hervorgebracht hat.

John G. Cawelti hat einen solchen Interpretationsansatz, unabhängig von Geertz und Bourdieu, in seinem Buch *Adventure, Mystery, and Romance. Formula Stories as Art and Popular Culture* (1977) entwickelt. Ein **Genreformular** ist demnach eine Konvention, die zur Hauptsache aus der Verbindung eines bestimmten Handlungsplans mit einer bestimmten Erzählweise besteht. Das überaus populäre Genreformular der klassischen Detektivgeschichte oder ›puzzle story‹, wie sie Arthur Conan Doyle im Anschluss an Edgar Allan Poe geschaffen hat, verlangt zum Beispiel einen Ich-Erzähler, der die geniale Auflösung eines mysteriösen Kriminalfalls durch ein ›mastermind‹ bezeugt, dessen Lebensstil (Habitus) einerseits auf das Milieu der Boheme und andererseits auf die Methode der systematischen Spurensuche verweist, die dazu führt, dass der Ermittler Indizienketten bilden und den Täter allein aufgrund seiner Schlussfolgerungen überführen kann. Für die weitere Gattungsentwicklung entscheidend war die Möglichkeit, das Genreformular, losgelöst von diesem Kontext, einzusetzen, abzuwandeln und mit anderen literarischen Verfahren zu verschränken. So kommt es zu sehr weitreichenden Transkriptionen wie der ›hard boiled novel‹, die einerseits in einem ganz anderen Kontext als die ›puzzle story‹ steht, und andererseits doch an die gleiche aufklärerische Tradition der Fallgeschichte anknüpft.

Interessanter noch als die originellen Varianten des Erzählmusters, die so im Verlauf der Zeit entstanden sind, erscheint dem Kulturwissenschaftler das **Phänomen**

der Standardisierung. Nachhaltig befördert durch die Verfilmung einiger Romane und Erzählungen von Dashiell Hammett und Raymond Chandler trägt die Standardisierung nämlich dazu bei, dass das Genreformular zu einem integralen Bestandteil der zeitgenössischen Mentalität wird, in der sich die Grundzüge der populären Kulturpoetik spiegeln. Cawelti unterscheidet in diesem Zusammenhang vier Funktionen standardisierter Geschichten:

1. Formula stories affirm existing interests and attitudes by presenting an imaginary world that is aligned with these interests and attitudes.
2. Formulas resolve tensions and ambiguities resulting from the conflicting interests of different groups within the culture or from ambiguous attitudes toward particular values.
3 Formulas enable the audience to explore in fantasy the boundary between the permitted and the forbidden and to experience in a carefully controlled way the possibility of stepping across the boundary.
4. Finally, literary formulas assist in the process of assimilating changes in values to traditional imaginative constructs. (Cawelti 1977, S. 35 f.)

3.3 Die Ereignishaftigkeit der Kultur

Cawelti betont damit den eher konservativen Charakter der populären Kultur. Kehrt man die Perspektive um, kommt mit dem Phänomen der Innovation das **Sphärenmodell des Kulturwandels** in den Blick, das Jurij M. Lotman entwickelt hat. Lotman unterscheidet zunächst das für die Identität einer Gesellschaft ausschlaggebende Zentrum der Kultur von der Randzone des bloß ›peripher Kulturellen‹ und setzt diese beiden Sphären dann von der Sphäre des ›Gegenkulturellen‹ und des ›Außerkulturellen‹ ab. Die Binnendifferenzierung einer Kultur ist demnach weder von ihrem Umweltbezug zu anderen Kulturen und zur Natur im allgemeinen noch von der besonderen Dialektik zwischen den zentrifugalen und zentripetalen Kräften des kommunikativen Geschehens zu trennen. Der Umstand, dass Lotmans Modell in dieser Hinsicht auf dem dialogischen Ansatz der Erzählforschung fußt, zeigt eindrucksvoll die kulturwissenschaftliche Relevanz der Romantheorie, die bereits sehr früh auf die diskursive Formation der Lebenswelt gestoßen ist. Insofern das Sphärenmodell Überlegungen von Bachtin mit dem systemtheoretischen Ansatz der Kultursemiotik und einer dezidiert historischen Perspektive verbindet, wird es möglich, den Wandlungsprozess der Kultur chronotopologisch zu betrachten. Im Fokus dieser Betrachtung stehen die Grenzverschiebungen an den Schnittstellen zwischen dem Außer- und dem Gegenkulturellen im Verhältnis zur eigenen Kultur sowie zwischen ihrem Zentrum und der peripheren Verwandlungszone. Generell gilt, dass sich Veränderungen eher vom Rand zum Kern, dafür in umgekehrter Richtung aber schneller ausbreiten. (vgl. Posner in Nünning/Nünning 2003, S. 58 f.).

Wer innerhalb der zeitgenössischen Romanliteratur nach einem Autor sucht, der in seinen Werken der diskursiven **Formation einer Mentalität** oder den Verwerfungen innerhalb einer Kultur nachgeht, wird bei Thomas Meinecke fündig. In Romanen wie *The Church of John F. Kennedy* (1996), *Tomboy* (1998), *Hellblau* (2001) oder zuletzt *Musik* (2004) beschäftigt er sich mit dem Mythos vom Schmelztiegel USA, mit der deutsch-deutschen Wiedervereinigung oder mit der Dekonstruktion der Geschlechterdifferenz und anderer Stereotypen. Meineckes Texte entstehen wie ein ›remix‹ oder ein ›sample‹ aus verschiedenen Tonspuren, die der Autor aus dem Zeichenkosmos der Gesellschaft herausgefiltert hat. Als **polyphone Resonanz** eines bestimmten Milieus fordern sie den Interpreten zu einer spezifischen Form der Diskursanalyse heraus, die sich deutlich von der üblichen philologischen Quellenforschung unterscheidet. Zur Debatte steht nicht so sehr, woher die einzelnen Phrasen stammen, sondern wie sie das Weltbild und den Habitus einer gesellschaftlichen Gruppe im Vergleich zu anderen Szenen prägen. Die Stimme des Autors ist im Rahmen dieser Rollenprosa nicht zu vernehmen, dafür aber wird der Text zum Echoraum der Theoriedebatte, die den Diskurs der ›cultural‹ und ›gender studies‹ bestimmt.

Meineckes Romane sind **performative Texte**: sie führen vor, wovon sie handeln, und sie stellen aus, wie sie gemacht sind. Das wichtigste Verfahren ist die Interrogation, die ironische Verkettung rhetorischer Fragen innerhalb der Romane. Interessant ist das zumindest für die Leser, die sich mit ähnlichen Fragen beschäftigen und die Theorie der Performanz kennen, die aus der Sprechakttheorie stammt und in der Kultur- und Medienwissenschaft eine zentrale Rolle spielt. Die meisten Forscher berufen sich dabei auf den französischen Philosophen Jacques Derrida (1930–2004). Während Austin und Searle vor allem betont hatten (vgl. Kap. IV.3.1), dass Sprechakte auszuführen ein regelgeleitetes Verhalten sei, war Derrida stärker am **Ereignischarakter** der einzelnen Akte und der Differenz von Regel und Anwendung interessiert. Ebenso wenig wie man nämlich ein und denselben Text zweimal auf exakt die gleiche Art und Weise lesen kann, ist es möglich, irgend einen Akt in vollständiger Identität mit der abstrakten Regel zu vollziehen, der er folgt. Stets gibt es von der Regel abweichende Bedeutungsmomente oder solche, die in der konkreten Situation, in der sich ein Sprechakt ereignet, aufgeschoben werden. Hinzu kommt, dass jedes Zeichen, das man überhaupt sinnvoll verwenden kann, auch in einem anderen Kontext versetzt werden können muss. Dieses **Prinzip der Iterabilität** zeigt sich an Texten, die zitiert werden, noch deutlicher als im mündlichen Diskurs. Denn einerseits besteht das Zitat aus exakt denselben Textmarken (Zeichen), andererseits hat es als Zitat doch eine andere Funktion (Bedeutung) als in dem Kontext, aus dem es herausgelöst worden ist.

Diese Spannung zwischen der Wiedererkennbarkeit der Zeichen und der Ereignishaftigkeit ihrer Verwendung, zwischen der Iterabilität und der Performativität regelgeleiteten Verhaltens, ist der Dialogizität der Sprache gleichsam eingeschrieben und führt unter anderem dazu, dass die verschiedenen Lesarten eines Textes so etwas wie eine **kulturelle Drift** seiner Bedeutung erzeugen: indem sich der Sinn einer Äußerung mit jedem Kontext verschiebt, in dem sie auftauchen kann, wird die Abrundung ihrer Bedeutungsgestalt immer wieder von neuem aufgeschoben, damit aber auch im voranschreitenden Diskurs aufgehoben. Wie man gerade an der Parodie, die den Wortlaut des Textes, über den sie sich mokiert, bewahrt, zeigen kann, entsteht so im Binnenraum einer intertextuell verfassten Kultur ein Bedeutungsintervall, das man nicht auf eine ursprüngliche Intention reduzieren kann.

Hier liegt die **kulturwissenschaftliche Relevanz** von Derridas Philosophie der Schrift: Denn wenn man die ›Kultur als Text‹ betrachtet, entsteht mit dieser Metapher die Versuchung, nach einer archetypischen Situation oder Urszene der Sinnstiftung zu fahnden. Der Umstand, dass so viele Kulturen über einen Gründungsmythos verfügen – etwa dem von Prometheus, der den Menschen das Feuer und damit die Kraft der Naturbeherrschung bringt – deutet aber wahrscheinlich nicht auf ein historisches Geschehen, sondern darauf hin, dass sich kaum eine Gesellschaft mit der Grundlosigkeit der eigenen Existenz abfinden kann. Gründungsmythen sind Legenden, um das wahrhaft Abgründige der Kultur zu verdecken. Jedenfalls kann die Aufgabe der Kulturwissenschaft nicht darin bestehen, die Vielfalt der Schreibweisen und Lesarten, die den Reichtum einer Kultur ausmachen, an einen Urheber und an sein autoritäres Wort zu binden oder auf anthropologische Konstanten zurückzuführen. Vielmehr sollte die kulturelle Drift ebenso wie die Kontingenz jeder Diskursformation als ein semiologisches Faktum begriffen werden. Nichts zeigt dies deutlicher als die Medienevolution. Als die Muse schreiben lernte (vgl. Havelock 1992), entstand die Legende von der Unnatürlichkeit der Schriftkultur. Seitdem hat es, man denke nur an den Buchdruck und die frühneuzeitliche Romankritik, vermutlich keine technologische oder poetologische Innovation ohne die Wiederbelebung dieser Legende gegeben. Doch auch die Idee der Natürlichkeit ist nur ein kulturelles Konstrukt – genauso wie der von Hegel bis Lukács kolportierte Mythos eines goldenen Zeitalters, in dem es angeblich, anders als in der modernen Welt, noch keinen Riss zwischen Kosmos und Epos gab.

Vor diesem Hintergrund wird verständlich, warum das **Projekt der Kulturwissenschaften** in ihrem eigenen Untersuchungsfeld auftaucht. Schließlich stellt dieses Projekt insofern eine durchaus erklärungsbedürftige, ›kulturelle Tatsache‹ dar, als es viele Kulturen gibt, die ohne diese Form der Selbstbeobachtung auskommen. Mit dem Diskurs der Kulturwissenschaften tritt die neuzeitliche Rationalisierung der Lebenswelt in eine neue Phase, die zuweilen auch als reflexive Modernisierung beschrieben wird. Reflexiv ist vor allem die Infragestellung der eigenen Verfahren. Hier trifft sich der wissenschaftliche Diskurs mit der **display-Funktion** der Literatur. Indem die Literatur bestimmte Weisen der Welterzeugung, z. B. die diskursive Formation einer Mentalität in Szene setzt, ist nämlich auch sie ein Reflexionsmedium der gesellschaftlichen Konstruktion von Wirklichkeit. Bezogen auf die Metapher von der ›Kultur als Text‹ und das Konzept der Szenographie kann man daher sagen: »Literarische Texte bilden – gewissermaßen als ›Texte im Text‹ – die ›Instanz der Szene‹ im Feld der Kultur« (Neumann in Neumann u. a. 2000, S. 15).

Vor allem Wolfgang Iser hat diesen Gesichtspunkt immer wieder betont. Indem uns Romane und andere literarische Texte die Möglichkeit bieten, uns selbst, unsere kognitiven Modelle und unsere Verhaltenschemata umzuformulieren (vgl. Iser 1987, S. 266 und Iser 1991, S. 278 f.) geht ihre weltbildnerische Funktion über den engen Begriff der Mimesis hinaus. Hier liegt der gemeinsame, bereits in der aristotelischen Poetik angepeilte Bezugspunkt von Erzählforschung, Kulturanthropologie und Medienphilosophie.

VI. Glossar

Aktanten
In der Dependenziellen Satzgrammatik die Ergänzungen, die sich auf die Rollen des kleinen Dramas beziehen, das vom Verb regiert wird. In der Strukturalen Semantik werden die folgenden Rollenpaare unterschieden: Subjekt und Objekt oder Agens und Patiens; Widersacher und Helfer; Befehlshaber und Befehlsempfänger.

Analepse
Rückwendung. Nachträgliche Darstellung eines Ereignisses, das entweder in der Vorgeschichte der erzählten Handlung liegt, die im Übrigen gar nicht geschildert wird (externe Analepse), oder im Rahmen der Erzählung aus dramaturgischen Gründen zunächst ausgespart wurde (interne Analepse). Beispielsweise kann eine Erzählung *in medias res* beginnen und dann nachholen, was vor der Situation geschah, mit deren Schilderung sie beginnt. Eine Analepse kann aufbauend im Hinblick auf die Bedeutung der Ereignisse sein, die den Anlass der Rückwendung bilden, oder auflösend, indem sie das erzählerisch vermittelte Wissen über den Gang der Handlung vervollständigt. Außerdem kann man Analepsen unterscheiden a) anhand ihrer Reichweite (wie weit ist das Ereignis, zu dem sich ein Erzähler zurückwendet, vom aktuellen Geschehen entfernt?) und b) anhand ihres Umfangs (wie viel Raum nimmt die Rückwendung im Rahmen der Erzählung ein?).

Anschauungsformen
Raum und Zeit sind nach Kant die beiden Anschauungsformen der Sinnlichkeit und damit die Bedingungen der Möglichkeit, dass sich der Verstand auf die Welt der mannigfaltigen Erscheinungen beziehen kann, die er mittels Begriffen zu vereinheitlichen sucht.

auktoriale Erzählsituation
liegt vor, wenn der Erzähler nicht zur Welt der Figuren gehört. Paradox ist, dass diese Außenperspektive dann, wenn der Erzähler allwissend ist, mit der so genannten Innensicht verbunden sein kann – der Fähigkeit, die Gefühls- und Gedankenwelt der Figuren zu beschreiben.

autodiegetische Narration
Sonderform der homodiegetischen Narration. Der Erzähler gehört nicht nur zur Figurenwelt, er schildert sogar seine eigene Geschichte.

Bewusstseinsstrom
Versuch, den Strom des Empfindens und Denkens an der Schwelle zur Sprache oder zum Selbstgespräch darzustellen. Jene Art der ›psycho-narration‹, die als ›direct quotation from the mind‹ erscheinen soll und sich von der erlebten Rede durch

den Verzicht auf Zeichensetzung, geregelten Satzbau (und begriffliche Reflexion) unterscheidet.

Chronotopos
an die Anschauungsform von Raum und Zeit gebundener Schauplatz und Verständnisrahmen des Geschehens; mitentscheidend für den Gang der Handlung. Verschiedene Romane und Untergattungen der Erzählkunst können anhand ihrer Chronotopoi unterschieden werden.

Dialogizität
Eigenart sprachlicher Äußerungen, in sich den wechselseitigen Bezug von Rede, Gegenrede und Widerrede zu reflektieren, z. B. durch die Überlagerung verschiedener Stimmen. Zugleich ein allgemeines Prinzip des Verhältnisses von Mensch und Mitmensch, das dazu führt, dass schriftliche Texte in Bezug auf andere hin entworfen sind und verstanden werden müssen.

Diagramm
Schaubild. Einerseits bilden die so genannten Diagramme (*diagrams*) eine Unterklasse der ikonischen Zeichen, die sich von konkreten Bilder (*images*) dadurch unterscheiden, dass sie – wie die Fieberkurve oder das Börsenbarometer – abstrakte Beziehungen veranschaulichen. Andererseits bilden Texte Beziehungsgefüge (Zeichenkonfigurationen), die diagrammatisch verstanden, abgewandelt und im Zusammenhang mit der modellbildenden Funktion der Sprache gesehen werden müssen. Daher entscheidet die Art und Weise, in der ein Text die Zeichen konfiguriert, über die Art und Weise seiner Weltdarstellung.

Diegesis
Jene Art der Schilderung, bei der ein Erzähler nicht die Stimme eines anderen nachahmt. Insofern die Mittelbarkeit das Kriterium ist, das Epos, Roman, Novelle usw. vom Drama unterscheidet, ist der diegetische Akt der für alle Erzählkunst konstitutive Akt.

Diskurs
Folge von Äußerungen, für die der dialogische Bezug zwischen Sender und Empfänger grundlegend ist. Demgegenüber kann die Geschichte auch unabhängig von ihrer diskursiven Formation betrachtet werden. Ein Text läuft sozusagen hin und her zwischen dem Autor und seinen Adressaten. Dieses Hin- und Herlaufen (*discurrere*) macht die Erzählrede zum Diskurs.

DST
(= *D*eictic *S*hift *T*heory). Abkürzung für die Theorie der Projektion, die in der Kognitiven Poetik erklärt, wie die mit der Leibhaftigkeit aller Erfahrung verbundene Raumorientierung von der unmittelbaren Umgebung auf andere Gebiete übertragen wird.

display-Funktion
Fähigkeit von Texten, Zusammenhänge aufzuzeigen und mit ihrer Machart auch ihre Kontingenz darzulegen. Der Zusammenhang wird so vor Augen geführt, dass

der Leser ihn als Zeichenkonfiguration durchschauen und ggf. dekonstruieren kann.

embodiment

Der Umstand, dass alle unmittelbaren und übertragenen Erfahrungen auf den Körper zulaufen, von dem aus die Welt vermessen wird. Der Leiblichkeit aller Erfahrung korrespondiert die körperzentrierte Deixis mit den für alle Raumorientierung grundlegenden Unterscheidungen von oben/unten, rechts/links, hinten/vorne etc.

emplotment

Verfahren der erzählerischen Dramatisierung, bei dem einem (historischen) Geschehen ein (zum Teil fiktiver) Handlungsplan oder *plot* unterschoben wird. Form der Legendenbildung in der Geschichtsschreibung.

erlebte Rede

Figurenrede, meist in der 3., selten in der 1. Person Singular, die nicht von einem *verbum dicendi* eingeleitet und in der Regel auch nicht durch Anführungszeichen markiert wird. Ziel ist es, den Eindruck einer unmittelbaren Anteilnahme am Denken und Empfinden der Figur, ihrer subjektiven Weltsicht und augenblicklichen Erfahrung zu erzeugen.

erzählte Zeit

die Dauer einer Geschichte – im Unterschied zu jener Zeitspanne, die ihre Erzählung beansprucht.

Erzählzeit

die Zeitspanne, die eine Erzählung beansprucht – im Unterschied zur Dauer der erzählten Geschichte.

Exemplifikation

Beispielhafte Veranschaulichung. Jene Form der Bezugnahme, die auf die gemeinsamen Eigenschaften von Zeichen und Gegenstand setzt. Eine Stoffprobe kann nur die Eigenschaften zeigen, die sie tatsächlich besitzt. In diesem Sinne kann auch ein Roman nur die Weisen der Welterzeugung vorführen, die in ihm selbst beispielhaft zur Anwendung gelangen. Daher hängen in der Exemplifikation Referenz (Bezugnahme) und Performanz (Auf-, Vor- oder Durchführung) besonders eng zusammen.

extradiegetische Narration

Wenn eine Erzählung in eine andere eingebettet ist, wird die eingebettete Narration intra- und die sie umrahmende Erzählung extradiegetisch genannt. In der Regel ist diese Differenzierung mit der Erwartung verbunden, dass der Rahmenerzähler außerhalb der Welt steht, die in der Binnenerzählung erzeugt wird.

Feld

Die dynamische Verteilung von Kräften in einem gesellschaftlichen Raum, z. B. in einem Milieu. Folglich der Ort, an dem soziale Spannungen ausgetragen und deutlich werden.

Fokalisation
Die Möglichkeit, die Narration auf die Sichtweise einer Figur zu beschränken, wobei der Erzähler entweder genauso viel (interne Fokalisation) oder weniger (externe Fokalisation) als die Figur wahrnehmen und wissen kann. Zumindest beschränkt er sich hier auf die kognitiven Fähigkeiten und das Wissen der Figur. Demgegenüber zeichnet sich die so genannte Null-Fokalisation dadurch aus, dass der Erzähler nicht auf die Sicht einer Figur beschränkt ist. Die Fokalisation kann sich mitunter von Satz zu Satz ändern, aber auch die Erzählhaltung eines ganzen Textes bestimmen.

Genreform-Maske
Der Erzähler erhält die Verhaltensmerkmale und Züge einer für das Genre typischen Figur. So gibt es z. B. die Genreform-Maske des Schelms im pikaresken Roman oder die des Assistenten, der wie Dr. Watson Detektivgeschichten erzählt. Auch im nichtfiktionalen Bereich kann man Genreform-Masken finden – etwa den Habitus der altertümlichen Wissenschaftsprosa: »Wir zögern nicht festzustellen, dass die Genreform-Maske ein für unsere Zunft unersetzliches Hilfsmittel bildet.«

Genreformular
Das aus bestimmten Standardsituationen, typischen Erzählmustern, Genreform-Masken und Leseerwartungen zusammengesetzte Schema einer Gattung von Romanen, Spielfilmen etc. Zum Genreformular des Western gehören zum Beispiel der Show-down oder bestimmte Schauplätze (*settings*, Chronotopoi) wie die Ranch, der Saloon oder die Kulisse des Monument-Valley.

Habitus
Die Matrix der Verhaltensangewohnheiten und -dispositionen, in der sich eine bestimmte Sozialisation niederschlägt.

heterodiegetische Narration
liegt vor, wenn der Erzähler nicht zur Figurenwelt gehört (oder zumindest nicht erkennen lässt, dass er in irgendeiner Form mit der erzählten Geschichte zu tun hat).

Heteroglossia
eigentlich: Verschiedenzüngigkeit. Jene kulturelle Situation, die entsteht, wenn an einem Ort verschiedene Sprachen, Soziolekte und Dialekte zusammentreffen und die Vielstimmigkeit des sozialen Redeverkehrs überlagern. Nicht zu verwechseln mit der Polyphonie, die sich aus der Uneinheitlichkeit der Meinungen in einem Roman selbst dann ergibt, wenn diese Meinungen nicht stilistisch/sprachlich differenziert werden. Heteroglossia ist ein Phänomen der umgangssprachlichen, Polyphonie ein Phänomen der weltanschaulichen Stimmenvielfalt.

homodiegetische Narration
liegt vor, wenn ein Erzähler zur Figurenwelt gehört (unabhängig davon, ob er am Rand dieser Welt oder im Mittelpunkt steht). Eine Sonderform ist die autodiegetische Narration.

Hypertext
Netzwerk von Texten respektive von Querbezügen zwischen Texten (zuweilen bedingt durch ihre gemeinsame Ableitung von einem Hypotext, z. B. das Ensemble der Werther-Parodien und Varianten, die Goethes Roman verpflichtet sind).

ICM
(= *I*dealized *C*ognitive *M*odel). Ein idealisiertes, weil in seiner Komplexität reduziertes und auf typische Erfahrungsmomente fokussiertes Anschauungsmodell der Realität; in der Regel ableitbar aus dem Zusammenspiel von *embodiment* und Projektion (*deictic shift theory*).

impliziter Autor
Ein Konstrukt im Rahmen der Text-Leser-Interaktion, das immer dann ins Spiel kommt, wenn der Text auf Intentionen verweist, die nicht mit der expliziten Information übereinstimmen, z. B. beim unzuverlässigen Erzählen oder auch bei der Ironie. Der implizite Autor ist eine intermediäre Bezugsgröße der Interpretation, also keine narrative Instanz mit eigener Erzählstimme.

Inferenz
Schlussfolgerung: entweder von einer Regel auf einzelne Fälle (Deduktion) oder von einer Vielzahl gleichartiger Fälle auf die sie beherrschende Regel oder auf andere Fälle (Induktion). Die Abduktion ist das probeweise, hypothetische Aufstellen einer Regel für solche Fälle, die nicht deduktiv und induktiv zu klären sind. Die für die Romanlektüre typische Inferenzform ist die der Konjektur, bei der verstreute Informationen zusammengezogen und zu einem Sinnzusammenhang verdichtet werden. Der Leser bildet sozusagen eine Indizienkette und verfährt in dieser Hinsicht ähnlich wie ein Detektiv, der verschiedene Spuren (zusammen) liest, vergleicht und daraus seine Schlüsse zieht.

innerer Monolog
Jene Art des stillen Selbstgesprächs, die in der 1. Person Singular und (fast immer) im Präsens steht, als sei der Text das Zitat der Verständigung einer Figur mit sich selbst.

Intertextualität
Indem sich Texte mittels Andeutungen und Anspielungen, Zitaten, Paraphrasen und Parodien aufeinander beziehen, heben sie ihre Isolation von einander auf. Letztlich hängt es von der Belesenheit des Interpreten ab, welche intertextuellen Bezüge tatsächlich erfasst werden. Für Julia Kristeva verhält sich die Intertextualität der Literatur analog zur Intersubjektivität aller zwischenmenschlichen Verständigung.

intradiegetische Narration
Wenn eine Erzählung in eine andere eingebettet ist, wird die eingebettete Narration intra- und die sie umrahmende Erzählung extradiegetisch genannt, denn der Erzähler der eingebetteten Geschichte steht innerhalb des Rahmens, den der extradiegetische Erzähler erzeugt.

Iterabilität
Jedes Zeichen muss, um als Zeichen zu funktionieren, immer wieder von neuem (also iterativ) von einem Kontext in einen anderen Kontext versetzt werden können. Dieses Prinzip wird von der Schrift, da sich identische Buchstaben- und Wortkombinationen in verschiedenen Texten oder Diskursen finden und doch nicht exakt dieselbe Bedeutung haben, deutlicher vor Augen geführt als von der mündlichen Rede.

Konfiguration
erzählerische Verdichtung der Geschichte zu einem Sinnzusammenhang anhand eines Handlungsplanes, durch den das Geschehen beispielhaft verstanden und zu einem Schema der Weltauslegung werden kann.

Kooperationsprinzip
Jenes Prinzip, das die Zusammenarbeit der Gesprächspartner im mündlichen Dialog oder von Autor und Leser im schriftlichen Diskurs regelt und insofern die Grundlage aller zwischenmenschlichen Verständigung und Sinnproduktion bildet.

Leerstelle
Jene Lücke in der Darstellung, die sich aus dem Umstand ergibt, dass Texte lediglich schematisierte Ansichten von der Welt bieten oder gezielte Aussparungen enthalten. Die Leerstelle verweist einerseits – produktionsästhetisch betrachtet – auf das Wechselspiel von Zeigen und Verschweigen, das der Erzähler betreibt, und andererseits – rezeptionsästhetisch betrachtet – auf die Notwendigkeit, solche Lücken konjektural zu überbrücken.

mental space
in der Kognitiven Poetik das Intervall zwischen der Erfahrungswelt des Lesers und der Vorstellungswelt, die ein Text erzeugt und insofern ein Maßstab für die Realitätsnähe oder -ferne (= Phantastik) des Textes. Nicht unbedingt gleichbedeutend mit dem historischen Abstand zwischen der Entstehungszeit eines Textes oder der Bezugswelt eines historischen Romans einerseits und dem Zeitpunkt seiner Lektüre andererseits. Der mentale Raum (oder Abstand) ist die Kluft, die ein Leser mit Hilfe seiner Phantasie überbrücken muss, wenn er sich in eine fiktive Welt versetzt und diese mit seiner Realitätserfahrung vergleicht; gleichzeitig aber auch der gedankliche Spielraum, den ein Text oder Diskurs eröffnet.

Metafiktion
Möglichkeit fiktionaler Texte, ihre eigene Machart zum Thema zu machen und damit auch die Frage nach dem fiktionalen Gehalt der gesellschaftlichen Konstruktion von Wirklichkeit zu stellen.

Metalepse
Durchbrechung der Unterscheidung verschiedener Erzählebenen. Z. B. taucht der extradiegetische Erzähler in der intradiegetischen Narration auf, oder eine Figur mit dem Namen des realen Autors mischt sich unter die Figuren der fiktiven Welt. Typisch für selbstreferentielle und metafiktionale Texte.

Metaphorologie

Untersuchung der Leitbilder und Übertragungen, die für einen Text oder eine Kultur grundlegend sind. Sieht man Metaphern nicht nur als Restbestände einer noch nicht vollständig rationalisierten Sprache, sondern als Grundbestände jeder Sprache an, die man nicht durch eigentliche Ausdrücke ersetzen kann, lassen sich bestimmte Leitbilder zwar in Frage stellen – z. B. die Lesbarkeit der Welt – aber eben nicht eindeutig auf den Begriff bringen. Insofern demonstriert die Metaphorologie die Unverzichtbarkeit, damit aber auch die Rationalität der Imagination.

Mimesis

eigentlich: Nachahmung der Gestalt, der Stimme oder der Handlungsweise eines Menschen durch einen anderen. In vielen Kulturen war (und ist) die Kunst festgelegt auf eine Imitation der Natur. Die Frage ist allerdings, ob dabei die *natura naturata* (das von der Naturgewalt Geschaffene) oder die *natura naturans* (die Schöpfungskraft der Natur) nachgeahmt werden soll.

Mythos

In der aristotelischen Poetik die folgerichtige Aneinanderreihung der Geschehnisse, dank der sie einen Sinnzusammenhang ergeben, der als beispielhafte Geschichte ausgelegt und als Anschauungsmodell auf die Wirklichkeit übertragen werden kann.

Narratologie

Lehre von den Erzählformen und -verfahren, zumeist verbunden mit der Absicht, das Regelwerk (oder die Grammatik) zu erfassen, das ihren Einsatz bestimmt.

personale Erzählsituation

Hier wird die erzählte Welt oder Geschichte so vermittelt, wie sie eine Figur wahrnimmt und bedenkt, die der Darstellung zwar ihren Stempel aufdrückt, sich ihrer Vermittlerrolle aber nicht bewusst ist. Daher ist es verwirrend, diese Figur als Reflektor zu bezeichnen.

plot

Als Handlungsplan oder Erzählmuster bestimmt der *plot* die Anordnung der Ereignisse, aus denen die Geschichte besteht, im Diskurs. Die entscheidenden Wendepunkte werden als *plot points* bezeichnet.

Poetologie

vergleichende Lehre von den Erzeugungsverfahren und Erscheinungsformen der Dichtung. Grundlegend ist die Unterscheidung von Lyrik, Dramatik und Epik, deren Gemeinsamkeit darin besteht, dass sie rhythmisch und metrisch gebundene Formen der mit schmückenden Beiworten versehenen, also künstlerisch gestalteten Rede sind. Daher galt die Prosaerzählung (*narratio*) in der Antike nicht unbedingt als poetische Gattung. In der Rhetorik wird sie zunächst nur im Zusammenhang mit der Gerichtsrede (parteiische Nacherzählung des Streitfalls) behandelt. Folgerichtig musste der Roman lange Zeit um seine poetologische Anerkennung als Kunstwerk kämpfen.

point of view
Entweder, bei Henry James, der Blickwinkel einer Figur, vom dem aus die Geschichte wahrgenommen wird, oder, bei Percy Lubbock, der Standort, von dem aus ein Erzähler die Ereignisse schildert.

Polyphonie
Im Gegensatz zur Verschiedenartigkeit unterschiedlicher Sprachen, Sozio- und Dialekte die ideologische Vielfalt eines Textes. Im polyphonen Roman verzichtet der Autor darauf, die Meinungsunterschiede mit einem autoritären Wort aufzuheben. Daher erscheint die Figurenwelt dem Leser wie eine Stimmenarena, in der er sich selbst orientieren und eine eigene Meinung bilden muss.

Präfiguration
Begriffe, Verständnisrahmen, Erfahrungen und Erwartungen bilden eine Art Vorverständnis der Alltagswelt, auf das Erzählungen aufbauen können. Dazu gehören insbesondere all die Konzepte, Schemata und *scripts*, die mit zielorientierten Handlungen zu tun haben (Absicht und Motiv, Plan, Mittel, Zweck etc.).

Projektion
Kognitive Fähigkeit, Schemata, Orientierungsraster etc. von einer Sphäre auf eine andere Sphäre zu übertragen bzw. Rückschlüsse von einer (kognitiven) Karte auf das Territorium zu leisten, dessen Grundzüge die Karte maßstabsgerecht verzeichnet.

psycho-narration
Oberbegriff für die Formen der erzählerischen Bewusstseinsdarstellung. Das Spektrum reicht vom einfachen Gedankenbericht über die erlebte Rede bis zum *stream-of-consciousness* (= Bewusstseinsstrom). Zu denken ist aber auch an die Darstellung von Träumen oder an jene Krankengeschichten, in denen Wahnzustände geschildert werden.

Prolepse
Vorausgriff oder Vorausdeutung. Ausgriff der Erzählung auf Ereignisse, die auf der Zeitachse der erzählten Geschichte in der Zukunft des Geschehens liegen, das den Anlass der Prolepse bildet. Vorausdeutungen können nach einer relativen Unterscheidung von E. Lämmert zukunftsgewiss oder zukunftsungewiss sein. Gewisse Voraussagen kann nur ein Erzähler treffen, der den Ausgang der Geschichte kennt, also retrospektiv berichtet; als ungewisse Voraussetzungen können auch die Wünsche, Befürchtungen und Träume der Figuren gelten.

Referenz
Bezugnahme. Zu unterscheiden ist neben der Fremdreferenz auf die Bezugswelt des Textes die Selbstreferenz des Textes, also die Bezugnahme auf seine eigene Machart, die von R. Jakobson auch als poetische und von U. Eco als ästhetische Funktion bezeichnet wird.

Refiguration
Wirklichkeits- und handlungsorientierte Umgestaltung der erzählerisch vermittelten Weltgestalt durch den Leser anhand der pragmatischen Maxime, die dazu auf-

fordert, sich mögliche Folgen und Auswirkungen vorzustellen und so den Kurzschluss von der Fiktion auf die Realität verhindert. Anstatt die Schlussfolgerungen, die ein Text nahelegt, unmittelbar durch Vollzugshandlungen zu ratifizieren, gilt es den Abstand und die Differenz von Text und Welt (*mental space*) zu bedenken und nach der Relevanz der literarischen Konfiguration für das eigene Denken, Empfinden und Verhalten zu fragen.

Rekurs-Situation
die Bezugssituation, mit deren Hilfe eine Diskurssituation aufgeschlüsselt oder auf eine Typologie vergleichbarer Fälle bezogen wird.

Schema
Nach Kant das Verfahren der Einbildungskraft, dem Begriff zur Anschauung zu verhelfen. Das Schema kann eine Regel der Zuordnung von Erfahrung und Verständnisrahmen sein. Kognitive Schemata sorgen dafür, dass die Welt trotz ihrer Komplexität und Dynamik auf bestimmte wiederkehrende Wahrnehmungs- und Deutungsmuster reduziert werden kann.

schematisierte Ansicht
eine gegenüber der natürlichen Wahrnehmung in ihrer konkreten Plastizität reduzierte Auffassung von Gegenständen im Medium einer Kunst, die dank dieser Reduktion einen höheren Unbestimmtheitsgrad als die Dinge in der Erscheinungswelt aufweist. Wo Leerstellen auftauchen, greifen Leser auf ihre allgemeine Welt- und Menschenkenntnis zurück. So wird in der Vorstellung des Lesers ergänzt, was in der Darstellung des Textes fehlt.

script
die mentale Repräsentation jener mehr oder weniger stereotypen Rollen- und Handlungspläne, die mit einer bestimmten Szene oder Diskurssituation erfahrungsgemäß verknüpft sind.

story
die Geschichte, so wie sie erzählt wird – im Unterschied zum *plot* (zum Handlungsplan der Erzählung), der die Anordnung der Ereignisse im narrativen Diskurs bestimmt.

Szenographie
eigentlich: das illusionistisch gemalte Bühnenbild, die Kulisse. Allgemeiner gefasst, die Art und Weise, in der ein um Anschaulichkeit bemühter Text die Einbildungskraft seiner Leser erregt und lenkt. Rhetorisch gesehen ist die szenographische Funktion der Erzählrede aus der *energeia*, der Kraft der Sprache zur lebhaften Veranschaulichung und Vergegenwärtigung abzuleiten.

zeitdeckendes Erzählen
Weitestgehende Annäherung von erzählter Zeit und Erzählzeit, z. B. bei der Wiedergabe eines Dialogs in direkter Rede.

zeitdehnendes Erzählen
Die erzählte Zeit ist kürzer als die Erzählzeit, z. B. die Zeitlupe in der filmischen Narration.

zeitraffendes Erzählen
Die erzählte Zeit ist länger als die Erzählzeit, da Ereignisse gleichsam ›im Schnelldurchlauf‹ geschildert werden. Man unterscheidet die durative Zeitraffung (»*Den ganzen Winter über* …«), die iterative Zeitraffung (»*Jeden Sonntag* …«) und die Sonderformen der Auslassung, durch die der narrative Diskurs elliptisch wird.

VII. Bibliographie

1. Vorbemerkung und Einleitung

Albérès, R. M.: *Geschichte des modernen Romans.* Düsseldorf/Köln 1964.
Von Birken, S.: Vorrede zur *Aramena* von Herzog Anton Ulrich. In: Kimpel, D./Wiedemann, C. (Hg.): *Theorie und Technik des Romans im 17. und 18. Jahrhundert.* 2 Bde. Tübingen 1970, S. 10–15.
Blumenberg, H.: *Paradigmen zu einer Metaphorologie.* Bonn 1960.
Blumenberg, H.: Wirklichkeitsbegriff und Möglichkeit des Romans. In: *Zur Struktur des Romans.* Hg. v. B. Hillebrand. Darmstadt 1978, S. 236–267.
Calvino, I.: Die Welt ist nicht lesbar, aber wir müssen gleichwohl versuchen, sie zu entziffern. In: *Zibaldone.* Zs. f. italienische Kultur der Gegenwart 1,1 (1986), S. 8–18.
Eco, U.: *Das offene Kunstwerk.* Frankfurt a. M. 1977.
Eisele, U.: *Die Struktur des modernen deutschen Romans.* Tübingen 1974.
Freedman, R.: The Possibility of a Theory of the Novel. In: *The Disciplines of Criticism, Essays in Literary Theory, Interpretation and History.* Hg. v. P. Demetz u. a. New Haven/London 1968, S. 57–77.
Goody, J./Watt, I./Gough, K.: *Entstehung und Folgen der Schriftkultur.* Frankfurt a. M. 1991.
Hillebrand, B.: *Theorie des Romans, Erzählstrategien der Neuzeit.* Stuttgart/Weimar 3. Aufl. 1993.
Koskimies, R.: *Theorie des Romans.* Darmstadt 1966.
Migner, K.: *Theorie des modernen Romans, Eine Einführung.* Stuttgart 1970.
Petersen, J. H.: *Der deutsche Roman der Moderne, Grundlegung – Typologie – Entwicklung.* Stuttgart 1991.
Prince, G.: *Narratology, The Form and Functioning of Narrative.* Berlin/New York/Amsterdam 1982.
Scheunemann, D.: *Romankrise, Die Entstehungsgeschichte der modernen Romanpoetik in Deutschland.* Heidelberg 1978.
Schramke, J.: *Zur Theorie des modernen Romans.* München 1974.
Steinecke, H. (Hg.): *Romanpoetik in Deutschland, Von Hegel bis Fontane.* Tübingen 1984.
Todorov, T.: Die Lektüre als Rekonstruktion des Textes. In: *Erzählforschung 2, Theorien, Modelle und Methoden der Narrativik.* Hg. v. W. Haubrichs. Göttingen 1977, S. 240–259.
Watt, I.: *Der bürgerliche Roman, Aufstieg einer Gattung.* Frankfurt a. M. 1974.

1.1 Anthologien zur historischen Poetik des Romans

Grimm, R. (Hg.): *Deutsche Romantheorien, Beiträge zu einer historischen Poetik des Romans in Deutschland.* Frankfurt a. M./Bonn 1968.
Kimpel, D./Wiedemann, C. (Hg.): *Theorie und Technik des Romans im 17. und 18. Jahrhundert.* 2 Bde. Tübingen 1970.
Lämmert, E. u. a. (Hg.): *Romantheorie, Dokumentation ihrer Geschichte in Deutschland.* Bd. 1. 1620–1880. Köln/Berlin 1971; Bd. 2. Seit 1880. Köln/Berlin 1975.
Steinecke, H. (Hg.): *Theorie und Technik des Romans im 19. Jahrhundert.* Tübingen 1970.
—: *Theorie und Technik des Romans im 20. Jahrhundert.* Tübingen 1972.
—: *Romanpoetik in Deutschland, Von Hegel bis Fontane.* Tübingen 1984.

1.2 Allgemeine Werke zur Erzählforschung

Bogdal, K.-M. (Hg.): *Neue Literaturtheorien, Eine Einführung*. Opladen 1990.
Gelfert, H.-D.: *Wie interpretiert man einen Roman*. Stuttgart 2002.
Haubrichs, W. (Hg.): *Erzählforschung*. 3 Bde. Göttingen 1976 ff.
Kahrmann, C./Reiß, G./Schluchter, M.: *Erzähltextanalyse, Eine Einführung mit Studien und Übungstexten*. Königstein 1986.
Lämmert, E. (Hg): *Erzählforschung, Ein Symposion*. Stuttgart 1982.
Ludwig, H.-W. (Hg.): *Arbeitsbuch Romananalyse*. Darmstadt 1985.
Martinez, M./Scheffel, M.: *Einführung in die Erzähltheorie*. 4. Aufl. München 2003.
Pechlivanos, M. u. a. (Hg.): *Einführung in die Literaturwissenschaft*. Stuttgart/Weimar 1995.
Reichel, E.: Der Roman und das Geschichtenerzählen, Ihre Kongruenz und Diskrepanz in der Romanforschung (1890–1970). In: *Deutsche Vierteljahrsschrift für Literaturwissenschaft und Geistesgeschichte* 52 (1978), S. 296–345.
Martin, W.: *Recent Theories of Narrative*. Ithaca/London 1986.
Schneider, J.: *Einführung in die Roman-Analyse*. Darmstadt 2003.
Vogt, J.: *Aspekte erzählender Prosa, Eine Einführung in Erzähltechnik und Romantheorie*. Opladen 7. Aufl. 1990.
Weber, D.: *Erzählliteratur, Schriftwerk, Kunstwerk, Erzählwerk*. Göttingen 1998.

2. Entwicklungsgeschichte der Romantheorie

2.1 Von der Antike bis zur Aufklärung

Aristoteles: *Poetik*. Stuttgart 1991.
—: *Rhetorik*. München 1993a.
—: *Metaphysik, Schriften zur ersten Philosophie*. Stuttgart 1993b.
Bauer, M.: *Der Schelmenroman*. Stuttgart/Weimar 1994.
von Blanckenburg, F.: *Versuch über den Roman*. Faksimiledruck der Originalausgabe von 1774. Stuttgart 1965.
—: Rezension über Goethes ›Werther‹. In: *Theorie und Technik des Romans im 17. und 18. Jahrhundert*. Bd. 1. Hg. v. D. Kimpel u. C. Wiedemann. Tübingen 1970, S. 138–141.
Eco, U.: *Nachschrift zum ›Namen der Rose‹*. München 1987.
Fielding, H.: *Die Abenteuer des Joseph Andrews und seines Freundes Mr. Abraham Adams*. Zürich 1987.
—: *Tom Jones, Die Geschichte eines Findlings*. München 1978.
Furetière, A.: *Der Bürgerroman*. Basel/Frankfurt a. M. 1992.
Girard, G.: *Deceit, Desire and the Novel, Self and Other in Literary Structure*. Baltimore/London 1965.
Jean Paul: *Vorschule der Ästhetik*. Sämtliche Werke, Abteilung I, Band 5. Hg. v. N. Miller. Frankfurt a. M. 1996.
von Goethe, J. W.: Maximen und Reflexionen. In: *Theorie und Technik des Romans im 17. und 18. Jahrhundert*. Bd. 2. Hg. v. D. Kimpel u. C. Wiedemann. Tübingen 1970, S. 58.
von Goethe, J. W.: Über epische und dramatische Dichtung, ebd., S. 55–57.
—: *Wilhelm Meisters Lehrjahre*, 5. Buch, 7. Kapitel, ebd., S. 51 f.
Gottsched, J. C.: *Versuch einer Critischen Dichtkunst*. Ausgewählte Werke. Hg. v. J. Birke u. B. Birke. 6. Bd. 2. Teil. Berlin/New York 1973.

Greiner, W. E.: *Studien zur Entstehung der englischen Romantheorie an der Wende zum 18. Jahrhundert.* Tübingen 1969.
Heidegger, G.: *Mythoscopia Romantica oder Discours von den so benannten Romans.* Faksimiledruck nach dem Originaldruck von 1698. Bad Homburg/Berlin/Zürich 1969.
Herder, J. G.: 99. Brief zur Beförderung der Humanität. In: *Theorie und Technik des Romans im 17. und 18. Jahrhundert.* Bd. 2. Hg. v. D. Kimpel u. C. Wiedemann. Tübingen 1970, S. 36–39.
Hiebel, H.: *Individualität und Totalität, Zur Geschichte und Kritik des bürgerlichen Poesiebegriffs von Gottsched bis Hegel anhand der Theorien über Roman und Epos.* Bonn 1974.
Horaz, Q. F.: *Ars Poetica, Die Dichtkunst.* Stuttgart 1984.
Huet, P. D.: *Traité de l'origine des romans.* Faksimiledruck nach der Erstausgabe von 1670 und der Happelschen Übersetzung von 1682. Stuttgart 1966.
Leibniz, G. W.: Brief an Herzog Anton Ulrich. In: *Theorie und Technik des Romans im 17. und 18. Jahrhundert.* Bd. 1. Hg. v. D. Kimpel u. C. Wiedemann. Tübingen 1970, S. 67 f.
Mahoney, D. F.: *Der Roman der Goethezeit* (1774–1829). Stuttgart 1988.
Ortheil, H.-J.: *Der poetische Widerstand im Roman, Geschichte und Auslegung des Romans im 17. und 18. Jahrhundert.* Königstein 1980.
Platon: *Werke in acht Bänden.* Darmstadt 1990.
Platon: *Der Staat.* München 1991.
Quintilian, M. F.: *Institutio oratoria X, Lehrbuch der Rhetorik, 10. Buch.* Stuttgart 1985.
Selbmann, R.: *Der deutsche Bildungsroman.* Stuttgart 1984.
Solbach, A.: *Evidentia und Erzähltheorie, Die Rhetorik anschaulichen Erzählens in der Frühmoderne und ihre antiken Quellen.* München 1994.
de Staël, M.: Versuch über die Dichtungen. In: *Goethe Gedenkausgabe.* Bd. 15. Zürich Stuttgart 1953, S. 335–361.
Vossler, K.: Der Roman bei den Romanen. In: *Zur Poetik des Romans.* Hg. v. V. Klotz. Darmstadt 1965, S. 1–14.
Wezel, J. K.: Vorrede zu ›Hermann und Dorothea‹. In: *Theorie und Technik des Romans im 17. und 18. Jahrhundert.* Bd. 2. Hg. v. D. Kimpel u. C. Wiedemann. Tübingen 1970, S. 23–27.
Wieland, C. M.: *Geschichte des Agathon.* Sämmtliche Werke. Bd. I. Hamburg 1984.

2.2 Von der Romantik bis zur Postmoderne

Adorno, Th. W.: *Noten zur Literatur.* Frankfurt a. M. 1974.
Alber, J./Fludernik, M. (Hg.): *Moderne/Postmoderne.* Trier 2003.
Auerbach, E.: *Mimesis, Dargestellte Wirklichkeit in der abendländischen Literatur.* Bern/München 3. Aufl. 1964.
Barth, J.: *Der Tabak-Händler.* Roman. Reinbek bei Hamburg 1985.
Bauer, M.: *Im Fuchsbau der Geschichten, Anatomie des Schelmenromans.* Stuttgart Weimar 1993.
Bauman, Z.: *Moderne und Ambivalenz, Das Ende der Eindeutigkeit.* Frankfurt a. M. 1995.
Benjamin, W.: Krisis des Romans. Zu Döblins ›Berlin Alexanderplatz‹. In: *Angelus Novus, Ausgewählte Schriften.* Bd. 2. Frankfurt a. M. 1966, S. 437–443.
—: Der Erzähler, Betrachtungen zum Werk Nikolai Lesskows. In: *Illuminationen, Ausgewählte Schriften.* Frankfurt a. M. 1977, S. 385–410.
Blamberger, G.: *Versuch über den deutschen Gegenwartsroman.* Stuttgart 1985.
Bobinac, M. u. a. (Hg.): *Tendenzen im Geschichtsdrama und Geschichtsroman des 20. Jahrhunderts.* Zagreb 2004.
Butor, M.: *Repertoire.* 3 Bde. München 1963–1965.
Camus, A.: *Der Mythos von Sisyphos, Ein Versuch über das Absurde.* Hamburg 1984.

—: *Der Mensch in der Revolte*. Reinbek bei Hamburg 1988.

Dumitriu, P.: *Die Transmoderne, Zur Situation des Romans*. Frankfurt a. M. 1965.

Durzak, M.: Der moderne Roman, Möglichkeiten einer Theorie des Romans am Beispiel von Georg Lukács. In: *Basis*, Jahrbuch f. dt. Gegenwartsliteratur (1970), S. 9–41.

Eco, U.: *Der Name der Rose*. Roman. München Wien 1982.

—: *Nachschrift zum ›Namen der Rose‹*. München 1987.

Einstein, C.: *Bebuquin*. Stuttgart 1985.

Fiedler, L.: Close the border – Cross the Gap. In: Schröder, J. (Hg.): *März-Mammut. März-Texte*. Herbstein 2. Aufl. 1984, S. 673–697.

Goldmann, L.: *Dialektische Untersuchungen*. Neuwied/Berlin 1966.

—: *Soziologie des modernen Romans*. Frankfurt a. M. 1970.

Haverkamp, A./Heit, A. (Hg.): *Ecos Rosenroman. Ein Kolloquium*. München 1987.

Hegel, G. W. F.: *Ästhetik*. 2 Bde. Hg. v. F. Bassenge. Berlin 1985.

Janz, R.-P.: Zur Historizität und Aktualität der ›Theorie des Romans‹ von Georg Lukács. In: *Jahrbuch d. dt. Schillergesellschaft* 22 (1978) S. 674–699.

Jung, W.: *Georg Lukács*. Stuttgart 1989.

von Kahler, E.: *Untergang und Übergang, Essays*. München 1970.

Kaiser, G. R.: ›Klassenbewußtsein‹ und ›vision du monde‹, Das frühe Werk von Georg Lukács und Lucien Goldmanns ›genetischer Strukturalismus‹. In: *Der Streit mit Georg Lukács*. Hg. v. H.-J. Schmitt. Frankfurt a. M. 1978, S. 173–215.

Kroeber, B. (Hg.): *Zeichen in Umberto Ecos Roman ›Der Name der Rose‹*. München 1989.

LaCapra, D.: *Geschichte und Kritik*. Frankfurt a. M. 1987.

Lukács, G.: *Geschichte und Klassenbewußtsein, Studien über marxistische Dialektik*. Neuwied/Berlin 1970.

—: *Essays über Realismus*. Neuwied 1971.

—: *Gelebtes Denken, Eine Autobiographie im Dialog*. Frankfurt a. M. 1981a.

—: *Moskauer Schriften, Zur Literaturtheorie und Literaturpolitik 1934–1940*. Frankfurt a. M. 1981b.

—: *Die Theorie des Romans, Ein geschichtsphilosophischer Versuch über die Formen der großen Epik*. München 1994.

Miles, D. H.: Portrait of the Marxist as Young Hegelian, Lukács ›Theory of the Novel‹. In: *Publications of the Modern Language Association of America* 94 (1979), S. 22–35.

Novalis: Vorarbeiten zu verschiedenen Fragmentsammlungen. In: *Theorie und Technik des Romans im 17. und 18. Jahrhundert* Bd. 2. Hg. v. D. Kimpel u. C. Wiedemann. Tübingen 1970, S. 112–116.

Opitz, D.: *Klio, ein Wirbel um L*. Roman. Göttingen 1996.

Quandt, S./Süssmuth, H. (Hg.): *Historisches Erzählen, Formen und Funktionen*. Göttingen 1982.

Robbe-Grillet, A.: *Argumente für einen neuen Roman, Essays*. München 1965.

Ruth, W.: ›Meager Fact and Solid Fancy‹, Die Erfindung der Vergangenheit in John Barths ›*The Sot-Weed Factor*‹. In: *Anglistik und Englischunterricht* 24 (1984), S. 97–116.

Sarraute, N.: *Zeitalter des Argwohns, Über den Roman*. Köln/Berlin 1965.

Schelling, F. W. J.: Philosophie der Kunst. In: *Theorie und Technik des Romans im 17. und 18. Jahrhundert*. Bd. 2. Hg. v. D. Kimpel und C. Wiedemann. Tübingen 1970, S. 122–132.

Schärf, C.: *Der Roman des 20. Jahrhunderts*. Stuttgart/Weimar 2001.

Schirokauer, A.: Bedeutungswandel des Romans. In: *Zur Poetik des Romans*. Hg. v. V. Klotz. Darmstadt 1965, S. 15–31.

Schlegel, F.: Lyceums-Fragmente. In: *Theorie und Technik des Romans im 17. und 18. Jahrhundert*. Bd. 2. Hg. v. D. Kimpel und C. Wiedemann. Tübingen 1979, S. 82–84.

—: Athenäums-Fragmente. Ebd., S. 84–89.

Schlegel, F.: Rede über Mythologie. Ebd., S. 104–108.

Schneider, N.: *Geschichte der Ästhetik von der Aufklärung bis zur Postmoderne, Eine paradigmatische Einführung.* Stuttgart 1996.
Solger, K. W. F.: *Vorlesungen über Ästhetik.* Darmstadt 1962.
Vischer, F. Th.: *Aesthetik oder Wissenschaft des Schönen.* München 1923.
Welsch, W.: *Unsere postmoderne Moderne.* Freiburg 2. Aufl. 1988.
White, H.: *Auch Klio dichtet oder Die Fiktion des Faktischen, Studien zur Tropologie des historischen Diskurses.* Stuttgart 1986.
—: *Die Bedeutung der Form, Erzählstrukturen in der Geschichtsschreibung.* Frankfurt a. M. 1990.
Wohlfarth, I.: Krise der Erzählung, Krise der Erzähltheorie, Überlegungen zu Lukács, Benjamin und Jauss. In: *Erzählung und Erzählforschung im 20. Jahrhundert.* Hg. v. R. Kloepfer u. G. Janetzke-Dillner. Stuttgart u. a. 1981, S. 269–288.

3. Diskussion der Erzählperspektive

Bachtin, M.: *Formen der Zeit im Roman. Untersuchungen zur historischen Poetik.* Frankfurt a. M. 1989.
Bal, M.: *Narratologie, Essais sur la signification narrative dans quatre romans modernes.* Amsterdam 1977.
—: Notes on narrative embedding. In: *Poetics Today* 2:2 (1981a), S. 41–59.
—: The Laughing Mice or: On Focalization. In: *Poetics Today* 2:2 (1981b), S. 202–210.
Baumgart, R.: *Aussichten des Romans oder Hat die Literatur Zukunft? Frankfurter Vorlesungen.* München 1970.
Booth, W. C.: *Die Rhetorik der Erzählkunst.* 2 Bde. Heidelberg 1974.
Baur, U.: Deskriptive Kategorien des Erzählverhaltens. In: *Erzählung und Erzählforschung im 20. Jahrhundert.* Hg. v. R. Kloepfer u. G. Janetze-Dillner. Stuttgart u. a. 1981, S. 31–39.
Bordwell, D.: *Narration in the Fiction Film.* Madison 1985.
Brannigan, E.: *Point of View in the Cinema, A Theory of Narration and Subjectivity in Classical Film.* Berlin/New York/Amsterdam 1984.
Broich, U.: Gibt es eine neutrale Erzählsituation? In: *Germanisch-Romanische Monatsschrift* 33 (1983), S. 129–145.
Bronzwaer, W.: Mieke Bal's Concept of Focalization, A Critical Note. In: *Poetics Today* 2:2 (1981), S. 193–201.
Brooks, C./Warren, R. P.: *Understanding Fiction.* New York 1943.
Chatman, S.: *Story and Discourse, Narrative Structure in Fiction and Film.* Ithaca/London 1978.
—: *Coming to Terms, The Rhetoric of Narrative in Fiction and Film.* Ithaca/London 1990.
Cohn, D.: The Encirclement of Narrative. On Franz Stanzel's ›Theorie des Erzählens‹. In: *Poetics Today* 2:2 (1981), S. 157–182.
Eco, U.: *Lector in fabula, Die Mitarbeit der Interpretation in erzählenden Texten.* München Wien 1987.
Farner, G.: Käte Hamburger und das Problem des fiktiven Erzählers. In: Orbis Litterarum 33 (1978), S. 111–122.
Flaubert, G./Sand, G.: *Eine Freundschaft in Briefen.* Hg. v. Alphonse Jacob. München 1982.
Forster, E. M.: *Ansichten des Romans.* Frankfurt a. M. 1962.
Friedemann, K.: *Die Rolle des Erzählers in der Epik.* Darmstadt 1965.
Friedman, N.: Point of View in Fiction: The development of a Critical Concept. In: *Publications of the Modern Language Association of America* 70 (1955), S. 1160–1184.
Füger, W.: Zur Tiefenstruktur des Narrativen, Prolegomena zu einer generativen ›Grammatik‹ des Erzählens. In: *Poetica* 5 (1972), S. 268–292.
Genette, G.: *Die Erzählung / Neuer Diskurs der Erzählung.* München 1994.

Gibson, J. J.: *Wahrnehmung und Umwelt, Der ökologische Ansatz in der visuellen Wahrnehmung.* München/Wien/Baltimore 1982.
Gnutzmann, R.: Standpunkt – point of view – point de vue. In: *Orbis Litterarum* 32 (1977), S. 254–264.
von Graevenitz, G.: *Die Setzung des Subjekts, Untersuchungen zur Romantheorie.* Tübingen 1973.
Hamburger, K.: *Die Logik der Dichtung.* Frankfurt a. M./Berlin/Wien 1980.
Hansen, U.: Segmentierung narrativer Texte. Zum Problem der Erzählperspektive in der Fiktionsprosa. In: *Text und Kontext* 3 (1975), S. 3–48.
James, H.: *Tagebuch eines Schriftstellers, Notebooks.* Köln/Berlin 1965.
James, H.: *Die Kunst des Romans, Ausgewählte Essays zur Literatur.* Hanau a. M. 1984.
Kayser, W.: Wer erzählt den Roman. In. *Zur Poetik des Romans.* Hg. v. V. Klotz. Darmstadt 1965, S. 197–216.
Kummer, W.: Sprechsituation, Aussagesystem und die Erzählsituation des Romans, Ein Beitrag zur Theorie der Kommunikationsspiele. In: *Zeitschrift für Literaturwissenschaft und Linguistik* 2 (1972), S. 83–105.
Lanser, S. S.: *The Narrative Act, Point of View in Prose Fiction.* Princeton 1981.
Leibfried, E.: *Kritische Wissenschaft vom Text, Manipulation, Reflexion, Transparente Poetik.* Stuttgart 1970.
Ley, K.: ›Madame Bovary‹ als literarisches Ereignis: In: *Das 19. Jahrhundert, Aufbruch in die Moderne.* Hg. v. W. Buckl u. P. Geyer. Regensburg 1996, S. 93–119.
Lockemann, W.: Zur Lage der Erzählforschung. In: *Zur Struktur des Romans.* Hg. v. B. Hillebrand. Darmstadt 1978, S. 268–289.
Lubbock, P.: *The Craft of Fiction.* London 1921.
Liptay, F./Wolf, Y. (Hg.): *Was stimmt denn jetzt? Unzuverlässiges Erzählen in Literatur und Film.* München 2005.
Morrison, Sister Kirstin: James's and Lubbock's Differing Points of View. In: *Nineteenth Century Fiction* 16 (1961/62), S. 245–255.
Neuhaus, V.: *Typen multiperspektivischen Erzählens.* Köln/Wien 1974.
Nünning, A.: ›Point of view‹ oder ›focalization‹? Über einige Grundlagen und Kategorien konkurrierender Modelle der erzählerischen Vermittlung. In: *Literatur in Wissenschaft und Unterricht* 23 (1990), S. 249–268.
—: Die Funktionen der Erzählinstanzen: Analysekategorien und Modelle zur Beschreibung des Erzählverhaltens. In: *Literatur in Wissenschaft und Unterricht* 30 (1997), S. 323–349.
—: Grundzüge einer kognitiv-narratologischen Theorie und Analyse unglaubwürdigen Erzählens. In: *Unreliable Narration. Studien zur Theorie und Praxis unglaubwürdigen Erzählens in der englischsprachigen Erzählliteratur.* Hg. v. A. Nünning. Trier 1988, S 3–30.
Petersen, J. H.: Kategorien des Erzählens, Zur systematischen Deskription epischer Texte. In: *Poetica* 9 (1977), S. 167–195.
—: Erzählforschung als Spiegel literaturwissenschaftlicher Theorie-Diskussion. In: *Zeitschrift f. dt. Philologie* 99 (1980), S. 597–615.
—: *Erzählsysteme, Eine Poetik epischer Texte.* Stuttgart/Weimar 1993.
Pouillon, J.: *Temps et le roman.* Paris 1946.
Ricœur, P.: *Zeit und Erzählung.* Bd. 3. München 1991.
Romberg, B.: *Studies in the Narrative Technique of the First Person Novel.* Stockholm/Uppsala 1962.
Rorty, R.: *Der Spiegel der Natur, Eine Kritik der Philosophie.* Frankfurt a. M. 1987.
Spielhagen, F.: *Theorie und Technik des Romans.* Leipzig 1883.
Stanzel, F. K.: Episches Präteritum, Erlebte Rede, Historisches Präsens. In: *Zur Poetik des Romans.* Hg. v. V. Klotz. Darmstadt 1965, S. 319–338.
—: Zur Konstituierung der typischen Erzählsituationen. In: *Zur Struktur des Romans.* Hg. v. B. Hillebrand. Darmstadt 1978, S. 558–576.

—: Wandlungen des narrativen Diskurses in der Moderne. In: *Erzählung und Erzählforschung im 20. Jahrhundert.* Hg. v. R. Kloepfer u. G. Janetzke-Dillner. Stuttgart u. a. 1981, S. 371–383.
—: *Typische Formen des Romans.* Göttingen 11. Aufl. 1987.
—: *Theorie des Erzählens.* Göttingen 5. Aufl. 1991.
Stendhal: *Rot und Schwarz, Chronik aus dem Jahr 1830.* München 1976.
Uspenskij, B. A.: *Poetik der Komposition, Struktur des künstlerischen Textes und Typologie der Kompositionsformen.* Frankfurt a. M. 1975.
Vitoux, P.: Le jeu de la focalisation. In: *Poetique* 51 (1982), S. 359–368.
Weimann, R.: Erzählerstandpunkt und point of view, Zu Geschichte und Ästhetik der Perspektive im englischen Roman. In: *Zeitschrift für Anglistik und Amerikanistik* 10 (1962), S. 254–271.
—: Erzählsituation und Romantypus, Zu Theorie und Genesis realistischer Erzählformen. In: *Sinn und Form* 18 (1966), S. 109–133.
Weinrich, H.: *Tempus, Besprochene und erzählte Welt.* Stuttgart/Berlin/Köln 5. Aufl. 1994.
Wiegmann, H.: Typologie und Systematik in der Erzähltheorie, Bemerkungen zu den Voraussetzungen einer Typologie mit kritischen Anmerkungen zu Stanzels ›Theorie des Erzählens‹. In: *Literatur in Wissenschaft und Unterricht* 14 (1981), S. 176–184.

4. Untersuchungsansätze der Erzählforschung

4.1 Der formalistische Ansatz

Alewyn, R.: Ursprung des Detektivromans. In: *Probleme und Gestalten.* Frankfurt a. M. 1974, S. 361–394.
Brockman, J. M.: *Strukturalismus, Moskau – Prag – Paris.* Freiburg/München 1971.
Erlich, V.: *Russischer Formalismus.* Frankfurt a. M. 1987.
Jakobson, R.: *Poetik, Ausgewählte Aufsätze 1921–1971.* Frankfurt a. M. 1979.
Jauß, H. R.: *Literaturgeschichte als Provokation der Literaturwissenschaft.* Frankfurt a. M. 1970.
Jameson, F.: *The Prison-House of Language, A Critical Account of Structuralism and Russian Formalism.* Princeton 1972.
Mukařovský, J.: *Studien zur strukturalistischen Ästhetik und Poetik.* München 1974.
Pratt, M. L.: *Toward A Speech Act Theory of Literary Discourse.* Bloomington London 1977.
de Saussure, F.: *Grundfragen der Allgemeinen Sprachwissenschaft.* Berlin 2. Aufl. 1967.
Šklovskij, V.: *Theorie der Prosa.* Frankfurt a. M. 1984.
Strohmair, E.: *Theorie des Strukturalismus, Zur Kritik der strukturalistischen Literaturanalyse.* Bonn 1977.
Texte der Russischen Formalisten. Bd. 1: Texte zur allgemeinen Literaturtheorie und zur Theorie der Prosa. Hg. v. J. Striedter. München 1969; Bd. 2: Texte zur Theorie des Verses und der poetischen Sprache. Hg. v. W.-D. Stempel. München 1972.
Tynjanov, J.: *Die literarischen Kunstmittel und die Evolution in der Literatur.* Frankfurt a. M. 1967.
Tynjanov, J./Jakobson, R.: Probleme der Literatur- und Sprachforschung. In: *Strukturalismus, Ideologie und Dogmengeschichte.* Hg. v. W. D. Hund. Darmstadt 1973, S. 378–380.

4.2 Der dialogische Ansatz

Aucouturier, M.: The Theory of the Novel in Russia in the 1930s, Lukács and Bachtin. In: *The Russian Novel from Pushkin to Pasternak.* Hg. v. J. Garrard. New Haven/London 1983, S. 227–240.
Bachtin, M. M.: *Probleme der Poetik Dostojewskijs.* München 1971.

—: *Die Ästhetik des Wortes*. Frankfurt a. M. 1979.
—: Kunst und Verantwortung. In: Ebd., S. 93–94.
—: Das Problem von Inhalt, Material und Form im Wortkunstschaffen. In: Ebd., S. 95–153.
—: Das Wort im Roman. In: Ebd., S. 154–300.
—: Aus der Vorgeschichte des Romanwortes. In: Ebd., S. 301–337.
—: *Speech Genres and Other Late Essays*. Austin 1986.
—: The Bildungsroman and its Significance in the History of Realism. In: Ebd., S. 10–59.
—: *Rabelais und seine Welt, Volkskultur als Gegenkultur*. Frankfurt a. M. 1987.
—: *Formen der Zeit im Roman, Untersuchungen zur historischen Poetik*. Frankfurt a. M. 1989.
—: Epos und Roman, Zur Methodologie der Romanforschung. In: Ebd., S. 210–251.
—: Das Problem des Textes in der Linguistik, Philologie und in anderen Humanwissenschaften, Versuch einer philosophischen Analyse. In: *Poetica* 22 (1990), S. 436–487.
—: *Art and Answerability, Early Philosophical Writings*. Austin 1991.
Bakhtine – Mode d'emploi. In: *Études francaises* 20 (1984).
Bernstein, M. A.: When the Carnival turns bitter, Preliminary Reflections upon the Abject Hero, In: *Bakhtin, Essays and Dialogues on his Work*. Hg. v. G. S. Morson. Chicago/London 1986, S. 99–121.
Bialostosky, D. H.: Booth's Rhetoric, Bakhtin's Dialogics and the Future of Novel Criticism. In: *Novel* 18 (1985), S. 209–216.
—: Dialogics as an Art of Discourse in Literary Criticism. In: *Publications of the Modern Language Association of America* 101 (1986), S. 788–796.
Chvatík, K.: *Mensch und Struktur, Kapitel aus der neostrukturalen Ästhetik*. Frankfurt a. M. 1987.
Clark, K./Holquist, M.: *Mikhail Bakhtin*. Cambridge/London 1984.
Cohen, H.: *Ästhetik des Reinen Gefühls*. 2 Bde. Berlin 1912.
Freise, M.: *Michail Bachtins philosophische Ästhetik der Literatur*. Frankfurt a. M. u. a. 1993.
Girard, R.: *Das Heilige und die Gewalt*. Zürich 1987.
Grübel, R.: Zur Ästhetik des Wortes bei Michail M. Bachtin. In: Bachtin, M. M.: *Die Ästhetik des Wortes*. Frankfurt a. M. 1979, S. 21–78.
Hagège, C.: *Der dialogische Mensch, Sprache – Weltbild – Gesellschaft*. Reinbek bei Hamburg 1987.
Hansen-Löve, A. A.: *Der Russische Formalismus, Methodologische Rekonstruktion seiner Entwicklung aus dem Prinzip der Verfremdung*. Wien 1978.
Holquist, M./Clark, K.: The Influence of Kant in the Early Works of M. M. Bakhtin. In: *Literary Theory and Criticism*, Part I. Hg. v. J. P. Strelka. Bern u. a. 1984, S. 299–313.
Holquist M.: *Dialogism, Bakhtin and his World*. London/New York 1991.
Kant, I.: *Kritik der reinen Vernunft*. Hg. v. R. Schmidt. Hamburg 1993.
Kloepfer, R.: Der Roman als entfesseltes Gespräch. In: *Erzählung und Erzählforschung im 20. Jahrhundert*. Hg. v. R. Kloepfer u. G. Janetzke-Dillner. Stuttgart u. a. 1981, S. 15–27.
Kundera, M.: *Die Kunst des Romans*. Frankfurt a. M. 1992.
Lachmann, R (Hg.): *Dialogizität*. München 1982.
Lehmann, J.: Ambivalenz und Dialogizität, Zur Theorie der Rede bei Michail Bachtin. In: *Urszenen, Literaturwissenschaft als Diskursanalyse und Diskurskritik*. Hg. v. F. Kittler u. H. Turk. Frankfurt a. M. 1977, S. 355–380.
Le Roy Ladurie, E.: *Karneval in Romans, Eine Revolte und ihr blutiges Ende 1579–1590*. München 1989.
Lodge, D.: *After Bakhtin, Essays on fiction and criticism*. London/New York 1990.
Medvedev, P.: *Die formale Methode in der Literaturwissenschaft*. Stuttgart 1967.
Merleau-Ponty, M.: *Phänomenologie der Wahrnehmung*. Berlin 1974.
Montigel, U.: *Der Körper im humoristischen Roman, Zur Verlustgeschichte des Sinnlichen*. Frankfurt a. M. 1987.
Morson, G. S./Emerson, C.: *Mikhail Bakhtin, Creation of Prosaics*. Stanford 1990.
Ollig, H.-L.: *Der Neukantianismus*. Stuttgart 1979.

Reed, W. L.: *An Exemplary History of the Novel, The Quixotic versus the Picaresque.* Chicago/London 1981.
Schleißheimer, B.: Der moderne Mensch vor dem Abgrund des Nichts, Dostojewskij und der Nihilismus. In: *Das 19. Jahrhundert, Aufbruch in die Moderne.* Hg. v. W. Buckl u. P. Geyer. Regensburg 1996, S. 195–233.
Shukman, A.: M. M. Bakhtin, Notes on his Philosophy of Man. In: *Poetry, Prose and Public Opinion.* Hg. v. W. Harrison u. A. Pyman. Letchworth 1984, S. 241–250.
Smith, J. H.: Dialogic Midwifery in Kleist's ›Marquise von O‹ and the Hermeneutics of Telling the Untold in Kant and Plato. In: *Publications of the Modern Language Association of America* 100 (1985), S. 203–219.
Stewart, S.: Shouts in the Street, Bakhtin's Anti-Linguistics. In: *Bakhtin, Essays and Dialogues on His Work.* Hg. v. G. S. Morson. Chicago/London 1986, S. 41–57.
Todorov, T.: Bakhtine et l'altérité. In: *Poetique* 10 (1979), S. 502–513.
Voloshinov, V. N.: *Marxismus und Sprachphilosophie, Grundlegende Probleme der soziologischen Methode in der Sprachwissenschaft.* Frankfurt a. M. u. a. 1975.
Wygotski, L. S.: *Denken und Sprechen.* Frankfurt a. M. 1991.
Zima, P. V.: *Literarische Ästhetik, Methoden und Modelle der Literaturwissenschaft.* Tübingen 1991.
Žmegač, V.: *Der europäische Roman, Geschichte seiner Poetik.* Tübingen 1990.

4.3 Der pragmatische Ansatz

Austin, J. J.: *Zur Theorie der Sprechakte.* Stuttgart 2. Aufl. 1979.
Flusser, V.: *Kommunikologie.* Mannheim 1996.
Grice, H. P.: Logic and Conversation. In: *Syntax and Semantics.* Vol 3, *Speech Acts.* Hg. v. P. Cole u. J. L. Morgan. New York u. a. 1975, S. 41–58.
Herrnstein Smith, B.: *On the Margins of Discourse, The Relation of Literature to Language.* Chicago/London 1979.
Hutchison, C.: The Act of Narration, A Critical Survey of some Speech-Act Theories of Narrative Discourse. In: *Journal of Literary Semiotics* 13 (1984), S. 3–56.
Landwehr, J.: *Text und Fiktion, Zu einigen literaturwissenschaftlichen und kommunikationstheoretischen Grundbegriffen.* München 1975.
Morris, C. W.: *Grundlagen der Zeichentheorie, Ästhetik der Zeichentheorie.* Frankfurt a. M. 1988.
Ohman, R.: Speech, Literature, and the Space Between. In: *New Literary History* 4 (1972), S. 47–63.
Pavel, T. G.: *Fictionals Worlds,* Cambridge/London 1986.
Pratt, M. L.: *Towards a Speech Act Theory of Literary Discourse.* Bloomington/London 1977.
Ryan, M.-L.: *Possible Worlds, Artificial Intelligence, and Narrative Theory.* Indiana 1991.
Searle, J. R.: *Sprechakte, Ein sprachphilosophischer Essay.* Frankfurt a. M. 1977.
—: Der logische Status fiktionalen Diskurses. In: Ders.: *Ausdruck und Bedeutung, Untersuchungen zur Sprechakttheorie.* Frankfurt a. M. 1982, S. 89–97.
Wittgenstein, L.: *Philosophische Untersuchungen.* Frankfurt a. M. 1975.

4.4 Der morphologische Ansatz

Bleckwenn, H.: Morphologische Poetik und Bauformen des Erzählens, Zum Formalismus in der deutschen Literaturwissenschaft. In: *Erzählforschung 1, Theorien, Modelle und Methoden der Narrativik.* Hg. v. W. Haubrichs. Göttingen 1976, S. 45–77.
Hartmann, K.-H.: *Wiederholungen im Erzählen, Zur Literarität narrativer Texte.* Stuttgart 1979.
Hempfer, K. W.: *Gattungstheorie, Information und Synthese.* München 1973.

Lämmert, E.: *Bauformen des Erzählens.* Stuttgart 8. Aufl. 1993.
Martin, W.: *Recent Theories of Fiction.* Ithaca/London 1986.
Müller, G.: *Morphologische Poetik, Gesammelte Aufsätze.* Tübingen 1968.
Muir, E.: *The Structure of the Novel.* London 1946.
Nischik, R. M.: *Einsträngigkeit und Mehrsträngigkeit der Handlungsführung in literarischen Texten,* Tübingen 1981.
Propp, V. J.: *Morphologie des Märchens.* München 1972.
Schardt, R.: Narrative Verfahren. In: *Einführung in die Literaturwissenschaft.* Hg. v. M. Pechlivanos u. a. Stuttgart/Weimar 1995, S. 49–65.
Volek, E.: Die Begriffe ›Fabel‹ und ›Sujet‹ in der modernen Literaturwissenschaft, Zur Struktur der ›Erzählstruktur‹. In: *Poetica* 9 (1977), S. 141–166.

4.5 Der strukturalistische Ansatz

Albrecht, J.: *Europäischer Strukturalismus.* Tübingen/Basel 2. Aufl. 2000.
Barthes, R.: *Die Lust am Text.* Frankfurt a. M. 1974.
—: *S/Z.* Frankfurt a. M. 1976.
—: *Lektion.* Frankfurt a. M. 1980.
—: Einführung in die strukturale Analyse von Erzählungen. In: *Das semiologische Abenteuer.* Frankfurt a. M. 1988, S. 102–143.
—: Die Handlungsfolgen. In: Ebd., S. 144–155.
—: Die strukturale Textanalyse. In: Ebd., S. 223–250.
—: Die strukturalistische Tätigkeit. In: *Texte zur Literaturtheorie der Gegenwart.* Hg. v. D. Kimmich u. a. Stuttgart 1996, S. 215–223.
Benveniste, E.: *Probleme der Sprachwissenschaft.* München 1974.
Bremond, C.: The Logic of Narrative Possibilities. In: *New Literary History* 11 (1970), S. 387–411.
—: Die Erzählnachricht. In: *Literaturwissenschaft und Linguistik,* Bd. 3. Hg. v. J. Ihwe, Frankfurt a. M. 1972, S. 177–217.
Brooks, P.: *Reading for the Plot, Design and Intention in Narrative.* Oxford 1984.
Culler, J.: *Structuralist Poetics, Structuralism, Linguistics and the Study of Literature.* London 1975.
Fietz, L.: *Strukturalismus, Eine Einführung.* Tübingen 1982.
Fludernik, M.: *Towards a ›Natural‹ Narratology.* London/New York 1996.
Greimas, A. J.: *Strukturale Semantik, Methodologische Untersuchungen.* Braunschweig 1972.
—: Die Struktur der Erzählaktanten, Versuch eines generativen Ansatzes. In: *Literaturwissenschaft und Linguistik.* Bd. 3. Hg. v. J. Ihwe. Frankfurt a. M. 1972, S. 218–238.
—: Elemente einer narrativen Grammatik. In: *Strukturalismus in der Literaturwissenschaft.* Hg. v. H. Blumensath. Köln 1972, S. 47–67.
Kolkenbrock-Netz, J.: Diskursanalyse und Narrativik, Voraussetzungen und Konsequenzen einer interdisziplinären Fragestellung. In: *Diskurstheorien und Literaturwissenschaft.* Hg. v. J. Fohrmann u. H. Müller. Frankfurt a. M. 1988, S. 261–283.
Ricœur, P.: *Zeit und Erzählung.* 3. Bde. München 1988 1989 1991.
Scheerer, T. W./Winkler, M.: Zum Versuch einer universalen Erzählgrammatik bei Claude Bremond, Darstellung, Anwendungsprobleme und Modellkritik. In: *Poetica* 8 (1976), S. 1–24.
Schwarze, H.-W.: Die Ebenen narrativer Texte, Geschehen, Geschichte, Diskurs. In: *Arbeitsbuch Romananalyse.* Hg. v. H.-W. Ludwig. Darmstadt 1985, S. 65–105.
Segre, S.: *Literarische Semiotik, Dichtung – Zeichen – Geschichte.* Stuttgart 1980.
Scholes, R.: *Structuralism in Literature, An Introduction.* New Haven/London 1974.
Stierle, K.: Geschehen, Geschichte, Text der Geschichte. In: *Geschichte – Ereignis und Erzählung.* Hg. v. R. Koselleck u. W.-D. Stempel. München 1973, S. 530–534.

Todorov, T.: Die Grammatik der Erzählung. In: *Strukturalismus als interpretatives Verfahren.* Hg. v. H. Gallas. Darmstadt/Neuwied 1972, S. 52–71.
—: Die Kategorien der literarischen Erzählung. In: *Strukturalismus in der Literaturwissenschaft.* Hg. v. H. Blumensath. Köln 1972, S. 263–294.
—: *Poetik der Prosa.* Frankfurt a. M. 1972.
—/Ducrot, O.: *Enzyklopädisches Wörterbuch der Sprachwissenschaften.* Frankfurt a. M. 1975.

4.6 Der narratologische Ansatz

Alter, R.: *Partial Magic, The Novel as a Self-Conscious Genre.* Berkeley u. a. 1975.
Bal, M.: *Narratology, Essais sur la signification narrative dans quatre romans modernes.* Amsterdam 1977.
—: *On Story-Telling, Essays In Narratology.* Sonoma 1991.
—: *Narratology, Introduction to the Theory of Narrative.* Toronto/Buffalo/London 2. Aufl. 1994.
Banfield, A.: Narrative Style and the Grammar of Direct and Indirect Speech. In: *Foundations of Language* 10 (1973), S. 1–39.
—: *Unspeakable Sentences, Narration and Representation in the Language of Fiction.* Boston u. a. 1982.
Bickerton, D.: Modes of Interior Monologue, A Formal Definition. In: *Modern Language Quarterly* 28 (1967), S. 229–239.
Bowling, L. E.: What is the Stream of Consciousness-Technique? In: *Publications of the Modern Language Association of America* 65 (1950), S. 333–345.
Broich, U./Pfister, M. (Hg.): *Intertextualität, Formen, Funktionen, anglistische Fallstudien.* Tübingen 1985.
Chatman, S.: *Story and Discourse, Narrative Structure in Fiction and Film.* Ithaca/London 1978.
—: *Coming to Terms, The Rhetoric of Narrative in Fiction and Film.* Ithaca/London 1990.
Fludernik, M.: *Towards a ›Natural‹ Narratology.* London/New York 1996.
Genette, G.: *Die Erzählung / Neuer Diskurs der Erzählung.* München 1994.
—: *Palimpseste, Die Literatur auf zweiter Stufe.* Frankfurt a. M. 1993.
Holthuis, S.: *Intertextualität, Aspekte einer rezeptionsorientierten Konzeption.* Tübingen 1993.
Jahn, M.: Narratologie. In: Nünning, A. (Hg.): *Literaturwissenschaftliche Theorien, Modelle und Methoden. Eine Einführung.* Trier 3. Aufl. 1988, S. 29–50.
Kristeva, J.: Zu einer Semiologie der Paragramme. In: *Strukturalismus als interpretatives Verfahren.* Hg. v. H. Gallas. Darmstadt/Neuwied 1972, S. 163–200.
—: Probleme der Textstrukturation. In: *Strukturalismus in der Literaturwissenschaft.* Hg. v. H. Blumensath. Köln 1972, S. 243–262.
—: Bachtin, das Wort, der Dialog und der Roman. In: *Zur Struktur des Romans.* Hg. v. B. Hillebrand. Darmstadt 1978, S. 388–407.
—: *Revolution der poetischen Sprache.* Frankfurt a. M. 1978.
Meyer, H.: *Das Zitat in der Erzählkunst, Zur Geschichte und Poetik des europäischen Romans.* Stuttgart 1961.
Miller, N.: Erlebte und verschleierte Rede. In: *Akzente* 5 (1958), S. 213–226.
Prince, G.: Aspects of a Grammar of Narrative. In: *Poetics Today* 1:3 (1980), S. 49–63.
—: *Narratology, The Form and Functioning of Narrative.* Berlin/New York/Amsterdam 1982.
von Polenz, P.: *Deutsche Satzsemantik, Grundbegriffe des Zwischen-den-Zeilen-Lesens.* Berlin/New York 1985.
Schahadat, S.: Intertextualität, Lektüre – Text – Intertext. In: *Einführung in die Literaturwissenschaft.* Hg. v. M. Pechlivanos u. a. Stuttgart/Weimar 1995, S. 366–377.
Schorer, M.: *The World We Imagine, Technique as Discovery.* London 1969.

Stephan, D.: Der Roman des Bewußtseinsstroms und seine Spielarten. In: *Der Deutschunterricht* 14 (1962), S. 24–38.
Sternberg, E. R. (Hg.): *The Stream-of-Consciousness Technique in the Modern Novel.* Washington u. a. 1979.
Taubeneck, S.: Zitat als Realität, Realität als Zitat, Zu Affinitäten in der neuen deutschen und amerikanischen Prosa. In: *Arcadia* 19 (1984), S. 269–277.
Waugh, P.: *Metafiction, The Theory and Practice of Self-Conscious Fiction.* London/New York 1984.
Zenke, J.: *Die deutsche Monologerzählung im 20. Jahrhundert.* Köln/Wien 1976.

4.7 Der phänomenologische Ansatz

Anderegg, J.: *Fiktion und Kommunikation, Ein Beitrag zur Theorie der Prosa.* Göttingen 1973.
Cervenka, M.: *Der Bedeutungsaufbau des literarischen Werks.* München 1978.
Conrad, W.: Der ästhetische Gegenstand, Eine phänomenologische Studie. In: *Zeitschrift für Ästhetik und Allgemeine Kunstwissenschaft* 3 (1908), S. 71–118 u. 4 (1909), S. 400–455.
Dolozel, L.: Truth and Authenticity in Narrative. In: *Poetics Today* 1:3 (1980), S. 7–25.
Eagleton, T.: *Einführung in die Literaturtheorie.* Stuttgart 2. Aufl. 1992.
Goodman, N.: *Weisen der Welterzeugung.* Frankfurt a. M. 1984.
—: *Vom Denken und anderen Dingen.* Frankfurt a. M. 1987.
Husserl, E.: *Logische Untersuchungen.* 3. Bde. Hamburg 1992.
Ingarden, R.: *Das literarische Kunstwerk.* Tübingen 2. Aufl. 1960.
—: *Vom Erkennen des literarischen Kunstwerks.* Tübingen 1968.
Iser, W.: Die Appellstruktur der Texte, Unbestimmtheit als Wirkungsbedingung literarischer Prosa. In: *Rezeptionsästhetik, Theorie und Praxis.* Hg. v. R. Warning. München 2. Aufl. 1979, S. 228–252.
—: Der Lesevorgang, Eine phänomenologische Perspektive. In: Ebd., S. 253–276.
—: *Der Akt des Lesens, Theorie ästhetischer Wirkung.* München 2. Aufl. 1984.
—: Akte des Fingierens oder Was ist das Fiktive im fiktionalen Text? In: *Funktionen des Fiktiven.* Hg. v. D. Henrich u. W. Iser. München 1983, S. 121–151.
—: *Das Fiktive und das Imaginäre, Perspektiven literarischer Anthropologie.* Frankfurt a. M. 1991.
Konstantinovic, Z.: *Phänomenologie und Literaturwissenschaft, Skizzen zu einer wissenschaftstheoretischen Begründung.* München 1973.
Lewandowski, Th.: Überlegungen zur Theorie und Praxis des Lesens. In: *Wirkendes Wort* 30 (1980), S. 54–65.
Link, H.: ›Die Appellstruktur der Texte‹ und ein neues Paradigma in der Literaturwissenschaft? In: *Jahrbuch d. dt. Schillergesellschaft* 17 (1973), S. 532–583.
Lobsien, E.: *Theorie literarischer Illusionsbildung.* Stuttgart 1975.
Martinez-Bonati, F.: Die logische Struktur der Dichtung. In: *Deutsche Vierteljahrsschrift für Literaturwissenschaft und Geistesgeschichte* 47 (1975), S. 185–200.
Ray, W.: *Literary Meaning, From Phenomenology to Deconstruction.* Oxford 1984.
Roloff, V.: Identifikation und Rollenspiel, Anmerkungen zur Phantasie des Lesers. In: *Erzählforschung 2, Theorien, Modelle und Methoden der Narrativik.* Hg. v. W. Haubrichs. Göttingen 1977, S. 260–276.
Sartre, J.-P.: *Was ist Literatur, Ein Essay.* Hamburg 1950.
—: *Das Imaginäre, Phänomenologische Psychologie der Einbildungskraft.* Reinbek bei Hamburg 1971.
Stierle, K.: *Text als Handlung, Perspektiven einer systematischen Literaturwissenschaft.* München 1978.
Stonum, G. L.: For a Cybernetics of Reading. In: *Modern Language Notes* 92 (1977), S. 945–968.
Vaihinger, H.: *Philosophie des Als Ob, System der theoretischen, praktischen und religiösen Fiktionen der Menschheit auf Grund eines idealistischen Positivismus.* Leipzig 1923.

4.8 Der semiologische Ansatz

Altieri, C.: *Act and Quality, A Theory of Literary Meaning and Humanistic Understanding.* Amherst 1981.
Barwise, J./Perry, J.: *Situationen und Einstellungen, Grundlagen der Situationssemantik.* Berlin/New York 1987.
Bergner, H.: Text und kollektives Wissen, Zu Begriff und System der Präsuppositionen. In: *Text-Leser-Bedeutung, Untersuchungen zur Interaktion von Text und Leser.* Hg. v. H. Grabes. Grossen-Linden 1977, S. 1–18.
Chambers, R.: *Story and Situation, Narrative Seduction and the Power of Fiction.* Minneapolis 1984.
Crosman, I.: Reference and the Reader. In: *Poetics Today* 4:1 (1983), S. 89–97.
Dumitriu, P.: *Die Transmoderne, Zur Situation des Romans.* Frankfurt a. M. 1965.
Eco, U.: *Einführung in die Semiotik.* München 1972.
—: *Zeichen, Einführung in einen Begriff und seine Geschichte.* Frankfurt a. M. 1977.
—: *Semiotik und Philosophie der Sprache.* München 1985.
—: *Semiotik, Entwurf einer Theorie der Zeichen.* München 1986.
—: *Lector in fabula, Die Mitarbeit der Interpretation in erzählenden Texten.* München/Wien 1987.
—: *Nachschrift zum ›Namen der Rose‹.* München 8. Aufl. 1987.
—: *Im Wald der Fiktionen, Sechs Streifzüge durch die Literatur.* München/Wien 1994.
—: *Die Grenzen der Interpretation.* München 1995.
Gabriel, G.: *Zwischen Logik und Literatur, Erkenntnisformen von Dichtung, Philosophie und Wissenschaft.* Stuttgart 1991.
Hoffmann, G.: *Raum, Situation, erzählte Wirklichkeit, Poetologische und historische Studien zum englischen und amerikanischen Roman.* Stuttgart 1978.
Jakobson, R.: *Form und Sinn, Sprachwissenschaftliche Betrachtungen.* München 1974.
Jefferson, A.: Intertextuality and the Poetics of Fiction. In: *Comparative Criticism* 2 (1980), S. 235–250.
Kundera, M.: *Die Kunst des Romans.* Frankfurt a. M. 1992.
Jones, P.: *Philosophy and the Novel.* Oxford 1975.
Lakoff, G./Johnson, M.: *Metaphors We Live By*, Chicago/London 1990.
Lotman, J. M.: *Die Struktur des künstlerischen Textes.* Frankfurt a. M. 1973.
Pape, H.: *Erfahrung und Wirklichkeit als Zeichenprozeß, Charles S. Peirces Entwurf einer Spekulativen Grammatik des Seins.* Frankfurt a. M. 1980.
Peirce, C. S.: *Collected Papers*, Vol I-VI. Hg. v. C. Hartshorne u. P. Weiss. Cambridge 1931–1935; Vol. VII-VIII. Hg. v. A. W. Burks. Cambridge 1958.
—: *Semiotische Schriften.* 3. Bde. Frankfurt a. M. 1986 1990 1993.
Titzmann, M.: *Strukturale Textanalyse, Theorie und Praxis der Interpretation.* München 1977.

5. Neue Herausforderungen der Erzählforschung

5.1 Szenographie und Kognitive Poetik

Currie, G.: *Image and mind, Film, philosophy and cognitive science.* Cambridge 1995.
Eco, U.: *Semiotik und Philosophie der Sprache.* München 1985.
Fauconnier, G./Turner, M.: *The Way We Think, Conceptual blending and the mind's hidden complexities.* New York 2002.
Fludernik, M.: *Towards a ›Natural‹ Narratology.* London/New York 1996.
Gavins, J./Stehen, G. (Hg.): *Cognitive Poetics in Practice.* London/New York 2003.

Gibbs, R. W.: *The poetics of mind, Figurative thought, language, and understanding.* Cambridge 1994.
Hildesheimer, W.: *Marbot, Eine Biographie.* Frankfurt a. M. 1984.
Lakoff, G.: *Women, Fire and Dangerous Things, What Categories reveal about the mind.* Chicago 1987.
Lakoff, G./Johnson, M.: *Metaphors We Live By.* Chicago/London 1990.
—: *Philosophy in the Flesh, The Embodied Mind and its Challenge to Western Thought.* Chicago 1999.
Lakoff, G./Turner, M.: *More than Cool Reason, A Field Guide to Poetic Metaphor.* Chicago/London 1989.
Neumann, G. u. a. (Hg.): *Szenographien, Theatralität als Kategorie der Literaturwissenschaft.* Freiburg i. B. 2000.
Molvanîen, Land des schadhaften Lächelns. München 4. Aufl. 2005.
Stockwell, P.: *Cognitive Poetics, An introduction.* London/New York 2002.
Tesnière, L.: *Grundzüge der strukturalen Syntax.* Stuttgart 1980.
Tomasello, M.: *Die kulturelle Entwicklung des menschlichen Denkens, Zur Evolution der Kognition.* Frankfurt a. M. 2002.
Tsur, R.: *Toward a theory of Cognitive Poetics.* Amsterdam/London/New York/Tokyo 1992.

5.2 Habitus, Feld und Diskurs

Bachelard, G.: *Epistemologie.* Frankfurt a. M. 1993.
Bohn, C.: *Habitus und Kontext, Ein kritischer Beitrag zur Sozialtheorie Bourdieus.* Opladen 1991.
Bourdieu, P: *Sozialer Raum und Klassen, Leçon zur la leçon.* Frankfurt a. M. 1985.
—: *Zur Soziologie der symbolischen Formen.* Frankfurt a. M. 1997.
—: *Praktische Vernunft. Zur Theorie des Handelns.* Frankfurt a. M. 1998.
—: *Sozialer Sinn. Kritik der theoretischen Vernunft.* Frankfurt a. M. 1999.
—: *Die Regeln der Kunst, Genese und Struktur des literarischen Feldes.* Frankfurt a. M. 2001.
Dörner, A./Vogt, L.: Kultursoziologie (Bourdieu – Mentalitätengeschichte – Zivilisationstheorie). In: *Neue Literaturtheorien. Eine Einführung.* Hg. v. K. M. Bogdal, K.-M. Opladen 1990, S. 131–153.
Fischer, L./Jarchow, K.: Die soziale Logik der Felder und das Feld der Literatur. In: *Sprache im technischen Zeitalter* 25 (1987), S. 164–172.
Fohrmann, J./Müller, H. (Hg.): *Diskurstheorien und Literaturwissenschaft.* Frankfurt a. M. 1988.
Fröhlich, G.: Habitus und Hexis. Die Einverleibung der Praxisstrukturen bei Pierre Bourdieu. In: *Grenzenlose Gesellschaft?* Hg. v. H. Schwengel u. B. Höpken. Bd. 2. Pfaffenweiler 1999, S. 100–102.
Foucault, M.: *Dispositive der Macht. Über Sexualität, Wissen und Wahrheit.* Berlin 1978.
—: *Schriften zur Literatur.* Frankfurt a. M./Berlin/Wien 1979.
—: *Die Ordnung der Dinge, Eine Archäologie der Human*wissenschaften. Frankfurt a. M. 8. Aufl. 1989.
—: *Die Ordnung des Diskurses.* Frankfurt a. M. 1991.
—: *Archäologie des Wissens.* Frankfurt a. M. 5. Aufl. 1992.
Innis, H. A.: *Kreuzwege der Kommunikation.* Ausgewählte Texte. Hg. v K. Barck. Wien/New York 1997.
Jurt, J.: *Das literarische Feld, Das Konzept Pierre Bourdieus in Theorie und Praxis.* Darmstadt 1995.
Hartmann, F.: *Medienphilosophie.* Wien 2000.
Magerski, C.: *Die Konstituierung des literarisches Feldes in Deutschland nach 1871, Berliner Moderne, Literaturkritik und die Anfänge der Literatursoziologie.* Tübingen 2004.
Nünning, A. (Hg.): *Metzler Lexikon Literatur- und Kulturtheorie.* Stuttgart/Weimar 1998.
Vargas Llosa, M.: *Wie man Romane schreibt.* Frankfurt a. M. 2004.

5.3 Medienwissenschaft und Kulturanthropologie

Anderegg, J./Kunz, E. A. (Hg.): *Kulturwissenschaften, Positionen und Perspektiven.* Bielefeld 1999.

Assmann, A./Assmann, J.: Schrift – Kognition – Evolution. In: *Schriftlichkeit. Das griechische Alphabet als kulturelle Revolution.* Hg. v. E. A. Havelock. Weinheim 1990, S. 1–25.

Assmann, H./Harth, D. (Hg.): *Kultur als Lebenswelt und Monument.* Frankfurt a. M. 1991.

Assmann, J.: *Das kulturelle Gedächtnis. Schrift, Erinnerung und politische Identität in frühen Hochkulturen.* München 1992.

Bachmann-Medick, D. (Hg.): *Kultur als Text, Die anthropologische Wende in der Literaturwissenschaft.* Frankfurt a. M. 1996.

Bauer, M.: *Im Fuchsbau der Geschichten, Anatomie des Schelmenromans.* Stuttgart Weimar 1993.

Baßler, M. (Hg.): *New Historicism, Literaturgeschichte als Poetik der Kultur.* Frankfurt a. M. 1995.

Benthien, C./Velten, H. R. (Hg.): *Germanistik als Kulturwissenschaft, Eine Einführung in neue Theoriekonzepte.* Reinbek bei Hamburg 2002.

Bhabba, H. K.: *Die Verortung der Kultur.* Tübingen 2000.

Braungart, G.: *Ritual und Literatur.* Tübingen 1996.

Bromley, R. u. a. (Hg.): *Cultural Studies, Grundlagentexte zur Einführung.* Lüneburg 1999.

Bruner, J.: *Sinn, Kultur und Ich-Identität, Zur Kulturpsychologie des Sinns.* Heidelberg 1997.

Cawelti, J. G.: *Adventure, Mystery, and Romance, Formula Story as Art and Popular Culture.* Chicago/London 1977.

Derrida, J.: *Grammatologie.* Frankfurt a. M. 6. Aufl. 1996.

—: *Randgänge der Philosophie.* Wien 2. Aufl. 1999.

Ernst, C. u. a. (Hg.): *Perspektiven interdisziplinärer Medienphilosophie.* Bielefeld 2003.

Fauser, M.: *Einführung in die Kulturwissenschaft.* Darmstadt 2003.

Geertz, C.: *Dichte Beschreibung, Beiträge zum Verstehen kultureller Systeme.* Frankfurt a. M. 1995.

Flusser, V.: *Kommunikologie.* Mannheim 1996.

Geisenhanslüke, A.: *Einführung in die Literaturtheorie, Von der Hermeneutik zur Medienwissenschaft.* Darmstadt 2003.

Giesecke, M.: *Von den Mythen der Buchkultur zu den Visionen der Informationsgesellschaft, Trendforschungen zur kulturellen Medienökologie.* Frankfurt a. M. 2002.

Goody, J./Watt, I./Gough, K.: *Entstehung und Folgen der Schriftkultur.* Frankfurt a. M. 1986.

Greenblatt, S.: *Schmutzige Riten, Betrachtungen zwischen Weltbildern.* Frankfurt a. M. 1995.

Hartmann, F.: *Medienphilosophie.* Wien 2000.

Havelock, E. A.: *Als die Muse schreiben lernte.* Frankfurt a. M. 1992.

Hörisch, J.: *Eine Geschichte der Medien, Von der Oblate zum Internet.* Frankfurt a. M. 2004.

Huizinga, J.: *Homo ludens, Vom Ursprung der Kultur im Spiel.* Reinbek bei Hamburg 1981.

Innis, H. A.: *Kreuzwege der Kommunikation.* Ausgewählte Texte. Hg. v. K. Barck. Wien/New York 1997.

Iser, W.: *Der Akt des Lesens, Theorie ästhetischer Wirkung.* München 2. Aufl. 1984.

—: *Das Fiktive und das Imaginäre. Perspektiven literarischer Anthropologie.* Frankfurt a. M. 1991.

Kittler, F. A.: *Eine Kulturgeschichte der Kulturwissenschaft.* München 2000.

Kittsteiner, H. D. (Hg.): *Was sind Kulturwissenschaften? 13 Antworten.* München 2004.

Kloock, D./Spahr, A.: *Medientheorien, Eine Einführung.* München 2. Aufl. 2000.

Konersmann, R. (Hg.): *Kulturphilosophie.* Leipzig 2. Aufl. 1998.

Kreuzer, H. (Hg.): *Die zwei Kulturen, Literarische und naturwissenschaftliche Intelligenz, C. P. Snows These in der Diskussion.* München 1987.

Matejowski, D./Kittler, F. (Hg.): *Literatur im Informationszeitalter.* Frankfurt a. M./New York 1996.

Meinecke, Th.: *The Church of John F. Kennedy.* Roman. Frankfurt a. M. 1996.

—: *Tomboy.* Roman. Frankfurt a. M. 1997.

—: *Hellblau.* Roman. Frankfurt a. M. 2001.

—: *Musik*. Roman. Frankfurt a. M. 2004.
Münker, S. u. a. (Hg.): *Medienphilosophie, Beiträge zur Klärung eines Begriffs*. Frankfurt a. M. 2003.
Nelles, J.: *Bücher über Bücher, Das Medium Buch in Romanen des 18. und 19. Jahrhunderts*. Würzburg 2002.
Neumann, G./Weigel, S. (Hg.): *Lesbarkeit der Kultur, Literaturwissenschaft zwischen Kulturtechnik und Ethnographie*. München 2000.
Norra, P.: *Zwischen Geschichte und Gedächtnis*. Berlin 1990.
Nünning, A. (Hg.): *Metzler Lexikon Literatur- und Kulturtheorie*. Stuttgart/Weimar 1998.
Nünning, A./Nünning, V. (Hg.): *Konzepte der Kulturwissenschaften, Theoretische Grundlagen – Ansätze – Perspektiven*. Stuttgart/Weimar 2003.
Ong, J.: *Orality & Literacy, The Technologizing of the World*. London/New York 1993.
Pfeiffer, K. L.: *Das Mediale und das Imaginäre, Dimensionen kulturanthropologischer Medientheorie*. Frankfurt a. M. 1999.
Sarbin, Th. R. (Hg.): *Narrative Psychology, The Storied Nature of Human Conduct*. New York 1986.
Shelley, M. W.: *Frankenstein*. Roman. München/Wien 2000.
Simanowski, R.: *Interfictions, Vom Schreiben im Netz*. Frankfurt a. M. 2002.
Straub, J. (Hg.): *Erzählung, Identität und historisches Bewusstsein, Die psychologische Konstruktion von Zeit und Geschichte*. Frankfurt a. M. 1998.
Stam, R.: *Subversive Pleasures, Bakhtin, Cultural Criticism, and Film*. Baltimore/London 1989.
Straub, J./Werbik, H. (Hg.): *Handlungstheorie, Begriff und Erklärung des Handelns im interdisziplinären Diskurs*. Frankfurt a. M./New York 1999.
Turner, V.: *Vom Ritual zum Theater, Der Ernst des menschlichen Spiels*. Frankfurt a. M./New York 1989.
Turner, V.: *Das Ritual, Struktur und Anti-Struktur*. Frankfurt a. M. 2000.
Villiers de L'Isle-Adam, A.: *Die künftige Eva*. Roman. Zürich 2004.
Wierlacher, A./Stölzel, G. (Hg.): *Blickwinkel, Kulturelle Optik und interkulturelle Gegenstandskonstitution*. München 1993.

5.4 Film-Dramaturgie und Narratologie

Albersmeier, F.-J. (Hg.): *Texte zur Theorie des Films*. Stuttgart 4. Aufl. 2001.
Arnheim, R.: *Film als Kunst*. Frankfurt a. M. 2002.
Balázs, B.: *Der sichtbare Mensch oder die Kultur des Films*. Frankfurt a. M. 2001.
—: *Der Geist des Films*. Frankfurt a. M. 2001.
Bazin, A.: *Was ist Film*? Berlin 2004.
Beilenhoff, W. (Hg.): *Poetik des Films, Deutsche Erstausgabe der filmtheoretischen Texte der russischen Formalisten*. München 1974.
Bordwell, D.: *Narration in the Fiction Film*. Madison 1985.
—: *On the History of Film Style*. Cambridge/London 1997.
—: *Visual Style in Cinema, Vier Kapitel Filmgeschichte*. Frankfurt a. M. 2001.
Brannigan, E.: *Point of View in the Cinema. A Theory of Narration and Subjectivity in Classical Film*. Berlin/New York/Amsterdam 1984.
—: *Narrative Comprehension and Film*. London/New York 1992.
Chatman, S.: *Story and Discourse: Narrative Structure in Fiction and Film*. Ithaca/London 1978.
—: *Coming to Terms: The Rhetoric of Narrative in Fiction and Film*. Ithaca/London 1990.
Currie, G.: *Image and mind, Film, philosophy and cognitive science*. Cambridge 1995.
Deleuze, G.: *Das Bewegungs-Bild, Kino 1*. Frankfurt a. M. 1997.
—: *Das Zeit-Bild, Kino 2*. Frankfurt a. M. 1997.
Eco, U.: Die Gliederung(en) des filmischen Code. In: *Sprache im technischen Zeitalter* 27 (1968), S. 230–252.

Faulstich, W.: *Einführung in die Filmanalyse*. Tübingen 4. Aufl. 1994.
Goetsch, P./Scheunemann, D. (Hg.): *Text und Ton im Film*. Tübingen 1997.
Hickethier, K.: *Film- und Fernsehanalyse*. Stuttgart/Weimar 2. Aufl. 1996.
Iros, E.: *Wesen und Dramaturgie des Films*. Leipzig/Zürich 1938.
Kaes, A. (Hg.): *Kino-Debatte, Texte zum Verhältnis von Literatur und Film 1909–1929*. München/Tübingen 1978.
Kanzog, K.: *Einführung in die Filmphilologie*. München 2. Aufl. 1997.
Lohmeier, A.-M.: *Hermeneutische Theorie des Films*. Tübingen 1996.
Lotman, J. M.: *Probleme der Kinoästhetik, Einführung in die Semiotik des Films*. Frankfurt a. M. 1977.
Liptay, F./Wolf, Y. (Hg.): *Was stimmt denn jetzt? Unzuverlässiges Erzählen in Literatur und Film*. München 2005.
Meyer, C.: *Der Prozeß des Filmverstehens, Ein Vergleich der Theorien von David Bordwell und Peter Wuss*. Alfeld 1996.
Mikunda, C.: *Kino spüren, Strategien der emotionalen Filmgestaltung*. Wien 2002.
Monaco, J.: *Film verstehen, Kunst, Technik, Sprache, Geschichte und Theorie des Films und der Medien. Mit einer Einführung in Multimedia*. Reinbek bei Hamburg 1995.
Morin, E.: *Der Mensch und das Kino, Eine anthropologische Untersuchung*. Stuttgart 1958.
Paech, J. (Hg.): *Film, Fernsehen, Video und die Künste, Strategien der Intermedialität*. Stuttgart 1994.
Phillips, P.: *Understanding Film Texts, Meaning and Experience*. London 2000.
Stam, R.: *Subversive Pleasures, Bakhtin, Cultural Criticism, and Film*. Baltimore/London 1989.
Tynjanov, J. N.: Über die Grundlagen des Films. In: *Poetica* 3 (1970), S. 510–563.
Winkler, M.: *Filmerfahrung, Ansätze einer phänomenologischen Konstitutionsanalyse*. Frankfurt a. M./Bern/New York 1985.
Winter, R.: *Filmsoziologie, Eine Einführung in das Verhältnis von Film, Kultur und Gesellschaft*. München 1992.
Wollen, P.: *Signs and Meaning in the Cinema*. London 1969.
Wuss, P.: *Die Tiefenstruktur des Filmkunstwerks, Zur Analyse von Spielfilmen mit offener Komposition*. Berlin 1990.
—: *Filmanalyse und Psychologie, Strukturen des Films im Wahrnehmungsprozeß*. Berlin 1993.

Personenregister

GPSR Compliance

The European Union's (EU) General Product Safety Regulation (GPSR) is a set of rules that requires consumer products to be safe and our obligations to ensure this.

If you have any concerns about our products, you can contact us on ProductSafety@springernature.com

In case Publisher is established outside the EU, the EU authorized representative is:

Springer Nature Customer Service Center GmbH
Europaplatz 3
69115 Heidelberg, Germany

Batch number: 10601324

Printed by Printforce, the Netherlands